Felix Dahn

Bausteine gesammelte kleine Schriften

6. Reihe

Felix Dahn

Bausteine gesammelte kleine Schriften
6. Reihe

ISBN/EAN: 9783743643581

Hergestellt in Europa, USA, Kanada, Australien, Japan

Cover: Foto ©ninafisch / pixelio.de

Weitere Bücher finden Sie auf **www.hansebooks.com**

Bausteine.

Gesammelte kleine Schriften

von

Felix Dahn.

Sechste Reihe.

Germanische Studien.

Berlin 1884.

Verlag von Otto Janke.

Germanische Studien.

von

Felix Dahn.

Alle Rechte vorbehalten.

Berlin 1884.

Verlag von Otto Janke.

Rec. Mar. 12, 1895.

William Stubbs,

dem Meister

der englischen Verfassungsgeschichte.

Inhalts-Verzeichniß.

	Seite
Die Leibeigenschaft in Deutschland	1
Die Alamannenschlacht bei Straßburg	31
Skizzen aus der deutschen Vorzeit	65
Die Vertheilung der Germanen über Europa und die germanische Ansidlung und Landtheilung	89
Von Wunn und Weide	97
Angebliche Opfersteine	106
Zur Geschichte Baierns	107
Zur Lex Salica	110
Zu Ammianus Marcellinus XXVII, c. 5.	112
Jordanis	116
Zu den Rechtsquellen Italiens im Mittelalter	122
Zur Sage und Geschichte der Langobarden	123
Zum Langobardenrecht I.	151
Altgermanische Uebervölkerung und Auswanderung	155
Germanisches Waffenwerk	159
Das Weib im altgermanischen Recht und Leben	161
Zum Langobarden-Recht II.	179
Das deutsche Gerichtsverfahren im Mittelalter	180
Zur Geschichte des Gerichtswesens in Oesterreich	182
Ueber Verleihung des Königsbanns	183
Zu Gulathing und Gulathingslög	186
Das Christenrecht König Sverris	187
Historisches Taschenbuch von Friedrich Raumer	188
Zur älteren deutschen Geschichte	193
Ueber germanischen Hausbau	267
Zur Geschichte der Franzosen und ihrer Literatur	277
Leovigild, König der Westgothen	283
Rindasvinth, König der Westgothen	302
Liutprand, König der Langobarden	309
Die Deutschen in Mähren (1881.)	326

Die Leibeigenschaft in Deutschland.

I. Das alte strenge Recht der Leibeigenschaft.
II. Dessen Milderungen, insbesondere durch den Einfluß der Kirche.
III. Socialer Zustand der Leibeigenen.
IV. Schritte der neueren Geschichte zur Aufhebung der Leibeigenschaft.

Die Leibeigenschaft ist ursprünglich der härteste Grad der Unfreiheit;[1] entsprechend der römischen servitus. Der Leibeigene ist nicht Subjekt von Rechten, nicht Person, er ist ein Objekt von Rechten seines Herrn, er ist Sache;[2] sein Leib ist Eigenthum seines Herrn. Schon Tacitus kennt einen solchen völlig unfreien Stand, von servis, bei den Germanen.[3] Er weiß, daß der servus von seinem Herrn verkauft, gezüchtigt, (c. 24) getödtet (c. 25) werden kann. Er ist nicht Glied der Volksgenossenschaft: bei dem Verband der suebischen Stämme kommt dem suebischen servus so wenig als dem Nicht=Sueben die nationale Hartracht zu. — Allein durch die Sitte war das strenge Recht gemildert, und Tacitus hat den Gegensatz der Behandlung der Knechte bei den Deutschen zu der Lage der römischen servi deutlich empfunden. Es ist ihm aufgefallen, daß die Kinder der Knechte mit denen der Freien zusammen aufwuchsen (c. 20). Mit Recht hat man in der Gemeinsamkeit der Personen=Namen der Freien und Unfreien ein weiteres Zeichen davon gefunden, daß, wie dies in einfachen

---

[1] Vgl. Eichhorn, Deutsch. Staats= u. Rechtsgesch. 5. Aufl. § 15. u. D. Rechtsalterthümer v. J. Grimm. p. 300.
[2] R. A. p. 342.
[3] Germania ed. Jac. Grimm c. 20. 24. 25. 38. 44. Ann. IV. 72.

Kulturzuständen natürlich, der Abstand zwischen beiden Ständen, im Leben, in der Sitte hier minder schroff war als bei den Römern. Doch war immerhin die Vermischung von Freien mit Unfreien durch Tod oder Verknechtung gestraft, und bei zunehmender Kultur schieden sich die Stände auch äußerlich scharf genug.¹) Die größere relative Unabhängigkeit des Knechts bei den Germanen hatte zum Theil ihren äußeren Grund darin, daß derselbe sehr häufig auf einem vom Herrn angewiesenen Stück Land mit eigenem Haushalt lebte, so daß die Abhängigkeit zunächst nur in dem an den Herrn zu entrichtenden Zins erschien;⁵) und Tacitus verglich daher die Lage solcher Knechte eher den colonis als den servis der Römer.⁶) Es mochte da wol der Herr im Zorn seinen Knecht, wie einen Feind freien Standes, erschlagen — freilich seinen Knecht ohne Wergeld und Buße —, aber systematische Härte gegen den Unfreien war der Sinnesart der Germanen fremd, und so konnte denn in ziemlich kurzer Zeit auch im Recht, wie schon früher im Leben, das Christenthum bedeutende Milderungen der Lage der Leibeigenen erwirken.

Freilich war auch bei den Deutschen die Entwicklung von der völligen Unfreiheit durch eine Reihe von mildernden Zuständen hindurch bis zur völligen Aufhebung der Leibeigenschaft eine nur sehr langsam fortschreitende. Von dieser reichen, durch die manigfaltigsten Einflüsse bedingten, auch nach dem Unterschied der Länder vielfach abweichenden Geschichte der Unfreiheit in Recht und socialer Stellung kann hier nur ein skizzenhaftes Bild entworfen werden.

I. Das alte strenge Recht der Leibeigenschaft.

Der Leibeigene, d. h. völlig Unfreie,⁷) wird in den Stammrechten ganz als Sache, dem Vieh gleich, behandelt;

---

¹) Vgl. R. A. 309. — In characteristischer, nicht nur für den Norden gültiger Weise ist das Verhältniß der Unfreien zu Freien und Edeln in Erscheinung, Beschäftigung und Lebensweise geschildert in Rigsmal, einem der schönsten Lieder der älteren Edda.

⁵) c. 25, wenn auch das „servus hactenus paret" des Guten zu viel thut.

⁶) Doch mag Tacitus zum Theil halbfreie, leti, für servi, genommen haben; jedenfalls hatten die Germanen neben diesen bäuerlichen Knechten wie die Römer auch servos descriptis per familiam ministeriis; (siehe unten).

⁷) Die Bezeichnungen sind sehr mannigfaltig. Vgl. R. A. 300—320. Walter, deutsche Rechtsgesch. 2. Aufl. § 385. Für die strengste Un-

z. B. lex Alam. II, 90. si quis res suas post alium hominem invenerit, quidquid sit aut mancipia aut pecus. Vgl. addit. sap. ad L. Fris. T. 8. de rebus fugitivis. Si servus aut ancilla aut equus aut bos aut quodlibet animal fugiens dominum suum etc. Oder ein nordisches Beispiel: enn that skal vera halfgilt fe, er se spiller se, horn ok hofs ok traels: „Das soll mit halbem Geld vergolten werden, wenn Vieh schädigt Vieh, Horn= oder Hufvieh oder Knecht." Frostath. L. IV. 13. p. 67.

Die Entstehungsgründe*) der Unfreiheit waren: a) Kriegs= gefangenschaft (nicht bloße Eroberung, die nur gelindere Ab= hängigkeit, Zinspflicht 2c. zu begründen pflegt. Vgl. Eich= horn I. c. § 15. R. A. 320—328). b) Geburt von un= freien Eltern; oft genügt Unfreiheit nur Eines der Erzeuger zur Begründung der Knechtschaft des Kindes nach dem Grundsatz: „das Kind folgt der ärgeren Hand," der erst später dem mildernden Worte weicht: „das Kind folgt der besseren Hand." Bei Ehen von Eignen verschiedener Herren entschieden Vereinbarungen der letzteren („Kindgedinge") eventuell folgt das Kind der Mutter (vgl. R. A. 323—326). c) Freiwillige Ergebung in Knechtschaft, besonders häufig an Kirchen, um Schutz und Ackerland von ihnen zu erhalten, oft auch an den König und an weltliche Große: später häufig einstimmig der Erben voraussetzend. d) Zahlungs= unfähigkeit (R. A. 329); besonders wenn die verwirkten Straffummen nicht aufgebracht werden können. e) Ver= knechtung zur Strafe, besonders nach Westgothenrecht; über das gesammte Recht der Unfreien nach der Lex. Visig. s. Dahn, westgothische Studien, (Würzburg 1874) S. 62 f. f) Heirath mit Unfreien (R. A. 326), zum Theil aus dem Gesichtspunct der Strafe. g) „Unfreie Luft", d. h. Ver= jährung: einspruchsloser Aufenthalt an blos von Unfreien bewohntem Ort während eines gewissen Zeitraums. —

Der Entstehungsgrund der Unfreiheit war nicht ohne Einfluß auf die Behandlung des Knechts. Die wichtigsten

---

freiheit servus, mancipium, manahoupit, schalk, halseigen, no disch hraell; mildere Grade bezeichnen lactus, aldio, hörig. Das latein'rische attinens cum corpore begegnet schon 1289, das deutsche Leibeigen erst 1558, vgl. Kindlinger, Gesch. d. dtsch. Hörigkeit. Berlin 1819. § 2. 21—27. 44.

*) Stühle, über den Ursprung des Leibeigenthums. Münster 1802.

Wirkungen des Verhältnisses sind folgende: der Herr hat an den Leibeigenen volles Eigenthum und kann sie folglich vindiciren, verkaufen (Stellen bei Kindlinger §§ 29. 46. R. A. 343. Walter § 387), verschenken:[9] — mit oder ohne das Grundstück, als deren Zubehör sie meistens erscheinen; — er kann sie züchtigen und ursprünglich auch tödten, — der Knecht hat dem Herrn alle Arten von Diensten[10]) zu leisten und jährlich — ohne Unterschied, ob er von dem Herrn ein Stück Land erhalten oder nicht — bestimmten Leibzins[11]) zu entrichten. Außerdem wurde im Mittelalter sehr häufig noch eine besondere Abgabe zur Anerkennung der Gewalt des Herrn unter sehr verschiedenen Namen gefordert (Gewaltbeb. ꝛc. R. A. p. 374); oft auf ein Huhn ermäßigt (Vogthuhn, Diensthuhn ꝛc.) oder ganz erlassen (Walter § 390). — Da die Geburt von unfreien Eltern als Entstehungsgrund der Eigenschaft gilt, so hat der Herr über die Kinder seiner Knechte die gleichen Rechte wie über diese selbst. — In doppelter Hinsicht erscheint bei den Leibeigenen eine Schätzung in Geld: einmal der gewöhnliche Kaufwerth, der natürlich nicht nur nach der Brauchlichkeit der Waare (worauf unter Anderm der Besitz von Handwerksfertigkeit, die verlässige Verwendbarkeit zu häuslichen Diensten, ja auch die Nationalität von wichtigem Einfluß sind), sondern auch nach Land und Zeit, nach Menge und Kaufkraft des Zahlungsmittels sehr verschieden war. Sodann das Wergeld, d. h. die für die Schädigung oder Tödtung des Knechts an den Herrn zu entrichtende Summe, welche, wie das Wergeld der Freien und im Verhältniß zu diesem, nach den Stammrechten und zu verschiedener Zeit nicht minder verschieden war (Walter § 393). — Da der Knecht nicht Person, sondern Sache, ist

---

[9]) In Holstein wurden noch im vorigen Jahrhundert Leibeigene verschenkt: s. Archiv f. Staats- u. Kirchengesch. der Herzogt. Schleswig Holst. u. Lauenburg IV, 9. 599.

[10]) Vgl. Hüllmann, histor. u. statswiff. Untersuch. über Naturaldienste und Gutsunterthanen nach fränkisch-deutscher Verfassung. Berlin 1803. Wigand, die Dienste, ihre Entstehung, Natur ꝛc. Hann. 1828.

[11]) In Characterifirung und Abstufung solcher Abgaben von völlig oder halb Unfreien hat das Mittelalter einen unübersehbaren Reichthum von Bildungen entwickelt und dafür zahllose Formen, oft im Interesse des Schutzes des Pflichtigen, geschaffen: solche Zinsen bestanden in Früchten, Vieh, oft in Form von Zehnten, Geräth, Kleidern, Stoffen, Fabrikaten, später in Geld. Vgl. R. A. 358—362. Walter p. 390. Kindlinger § 48.

auch seine Ehe nicht nach Volksrecht geschützt: der Herr kann nicht nur die Einstimmung vor Abschluß der Geschlechsver= bindung seines Eigenen verweigern, sondern diese, auch wenn mit seinem Willen eingegangen, willkürlich wieder lösen.¹²) Bei der Heirath von Unfreien verschiedener Herren bedarf es der Einwilligung beider Herren. Für Ertheilung der Ehebewilligung wird im Mittelalter eine Abgabe¹³) entrichtet. Wird „ausgeheirathet", d. h. auf einen fremden Hof, so werden die Rechte desjenigen Herrn, welcher den Besitz ver= liert, vorzüglich die Ansprüche auf den Nachlaß, besonders ge= wahrt. Die Geschlechtsverbindung von Freien, ja auch nur von Halbfreien, mit Unfreien war dem sittlichen Gefühl der Germanen so empörend und eine so schwere Verletzung der ständischen Grundlagen der Rechtsordnung, daß sie mit den höchsten Strafen bedroht war. Nach dem Recht der Sachsen,¹⁴) Lango= barden¹⁵) und Burgunden¹⁶) wird die Vermischung der freien Frau mit dem fremden Knecht durch den Tod beider oder eventuell, je nach Wahl der Sippe, mit Verstoßung der Frau in öffentliche Knechtschaft (nach Westgothenrecht L. V. III, 2. c. 3. in Knechtschaft der Sippe selbst) und Tödtung des Unfreien geahndet. Auch nach fränkischem Recht wird die Frau dem Herrn verknechtet, dessen Eigenen sie ohne Erlaubniß geheirathet, und ebenso wird der Freie für seine Verbindung mit einer fremden Magd durch Verknechtung an deren Herrn gestraft. Die Vermischung mit dem eigenen Knecht wird durch Räderung des Unfreien, mit Friedlosigkeit der Frau, nach Westgothenrecht mit Verbrennung beider gestraft. Dagegen gestattet das Langobardenrecht die Ehe mit der eignen, jedoch zuvor freigelassenen Magd. — Von solcher Strenge blieb

¹²) Nur das Westgothenrecht beschränkt dies Recht des Herrn auf Zeit.
¹³) Maritagium — wenn auf einen fremden Hof geheirathet wird, — forir maritagium. — Die deutschen Namen äußerst mannig= faltig: Betten= und Schürzengeld, Hemdschilling ꝛc. Vgl. Walter § 394. Kindlinger §§ 31. 46. R. A. I. c. Runde, d. Privatrecht § 544. Mittermaier, d. Privat R. § 77. Daß jedoch in Deutschland das sogenannte jus primae noctis wirklich und de jure wie in Rußland, und bei Kelten in Anwendung gekommen, scheint unerweislich. Vgl. R. A. p. 380. 384. Grupen, de jure primae noctis im Traktat de uxore theotisca p. 1—35. Weitere Literatur hierüber bei Mitter= maier, d. P. R. § 77. (Jetzt ausführlich Schmidt, das J. pr. n. (1882), der zu dem gleichen Ergebniß gelangt.)
¹⁴) Rudol. transl. s. Alex. c. i. Pertz, Scr. II. p. 675.
¹⁵) L. Rothar. 193. 221.
¹⁶) L. Burg. 35. 2. 3.

im Mittelalter wenigstens noch die Nachwirkung, daß die Ehe mit dem Ungenossen das Recht (insbesondere der höherbürtigen Frau) in den Stand des Gatten, also bei Ehe mit Unfreien bis in die Knechtschaft, hinunterzog (jedoch die Wittwe des Unfreien wurde wieder frei), nach dem Grundsatz: „trittst Du meine Henne, wirst Du mein Hahn." (R. A. p. 326. Walter p. 394—396.) Ferner konnte der Knecht, weil nicht Rechtssubject, kein Vermögensrecht haben;[17]) noch im IX. Jahrhundert verfällt sogar Alles, was der Freie im Augenblicke der Verknechtung besitzt, dem Herrn. Freilich führte das Bedürfniß des praktischen Lebens, ja das Interesse des Herrn selbst, auch im deutschen Recht zur Anerkennung eines dem römischen peculium ungefähr entsprechenden, relativ geschützten Besitzes des Unfreien: allein auch dies Vermögen war de jure Eigenthum des Herrn und konnte deßhalb bei Veräußerung oder Freilassung des Knechts zurückbehalten werden. Demgemäß kann auch kein (actives oder passives) Erbrecht des Unfreien bestehen: der gesammte Nachlaß, auch jenes peculium, erbt nicht auf die Sippe des Knechts, sondern wird von dem Herrn eingezogen. (manus mortua R. A. p. 364—374. Vgl. unten sub II.) Der Eigene kann ferner weder sich verpflichten noch für sich Forderungen erwerben: Geschäfte mit Unfreien, ohne Willen des Herrn geschlossen, sind nicht blos nichtig, sondern strafbar: wer dem Unfreien leiht oder von ihm kauft, verwirkt Leihsumme oder Preis an den Herrn.[18]) — Der Knecht ist ferner nicht Glied der Rechtsgenossenschaft: er kann vor Gericht weder als Kläger und Beklagter, noch als Zeuge, Eidhelfer oder Fürsprech handeln. Der Herr muß ihn vor Gericht vertreten: er kann sich der Haftung für Delicte des Knechts durch Preisgebung (noxae datio) desselben entziehen und fordert andererseits die Composition für Schädigung oder Tödtung des Unfreien für sich ein. Der Knecht kann wider den Freien nicht zeugen, ist im Proceß an schwerere Beweismittel (oft primär an Gottesurtheil) gebunden, vom Kampf als Beweismittel ausgeschlossen und der Folter unterworfen, nur mit Vorbehalt der Entschädigung des Herrn für Folterung des unschuldigen Knechts.

---

[17]) Eichh. §. 62. a. §. 363. R. A. 349.
[18]) Walter §. 396—98.

Im Strafrecht und Strafproceß der Unfreien kommen sehr mannigfaltige Grundsätze zur Anwendung.[19]) Vergehen des Unfreien gegen den Herrn oder gegen Mitknechte straft der Herr selbst, ursprünglich nach Willkür, später nach Hofrecht im Hofgericht (s. sub II). Auf dem Herrnhof befand sich zu diesem Behuf das Knechtgefängniß für Untersuchungshaft und Strafe der Schuldigen mit dem Fußblock (cippus), bei dem bestimmte Höfe eine Wachreihe haben (mansi cippales.) (Walter p. 765). Vergehen der Unfreien gegen Auswärtige mußten jedoch nach Landrecht gebüßt, konnten nicht der etwaigen Connivenz des Herrn überlassen werden. Die Sicherung konnte nun entweder darin gesucht werden, daß der Herr unbedingt, wie für sein Vieh, für seine Knechte haftbar erklärt, oder daß umgekehrt der Knecht immer unmittelbar selbst gestraft wurde. Andere Rechte suchen zwischen beiden Systemen zu vermitteln. Directer Befehl des Herrn macht den Knecht selbstverständlich immer straffrei. Wenn einerseits meist der Herr den positiven Schaden ersetzen oder sich durch Preisgebung des Knechts davon lösen muß, kann er andrerseits den Knecht durch Erlegung der Buße von der öffentlichen Strafe befreien. Wenn die Consequenz der Auffassung des Knechts als einer Sache zur unbedingten Haftungspflicht des Herrn für den Knecht wie für sein Vieh drängte (L. Thoring. t. XVI. omne damnum quod servus fecerit, dominus emendet), so nöthigte andrerseits die Gemeingefährlichkeit, auch den Willen der Unfreien zu berücksichtigen und auf ihn zu wirken. Es tritt der Gesichtspunct hinzu, den Herrn zu strafen für ungenügende Zucht und Aufsicht. (Lex Bajuv. VII, 2. pro eo quod servo suo disciplinam minime imposuerit), und oft wird Ueberlassung des Knechts an den Geschädigten (noxae datio), nicht zur Lösung des Herrn, sondern neben Ersatz und Buße, zur Strafe des Herrn, gefordert. — Sehr streng verpflichtet das Langobardenrecht den Herrn für einen vom Knecht begangenen Mord oder Diebstahl. Nach sächsischem Recht dagegen braucht der Herr nur die Buße, nicht auch das Friedensgeld, für das Vergehen des Knechtes zu entrichten und diesen nicht auszuliefern: ja, wenn der Knecht flüchtig gegangen, ist der Herr aller Haftung los, ein gefährlicher Grundsatz, der aber

---

[19]) Vgl. Wilda p. 652—665. Walter § 765—67. R. A. p. 665. 677. Dahn, westgothische Studien, Würzburg 1874. S. 62 f. 155 f.

gleichwohl von Karl dem Großen auch für andere Provinzen anerkannt wurde. In dem salischen, ripuarischen, alamannischen, baierischen und burgundischen Recht bildete sich übereinstimmend der bereits oben erwähnte Grundsatz aus, daß der Herr zwar immer den directen Schaden ersetzen, aber keine Buße entrichten und außerdem zwar den Knecht zu körperlicher Strafe hingeben muß, aber diese auch mit Geld abkaufen darf. (Vgl. Wilda S. 656, 658, 660). Daß der Unfreie, der ja nicht Glied der Rechtsgenossenschaft ist, noch viel mehr als der Privatrechte der statsbürgerlichen darbt, versteht sich von selbst. —

Es ist begreiflich, daß die Eignen sich sehr häufig durch die Flucht der Härte eines grausamen Herrn oder der Unfreiheit überhaupt zu entziehen suchten. Solche Fluchtversuche bedrohten aber nicht minder die öffentliche Sicherheit, als den Vermögensstand der Herrn, und diese entlaufenen Knechte, ihre Verfolgung, Auslieferung, Bestrafung ꝛc. beschäftigen daher sehr oft die Gesetzaufzeichnung schon der Stammrechte wie die administrative Sorge der Capitularien und späterer Gesetze. Eben das Zusammentreffen der Sorge für die allgemeine Sicherheit mit dem Vermögensinteresse der Eigenthümer führte hier sehr früh zu so scharfen, polizeilich=inquisitorischen Maßregeln, wie sie sonst dem Geist jener Zeit fremd. Die Obrigkeit soll den Flüchtling verfolgen, verhaften und dem Herrn unentgeltlich zurückstellen. Verleitung, Nichtanzeige, Bergung, Förderung der Flüchtigen wurde mit schwerer Strafe geahndet, dagegen Anzeige und Auslieferung belohnt. Dem Herrn standen bei der Verfolgung seltene Eingriffe in fremdes Hausrecht zu, und sein Anspruch auf den Flüchtling war keiner Verjährung unterstellt.[20])

Auf dem Rechtswege findet die Unfreiheit nur in den nachstehenden Formen und Fällen ihr Ende: 1) Durch Gesetz. Unter gewissen Voraussetzungen wird die Infreiheitsetzung des Knechts durch das öffentliche Recht, ohne Rücksicht auf den Willen des Herrn, verordnet: bald aus dem Gesichtspunct der Bestrafung des Eigenthümers, bald aus dem der Belohnung des Unfreien. So wenn der Herr die Ehe, die geschlechtliche Ehre oder das (spätere) Verbot des Verkaufs des Knechts außer Landes verletzt hat. Insbesondere das

---

[20]) Daries, de jure vindic. servor fugit. Franf. 1764. Walter, § 401. Eichh. § 339. R. A. 345—348.

Westgothenrecht enthält viele solcher polizeilichen Vorschriften. (Z. B. Infreiheitsetzung des Knechts zum Lohn für Anzeige von Verbrechern, für Uebertritt aus dem Judenthum zum Christenthum, zur Strafe eines Juden, der einen christlichen Knecht besitzt, zur Entschädigung für unverdiente Folter ⁊c.) Im Mittelalter befahl das Gesetz Infreiheitsetzung des Leibeigenen nur mehr für den Fall, daß ihn der Herr in unverschuldeter Noth verlassen, seiner eventuellen Alimentationspflicht nicht nachgekommen ⁊c. 2) In späterer Zeit konnte, insbesondere nach den Privilegien mancher Städte, durch Ersitzung der Freiheit, nach neueren Rechten durch (30 jährige) Verjährung der Vindikationsklage die Unfreiheit beendigt werden. (Vgl. Eichh. § 339. Walter § 409.) 3) Weitaus die wichtigste Art der Beendigung der Eigenschaft war jedoch natürlich die Freilassung d. h der Verzicht des Herrn auf seine Rechte an dem Eigenen. (Vgl. Walter 410—416.) Da dieser Verzicht ein mehr oder minder umfassender sein konnte, gab es sehr verschiedene Arten der Freilassung mit sehr reichen Abstufungen der Wirkung. Aber eben weil die Freilassung nur ein Verzicht des Herrn, konnte sie ursprünglich gewiß nur die Privatrechte des Eigenthümers an dem Knecht aufheben, keineswegs aber diesem rechtliche Gleichstellung mit Dritten gewähren, und es ist nicht glaublich, daß schon vor der Wanderung selbst die günstigste Form der Freilassung der Knecht den freien Männern der Gemeinde auch an politischen Rechten hätte gleichstellen können,[21]) wenn dies auch später, nachdem Freiheit und Unfreiheit überhaupt nicht mehr summa divisio der Verfassung war, dahin gekommen ist. In den nach der Wanderung entstandenen Reichen lassen sich mehrere deutsch-rechtliche Arten der Freilassung unterscheiden, neben welchen sich die (überhaupt nach römischem Recht lebende) Kirche bis in's 14. Jahrhundert der drei aus dem späteren römischen Recht entlehnten Formen der manumissio (in ecclesia, per epistolam und per testamentum) bediente, welche jedoch lange Zeit nur libertas romana gewährten, mancherlei Vorbehalt zu Gunsten der Kirche als Patronin enthielten und den so Freigelassenen dem freien Germanen nicht gleichstellten. Von dem reichen Detail des Rechts der Freilassung (vgl. R. A. 331—339)

---

[21]) Vgl. Waitz, dtsch. Verfass. Gesch. I, p. 179. Tac. Germ. c. 25 spricht von factischem Ansehen.

kann wieder nur Andeutung gegeben werden. Bei den Franken z. B. stellte die ungünstigste Form der Freilassung nur dem litus, dem Halbfreien, gleich: der in solcher Weise Freigelassene hat nur das halbe Wergeld des freien Franken und ist diesem gegenüber weder ebenbürtig zur Ehe, noch fähig zu Zeugniß oder Rechtsgeschäft. Die zweite Art, durch Freibrief — carta ingenuitatis, bei Loskauf c. redemtionalis —, am häufigsten angewendet und am längsten erhalten (vgl. Kindlinger § 30), macht zum cartularius, der zwar ebenfalls nur das halbe Wergeld, aber in Veräußerung und Vererbung seines Vermögens größere Freiheit hat als der dem litus gleichstehende. Die günstigste Form der Freilassung ist die eines Scheinloskaufs an den König, wobei ein denarius aus der Hand des Frei= zulassenden geschlagen wird (bis in's 11. Jahrhundert); ein solcher denarialis steht, auch im Wergeld, den Freien gleich, nur daß er, in Ermanglung von Kindern, vom König mit Ausschluß anderer Verwandten beerbt wird. (Der König hat überhaupt als allgemeiner eventueller Mundwalt Patronatrechte über die Freigelassenen, wenn sich der Herr dieselben nicht ausdrück= lich vorbehalten hat.) Bei den Langobarden entsprechen den drei fränkischen Formen ungefähr die Abstufungen; aldio, fulfrea, amund. (Vgl. Eichh. § 51. Walter I. c. R. A. 332. 335. — Ausführliches bei Heinneccius antiq. germ. T. II. P. 2. p. 5—44).

II. **Milderungen des alten strengen Rechts, insbesondere durch den Einfluß der Kirche.**

Die im Vorstehenden nach allen Seiten hin skizzirte harte Lage der Leibeigenen hat sich nun aber in dieser ganzen Strenge nicht lang erhalten. Schon frühzeitig mildert die Gesetzgebung die empfindlichsten Schroffheiten des alten Rechts, die schlimmsten Consequenzen der Nichtaner= kennung der Persönlichkeit des Knechts. Hier war der Einfluß des Christenthums von höchster Bedeutung. Denn eine Lehre, welche von der Gleichheit aller Menschen, von der Liebe Gottes, von der göttlichen Ebenbildlichkeit des Menschen, von der Gemeinsamkeit der Erlösung durch den Tod Christi für alle von dem Taufbund umschlossenen Selen ausgeht, war im höchsten Grade geeignet, die Idee der Menschenwürde, der allgemeinen und der unveräußer=

lichen, wenn auch zunächst nur in religiös sittlicher Form, zur Geltung zu bringen.²²) So ungeschichtlich in sehr vielen andern Gebieten die landläufigen Phrasen von dem frühzeitig mächtigen Einfluß des Christenthums auf die Germanen sich bei unbefangener Prüfung der Quellen erweisen, — hier ist, was sonst vielfach Redensart, Wahrheit; und die Linderung der Lage der Unfreien theils durch Milderung der Sitten und Gesetze, theils durch Begünstigung der Freilassungen als gottgefälliger Werke ist eines der dankenswerthesten Verdienste der mittelalterlichen Kirche. — Aus der reichen Geschichte dieser Fortschritte von der äußersten Rechtlosigkeit zur völligen Gleichstellung mit den Freien können hier nur einige characteristische Stufen hervorgehoben werden. — Mehr als manche Art des Mißbrauchs der Rechte des Herrn (— gegen welchen immerhin dessen eigenes Interesse sicherte, siehe unten sub III. und IV.,) war die Uebung einer an sich völlig zweifellosen Befugniß desselben praktisch darum höchst beschwerlich für den Unfreien, weil gerade der Vortheil des Herrn sehr häufig dazu aufforderte: nämlich das unbeschränkte Recht, den Leibeigenen beliebig zu veräußern. Der Verkauf in die Fremde, an Heiden, an Nicht-Germanen konnte den Unfreien jeden Augenblick, wenn der Herr Gelegenheit zu vortheilhaftem Verkauf hatte, von seiner Familie, von seiner Scholle, von dem Schutz der Kirche und der milderen germanischen Sitte losreißen und plötzlich einer unbestimmten und völlig unbeschränkten Grausamkeit preisgeben. Deßhalb wird schon im Westgothenrecht und in den Capitularien Karl des Großen der Verkauf der Knechte außer Landes, insbesondere an Heiden (trans fines regni, ja selbst trans fines provinciae, ad paganos) bei Strafe verboten und auch für Verkauf innerhalb des Reiches Zuziehung der Geistlichen, der Obrigkeit oder unbescholtener Zeugen gefordert. Die Kirche hatte dazu den ersten Anstoß gegeben (Concil. Cabilon. a. 649 c. 9, und verzichtete für sich schon seit dem 11. Jahrhundert völlig auf das Recht der Veräußerung. Später wurde wenigstens die Veräußerung ohne die Scholle verboten, was praktisch den

---

²²) Vgl. z. B. Canon. 68 Caus. 12 Quaest. 2 quum redemtor noster dirupto quo tenebamur captivi vinculo pristinae nos restitueret libertati, salubriter agitur, si homines quos ab initio natura liberos protulit et jus gentium jugo substituit servitutis, in ea qua nati fuerant libertate manumissionis beneficio reddantur.

größten Unterschied machte. — Die Kirche ferner war
es, welche, auf Grund der Lehre von der Nächstenliebe
und mit Bezug auf das fünfte Gebot, dem de jure aller=
dings bestehenden jus vitae ac necis des Herrn in seiner
Anwendung zuerst Schranken zog: das Asylrecht trat schützend
zwischen den Zorn des Herrn und den flüchtigen Knecht,
und grade die Sicherung des Lebens (und sogar der Glieder
zum Theil) des Verfolgten war ein Hauptzielpunkt dieses
Instituts.[23]) Aber auch abgesehen von Verletzung des Asyl=
rechts strafte die Kirche schon seit Anfang des 6. Jahr=
hunderts die eigenherrliche Tödtung des Unfreien ohne
Richterspruch mit Excommunication. Die weltliche Gesetz=
gebung freilich tastete hierin erst spät das uralte, in der
Sitte fest begründete Recht des Herrn an, mit Ausnahme
des überhaupt anticipirenden Westgothenrechts. Zur Zeit
der Rechtsbücher aber wird das Tödtungsrecht dem Herrn
bereits abgesprochen,[24]) wenn auch noch strengste Züchtigung
gestattet bleibt. Eine weitere, praktisch sehr wichtige Mil=
derung, welche der Schwabenspiegel ebenfalls schon kennt
(ed. Laßb. 308), besteht in der Beschränkung des Rechts,
Leibeigene zu halten, auf die höheren Stände (wenigstens
Mittelfreiheit wird gefordert), während früher selbst Halb=
freie (ja sogar Unfreie für ihren Herrn) Leibeigene halten
durften. Es leuchtet ein, daß Behandlung und Lage des
Knechts regelmäßig im Verhältniß stand zu Bildungsstufe,
Reichthum und Stand seines Herrn, weßhalb die Knechte
auf Kron= und Kirchengütern von jeher am besten daran
waren (siehe unten sub III.) Damit stand nun im Zusam=
menhang, daß die Unfreien theils durch die häufigen Frei=
lassungen, theils durch die Privilegien vieler Städte, wonach
die Luft den eingewanderten Eigenen in kurzer Frist frei
machte (vgl. Eichh. § 313), immer mehr aus den Städten
verschwanden (nur Halbfreie, Hörige haben sich, besonders
in den Gewerken, lange Zeit in der städtischen Bevölkerung
erhalten. Vgl. Eichh. § 243. Wartinger, leibeigene Stadt=

---

[23]) Vgl. im Allgemeinen: Helfrecht vor den Asylen. Hof 1801.
— K. Dann in der Zeitschr. f. dtsch. Recht. III. 327. — Wachter
in der Encykl. von Ersch. u. Gruber s. v. „Freistätten."
[24]) Schwabensp. 73. Laßb. sver sin eigen Knecht ze tode sleht —
man nimt im sin lip billicher danne ob er ein fremden slüge. —
Glosse z. Sachsensp. II. 32 wisse aber dass kein herr seinen Knecht
toedten mag. — Walter § 388.

bewohner im 14. Jahrh. Steiermärk. Zeitschr. VIII. p. 160).
So kam es, daß die Unfreien im Ganzen im Lauf der Zeit
zu einer bestimmten Klasse der Landbevölkerung wurden
(Eichh. §§ 337, 348), als solche zwar an die Scholle ge=
bunden, wofern nicht Freizügigkeit besonders ertheilt wurde,
aber eben dadurch auch gegen Losreißung von ihrem Grund
und Boden durch willkürliche Veräußerung seitens des Herrn
geschützt. Zu Anfang des 16. Jahrhunderts ist es bereits
in den meisten Gegenden so weit gekommen, und schon seit
Anfang des 15. Jahrhunders wird dies Verhältniß durch
die Gesetzgebung der erstarkenden Landesfreiheit, freilich nicht
immer zu Gunsten der Unfreien (siehe sub IV.) geordnet
(vgl. Walter §§ 385. 389). —

Die Lehre des Christenthums von der unverbrüch=
lichen Heiligkeit der Ehe mußte sehr frühe die Kirche
dazu drängen, auch der Unfreien Eherecht zu schützen.
Doch leistete auch hier das Interesse der Eigenthümer
zähen Widerstand. So vermochte die Kirche lange Zeit
nicht, die willkürliche Trennung der Ehe durch Verkauf
von Seite des Herrn zu hindern, und mußte sich begnügen,
wenigstens die Wiederverheirathung der faktisch getrennten
Gatten als Bigamie zu strafen (8. Jahrh.). Bald aber
wurde wenigstens die Unwiderruflichkeit des von dem Herrn
oder auch von zwei Herren einmal rechtsgültig ertheilten
Ehekonsenses durchgesetzt (9. Jahrh). Erst spät jedoch hob
die weltliche Gesetzgebung den Grundsatz auf, daß die Ehe
mit Unfreien den Freien verknechte; die Kirche aber konnte
gerade bei dieser Frage am wenigsten auf halbem Wege
stehen bleiben. Abgesehen von den sittlichen Motiven, for=
derte schon die dogmatische Auffassung der Ehe als Sacrament,
daß auch die ohne und gegen Willen des Herrn geschlossene
Ehe als rechte Ehe, und deßhalb als unauflöslich durch den
Einspruch des Herrn anerkannt werden mußte, was jedoch
erst im 12. Jahrhundert durchgesetzt wurde (von Hadrian VI.
† 1159. Cap. 1. X. 4. 9. de conjug. servor. si contradi-
centibus dominis et invitis (matrimonia servorum) con-
tracta fuerint, nulla ratione sunt propter hoc dissolvenda.
Vgl. Walter § 394 R. A. p. 383).

In einem andern wichtigen Gebiete bedurfte es weniger der
Anstrengungen der Kirche, da hier das praktische Bedürfniß des
Verkehrs, ja der Vortheil des Herrn selbst in Sitte und Her=
kommen die Härten des abstrakten Rechts mildern mußte, nämlich

im Gebiet der Vermögensrechte der Unfreien. (Vgl. Eichh. § 62 u. § 368.) Jenes eben besprochene Ananlogon des römischen peculium mußte faktisch bald ein Nießbrauchsrecht des Knechts an Fahrniß und Liegenschaft des Herrn, die ihm dieser überwiesen, herbeiführen. Schon zur Zeit des Tacitus war ein Maß für die Zinsgaben des servus an Getreide, Vieh, Kleidern ꝛc. festgestellt (G. c. 25), und später ordneten die Stammrechte zum Theil die Leistungen der Unfreien. Die Kirche stellte die Einziehung des Sonderguts, des peculium, des Knechts als Sünde dar,[25]) und schon im 7. Jahrhundert war die Belassung derselben bei Freilassungen, ja sogar die Annahme eines Lösegelds aus der Errungenschaft des Knechts, Regel und Sitte. Insbesondere bei den bäuerlichen Unfreien wirkte schon das Interesse des Herrn auf Gestattung gewisser Vermögensrechte hin; der Eifer für Steigerung der Ertragsfähigkeit des von dem Knecht bebauten Landes, die dann doch zuletzt wieder dem Herrn zu Gute kam, hing natürlich von dem Grad der Sicherheit in seinem und seiner Erben Besitz an diesem Boden ab. So wurde es frühzeitig Regel, den Knecht nicht ohne Grund (d. h. wenn er seinen Pflichten und Leistungen nicht gehörig nachkam) vom Hof zu treiben oder seine Lasten willkürlich zu steigern. Am wichtigsten für Gedeihen und relative Unabhängigkeit der Unfreien wurde jedoch, daß das angedeutete Interesse des Eigenthümers vor Allem die Vererbung des Leihguts vom Vater auf den Sohn frühe zur allgemeinen Regel machte: war doch die Sicherheit dieser Vererbung der wirksamste Sporn für Verbesserung des Bodens und eifrigen Anbau.

Für Belassung des Gutes wurde dann freilich eine Abgabe entrichtet, und zwar sowol in dem Fall, wenn der frühere Herr dem Erben des Knechts, als wenn der Erbe des Herrn dem früheren Knecht das Gut beließ. Diese Abgabe (lat. mortuarium, manus mortua) wurde oft von dem Herrn aus dem Inventar des hörigen Hofes, meist aus dem Vieh ꝛc. gewählt, und begegnet fast überall, wo ursprünglich ein Recht des Herrn auf den ganzen Nachlaß vorlag.[26]) Aber alles Vererbungsrecht der Unfreien bewegte

---

[25]) Egberti confessionale add. c. 35 non licet pecuniam suam servo auferre quam ipse labore suo adquisiverit. Walter § 396.

[26]) Die deutschen Namen, die äußerst mannigfaltig sind, siehe bei Kindlinger § 32—34, 46. Eichh. § 62. a. § 363. Runde dtsch.

sich lange Zeit nur innerhalb des Kreises der Mithofleute, und der Erbschoß, Abschoß (gabella hereditaria servorum), d. h. ein starkes Abzugsrecht des Herrn an dem an einen Fremden, einen „Aushöfer" verabfolgten Nachlaß des Eigenen, hat sich in vielen Gegenden bis zur Aufhebung der Leibeigenschaft erhalten. (Vgl. Eichh. § 368.) Viel später und seltener als ein Intestaterbrecht der Unfreien wird natürlich Testirfreiheit derselben anerkannt.

Dagegen nöthigte das Bedürfniß des Verkehrs schon früh, eine gewisse Fähigkeit der Unfreien, in Rechtsgeschäften mit Nebenhörigen und mit Freien sowol den andern Contrahenten als sich selbst zu obligiren, einzuräumen, sofern dies zum Betrieb der Wirthschaft, der sie als Verwalter, oder des Handwerks, dessen sie als Meister und Verkäufer pflogen, unentbehrlich schien. Konnten sie aber in eigenem Namen Gläubiger und Schuldner, so mußten sie alsbald auch im eigenen Namen Kläger und Beklagte werden, und die Strenge des alten Princips der Gerichtsunfähigkeit der Unfreien konnte um so leichter durchbrochen werden, als die uralten Grundlagen der germanischen Rechtsgenossenschaft längst von jüngeren Verhältnissen in Verfassung und Leben verdrängt waren. Gegen Unfreie wurden sie schon im 13. Jahrhundert, bald darauf auch gegen Freie, zum Zeugniß zugelassen, und seit dem 16. Jahrhundert erinnert an die alte Gerichtsunfähigkeit der Unfreien beinahe nichts mehr als die Vorschrift der Einwilligung des Herrn, um als Kläger oder Beklagter vor Gericht erscheinen zu können. —

Daß nun aber diese ganze Entwicklung so sicher und stätig fortschreiten konnte, davon war juristisch die wichtigste Ursache der Schutz, welchen das Hofrecht (jus curiae) dem Unfreien gewährte.[27] Während nämlich an sich und

---

Privatr. § 549. R. A. p. 364—374. Die häufigsten sind: Besthaupt, Besttheil, Sterbfall, Todtfall, Geläß, Todtleib, Todtgans, Watmal, Theuersthaupt, Kurmede. Vgl. Bodmann, histor. jurist. Abhandl. v. Besthaupte, Mainz 1794, u. Arnoldi in d. Encyklopädie v. Ersch u. Gruber. I. S. T. 9. p. 309.

[27]) Vgl. Eichh. § 62 a. § 86. 173. 303. 339; und Diel sub voce „Eigengericht" in der Encyklop. v. Ersch u. Gruber I. S. T. 32. p. 183. Die meisten größeren Hofrechte sind erst im 14. Jahrhundert aufgezeichnet worden, so das wichtigste von Lohn a 1363 (ed. Niesert, Rösfeld 1819). Andere f. bei Kindlinger l. c. Steiner, westphl. Gesch. B. III. u. V. u. A. Müller, f. v. Hofrecht in der obigen Encyklop. S. II. T. 9. p. 322.

ursprünglich bei der Rechtlosigkeit des Knechts gegenüber seinem Herrn lediglich die Willkür des Letzteren über sein Leben und seine Lage entschied, bildete sich sehr früh ein bestimmtes Herkommen sowohl über die Leistungen des Knechts als über die Strafgewalt des Herrn für die einzelnen Vergehen aus. So stellte sich neben das Volks= recht oder Landrecht allmälig ein Hofrecht, welches, wenn auch unsicherer und härter als die Rechtsnorm der Freien, doch wenigstens eine objective Rechtsordnung und somit eine Schranke der rein subjectiven Willkür des Herrn war. Aber das Hofrecht ohne das Hofgericht würde wenig geschützt haben. Gesichert wurde jene objective Rechtsordnung in ihrer An= wendung dadurch, daß der Grundsatz aller germanischen Rechts= pflege, daß der Gedanke des Genossengerichts sich auch in dieser untersten Sphäre germanischen Lebens geltend machte. Wie der freie Mann sollte auch der Knecht nur von seines Gleichen gerichtet werden: denn das Recht eines Jeglichen lebt in der Ueberzeugung seiner Standesgenossen. Nicht also der Herr, sondern die Mithörigen bringen das Hofrecht im einzelnen Fall zur Anwendung: dem Herrn blieb nur die formale Ge= richtshoheit, die Hegung und Leitung des Gerichts und die Vollzugsgewalt des Urtheils, ganz wie dem König oder seinem Grafen im Volksgericht.[26]) Darin lag natürlich auch materiell die stärkste Garantie für die erworbenen Rechte, die beste Aussicht auf deren Erweiterung: diesen selbst hörigen Urtheilsfindern mußte Alles daran liegen, daß das Hofrecht, dem sie selbst unterworfen waren, möglichst günstig inter= pretirt, möglichst gerecht und mild angewendet wurde. In Folge dieser durch Hofrecht und Hofgericht geschützten Ent= wicklung war nun der Unfreie in allen praktisch wichtigen Dingen des Standes=, Proceß=, Familien=, Vermögen=, Erb= und Straf=Rechts dem zwar persönlich freien, aber dinglich schwer belasteten Hinterfassen, der seinem Gutsherrn schutz= hörig und zinspflichtig war, völlig ähnlich geworden, so daß, da namentlich auch die Bezeichnungen für Personen und Leistungen der freien und unfreien bäuerlichen Hinterfassen in einander übergingen, bei Aufhebung der Leibeigenschaft oder später bei Ablösung der Grundlasten diese Verhältnisse nur sehr schwer und oft gar nicht mehr auseinander zu halten waren.

---

[26]) Seifried, Gesch. d. ständischen Gerichtsbarkeit in Baiern, dann der Leibeigenschaft, Dienstbarkeit ꝛc. Leipzig 1792.

III. Socialer Zustand der Leibeigenen.

Wenden wir den Blick von dem Recht, d. h. von der juristischen Stellung, zu dem Leben, d. h. zu der socialen Stellung der Unfreien, so erkennen wir leicht, daß sie, obwol sie aller politischen und lange Zeit auch aller Privatrechte barben, social einen höchst wichtigen Bestandtheil des States bilden, weil der größte Theil der Arbeit von ihnen geleistet wird, lange Zeit ganz ähnlich wie von den Sklaven der Hellenen und Römer, nur daß bei diesen später das reichausgebildete Culturleben in Stat, Gesellschaft, Wissenschaft und Kunst die Freigebornen noch mehr von der eigentlichen Gewerbsarbeit abzog, während das oben bereits erwähnte eddische Rigsmal uns den Freien nicht minder als den Knecht, nur in anderer Weise, arbeitend, und nur etwa den Edeln, den jarl, in einer der hellenischen Muße ähnlichen Lebensweise zeigt.

Alle Arten von Dienst und Arbeit werden von den Unfreien für den Herrn besorgt: Knechtsarbeit (opus servile) ist sein characteristisches Merkmal. Zum Theil im Hause des Herrn selbst, zum Theil auf entlegenen Landgütern als Aufseher, Verwalter oder als niedre Diener, Arbeiter, Tagelöhner in Haus und Hof, in Stall und Garten, Feld und Wald, zum Theil als Meister oder Gesellen der verschiedensten Gewerke, die Weiber bald als Mägde in Haus und Hof, bald als Handwerkerinnen, oft gemeinsam in der Frauenstube (genitia von γυναικεῖον) versehen sie die meiste, wenigstens die schwerste eigentliche Erwerbsarbeit des Lebens. Schon barin liegt Möglichkeit und Veranlassung, hohen Einfluß, bedeutendes Gewicht, reiches Vermögen zu gewinnen. Am niedersten stehen natürlich die Verrichter der härtesten Feldarbeiter, höher schon die Hirten, am günstigsten Künstler, Handwerker, (Goldschmiede, Waffenschmiede) und vor Allem die Hausdiener, die in größeren Verhältnissen eben als Haus=Hof= und (was damals identisch) Stats=Beamte erschienen. Da sie nun auch zur Berathung, Begleitung, Bedienung, zur Waffenfolge des Herrn im Krieg verwendet wurden (Eichh. § 194), mochten sie als Ministerialen und Ritter die Gemeinfreien bald mächtig überragen. Solche Unfreie legten bann factisch die Natur der Eigenschaft ab. Länger und echter erhielten sich deren Spuren, wo der Knecht in Verbindung mit dem dem Herrn gehörigen Grundbesitz blieb, was später die fast ausnahmslose Regel ward und wobei der Leibeigene mit dem Halbfreien, mit dem herabgekommenen armen Freien bis zur Unkenntlichkeit verschmolz. Solche bäuerliche Unfreie erscheinen nun in unerschöpflichen Spielarten bis zu der Zeit der Aufhebung der Leibeigenschaft: von dem reichen, angesehenen Erbpächter, der große Ländereien mit Scharen von Knechten besitzt, bis hinunter zu dem armen, verachteten Köther, der ein dürftig Vorwerk des Herrn mit einem Stück Vieh wie ein Taglöhner bestellt. — Am günstigsten waren, wie schon erwähnt, von jeher die Leibeigenen auf den reichen Gütern, in den wohlgeordneten Haushalten der Könige und der Kirchen daran (servi fiscalini, s. ecclesiastici). Höheres Wergeld, günstigere Stellung vor Gericht, Sicherung durch festes Hofrecht kamen ihnen früh zu Statten, und die fiscalini zeichnete besonders die Waffenfähigkeit aus: schon unter den Merovingern konnten daher die pueri regis — Unfreie in unmittelbarem Dienst des Königs — hohe Reichsämter im Krieg und Frieden erlangen. — Wenn es sich nun darum handelt, zu zeigen, wie bestimmte Klassen von Unfreien durch die Lebensverhältnisse, durch ihre gesellschaftliche Stellung von dem Druck der Eigenschaft allmählich nicht nur völlig befreit, sondern sogar zu solchen Stufen von Macht, Ehre, Glanz und Reichthum emporgehoben werden konnten, daß sie die Gemeinfreien weit überragten, so dient hiezu am besten die Geschichte derjenigen Klasse von Eigenen, welche nicht nur im Leben, sondern selbst im Recht einen abgeschlossenen Stand mit bestimmten Standesrechten und Ehren gebildet haben, die wichtige Klasse der Ministerialen, auf deren Bedeutung zu dem angedeuteten Zwecke näher eingegangen werden muß.[20])

Der Name ministerialis hat in verschiedenen Jahrhunderten eine sehr verschiedene Bedeutung gehabt. Ursprünglich bezeichnete er niedere Beamte in der Verfassung des späteren Römerreiches (4 Jahrh.) und ging von da an in das fränkische Reich über. Schon unter den Merovingern war Freiheit und Unfreiheit nicht mehr der wichtigste Unterschied. Die veränderten politischen und socialen Verhältnisse schoben andere Unterscheidungen in den Vordergrund. Nachdem das politische

---

[20]) Vgl. die Ministerialen von A. Freih. v. Fürth, Köln 1836 (und bei diesem die ältere Literatur p. I — XVI). Vgl. ferner Kindlinger § 7—10. Walter § 417. 418. Eichh. § 49 § 259. Nitzsch, die Ministerialität (1869).

Schwergewicht von der Volksversammlung auf den König
übergegangen, ist es vor Allem die Beziehung zu König
und Hof, welche auszeichnet, welche auch den Unfreien, der
in Amt, Schutz oder Gefolgschaft des Königs steht, der könig-
liches Gut empfangen, hoch über den freien einflußlosen oder
gar armen Mann erheben mag. Die freie Geburt war,
wenn sie sich mit Hofdienst, Amt, Reichthum verband, ein
Grund weitern Vorzugs, aber an sich hatte sie die alte Bedeutung nicht mehr.[30]) So kam es bald, daß eine Klasse
von unfreien Dienern, welche die unmittelbare Begleitung
und Umgebung des Königs bildeten, eben wegen des Ein-
flusses, welche die enge Verbindung mit dem Haupt des
Reiches und die häufig daran geknüpften Reichthümer, Aemter
ec. gewährten, alle andern nicht nur unfreien, sondern selbst
freien Männern des Reiches überragten. Das Statswesen
war ja gewissermaßen in dem Hof des Königs concentrirt:
und so wurde der Name der Hausdiener, der ministri,
ministeriales für Statsbeamte gebraucht. Der Herzog wie der
mit der Scholle verschenkte Bauer konnte damals ministerialis
sein. Die wichtigen Erzämter des Marschalls, Truchseß, Schenk
und Kämmerers wurden von Ministerialen bekleidet. Der
Herr hat mit Zuziehung von etwa sieben Genossen Gerichtsgewalt über den Ministerialen, die selbst über den höchsten
geistlichen und weltlichen Beamten sich, insbesondere wegen
Treubruch, bis zur Todesstrafe erstreckt. An sich ist damals
noch die Ministerialität nicht erblich, sondern wird durch besonderes Gelübde persönlich übernommen. Die Vortheile der
Ministerialität bestanden bei Geringeren in Zollfreiheit, Waffenfähigkeit ec., bei Vornehmeren in Aemtern, Einkünften, Land-
besitz, Ehrengeschenken ec. Schon unter Karl dem Großen bezeichnet ministerialis nicht mehr nur den unfreien Hausdiener,
sondern jeden Reichsbeamten. Als nach dem Tode Karls die
großen Herzoge, Grafen ec. des Reiches ihre Aemter in Lehen ver-
wandelten, geht der Name Ministerial allmählig über in
den Namen Vasall. Dies wiederholte sich in absteigender Linie
bei dem Gefolge der Vasallen selbst, und Ministerial bezeichnet
jetzt nicht mehr jeden Beamten, sondern nur unfreie Hausdiener, welche einem der vier Erzämter zugetheilt waren.
Insbesondere die Kirche gab aber ihre Aemter und Güter
am liebsten den verlässigen Unfreien zur Verwaltung, und diese

---

[30]) Vgl. Waitz dtsch. Verf. Gesch. II p. 207.

Ministerialen wurden nun den Freien, zumal durch das Waffenrecht, das ihnen der Vortheil der Herren überall zuwandte, nahe gerückt. Diese Ministerialen vereinbarten bald selbst mit dem Herrn die Rechtsnormen ihrer Verhältnisse, und überwachten streng im Hofgericht die Anwendung dieses Hofrechts, in welches natürlich viele Bestimmungen der Dienstrechte freier Mannen übergingen. Auch das Lehenwesen, bald mit Erbrecht, trat, wie in alle Gebiete, so auch in den Kreis dieser Ministerialen, welche sich, nach dem allgemeinen Zug der Zeit, als eine Genossenschaft fühlten und bald als besondere Klasse scharf von den andern Ständen abhoben, so daß die Ministerialen zur Zeit der Rechtsbücher erscheinen als ein besonderer Stand unfreier waffenfähiger Hausdiener des Königs oder der Fürsten, welche in einem erblichen, rein persönlichen Abhängigkeitsverhältniß stehen, nach besonderm Dienstrecht beurtheilt werden und den Uebergang von der Unfreiheit zur Freiheit bilden.[31]) Sie bilden den ordo ministerialium und können die Ritterwürde mit allen Ehrenrechten dieses Standes (Sigel= und Fehderecht, den Namen Herr, dominus, nobilis ꝛc.) erlangen. Doch stehen sie dem hohen Adel vielfach nach, sie können nicht mit diesem ebenbürtige Ehen schließen und nicht Landeshoheit ausüben. Aber auch den Freien, wenigstens den höchsten Klassen der Freien, stehen die Ministerialen darin nach, daß sie denselben vor Gericht nicht ebenbürtig sind. Dagegen den geringsten Freien stehen die Ministerialen gleich (später sogar höher) und als Ritter sind sie auch dem freien Ritter zum Kampfrecht ebenbürtig. Von andern Unfreien heben sich die Ministerialen (obwol sie auch homines proprii heißen) scharf ab, besonders durch Befreiung von knechtischen Diensten und Abgaben. Nach dem Sachsenspiegel heben die Dienstleute als Unfreie nur den siebenten Herschild; aber schon der Schwabenspiegel gibt ihnen den sechsten, den letzten der eigentlichen Herschilde, ohne Voraussetzung vorgängiger Freilassung: — so sehr hatte sich inzwischen die Bedeutung des Ritterthums gehoben. — Die niedersten Freien werden jetzt den unfreien Ministerialen nachgestellt, und Freilassung erhebt diese bis zum fünften Herschild zu den Ritterbürtigen und Mittelfreien. Bald aber fiel auch das Erforderniß der Freilassung weg, und der Ministerial stand jetzt als solcher dem freien Ritterbürtigen gleich. — Von den zahlreichen Eintheilungen

---

[31]) von Fürth. § 43.

der Ministerialen heben wir hervor die des Reichs, der Kirche und des Adels. Erstere sind entweder von jeher im Dienst des Reichs, oder sie sind früher freie des zum Kaiser gewählten Fürsten gewesen. Sie sind dem Reich zu besonderer Treue verpflichtet, stehen nur vor dem Kaiser und ihren Genossen zu Recht, besitzen Reichsgut und erscheinen nach dem Untergang der Ministerialität als edle, mit Reichsgut belehnte Ritter. Ihnen zur Ehe ebenbürtig sind die Ministerialen der Kirche, als Mannen des Kirchenheiligen selbst angesehen und deßhalb besonderer Ehre genießend, und gegen ihre Prälaten mit starken, häufig erzwungenen, Rechten geschützt. Außer Kaiser und Kirche konnte nur noch der Adel Ministerialen halten, die sich allmählich den Ersteren gleichstellten. Von ihren Pflichten sind die wichtigsten die Her=, Hof= und Gerichtsfahrt nach dem Ruf des Herrn, mit welchem sie Feindschaften und Freundschaften, Würden und Ehren theilen. Dafür hat sie der Herr vor Gericht zu vertreten, in jeder Noth zu unterstützen, und ein besonders enges Band von Huld und Treue verbindet den Herrn und den Ministerial in allen Dingen. Sie haben factisch so mächtigen Einfluß, daß der Herr bei wichtigen Handlungen an ihre Einstimmung gebunden ist, ja daß sie ihm den Gehorsam geradezu aufkünden können. Unter einander durch Interesse, Standesrecht und Standesehre verbunden, erscheinen sie als eine Hofgenossenschaft — familia comministerialium[32]) und haben untereinander besonderen Frieden, Retracts=, Näher= und Erbrechte. An den Festtagen des Hauses versammeln sie sich, mit Wappen und Farben des Herrn, in dessen Burg. Fremden gegenüber theilen sie Ansehen und Ehre des Herrn, welcher ihnen besonders in den von ihm abhängigen Städten hohe Freiheiten, Rechte und Aemter verleiht, um die Bürger dadurch im Zaum zu halten. Ein besonderer Eid, verschieden vom Vasalleneid, verpflichtet sie dem Herrn zur Kriegshilfe wider Jedermann, außer Kaiser und Reich, besonders zur Bewachung von Burgen. Sie haben mannigfache Hausdienste, aber nicht knechtische, nur ehrenvolle, zu leisten, die in Maß und Art genau geregelt sind durch das zwischen Landrecht und Hofrecht die Mitte haltende Dienstrecht. Diese Dienstrechte wurden nicht vom Herrn einseitig erlassen, sondern mit den

---

[32]) Siehe Wachter sub voce „familia" in der Encyklop. v. Ersch u. Gruber. S I. T 41. p. 314 (wo reiches Material hierüber trefflich verarbeitet ist) und „Dienstmannen" ebenda S I. T. 25. p. 42.

Ministerialen vereinbart, oft (wie Stadtrechte) die für einen Hof erlassenen Statuten von einem andern entlehnt und die Urkunden sorgfältig in Kirchen aufbewahrt. Diese Dienst=
rechte gewährten den Ministerialen, wenn sie auch der Gewere nach Landrecht darbten, eine Gewere zu Hofrecht an ihrem Eigenthum: Liegenschaften besaßen sie häufig nach Amtrecht oder Lehenrecht. Oft erhielten sie vom Herrn bestimmten Lohn in Naturalien, Kleidern, Waffen, Rossen zc. Freies Eigen zu freier Verfügung konnten sie nur mit Erlaubniß des Herrn, sonst nur innerhalb des Hofrechtes Vermögen erwerben. — Die ritterbürtige oder gemeinfreie Frau tritt in den Stand des Ministerialen, den sie heirathet. Ehen zwischen Dienstleuten verschiedener Herren suchten die Dienstrechte zu hindern, weil sie die Treue der Dienstleute und die Erbrechte der Herren gefährdeten: oft straften sie solche Ehe mit Ein= ziehung der Lehen. Ein maritagium entrichten aber die Ministe= rialen regelmäßig nicht, weil der Herr nicht in diesem Punct als Mundwalt gedacht wurde, und weil zur Zeit der Ent= stehung der Dienstrechte die Form des Kaufs bei Eingehung der Ehe nicht mehr vorkam. — Das Erbrecht der Ministerialen konnte sich anfangs nur innerhalb der Hofgewalt des Herrn be= wegen und war den Gegenständen nach (ererbtes, errungenes Gut, Amt, Lehen zc.) sehr verschieden. Voraussetzung der Erbfähigkeit war Ebenburt zu Hofrecht, im Uebrigen waren die Erbgründe wie nach Landrecht: Verwandtschaft, (Ehe,) Vertrag, später Vermächtniß. Wichtig waren jedoch hiebei die mannigfachen Erbansprüche des Herrn. Wie der König oder sein Richter nach Landrecht bei Freien, zieht der Herr nach Dienstrecht bei Ministerialen den Nachlaß in Ermanglung von (hofbürtigen) Erben ein. Bei Ausheirathen hat er ein concurrirend Erbrecht neben dem Gatten. Außerdem hat er vor allen Erben ein festes Recht auf eine Quote des Nach= lasses, manus mortua, dextera manus (auf Alles, was von ihm selbst herrührt: also auf Lehen und, zum Theil aus gleichem Gesichtspunkt, auf Hergewäte). Wie nach Land= recht haben nach Dienstrecht die Erben häufig ein Einspruchs= recht bei Veräußerung von Liegenschaften. Im Strafrecht steht obenan Treubruch gegen den Herrn, wozu auch will= kürliche Verheirathung gehört. Besondere Strafen sind Entziehung der Rechte der Ministerialität, Verstoßung in die Lage der gewöhnlichen Unfreien, Verwirkung der Gnade des Herrn, Einziehung der Aemter und Güter, Ehrenstrafen,

(Hundetragen, Satteltragen 2c.), Haft: aber während andere Unfreie in den Block geschmiedet werden, Umziehung mit seidener Schnur auf Ehrenwort. Ueberhaupt mildert der höhere Stand die Strafe, wenn auch der Bruch höherer Ehre die Buße der Ministerialen erhöht. Das Hofgericht wird über die Ministerialen ganz nach Analogie des Landgerichts, nur statt im Namen des Königs im Namen des Herrn gehalten, oft muß sich aber der Herr dabei vertreten lassen. Bei Steil zwischen Ministerialen verschiedener Herren entscheiden doppelte Gerichte, oder das Dienstrecht hat die Zusammensetzung eines Mischgerichts vorgesehen. Die härteren Gottesurtheile finden bei Ministerialen selten Anwendung, dagegen stand ihnen wie Freien und Edeln das Kampfrecht zu; oft war Berufung vom Dienst- an das Landgericht gestattet.

Beendet wird das Verhältniß 1) durch Uebertragung der Rechte des Herrn auf einen Andern, meist mit Belassung der Güter, ja mit Nachlaß an Leistungen, oft die Einstimmung der comministeriales voraussetzend und nicht eine eigentliche Uebertragung einer Gewere, wie beim Verkauf anderer Unfreien enthaltend. 2) Durch Infreiheitsetzung zur Strafe des Herrn wegen Nichterfüllung seiner Huldpflichten und wegen Verbrechen gegen Kaiser und Reich. 3) Verstoßung in gewöhnliche Unfreiheit zur Strafe 4) Durch Eintritt in den geistlichen Stand und 5) Freilassung durch den Herrn.

Man sieht, die Ministerialien waren den Vasallen sehr ähnlich gestellt, und die zum Untergang der Ministerialität führende Entwicklung besteht nur gerade darin, daß die Ministerialen mit den freien Vasallen allmälig vollständig verschmelzen. Wenn sie anfangs von den Vasallen die noch engere persönliche Beziehung zum Herrn, das besondere Dienstrecht, der besondere unfreie Stand unterschied, so mußten diese Unterschiede doch allmälig verschwinden, da fast alle Dienstleute zugleich auch Vasallen ihrer Herren, oft auch anderer Lehensherren, wurden, da die Dienstrechte immer mehr den Lehenrechten sich näherten, und da die Spuren der Unfreiheit in der Lebensstellung der Ministerialen sich fast ganz verloren hatten, nachdem sie alle Ehren des Ritterthums, Allobbesitz außer Hofrecht, und als Rathgeber und Vertraute der Fürsten und Herren höchsten Glanz und Einfluß gewonnen hatten. Dieser allmälige Uebergang der Ministerialen in freie Vasallen hat sich von der Mitte des 13. bis zur Mitte des

14. Jahrhunderts gleichzeitig mit der massenhafteren Entstehung des niederen Adels in Deutschland vollzogen.

IV. Schritte der neueren Geschichte zur Aufhebung der Leibeigenschaft.

Während schon frühe die Lage der Leibeigenen durch den Einfluß der Kirche, durch die überhaupt milder werdenden Sitten, durch die Ausbildung von Hofrecht, durch den festeren, meist erblichen Zusammenhang mit der Scholle, durch Waffenrecht und Ministerialität sich besserte, nahm auch die Zahl derselben immer mehr ab. Und zwar war es hier wieder die Kirche, welche, indem sie die Freilassungen als Gott höchst wohlgefällige gute Werke hinstellte, bewirkte, daß von frommen Selen, insbesondere auf dem Todtenbett, daß von Königen und Fürsten bei großen Freudenfesten (Sieg, Hochzeit, Geburt von Erben 2c.) Leibeigene sehr häufig und in großen Massen freigegeben wurden. Sie wußte auch das Recht der Freilassung selbst zu mildern, so das später, unter Beseitigung der früheren Unterschiede in der Wirkung, jede Form der Freilassung zum Vollfreien machte. Endlich wurde durch Herkommen und häufig auch durch Gesetz bestimmt, daß der Herr die Freigebung gegen ein gewisses Lösegeld, das der Knecht oft selbst aus seiner Errungenschaft aufbringen durfte, oder sonst aus bestimmten Gründen (Eintritt in den geistlichen Stand[33]), in eine Gewerksinnung, in Stats- oder Kriegsdienste, bei Erlangung von akademischen Graden) nicht solle weigern dürfen.

Die Kirche selbst ging mit dem Beispiel voran, ihre Eigene in persönlich freie Schutzhörige und Zinspflichtige zu verwandeln (schon seit dem 11. Jahrhundert), und auch weltliche Gutsbesitzer erhoben von ihren Unfreien später wenigstens sehr häufig keine schwereren Abgaben als von ihren freien (allerdings schutzhörigen oder sonst strenger abhängigen) Pächtern und Zinsleuten.[34])

---

[33]) Kunstmann, histor. Nachrichten über die Freisprechung leibeigener Priester in Bayern; oberbayerisch. Archiv I. p. 274.

[34]) Es ist richtig, daß das Wort „Leibeigenschaft", welches überhaupt erst lange nach dem Verschwinden der schroffsten Härten des alten Rechts vorkommt, sehr häufig nicht die strengste Unfreiheit, sondern jene bäuerliche Halbfreiheit bezeichnet. Aber dieser Zustand ist in sehr vielen Fällen eben nur Ergebniß der Milderung der alten völligen Unfreiheit, die hier zu besprechen war. Daß eine solche

Indessen trat in dem im Allgemeinen günstigen Fortgang der Geschichte dieser zu einem bäuerlichen Stande gewordenen Leibeigenen doch auch manch' retardirendes und feindliches Moment hervor, mehr freilich die sociale Lage als das Recht derselben verschlimmernd. So hatte die erstarkende Landeshoheit und das eindringende römische Recht nicht minder ungünstigen als andrerseits günstigen Einfluß.

Wenn schon seit Ende des 13. Jahrhunderts freie und unfreie bäuerliche Zustände oft bis zur Unkenntlichkeit in einander schillerten, so hatte das damals um sich greifende fremde Recht für diese Halbfreiheit (mit Ausnahme des ziemlich unpraktischen Rechts der coloni und adscriptitii) keine rechte Form. Es kannte neben dem freien Eigenthum nur Zeitpacht und Emphyteusis und räumte daher, wo sich die Merkmale der letzteren nicht fanden, dem Gutsherrn überall ohne Weiteres die Befugniß willkürlicher Kündigung ein, das vom deutschen Rechte betonte dingliche Recht des Bauern an dem Gut nicht achtend. Wenn so das fremde Recht gerade die ursprünglich freien, aber schutzhörigen Bauern benachtheiligte, kam anderseits freilich den ursprünglich Unfreien die praesumtio libertatis der römischen Juristen zu statten.[33]) Ebenso wirkte die Entstehung der Landeshoheit nach zwei Seiten. Wenn dieselbe einerseits einen gewissen Schutz gegen grausamen Druck des Adels gewährte, konnte doch andererseits das Zusammentreffen von so vielen und so starken Rechten, wie politische Oberhoheit, Gutsherrlichkeit, Obereigenthum und directes Eigenthum an der Person des Unfreien, in dem Landesherrn jetzt so häufig vereint, nicht anders als die Lasten der Bauern mehren. Auch hier traf

---

wirklich in Deutschland bestanden — was man vielfach in Abrede gestellt — (z. B. Geßner geschichtl. Entwickl. d. gutsherr. u. bäuerl Verhältnisse Deutschlands. Berlin 1820. p. 23.) beweist jeder Blick in die Stammrechte. Mit Eichh. § 19. § 49 anzunehmen, diese härteste Unfreiheit sei erst nach der Wanderung entstanden, verstößt gegen das Zeugniß des Tacitus und den ganzen Gang der Entwicklung.

[33]) Dabei geriethen sie freilich oft in große Verlegenheiten und Widersprüche: Zasius († 1535) sagt: servi anonymi in nostra Germania homines proprii dicti nec adscriptitii nec coloni nec capite censi nec statu liberi nec liberti sunt, de omnium tamen natura participantes. Schard dagegen († 1535): quicquid in toto jure de servis sancitum est, id referendum est ad rusticos nostri saeculi, quatenus fert aequitas, similitudinem collegi. Vgl. Dieck S. 5. „Eigenleute" in der Encykl. v. Ersch. in Gruber. S. I. T. 12 p. 189.

der Druck mehr noch die heruntergekommenen ursprünglich
freien Bauern: denn im Zusammenhang mit dem Uebergang
der Unfreien in eine Klasse der Landbevölkerung stand es,
daß jetzt die ursprünglich nur von dem Unfreien geforderten
Leistungen von alen Bauern als solchen beansprucht
wurden. Die Unfreien stiegen weniger zu den Freien empor
als diese zu den Unfreien heruntergezogen wurden, und der
Bauernstand als solcher im Gegensatz zu Priester, Ritter und
Bürger erschien als das wahre Lastthier des States; dazu
kam, daß eine Schutzwehr des freien wie unfreien Bauernstandes, die Hofrechte und Hofgerichte, die Bauernrechte und
und Bauerngerichte, von dem immer verderblicher um sich
greifenden bureaukratischen absolutistischen Geist des States
jener Jahrhunderte verdrängt wurde. Der Gedanke des
Genossengerichts sollte, wie jede Regung eines freien, sich
selbst regierenden Gemeindelebens erstickt werden.[36]) An die
Stelle der selbstvereinbarten Hof- und Bauernrechte trat die
Landesgesetzgebung, welche die Leistungen der Bauern und
ihr Verhältniß zu dem Gutsherrn vielfach von dem harten
polizeilichen Gesichtspunkt aus ordnete. An die Stelle der
Hof- und Bauerngerichte trat der gutsherrliche Patrimonial-
richter oder der landesfürstliche Beamte, beide fremdes Recht
mit unverständlichen Formen handhabend. So hatte denn
der Druck anf die Bauern, allerdings auf freie wie unfreie,
zu Anfang des 16. Jahrhunderts solches Gewicht erreicht,
daß die durch die neue Lehre der Reformatoren von der
„christlichen Freiheit" erhitzten Bauern, Anfangs nicht ohne
Billigung Luther's, sich fast ganz in Deutschland gegen ihre
Zwingherren erhoben zur Wiedergewinnung, Vertheidigung
und Erweiterung ihrer Rechte.

Die wichtigsten der von den Bauern gestellten Forderungen waren characterisch genug — folgende: Abschaffung
der Unfreiheit als wider Gottes Gebot streitend, Zurückführung aller bäuerlichen Lasten auf ihr durch Herkommen
oder Vertrag bestimmtes Maß, Aufhebung des mortuarium,
Abschaffung der willkürlichen Geldbußen bei der gutsherrlichen
Rechtspflege, Rückgabe der entrissenen Gemeindegüter, Antheil
der Bauern an der gemeinen Mark, an Wald und Wasser,
Wild und Fisch, getreue Verwendung der Zehnten zu wirk-

---

[36]) Merkwürdig ist das noch im vorigen Jahrhundert beschickte
Eigengericht zu Oberwiesenhausen in Hessen. Vgl. Haltaus Glossar
S. 5. Eigengericht.

lich kirchlichen Zwecken 2c. Die gemeinsame höchste Gefährdung ihrer rechtmäßigen wie unrechtmäßigen Ansprüche vereinte Fürsten und Adel mit seltener Einmüthigkeit zur raschen und blutigen Unterbrückung der merkwürdigen, unter dem Namen des „Bauernkrieges" bekannten Bewegung.³⁷) Die Lage der Bauern wurde hierauf fast nirgends besser, fast überall schlimmer als zuvor. Die veränderte Lebensweise des Adels seit dem 17. Jahrhundert brachte dem Bauernstand — der unfreie ist jetzt hierin nicht mehr vom freien zu trennen — weitere Nachtheile. Wenn früher die Gutsherren ihren Eigenen vielfach Schutz, Pflege, Theilnahme gewährt, wenn in Folge der fortwährenden persönlichen Berührung der Herrschaft mit den Hörigen mannigfache Rücksicht und Schonung das Verhältniß gemildert hatte, so mußte dies wesentlich anders werden als der Adel, zu bloßen Hofschranzen herabgesunken, fortzog von seinen Schlössern, Burgen und alten Landsitzen an die Residenzen der großen und kleinen Fürsten, dort den vom Hofe von Versailles nachgeäfften Luxus mit seinen ganz außer Verhältniß stehenden Mitteln mitmachte und daher natürlich aus seinen Gütern vielmehr als ehedem erpressen mußte. Da wurde der Bauer, besonders der unfreie, nur mehr als Erwerbsmittel angesehen, und, der Willkühr harter Vögte preisgegeben, durch eine immer steigende Last von Zins= und Arbeit=Forderung erdrückt.

Da konnte denn die Zeit, welche sich das „Jahrhundert der Aufklärung" nannte, — das 18. — nicht gleichgültig bleiben gegen die wachsende Noth der Landbevölkerung. Die Regungen einer freieren Anschauung von Stat und Statsrecht und Menschenwürde mußten sich vor Allem gegen die Recht und Würde des Menschen so schreiend verletzende Leibeigenschaft wenden: und so finden wir denn schon seit der ersten Hälfte jenes Jahrhunderts Literatur und Wissenschaft und Gesetzgebung bemüht, jene Zustände zu mildern oder ganz zu beseitigen! — Es ist richtig, daß dabei vielfach mit flachem Rationalismus, mit aufräumender Gehässigkeit gegen alles „Feudale" d. h. am Ende gegen alles geschichtlich Gewordene vorgeschritten wurde. Es ist wahr, daß bei Auf=

---

³⁷) Vgl. Sartorius, Versuch einer Geschichte des Bauernkriegs, Berlin 1795, Schreiber. Der Bundschuh. Freiburg 1824. Oechsler, Beiträge zur Gesch. d. Bauernkrieges. Heilbronn 1830. W. Zimmermann, allg. Geschichte des Bauernkrieges. Stuttgart 1841.

hebung der Leibeigenschaft wie später bei Ablösung der guts=
herrlichen Rechte vielfach Privatrechte der Herren empfindlich
verletzt, daß besonders andere, von der Leibeigenschaft
nicht leicht nicht mehr zu unterscheidende, Abhängigkeits=
verhältnisse mit derselben verwechselt, die Entschädigungen
der Herren beßhalb sehr ungünstig bemessen und daß
natürlich von diesen Härten vielfach ganz Andere be=
troffen worden sind als die Veranlasser der Noth der
Bauern oder ihre Erben. Es ist nicht minder richtig,
daß die deutsche Leibeigenschaft factisch von jeher einen
milderen Character als die römische servitus getragen, und
daß die Lage der plötzlich von jedem Zusammenhang mit
der Herrschaft losgerissenen und auf sich selbst gewiesenen
Unfreien häufig eine harte ward. — Aber alle diese Er=
wägungen können an den einfachen Ergebnissen unserer
Vernunft wie unserer Empfindung nichts ändern, daß die
Leibeigenschaft, wie sehr auch ihre Entstehung und ihre
lange Fortdauer geschichtlich erklärlich, ein schreiender Wider=
spruch war gegen das Wesen des Menschen und gegen den
Begriff des States. Der Schutz, welchen die mildere
Sinnesart des Germanen factisch gewährte, war, bei der
durchgängigen Roheit jener Culturzustände, eine höchst
unsichere Schranke, und die Geschichte kennt Beispiele genug
davon, daß das harte Recht nicht nur streng, sondern grausam
geübt wurde. Wenn man auch allen mildernden Momenten,
insbesondere den Pflichten des Herrn gegen den Eigenen
(Alimentation, Hilfe in Noth, Schutz vor Gericht 2c.) Rechnung
trägt, so ist doch nicht zu vergessen, daß die Erfüllung dieser
Pflichten die längste Zeit nur dem guten Willen des Herrn
anheimgegeben war. Das patriarchalische Idyll, das man in
jenen Zuständen gefunden hat, war geschichtlich nicht die
Regel, sondern die Ausnahme; der wirksamste Schutz für den
Knecht war, wie bei aller Unfreiheit, doch nur das eigene Interesse
des Herrn, sofern Leidenschaft und Dumpfheit des Sinnes es
ruhig und klar erkennen ließen. Am wenigsten aber darf
die Betrachtung der unmittelbar nach Aufhebung der Eigen=
schaft eingetretenen vorübergehend ungünstigen Lage der nun
auf sich selbst gewiesenen Bauern bereuen lassen, daß man
durch jene Aufhebung ein altes Unrecht gut gemacht. Denn
wenn der bureaukratisch=absolutistische, centralisirende Druck
vieler Jahrhunderte den früheren Sinn genossenschaftlicher
Selbstregierung, wie die Rührigkeit der Einzelnen in eine

dumpfe, noth und hilflose Unselbstständigkeit verwandelt hat, so läßt sich daraus vernünftiger Weise nur Eine Folgerung ziehen: nämlich die Pflicht, durch Wiederbelebung des Gemeinsinns wie durch politische Bildung des Einzelnen jenen Uebelständen ein Ende zu machen. Zum Schlusse eine kurze Zusammenstellung der Gesetze, durch welche in den verschiedenen deutschen*) Ländern die Leibeigenschaft aufgehoben worden.

In Preußen wurde die Leibeigenschaft auf den königlichen Domänen schon von Friedrich I. aufgehoben. (Dorfordnung von 1702). Friedrich II., der 1763 die harte Bedrückung der Eigenen in Pommern mit eigenen Augen gesehen hatte, wollte, daß alle Leibeigenschaft in dieser Provinz „absolut und ohne Raisoniren" abgeschafft werden sollte, was jedoch der Adel, durch Vorgeben der Gefährdung der Rekrutirung, zu hintertreiben wußte. So wurde die Leibeigenschaft erst durch das Landrecht Thl. II. Tit. 7 § 148 und die „Erbunterthänigkeit" erst 1807 (Edikt vom 9. October) für alle preußischen Staten aufgehoben, während zuerst Joseph II. 1787 in Böhmen und Mähren durch Pat. vom 1. November 1781, und dann in ganz Deutsch-Oesterreich durch Pat. vom 20. Dezember 1782, darauf Markgraf Karl Friedrich in Baden, Verordnung vom 7. August 1783, diesen Schritt gethan.

Darauf folgten: Schleswig-Holstein 1798 und 1805. (vgl. Ranzau Actenstücke zur Geschichte der Aufhebung der Leibeigenschaft in den Herzogthümern Schleswig und Holstein. Hamburg 1798). Die Rheinbundstaten: Westfalen (Verord. vom 23. Januar 1808). Baiern (Edikt vom 31. August 1808). Nassau (Verord. vom 1. Januar 1808). Berg (Verord. v. 12. Dezember 1808). Hessen (Ges. vom 31 August 1808). Aremberg (Verord. vom 28. Januar 1809). Lippe-Detmold (Verord. vom 1. Januar 1809). Schaumburg-Lippe 1810., die hanseatischen Departements (franz. Decret vom 9. Dezbr. 1811). Würtemberg 1810. (Verfass. II. § 35). Mecklenburg (Ges. v. 22. Febr. 1820).

In einigen deutschen Ländern wurde gar die unter der Herrschaft Napoleon's aufgehobene Leibeigenschaft nach dessen Sturz wieder eingeführt (!), oder doch jetzt unter ungünstigeren Bedingungen abgeschafft, z. B. in Oldenburg, wo sie am 7. Juni 1808 aufgehoben war, durch Verord-

---

*) In Frankreich 1799.

nung vom 7. März 1814. — Am längsten bestand sie in einigen Gegenden von Hannover: z. B. Osnabrück (noch in den zwanziger) und in der sächsischen Oberlausitz (noch in den dreißiger Jahren).

Literatur. Außer den bereits angeführten Werken: Potgieser de condit. et statu servorum apud Germ. tam vetere quam novo libri III. 2. Auflg. Lemgov. 1736. — Waitz deutsch. Verf. Gesch. I. 184 ff. II. 149 f. — Lezardière, théorie des loix politiques I. pag. 93. f. 403 f. Paris 1844. — Pardessus, Loi salique. Dissert. VII. de l'esclavage d'après la loi salique pag. 517—532. — Guèrard polyptique de l'abbè Irminon I. pag 277—420. — Mannert, Freiheit bei den Franken, Abel und Sklaverei, Nürnberg 1799. — Gaupp, Miscellen des deutschen Rechts 1830. — Hüllmann, Gesch. des Urspr. der Stände in Deutschland 1830. — Montag, Gesch. der statsb. Freiheit 1812. — Erhard, über freiwillige Knechtschaft ꝛc. 1821. — De Gourcy, Abhandlung über Freiheit und Leibeigenschaft ꝛc. deutsch von Osterley. Göttingen 1788. — Veneden, Römerthum, Christenthum und Germanenthum und deren Einfluß bei Umgestaltung der Sklaverei des Alterthums in die Leibeigenschaft des Mittelalters. Frankfurt a. M. 1840 — Anton, Geschichte der deutschen Landwirthschaft. 1799. — E. M. Arndt, Versuch einer Geschichte der Leibeigenschaft in Pommern ꝛc. nebst einer Einleitung in das alte deutsche Leibeigenthum, Berlin 1818. — Runde, dtsch. Privatrecht, Göttingen 1817. § 536 — 557 und bei diesem die ältere Literatur § 536. — Mittermaier, deutsches Privatrecht, Landshut 1830. § 72. 82. mit ebenfalls sehr reichen Literaturnachweisen. — Ueber die weitere sehr reiche Literatur, besonders Abhandlungen in Zeitschriften und Encyklopädien, dann Monographien über die Unfreiheiten im Norden, in Baiern, Böhmen, Holstein, Lausitz, Mecklenburg, Minden, Paderborn, Schlesien, Steiermark, Westphalen, Würtemberg, wie über die zum großen Theil einschlägige Geschichte des deutschen Bauernstandes die (freilich sehr unvollständigen) Angaben bei Costa, Bibliographie der deutschen Rechtsgeschichte Braunschweig 1858. No. 2225—2328.

Die Alamannenschlacht bei Strassburg.

357 n. Chr.

Um die Mitte des vierten Jahrhunderts nach Christus schienen die gallischen Provinzen Roms auf das äußerste bedroht, das heutige Elsaß und Lothringen verloren, ja alles Land bis an die Marne ein höchst unsicherer, von den Barbaren durchstürmter Besitz, in welchem nur noch einige feste Städte behauptet wurden: die meisten waren, wie weithin das flache Land, von den Germanen verwüstet. Diese über den Grenzstrom unablässig einbringenden Germanen waren am Niederrhein die Franken, am Oberrhein die Alamannen: beides nur neue Namen für alte Völkerschaften, welche früher von den Römern und Griechen mit ihren Einzelnamen waren bezeichnet worden; seit ihrem Zusammenschluß aber zu dauernden Bündnissen, für welche diese neuen Namen aufkamen, nannten die Fremden die Verbündeten fast nur noch mit dem Bundesnamen: etwa wie die Franzosen 1870 und 1871 meist nur von „Allemands" sprachen und nur ausnahmsweise die einzelnen in diesen Bundesnamen beschlossenen Völkerschaften und Staten unterschieden.

Der Gründe, welche gerade um die Wende des vierten Jahrhunderts die römische Defensive am Rhein mehr als sonst geschwächt hatten, gab es verschiedene.

Nachdem Constantius Chlorus und sein Sohn Constantin den Rhein erfolgreich, namentlich gegen die Franken, vertheidigt hatten, waren durch neue Gefahren im Osten, durch die Perser, die Kräfte des Reiches stark nach Asien abgezogen worden. Dazu kam aber noch in positiv schädigender Wirkung, daß unter den folgenden Kaisern in Gallien Empörer aufstanden, welche nicht nur, mit dem Kampf gegen die Truppen der Cäsaren vollauf beschäftigt, die Abwehr der Barbaren vernachlässigen mußten, sondern, selbst germanischer Abkunft, ihre Landsleute, zumal Franken und Sachsen, in hellen Haufen über den Rhein riefen, um sich ihrer als Söldner, Hilfstruppen, Verbündeter gegen die treu ge-

bliebenen Legionen zu bedienen. Ein solcher Usurpator war
der Franke (oder Sachse) Magnentius gewesen, dessen Unter=
gang durch den Uebertritt eines anderen fränkischen Her=
führers, Silvanus, auf die Seite des Kaisers Constantius
wesentlich gefördert worden war. Aber dieser Kaiser scheute
in selbstsüchtiger Thorheit nicht davor zurück, gegen den
Bruder des Anmaßers, Decentius, welcher sich am Oberrhein
noch behauptete, die dort jenseit des Stromes wohnenden und
ohnehin jede Gelegenheit zum Einbruch eifrig ergreifenden
Germanen von Amts wegen ins Land zu rufen: es waren
die Alamannen. Sie folgten freudig der Einladung des
Kaisers, der sie wol noch dafür bezahlte, daß sie ihren
Herzenswunsch erfüllten, und gingen, geführt von einem
ihrer mächtigsten Könige, Chnobomar, der durch Feldherrn=
gaben und durch heldenhafte Tapferkeit wie an riesiger Leibes=
höhe seine Mitkönige überragte, über den Rhein. Chnobo=
mar schlug den Decentius in offener Schlacht, entriß ihm
eine große Zahl von Städten (in den Jahren 352 und 353),
verbrannte sie, besetzte das flache Land — und behielt es
für sich und sein Volk, das bringend der Erweiterung seiner
Sitze bedurfte. Längst waren die beiden empörten Brüder
untergegangen, die Alamannen vom Kaiser aufgefordert, das
Land wieder zu räumen: aber sie blieben und richteten sich
häuslich, seßhaft darin ein. Nicht für den Imperator hatten
sie es gewonnen und nicht aus bloßer Raublust waren sie
nach Gallien gekommen.

Gleichzeitig herrten die Franken am Niederrhein, viel=
leicht zuerst als Helfer der Empörer, jetzt auf eigene Faust:
ihrer erwehrte sich der Kaiser zuletzt dadurch, daß er ihren
Landsmann, den erwähnten Silvanus, gegen sie als magister
peditum (General des Fußvolks) bestellte, der wirklich durch
Tapferkeit und wol auch durch kluge Verhandlungen seine
Stammgenossen aus dem Lande schaffte und am Niederrhein
erfolgreich Wache hielt. Aber gerade seine Tüchtigkeit machte
ihn am Hofe verhaßt, dem von Eitelkeit und Argwohn völlig
beherrschten Constantius verdächtig: auf Grund gefälschter
Briefe ward der unschuldige, hochverdiente Mann des Hoch=
verraths angeklagt und insgeheim zum Tode verurtheilt:
jetzt erst griff der Feldherr, zur Verzweiflung gedrängt,
wirklich nach dem Purpur und ward durch einen Sendling
des Kaisers, der sich scheinbar ihm anschloß, ermordet: —
in ganz ähnlicher Tücke, wie kurz vorher der Kaiser seinen

Vetter und Schwager den Cäsar Gallus, den Bruder des gleich zu nennenden Julian, in das Netz des Verderbens gelockt hatte.

Constantius hatte in Person versucht, die von ihm in's Land gerufenen Alamannen auszuschaffen und für die fortgesetzten Einfälle zu strafen.

Zwei Könige, die Brüder Gundomad und Vadomar — im Schwarzwald, im Breisgau, bei Basel lagen ihre Gaue — sollten für ihre Einbrüche gestraft werden.

Aber im Jahre 354 scheiterte der Versuch des Kaisers, bei Augst (Basel) eine Schiffsbrücke zu schlagen, an der kräftigen Abwehr der drüben aufgestellten Alamannen, welche die römischen Pioniere mit Geschossen überschütteten: und auch nachdem eine Furt gefunden und das alamannische Her in große Gefahr gerathen war, zog es der Kaiser, unter Zustimmung des Heres, vor, — „denn er hatte in äußeren Kriegen kein Glück" — Frieden zu schließen und nach Italien abzuziehen, um die drohende Erhebung des Gallus durch List zu ersticken.

Im folgenden Jahre (355) zog der Kaiser gegen andere Alamannen, die Linzgauischen (lentienses), welche in Rätien eingedrungen waren: während er ihnen in Oberitalien entgegentrat, griff sie der General Arbetio im eigenen Lande am Bodensee an, gerieth aber in einen Hinterhalt, der seine Vorhut fast aufrieb. Mit Mühe gelang es zuletzt, die Alamannen bei ihren Angriffen auf das befestigte Lager der Hauptmacht zurückzuschlagen: da sie hierbei blutige Verluste erlitten, konnten die Römer wenigstens mit gewahrter Waffenehre umkehren. Der Kaiser aber erkannte nun, daß er dem Rhein wieder einen kräftigen Vertheidiger geben mußte: seit des Silvanus Untergang drangen auf's Neue Franken und Alamannen ungestraft über den Strom bis tief in das Herz der Provinz. Constantius selbst waren die Rheinkriege verleidet: auch war seine Sorge durch den Orient und durch Leitung der Gesammtregierung in Anspruch genommen: er wollte nicht — und konnte auch nicht wohl — Italien auf längere Zeit verlassen. Da überwand er sein Mißtrauen und hob Julianus, den Bruder des getödteten Gallus, aus seiner bisherigen Dunkelheit und seinen akademischen Studien in Achaja, wo er völlig zurückgezogen lebte, empor: er berief ihn an den Hof, ernannte ihn zum Cäsar (6. Nov. 355), vermählte ihm seine Schwester Helena und übertrug ihm Gallien und den Schutz des Rheins.

Julian — später als Kaiser der Abtrünnige (Apostata) genannt — war eine geniale Natur: die seltsamen Mischungen in seinen Geistes- und Characteranlagen erwarten noch ihren Shakespeare, d. h. die würdige seelenkundige Erklärung: ein ausgezeichneter Feldherr, ein tapferer Soldat, ein begeisterter Patriot, zugleich aber eine doctrinäre, grüblerische Gelehrtennatur und, in widerspruchsvollem Nebeneinander, ein Schwärmer mit mystischen Neigungen; jedesfalls hat dieser Cäsar, dem die Vollerneuerung der Tage Hadrian's als Ziel vorschwebte, größere und dauerndere Erfolge gegen die Germanen erreicht als die meisten seiner Vorgänger und — ohne Frage — als alle seine Nachfolger. Er war der letzte Römer, welcher den großen cäsarischen Gedanken der Vertheidigung Galliens durch den Angriff in Germanien mit Kraft noch einmal aufgenommen hat.

„Nicht aus dem Kriegszelt, aus den stillen Schatten der Akademie plötzlich auf das Schlachtfeld gerissen, hat er Germanien niedergeworfen, den Rhein gebändigt, der mordschnaubenden Könige Blut vergossen oder sie in Ketten geschlagen," sagt der Zeitgenosse Ammianus Marcellinus, der, zum Theil als Augenzeuge, seine Thaten berichtet.

Sofort ging der Cäsar nach Gallien ab. Aber schon zu Turin erfuhr er, was der Kaiser genau gewußt, ihm jedoch tückisch verschwiegen hatte, daß das alte, stolze Hauptbollwerk der Römermacht am Rhein, daß Köln in die Hände der Franken gefallen sei. Da rief er aus: „Weh' mir, nichts habe ich erreicht durch meine Erhöhung, als daß mich der ohnehin sichere Untergang (das Los des Gallus war ihm in der That kaum vermeiblich) in schweren unlösbaren Aufgaben trifft!"

Denn hoffnungslos allerdings sah es vollends nach dem Verlust Kölns in Gallien aus. Julian schreibt an die Athener: „Der Raum, welchen die Germanen vom Rheinufer her besetzt hatten, betrug so viel als von den Quellen des Stroms bis an den Ocean; ihre letzten Schaaren, von unseren Grenzen meist entfernt, standen 300 (?) Stadien nordöstlich vom Rhein: aber die Strecken Landes, welche durch ihre Einfälle und Verherungen wüst und unbebaut lagen und in welchen die Gallier nicht einmal mehr ihre Herden zur Weide zu treiben wagten, waren noch dreimal so umfangreich. Ja, einzelne Städte fand ich von den Einwohnern verlassen, obgleich die Barbaren noch gar nicht nahe gekommen. Von solchen Leiden heimgesucht und niedergebeugt, übernahm ich Gallien." — Und das ist nicht übertrieben. Ohne Widerstand zu finden, drangen die Barbaren auch in diesem Jahre tief in das Herz des Landes: so war ein Schwarm bis vor Autun (Augustodunum) gelangt; die Besatzung war von Furcht wie gelähmt; Veteranen, grauharige Colonisten, schlugen mit der Kraft der Verzweiflung zuletzt noch die Angreifer von den altersmorschen Wällen zurück.

Zu Vienne trat der Cäsar sein Consulat des Jahres 356 an. Die verwahrlosten Zustände der gesammten Kriegseinrichtungen der Provinz zwangen ihn, einen großen Theil des Jahres mit Rüstungen zu verbringen, „die Trümmer der Provinz zu sammeln," sagt Ammian XVI. c. 1. Erst im Juni, „als die Sat schon hoch stand," brach er auf und ging zunächst nach Autun; und wie weit bereits die Germanen in Gallien sich „in ungeheurer Zahl" (Julian) verbreitet hatten, erhellt am deutlichsten daraus, daß die römischen Feldherren — wie früher Silvanus so jetzt Julian — sich auf dem Wege von Autun, Auxerre (Autisidorum), Troies (Tricassae), nach Rheims wiederholt erst durch die Barbaren Bahn brechen mußten.

Zu Autun empfahlen nämlich im Kriegsrath die Einen den Weg über Arbor (eine Lücke im Text läßt nicht erkennen, welches der vielen „Arbor" gemeint), Andere über Sebelaucus und Cora. Da jedoch der Feldherr erfuhr, daß vor Kurzem Silvanus mit acht Cohorten Hilfstruppen einen anderen kürzeren, freilich höchst gefährlichen Weg, allerdings nur mit großer Mühe, zurückgelegt habe, trachtete er, das Vorbild dieses Helden zu erreichen, und eilte auf derselben Straße nach Auxerre, nur mit den Kataphraktariern (Schuppengepanzerten) und Ballistariern (Schleuderern), einer geringen Bedeckung. Von da zog er nach kurzer Erholung der Truppen nach Troies. In einzelnen Schwärmen stürzten sich die Barbaren auf die marschirenden Römer: der Feldherr ließ, wo er stärkerer Angriffe gewärtig sein mußte, die Angreifer nur beobachtend, mit geschlossenen Flanken weiter marschiren, bei günstigem Terrain jedoch trieb er sie abwärts in die Niederung, überraschte auch manche, nahm die keine feindliche Offensive Erwartenden gefangen und trieb den Rest der Erschrockenen in die Flucht. Bezeichnend ist für die bisherigen Zustände in Gallien, daß, als er unvermuthet an die Thore von Troies pochte, die zitternde Bevölkerung aus

Furcht vor den rings durch die Landschaft ergossenen Barbaren kaum zu öffnen wagte.

Zu Rheims vereinigte er sich mit Ursicinus, Marcellus und deren Truppen. Da ergab sich, daß die Alamannen das ganze Obergermanien in ihre Gewalt gebracht hatten; die alten festen Burgen der römischen Herrschaft in jenen Gegenden: Mainz, Worms, Speier, Straßburg, Brumat, Zabern, Seltz, hatten sie eingenommen, mit Plünderung und Brand heimgesucht, aber — so thörig barbarisch dachten sie noch immer — nicht selbst zur Vertheidigung, zur dauernden Beherrschung des Landes eingerichtet und behauptet: in dem alten Widerwillen der Germanen gegen ummauerte Siedelungen — „denn die Städte selbst scheuen sie wie mit Netzen umstellte Gräber", sagt Ammian an dieser Stelle — hatten sie jene Festungen nach der Plünderung halb zerstört liegen lassen; auf dem flachen Lande zerstreut („per diversa palantes", Amm. Marc. XVI, 2), in den Dörfern, Villen, Gehöften lebten, schwelgten und zechten sie, unbesorgt um die Zukunft, die Wiederkehr römischer Angriffe nicht erwartend oder übermüthig verachtend. Julian zog gegen sie heran über Dieuze (Decempagi an der Seille, bei Marsal), sein Her war guten Muthes, vielleicht unvorsichtig. Die in der Landschaft zerstreuten Alamannen sammelten sich rasch, führten, der Gegend genau kundig, eine schlaue Umgehung aus und griffen ihn an feuchtem, grauem Tage, da jeder Blick in die Ferne verschleiert war, auf dem Marsche vom Rücken her mit so gutem Erfolg an, daß seine Nachhut, zwei Legionen, überfallen und beinahe zermalmt wurde, hätte nicht der Lärm des Kampfes gerade noch zur rechten Zeit die Hilfsvölker herbeigerufen. Diese Schlappe belehrte den Cäsar, daß er vorsichtiger gegen einen Feind sich schützen müsse, der ihn bei jedem Flußübergang und überall auf dem Marsche aus dem Hinterhalt anzugreifen vermochte. Bald darauf besetzte er Brumat (Brocomagus) und wies einen hier von zwei Seiten versuchten Anfall zurück.

Jedoch verfolgte er damals diese Vortheile am Oberrhein nicht, weil stärkere Bedrohung durch die Franken ihn rasch an den Niederrhein abrief. Köln vor Allem mußte wieder gewonnen werden. Untergermanien hatte, so unglaublich es klingt, alle seine Städte und Castelle in Flammen aufgehen sehen; „keine Stadt, kein Castell sah man mehr in diesem Landstriche", nur Koblenz, Remagen (Rigomagus) und

„ein einziger Wartthurm nahe dem halbverbrannten Köln waren übrig; 45 Städte, die Burgen und Castelle nicht gezählt, in Gallien," schreibt Julianus an die Athener, „waren in die Hände der Germanen gefallen": — aber von diesen nicht behauptet, müssen wir hinzudenken.

Denn ohne Schwierigkeit besetzte der Cäsar wieder Köln — zehn Monate war die Stadt in den Händen der Barbaren gewesen — (Julian, ep. ad. Athen): er stellte diese Festung zu einem mächtigen Bollwerk wieder her und zugleich die Furcht vor dem römischen Namen, so daß die Könige der Franken von ihrer Angriffswuth erschrocken abließen.[1]

Julian ging über Trier nach Gallien zurück, wo er zu Sens (apud Senonas oppidum) Winterquartiere bezog, mit vielfältigen Aufgaben belastet. Er trachtete, in altrömischer Politik die wider Rom verbündeten Völkerschaften zu veruneinigen; zugleich mußte er Sorge tragen, die Soldaten, welche, eigenmächtig oder zersprengt, die alten Garnisonen verlassen hatten, an die so gefährdeten Orte zurückzuschaffen und Lebensmittel in alle Städte zu bringen, welche bei dem nächsten Feldzug das Her zu berühren haben würde: denn um die Barbaren aus allen Theilen der Provinz zu verdrängen, waren voraussichtlich noch zahlreiche Kreuz= und Quermärsche erforderlich. Wie groß die Unsicherheit Galliens immer noch war, sollte Julian rasch selbst erfahren. Plötzlich erschienen vor den Thoren von Sens eine starke Schar Barbaren — wol Franken: diese waren immerhin die Nächstwohnenden, obwol auch sie Rhein, Mosel und Marne — vermuthlich auf dem Eise — zu überschreiten hatten, um so weit nach Westen einzubringen. Sie hatten erfahren, daß der Cäsar weder die Schildener bei sich hatte, noch, wie sie von Ueberläufern aus diesen Scharen wußten, die fremden Hilfsvölker, die der erleichterten Verpflegung willen in die Nachbarstädte vertheilt worden waren. So hofften sie, die Stadt zu erobern, den Feldherrn zu fangen. Rasch wurden die Thore gesperrt, die schwachen Stellen der Wälle ausgebessert; Tag und Nacht sah man den Cäsar auf den Zinnen, auf den Schanzen: er knirschte vor Zorn, daß die geringe Besatzung den wiederholt versuchten Ausfall aussichtslos machte. Der General der Cavallerie (magister equitum)

---

[1] Amm. Marc. XVI., 3: Francorum regibus furore mitescente perterritis; Abschluß eines Friedensvertrages nimmt aber Maslov I. 5 wol nur aus Mißverständniß der Worte Ammians an.

Marcellus aber, „obwol in den nächsten Stationen weilend, brachte dem Cäsar in seiner Gefahr keinen Entsatz, obgleich er," meint der wackere Offizier Ammian, „der Stadt hätte Hilfe bringen müssen, auch wenn sie nicht den Feldherrn einschloß." Endlich nach sechzig Tagen zogen die Barbaren ab, verdrießlich und murrend, daß sie die Bezwingung der Stadt mit eitler Hoffnung versucht hatten.

Im folgenden Jahre sah sich der Kaiser genöthigt, während Julian am Rhein vollauf beschäftigt war, zur Deckung der Donauländer selbst von Rom aufzubrechen (29. Mai 357): denn suebische Scharen waren in Rätien eingefallen, Quaden in die Valeria und Sarmaten, d. h. Slaven, „dieses Erzraubgesindel",²) in Obermösien und das zweite Pannonien; er ging über Trident nach Illyricum: von Erfolgen wird nichts gemeldet.

Gleichzeitig hatte Julian den Kampf gegen die Alamannen wieder aufgenommen und zwar in großem, in cäsarischem Stil: sollte Gallien dauernd Ruhe verschafft werden, so mußten, wie in alten besseren Zeiten, die Germanen auf dem rechten Rheinufer wieder die römischen Adler im eigenen Lande sehen und aufs Neue lernen, daß die räuberischen Einfälle in Gallien furchtbare Vergeltung über die eigenen Gaue heraufbeschworen; der Gedanke, auf dem linken Rheinufer dauernd Fuß fassen zu können, sollte ihnen wieder völlig ausgetrieben werden: man war jetzt, nach vier Jahrhunderten, wieder so weit wie damals, da Julius Cäsar die germanischen Einwanderer Ariovists aus Gallien vertrieb: fast in den gleichen Worten, wie damals der Suebenkönig den Elsaß als „sein" Gallien, als mit dem Schwert gewonnenes rechtmäßiges Besitzthum gegen Cäsar in Anspruch nahm, machten jetzt die Alamannenkönige ihren Besitzstand in denselben Landschaften geltend: die Antwort Julians, wie damals Cäsars, war ein großer Sieg, und, ganz wie Cäsar, drang der Sieger wiederholt über den Rhein: für den Augenblick, ja für die ganze Dauer von Julians Commando am Rhein ward jene kecke alamannische Berühmung durch Thaten widerlegt; aber kaum hatte Julian Gallien verlassen, als es dennoch den Germanen anheimfiel und zwar nun für immer.

---

²) Ammian XIV., 10: latrocinandi peritissimum genus.

Der Cäsar hatte einen Doppelangriff gegen die Alamannen beschlossen, welche durch die Verluste des vorigen Jahres keineswegs geschwächt, „vielmehr noch ärger als gewöhnlich tobten und in Massen sich durch die Provinz ergossen; aber auch sonst war Alles mit germanischen Schrecken erfüllt."³)

Der Kaiser hatte als Nachfolger des Silvanus Barbatio zum magister peditum bestellt; mit 25 000 Mann war dieser in das Land der Rauriker (bei Basel) vorgedrungen, die Alamannen in der Flanke zu fassen, während Julian, der zu Sens einen ruhelosen Winter verbracht, zu Rheims den Frontalangriff vorbereitete: wie mit der Zange (forcipis specie) sollten die Barbaren von zwei Seiten gepackt, in engen Raum zusammengedrängt und hingeschlachtet werden.

Aber so keck war schon der Wagemuth der Barbaren, so zerrüttet mußten sie die Zustände Galliens, daß eine Schar von Laeten (barbarischen Colonisten verschiedener Abstammung), geschickt und stets eifrig, zu gelegener Zeit zu rauben und zu stehlen, sich zwischen beiden römischen Lagern heimlich hindurchschlich und so überraschend vor Lyon erschien, daß sie nur mit äußerster Mühe von den noch rasch zugeworfenen Thoren zurückgeschlagen werden konnten, worauf sie im Flachland Alles verheerten und mit reicher Beute den Rückweg antraten. Julian, eifrig bemüht, diese Scharte auszuwetzen, verlegte ihnen drei ihrer Rückzugslinien durch drei Geschwader erlesener Reiter, welche auch wirklich alle Räuber töbteten, die sich auf diesen drei Straßen bewegten, und alle Beute wiedergewannen; dagegen entkam derjenige Theil der Barbaren, welcher durch das Gebiet Barbatio's zog, Dank dessen verrätherischen Befehlen.

Julian wollte nun die Germanen auf den Rheininseln angreifen. Die Alamannen auf dem linken Ufer hatten sich nämlich gegen das anrückende Her durch dieselben einfachen Mittel des Waldkrieges zu decken versucht, welche sie drüben, im heimischen Schwarzwald, so geschickt zu brauchen verstanden: durch Verhaue und Verhacke aus ungeheuren Bäumen, mit welchen sie wol theils „die schwierigen, von Natur schon steilen Wege", d. h. die Vogesenpässe, theils die Zugänge zu ihren Schlupfwinkeln auf dem Strome sperrten.

---

³) Ammian XVI, c. 11

Von diesen häufigen Rheinauen herüber schallten ihr "Geheul" (ululantes lugubre), ihre Schmährufe gegen die Römer und den Cäsar. Dieser wollte Einige greifen lassen, offenbar mehr in der Absicht, von ihnen Kundschaft zu erpressen, als sie zu bestrafen; aber umsonst bat er Barbatio um sieben von den Schiffen, welche er, als wolle er den Fluß überschreiten, für Pontons vorbereitet hatte — eine römische Flotte beherrschte schon lange den Strom nicht mehr; — Barbatio verbrannte sie lieber, um nicht dem Cäsar zu einem Erfolg zu verhelfen. Da nun dieser durch Gefangene erfuhr, daß der Fluß, in der Hitze des Hochsommers seicht geworden, an einer Furt passirt werden konnte, schickte er leichte Hilfstruppen, vermuthlich Bataver oder Franken, unter Bainobaub,[1]) dem bewährten Tribun der Cornuti, einem Germanen, gegen diese Schlupfwinkel ab. Theils watend durch die Watten ("brevia" wie bei Tacitus), theils auf den untergebundenen Schilden schwimmend, erreichten diese die erste Insel, stiegen an's Land, "schlachteten alles Leben, was sie fanden, ohne Unterschied von Geschlecht oder Alter, nieder wie das Vieh" (was Ammian mit gleicher Freude wie in ähnlichen Fällen Tacitus erzählt), fuhren auf kleinen hier vorgefundenen Nachen nach den meisten anderen Inseln und kehrten, als sie endlich des Mordens satt waren, Alle unversehrt zurück, beladen mit reicher Beute, von der sie nur einen Theil aus den schwanken Fahrzeugen an den reißenden Strom verloren.

Als die noch übrigen Germanen dies erfuhren, räumten sie die Rheinauen, welche sich als so unsichere Zuflucht erwiesen, und brachten Vorräthe, Früchte und ihre "barbarischen Schätze" auf das rechte Ufer in Sicherheit. Julian aber wandte sich nach Elsaß-Zabern (Tres tabernae), um die durch hartnäckig wiederholte Angriffe der Barbaren zerstörten Wälle dieser Stadt wiederherzustellen, was ihm über Erwarten rasch gelang: die Germanen hatten ihre Angriffe auf diesen Punkt deßhalb so hartnäckig immer wieder erneuert, weil die Festung den Zugang der Wege sperrte, auf welchen sie am häufigsten in das Innere Galliens drangen. Eben deßhalb legte der Cäsar wieder Truppen in die neu aufgebaute Burg und versah sie mit Vorräthen für ein ganzes Jahr: — das Getreide

---

[1]) S. bei Förstemann "Baino", "Bainung" (Baino zu ahd. bain? crus); baud wird auf bud, biuta oder v. J. Grimm auf bad (goth. badu), pugna zurückgeführt, Kuhn's Z. I, S. 434; nicht so das spätere baud, das aus bald entstanden.

hierfür ward nicht ohne große Gefahr von den Truppen auf den von den Alamannen bestellten. Feldern geerntet.

Diese Angaben zeigen in höchst lehrreicher Weise, einmal, daß auch ein Julian, und selbst nach den bisherigen Erfolgen, sich darauf gefaßt machte, sehr geraume Zeit einem so weit im Inneren altrömischen Machtbesitzes gelegenen Castell keinen Entsatz bringen zu können gegen germanische Einschließung! Er behandelt jetzt ein auf dem römischen Ufer erbautes Bollwerk, wie etwa im ersten Jahrhundert nach Christus die tief in's Germanenland vorgeschobenen Castelle, Aliso oder des Drusus Castell, waren behandelt worden, die man freilich für Jahr und Tag hatte verproviantiren müssen, bis im Sommerfeldzug wieder die Legionen sich nähern konnten. — Jetzt war also die äußerste Vertheidigungslinie so viele hundert Stunden weit von der Ems und Lippe in dem Sinne zurück auf das linke Rheinufer genommen worden, daß selbst das linksrheinische Land nicht mehr als dauernd behaupteter Besitz galt.

Andererseits aber sieht man, daß die Germanen, wenigstens hier die Alamannen, keineswegs nur Raubfahrten über den Strom beabsichtigten, sondern sich — und so war eben die vielfach mißverstandene Völkerwanderung vielmehr eine Völkerausbreitung —, durch Uebervölkerung aus den bisherigen Sitzen gedrängt, über den Strom geschoben hatten mit der Absicht, für immer sich hier niederzulassen: diese alamannischen Bauern bestellten bereits die Felder auf dem linken Rheinufer als ihr sicher gewonnenes „Neuland".[5]

Aber auch für seine Feldtruppen versah sich Julian auf zwanzig Tage mit Vorräthen durch Fouragirung: er konnte hierfür nicht auf seinen Collegen Barbatio zählen, der vielmehr die für den Cäsar bestimmten Transporte anhielt, einen Theil für sich nahm und den Rest — verbrannte, um ihn nur nicht an Julian gelangen zu lassen. Während nun dieser die Befestigung des Lagers rasch förderte und durch einen Theil der Truppen, unter großer Vorsicht gegen Ueberfall, fouragiren, durch einen anderen Wachtposten im freien Felde vorschieben ließ,[6] warf sich eine Schar Barbaren auf Barbatio, der mit seinem Corps abgesondert hinter dem galli-

---

[5] Ali-sat = Fremd-sitz, neuer Sitz in der Fremde, daher Elsaß.
[6] Stationes practendit agrarias ist doch wohl so zu deuten, nicht: Wachthütten mit Getreide.

schen Grenzwall stand,⁷) mit solcher Raschheit, daß der plötzliche Angriff jedem Gerücht ihrer Annäherung zuvorkam: die Sieger verfolgten die Flüchtigen bis in das Gebiet der Rauriker und darüber hinaus, so weit sie nur nacheilen konnten, und kehrten mit dem größten Theil des Gepäcks, der Lastthiere, der Troßknechte als Beute und Gefangenen zu den Ihrigen zurück.⁸)

Der magister peditum aber entließ nun, als ob er seinen Feldzug erfolgreich beendet hätte, die Truppen — noch war es heißer Sommer! — in die Winterquartiere und eilte an den Hof des Kaisers, dort, wie gewöhnlich, Ränke zu schmieden gegen Julian.

Als diese schmähliche Flucht und Feigheit allbekannt geworden, da glaubten die Könige der Alamannen, Julian sei, wollte er sich nicht der äußersten Gefahr aussetzen, durch Auflösung dieses Corps ebenfalls zum Rückzug gezwungen: sieben solcher „reges" zogen die beste Kraft ihrer Scharen zu einem Her zusammen und nahmen Stellung bei Straßburg: sie hießen Chnobomar, Vestralp, Ur, Ursicinus, Serapio, Suomar, Hortari.⁹)

Der Cäsar aber betrieb, nicht an Rückzug denkend, die Vollendung seiner Lagerbefestigung. Noch siegessicherer erhoben die Alamannen die Häupter, als sie von einem Ueberläufer, einem Schildener, den Furcht vor Bestrafung eines Verbrechens zu ihnen geführt, erfuhren, daß nach dem Abzug des in die Flucht gejagten Barbatio ihm nur 13 000 Bewaffnete verblieben: — und nicht höher belief sich wirklich damals seine Macht, als die wilde Kampfeswuth der Barbaren von allen Seiten ihn umbrandete. In größter Siegeszuversicht schickten die Könige ihm durch Gesandte die Aufforderung, fast in Form des Befehls, er möge das durch ihre

---

⁷) l. c. Barbationem: gallico vallo discretum; vielleicht eher in obigem Sinne zu deuten als „der in Gallien abgesondert in einem Lager" (vallum ist wohl nicht „Lager" allein).

⁸) Barbatio wird zuletzt im Land der Rauriker genannt; jetzt steht er außerhalb desselben; denn seine Flucht geht zu den Raurikern zurück; vermuthlich war er also aus dem Gebiet der Rauriker weiter vorgerückt und stand hinter dem vallum, d. h. links oder hinter der gedeckten Legionenstraße, von einem befestigten Lager (castra) ist wohl nicht die Rede bei „vallum".

⁹) Ob Ursicin der einfach römische Name — das Wahrscheinlichste — oder aus Ur oder Urso latinisirt oder die Uebertragung eines alamannischen „Bär" bedeutenden Namens ist, steht dahin; über Serapio s. unten.

Kraft und ihre Schwerter ihnen gewonnene Land räumen — fast wörtlich wie Ariovist an Cäsar. Julian, der Furcht unzugänglich, ward weder zornig noch traurig, „verlachte die Ueberhebung der Barbaren, und ließ stäten und gleichen Muths die Lagerbefestigung unentwegt fortführen, die Gesandten aber — gegen das Völkerrecht, wie Cäsar — bis zur Vollendung dieser Arbeit festhalten. Es ist eine seltsame Wiederholung der Vorgänge, welche vor vier Jahrhunderten hier zwischen Cäsar und Ariovist gespielt: seitdem war „Cäsar" ein Titel geworden: und Nachkommen derselben Sueben, welche damals unter Ariovist Land in Gallien Kraft der Eroberung als ihr Eigen bezeichneten, konnten es sein, welche nunmehr gegen den Cäsar Julian das gleiche Recht geltend machten. Daß übrigens der Feldherr die Germanen durchaus nicht gering achtete, verräth seine ängstliche Sorge, vor Allem die Lagerfestung zu vollenden, um für den Fall der Niederlage sich eine Zuflucht zu sichern: so großen Werth legt er darauf, die Barbaren nichts von dem unfertigen Zustand der Lagerwerke erfahren zu lassen und Angriff und Entscheidung noch hinauszuschieben, daß er selbst den Bruch des Völkerrechts, die Festhaltung ihrer Gesandten, nicht scheut.

Erinnern diese Vorgänge an Cäsar und Ariovist, so gemahnt die Schilderung, welche Ammian von Chnodomar als dem „allüberall hinbrausenden" Führer des germanischen Angriffs entwirft, an die Worte des Tacitus über Armin:[10]

„Alles setzte in Bewegung und Verwirrung, unbändig überall hinbrausend, stets der Erste in kühnem Wagniß, der König Chnodomar, hoch die buschigen Brauen erhebend, in die Höhe des Stolzes getragen durch viele Erfolge. Dieser hatte den Cäsar Decentius in offener Feldschlacht besiegt und viele reiche Städte erobert, geplündert und zerstört und zügellos, ohne Widerstand, Gallien durchstürmt. Diese Siegeszuversicht verstärkte die Verjagung des Barbatio und seiner zahlreichen guten Truppen. Denn die verfolgenden Alamannen hatten an den Abzeichen der erbeuteten Schilde erkannt, daß hier dieselben Soldaten vor nur wenigen Raubfahrern das Feld — und das Land — geräumt hatten, welchen die nunmehrigen Sieger vor Kurzem unter schweren Verlusten im

---

[10] Anm. Marc. XVI, 12: agitabat autem miscebatque omnia sine modo ubique sese diffunditans et princeps audendi periculosa rex Chnodomarius ardua subrigens supercilia ut saepe secundis rebus elatus.

Nahkampf erlegen waren." Da ist denn Ammian ehrlich genug, seine frühere Uebertreibung, der Cäsar habe die Ueberhebung der Barbaren „verlacht", durch das Geständniß zu verbessern, nur ängstlich und bekümmert sei er, gerade im Drange höchster Gefahr im Stich gelassen von Barbatio, mit seinen wenigen, obzwar tapferen Truppen den volkreichen Feinden entgegengetreten; freilich konnte ein Julian nur etwa todt, nicht lebend, Gallien den Germanen überlassen!

Weislich beschloß er, sich nicht im Lager von der Uebermacht belagern zu lassen — denn gering war die Hoffnung auf Entsatz durch einen Barbatio oder selbst Constantius! —, sondern die Barbaren im offenen Felde anzugreifen: nach einem Mißerfolg blieb immer noch der Rückzug in das Lager und dessen Vertheidigung.

Aber eben um sich diesen Rückzug zu sichern und zu kürzen (utilitati securitatique recte consulens), rief Julian die schon weit vorausgeeilte Vorhut zurück; das Lager der Barbaren war 14 Leugen, d. h. 21 römische Millien entfernt: so weit von seinen mühevoll durchgeführten Lagerbefestigungen wollte der Cäsar sich nicht entfernen, so weit getrennt von der sorgfältig bereiteten Zuflucht den Angriff auf die Uebermacht nicht wagen. Dies war der Beweggrund, weßhalb er am Tage des Aufbruchs vom Lager die praecursatores zurückbefehligte.

Bei Sonnenaufgang war das Fußvolk in langsamer Bewegung aus dem Lager geführt worden, an die Flanke schlossen sich die Reitergeschwader, darunter die Ganzgepanzerten (cataphractarii, nach parthischem Muster: Schuppen deckten Mann und Roß) und die berittenen Bogenschützen — „eine furchtbare Waffe", sagt Ammian: — ohne Uebertreibung, wie die Ostgothen später zu ihrem Schaden erfuhren: keine zur Abwehr dieser Truppengattung ausgerüstete Waffe stand den Germanen zu Gebot, denn ihre Reiter erlitten bei der Attaque furchtbare Verluste durch die Geschosse, ehe sie zum Einhauen gelangten — ähnlich wie moderne Cavallerie, welche gegen Schnellfeuer anreitet — ; und andererseits konnten sich diese berittenen Schützen, nachdem sie germanisches Fußvolk beschossen, dessen Angriff stets entziehen.

Der Cäsar ließ jetzt die Truppen in Haufen, wie sie marschirten, halten und erklärte ihnen, weßhalb er den Plan geändert, die Vorhut zurückberufen und ohne weiteres Vorrücken hier zu schlagen beschlossen habe.

Die Sorge um den Rückzug nach verlorener Schlacht durfte er nicht aussprechen: so redete er denn von dem nahen Mittag, den schlechten Wegen, welche am Ende des Tages die Marschmüden in dunkler mondloser Nacht erwarteten, von dem wasserlosen, durch die Sonnengluth versengten Boden und von dem drohenden ungleichen Kampf gegen Feinde, welche ausgeruht, gespeist und getränkt angreifen würden. Deßhalb sei es besser, heute hier im Schutz von Graben und Wall und von abwechselnden Nachtposten zu ruhen und nach Ruhe und Speisung bei dem nächsten Morgengrauen aufzubrechen.

Nun, die Wege waren am nächsten Tage nicht besser —: aber Julian mochte wissen, daß, da die Feinde bereits in vollem Anzug waren, der Zusammenstoß am nächsten Tage dem römischen Lager viel näher erfolgen müsse.

Vielleicht auch hatte der Cäsar nur die Kampfesfreude erproben wollen: wenigstens ließ er sich durch deren stürmisches Verlangen, sofort gegen den Feind geführt zu werden, mehr aber noch durch den Rath seiner Offiziere bestimmen, wieder aufzubrechen. — Freilich aber mußte man nun nicht mehr weit vom Lager sich entfernen: das Her nennt, vielleicht übertreibend, den Feind schon „in Sicht": — die zurückgerufene Vorhut mußte ihn freilich schon gesehen haben —, denn nach offenbar kurzem Marsch stieß man alsbald auf die Kundschafter, dann auf das ganze Her des Feindes.

Der Stab des Feldherrn, zumal der Präfectus Florentianus, deutete sogar an, die Truppen würden leicht meutern, unter dem Vorwurf, man habe sie um den Sieg betrogen, lasse man die jetzt zusammengescharten Barbaren sich wieder zerstreuen: — eine bedenkliche Motivirung! Auch dachten die sieben Könige gewiß nicht daran, ihre zusammengezogenen Herleute vor einer großen Entscheidung wieder sich verlaufen zu lassen.

Der Muth der Truppen und die Geringschätzung der Feinde ruhte wesentlich auf der Erinnerung — so sagt Ammian —, „daß im vorigen Jahre, als sich die Römer durch das rechtrheinische Alamannenland weithin ergossen hatten, sich die Germanen gar nicht hätten blicken lassen zur Vertheidigung ihres Herdes: sondern weit in's Innere geflüchtet, hatten sie mit dichten Verhauen von Bäumen überall die schmalen Steige durch den Urwald gesperrt und so mit Mühe das Leben gefristet" — d. h. wieder einmal hatte der deutsche Wald seine Kinder geschützt, welche in vier Jahrhunderten doch endlich gelernt hatten, daß sie gegen die überlegene Waffenmacht des Weltreichs in offener Schlacht die Heimat nicht zu vertheidigen vermochten, wenn der Feind mit Uebermacht, wie jenes Jahr, von mehreren Seiten sie umfaßte: sie hatten ja keine Städte zu vertheidigen, in welchen die überlegene römische Belagerungskunst sie, wie dereinst die Gallier, sicher wie in Mausfallen gefangen und vernichtet haben würde: die fast werthlosen Holzhütten mochten sie räumen und vom Feind verbrennen lassen: zog dieser ab aus dem verwüsteten Land — schon vor dem Herbst pflegte er vor dem Klima den Rückzug anzutreten —, so waren aus den Bäumen des schützenden Waldes auch bald die Hütten und selbst die Hallen der Könige wiederhergestellt.

Im vorigen Jahre hatte sie der Kaiser von Rätien aus bedrängt, der Cäsar jedes Ausweichen über den Rhein gesperrt und zugleich waren andere Germanen, Nachbarn (wir erfahren nicht, welches Stammes), mit welchen die Alamannen in Streit gerathen waren, den von allen Seiten Eingeschlossenen und Weichenden so scharf auf der Ferse folgend in den Rücken gefallen, daß sie ihnen „fast den Kopf von hinten zermalmten". Da hatten sie sich dem Kaiser, wie er in ihrem Lande vordrang, nicht zu stellen gewagt, sondern flehentlich um Frieden gebeten.

Das Alles hatte sich nun aber geändert; jenes dreifach dräuende Verderben war beseitigt: der Kaiser hatte Friede gemacht und war abgezogen: mit den germanischen Nachbar= völkern lebten sie, nach Beilegung der Streitigkeiten, in bester Eintracht, und die schmähliche Flucht Barbatio's hatte die angeborene wilde Kühnheit gesteigert.

Dazu kam folgendes schwer wiegende Ereigniß.

Die beiden Könige und Brüder, welche im Vorjahr mit Constantinus Friege geschlossen, hatten diesen Vertrag auf's treulichste gehalten, weder selbst sich erhoben noch sich mit fortreißen lassen. Da war bald darauf der Stärkere und Treuere, Gundomad, meuchlerisch ermordet worden: und sofort machte sein ganzes Volk mit den Kriegsfeinden Roms gemeine Sache; nun schloß sich auch der große Haufe im Reiche Vadomar's wie dieser behauptete, wider dessen Willen, den gegen die Römer ausziehenden Scharen an.

Die Stimmung der Truppen, der Rath der Officiere fanden gleichsam weissagenden Ausdruck in dem Zuruf eines

Fahnenträgers, welcher den Cäsar zu sofortigem Schlagen aufforderte; — dabei ist charakteristisch für die Mischung von Christlichem und Heidnischem in dieser Römerwelt, wie die „Gottheit" in Umschreibungen angerufen wird, welche für den Einen Christengott und die vielen Olympier,[11]) gleichmäßig paßten.

Das Her setzte sich nun wieder in Bewegung und gelangte bald, nicht weit entfernt von den Uferhöhen des Rheins, an einen sanft aufsteigenden Hügel, auf dessen Krone das bereits reife Korn wogte, da oben hielten Späher drei alamannische Reiter, welche sofort zurückflogen zu den Ihrigen, den Anmarsch des Römerheres zu melden. Ein vierter Späher, zu Fuß, hatte jenen nicht folgen können: er ward von der raschen römischen Vorhut eingeholt und gefangen; er sagte aus, das die Germanen drei Tage und drei Nächte gebraucht hatten — so groß war ihre Zahl —, den Strom zu überschreiten.

Alsbald konnten sich die Here, da beide gegen einander vormarschirten, erschauen. Die Germanen bildeten ihre altgewohnten keilförmigen Stoßhaufen: „den Eberkopf", welche Schlachtordnung Wotan selbst sie gelehrt; da befahlen die römischen Officiere Halt und ließen so im ersten Treffen die antepilani, hastati und überhaupt die ersten Glieder, wie sie marschirt waren, feste Stellung nehmen — „eine undurchbringbare Mauer", sagt Ammian mit Recht. Denn in der That, dieser letzte große Sieg der Römer über die Rheingermanen ward fast ausschließend entschieden durch die unvergleichlich überlegenen Waffen, zumal Schutzwaffen, und durch die große Mannigfaltigkeit der Waffengattungen der Römer, welche verstattete, je nach Lage des Gefechts die geeignetste zu verwenden, während der Alamanne immer nur die nackte Brust, den schlechten Latten= oder Weidenschild, das plumpe Schwert, den Speer, oft ohne Metallspitze, und freilich auch das germanische todesfreudige Heldenthum entgegenzustellen hatte; ihr gegen überlegene Waffen blind anstürmendes Wagen sollte diesmal wieder den thörigen Helden den Sieg und schwere Verluste kosten.

Auch die Barbaren machten im Anmarsch Halt: und da sie, wie der Ueberläufer im Voraus gewarnt — solche Aufstellung war also damals römische oder doch julianische

---

[11]) Ammian selbst ist Heide.

Sitte oder für diesmal im Voraus beschlossen worden —, die ganze Reiterei der Römer auf deren rechtem Flügel erblickten, stellten sie alle ihre besten Pferde geschart auf ihren linken: unter ihre Reiter aber mischten sie nach altgermanischer, zumal suebischer Sitte, flinke Plänkler, auf diese Kampfart eingeübte Krieger zu Fuß. Denn sie hatten längst erprobt, daß auch ein geschickter germanischer Reiter dem römischen „Küraſſier", „clibanarius", der, ganz in Eisen gehüllt, ja versteckt, Zügel und Schild an sich zog und in der Rechten die Lanze schwang, nichts anhaben konnte; der Fußsoldat dagegen konnte, am Boden sich buckend und unbemerkt bleibend — „denn man wehrt nur dem Angreifer, den man in's Auge gefaßt" —, das Pferd seitwärts treffen, so den Reiter überraschend zu Fall bringen und dann ohne viel Mühe vollends tödten. Ihren rechten Flügel hielten sie in unerkennbarer verdeckter Aufstellung zurück.

„Alle diese kampffreudigen und grimmen Völkerschaften befehligten Chnobomar nun, der „ruchlose Entzünder dieses ganzen Krieges" (um den Scheitel geschlungen trug er einen feuerrothen Wulst: — nicht einmal dieser reiche und mächtigste König deckt sein Haupt mit einem Helm: wol nicht, weil er einen entbehrt hätte, sondern weil er in Ueberkühnheit, wie sie in jener Zeit als eine Art Heldenstück häufig begegnet, solche Deckung verschmähte), „sprengte dem linken Flügel voran, wo die wildeste Wuth des Kampfes erwartet wurde: kühn und voll Vertrauen auf die ungeheure Kraft seiner Glieder, hoch ragend auf schnaubendem Roß, den furchtbar wuchtigen Wurfspeer auf die Erde stoßend, weithin kenntlich an dem Glanz seiner Waffen, von jeher ein gewaltiger Krieger und, vor den Anderen, ein geschickter Herführer."[12]

Den rechten Flügel befehligte Serapio, ein Jüngling, dem gerade der Flaumbart gesproßt war, aber an Heldenkraft seinen Jahren voraus: der Sohn von Chnobomar's

---

[12] Und doch beging dieser „geschickte Feldherr" den nur durch die blindeste Siegeszuversicht erklärbaren Fehler, die Schlacht zu schlagen mit dem Rücken gegen einen breiten, tiefen, reißenden Strom, ohne über eine Brücke oder über Schiffe zu verfügen, einen Strom, zu dessen Ueberschreitung man, ohne vom Feind behelligt zu sein, drei Tage und drei Nächte gebraucht hatte — und der im Fall einer Niederlage das feuchte Grab für Tausende werden mußte — — und ward.

Bruder Mederich, „eines Mannes, der, so lange er lebte, äußerste Treulosigkeit geübt hatte." Der Jüngling Serapio hatte diesen fremden Namen empfangen, indem sein Vater, lange Zeit als Geisel und Pfand in Gallien festgehalten, hier einige griechische Geheimlehren kennen gelernt und seinen mit nationalem Namen „Agenarich" geheißenen Sohn nun „Serapio" genannt hatte: — man sieht, wie diese Barbaren ihren oft unfreiwillig langen Aufenthalt in römischem Gebiet verwertheten, sich außer den beiden Cultur= sprachen auch die höchsten Producte der antiken Cultur an= zueignen: die religiösen und philosophischen Geheimlehren, welche selbst von Römern und Griechen nur bei höherer Bildung und regerem Wissensdrang gesucht wurden. Die Treulosigkeit — gegen Rom! — des wol von früher Jugend auf als Geisel mit Argwohn behandelten Fürsten erklärt sich sehr wohl: diese Germanen aber, welche griechische Mysterien studirten, waren doch nur der Geburt, nicht der Bildungsfähigkeit nach Barbaren. — Man sieht übrigens aus der Verwandtschaft dieser beiden „mächtigsten Könige", daß auch nach Bildung der neuen Völkergruppen innerhalb der= selben die Könige unter den gleichen Verhältnissen wie vor Bildung der neuen Gruppen fortbestanden: Chnodomar und Agenarich sind ebenso Vatersbruder und Neffe wie vor drei Jahrhunderten Inguiomer und Armin: und Beide sind Könige.

An die beiden mächtigsten Könige, welche offenbar als „Herzoge", d. h. Oberfeldherren, für diesen Krieg gekoren waren, schlossen sich die fünf anderen Könige, „welche ihnen an Macht die nächstfolgenden waren," darauf zehn „regales", a. h. (wohl nicht „Prinzen", sondern) Gaukönige, geringer an Macht als die sieben Völkerschaftskönige, und eine dichte Reihe vor Edeln (optimatum series magna): die ganze Streitmacht betrug 35,000 Mann, aus verschiedenen Völkern (vielleicht auch außer Alamannen), theils „gegen Sold ge= worben" — (wobei der Fremdling Ammian wohl auch Ge= folge für Söldner hielt, da sie, allerdings von den Gefolgs= herren unterhalten, mit Beute, Waffen, Schmuck und jetzt wohl auch schon mit Geld beschenkt werden mußten) —, theils verbündete, welche sich vertragsmäßig im Kriege gegen= seitig zu unterstützen hatten. — Letzteres enthält die eine Wurzel der Entstehung der neuen Gruppen (Alamannen, Franken, Friesen, Sachsen, Thüringer, Bajuvaren): Schutz=

und Trutzbündniße, auf die Dauer geschlossen, besonders, aber nicht ausschließend gegen Rom gerichtet, zwischen im Uebrigen unabhängig und selbstständig verbleibenden Völkerschaften und Gauen —: die zweite Wurzel aber war nahe Stammesgemeinschaft und (folgeweise) Nachbarschaft: denn jene durch hohe Eide gefestigten Bündnisse wurden nur unter Genossen des gleichen Stammes und Stammescultus geschlossen; wenn Sachsen oder Franken ausnahmsweise für einen oder auch für mehrere Feldzüge als Verbündete von Alamannen aufgenommen wurden, so hatte ein solcher einzelner Allianzvertrag doch ganz anderen Character als diese bauernden, unkündbaren Schutz- und Trutzbündnisse aller Alamannen unter einander, welche sich zwar noch nicht einem Bundesstat, geschweige Einheitsstat näherten, wohl aber von einem Statenbund sich nur noch dadurch unterschieden, daß die Zahl der gemeinsam verfolgten Zwecke sich auf zwei: Krieg und Göttercultus, beschränkten; richtiger gesagt: der uralte Verband des Göttercultus, z. B. der suebischen Stämme, war unter den nächsten Nachbarn und Verwandten bei diesen Sueben jetzt dahin verwerthet worden, Grundlage von Schutz- und Trutzbündnissen, zumal gegen die römische Gefahr zu werden.

Das erste Vorrücken des Fußvolks auf dem linken römischen Flügel kam, wie aus Ammian's eigener Schilderung erhellt, sofort zu sehr unfreiwilligem Stehen. Severus stieß hier auf Gräben, welche die Alamannen — (die also die Schlacht erwartet hatten: denn schwerlich waren es zufällig von ihnen vorgefundene Vertiefungen: nach Libanus allerdings ein Bachgrund) — gezogen und mit verdeckt aufgestellten Schützen ausgefüllt hatten, die, plötzlich aufspringend, den Feind verwirren sollten. Das gelang wenigstens insoweit, als Severus, „weitere unbekannte Gefahren fürchtend", stehen blieb: — „unerschrocken" zwar, d. h. er wich nicht zurück: aber er wagte auch durchaus keinen Angriff. Julian bemerkte dies bedenkliche Stocken und sprengte sofort, „wie es die brennende Gefahr erheischte," mit zweihundert Reitern durch die Zwischenräume des Fußvolks vor, entlang den Geschossen der Feinde aus den Gräben, und feuerte seine stutzenden Soldaten an; er erinnerte sie, daß sie ja so ungeduldig den sofortigen Angriff verlangt hätten, er forderte sie auf, die Schmach zu rächen, welche der Majestät Roms bisher angethan war durch diese

Barbaren, welche ihre Wuth, ihr maßloser Kampfzorn zu ihrem Verderben bis hieher geführt habe; er warnte vor zu hitziger Verfolgung, aber verbot auch, zu weichen, bevor äußerste Noth sie zwinge.

Solche Mahnungen wiederholend dirigirte er den größeren Theil der Truppen hierher gegen das erste Treffen der Barbaren: — ein Zeichen von der nicht geringen Bedeutung des hier angetroffenen Hindernisses. Aber auch das alamannische Fußvolk fühlte nun, daß ihm hier ein schweres Ringen, vielleicht die Entscheidung des Tages bevorstand; so erscholl denn plötzlich aus seinen Reihen einstimmig der laute, zornig klingende Ruf: "die "Fürsten"¹³) sollten von den Rossen steigen und unter den Reihen des Fußvolks kämpfen, damit sie nicht im Fall eines Unglücks allzu leicht die große Masse der Gemeinfreien im Stich lassen und entweichen könnten."

Man sieht, noch ist die alte Volksfreiheit und ihre Redefreiheit — ja Redeckheit — nicht geschwunden vor diesem alamannischen Königthum: hatten doch diese Könige noch nicht auf römischem Boden, mit dem vorgefundenen Apparat römischer Statsgewalt über Provinzialen herrschend, gleiche Macht auch über ihre germanischen Volksgenossen ausdehnen können; — wie einst Armin muß sich Chnodomar mitten in der Schlacht vom Volksher dessen Willen aufzwingen lassen. Denn auch Chnodomar, der "mächtigste König," der Oberfeldherr, wagt nicht, dieser recht barbarischen, thörichten und trotzigen Aufforderung zuwider streben; das Volk hält hierin sein Blut dem königlichen gleichwerthig: und eine obzwar ziemlich derb, in fast beleidigender Mahnung ausgesprochene Berufung an die Heldenehre der Könige und Edeln darf nicht abgelehnt werden: willfährig folgt der riesige König dem zornigen Ruf des mißtrauischen Volkes und springt sofort vom Roß: ohne Besinnen folgen die Anderen seinem Beispiel: zweifelte doch auch keiner unter ihnen am Sieg.

Jetzt kam es zum ersten Zusammenstoß.

Die Germanen auf ihrem linken Flügel,¹⁴) die den Reitern gemischten Fußkämpfer, stürzten sich mit mehr Un-

---

¹³) Regales: gemeint sind auch die reges, wie das Folgende zeigt, nicht der Adel, die optimates; "regales" kann also auch oben nicht wohl "Prinzen", "nicht regierende Glieder der Königsgeschlechter" heißen, sondern bedeutet Gaukönige neben den Völkerschaftskönigen.
¹⁴) Und wohl auch im Mitteltreffen.

gestüm als Vorsicht, d. h. mit unbesonnener Verschwendung
des Athems, auf die Geschwader der Römer unter „unmensch=
lichem Schlachtgeschrei", Pfeile und Wurfspeere schleudernd;
ihre Kampfeswuth übertraf heute noch, was man sonst an
Germanen gewohnt war: ihr langes Har sträubte sich empor,
aus ihren Augen sprühte der Heldenzorn. Aber unerschüttert
hielt der römische Fußsoldat Stand, das Haupt gegen die
von oben her fallenden Hiebe der viel größeren Barbaren
mit dem vortrefflichen römischen Schilde deckend, mit dem
breiten mörderischen Schwert im sicher gezielten Stoß die
nackten Leiber der Riesen treffend oder das todtbringende
Pilum schwingend.

Die römischen Reiter scharten sich in diesem gefährlichen
Augenblick dicht zusammen: das Fußvolk deckte seine Flanken
Schild an Schild, undurchbringbar an einander drängend;
dicht stiegen die Staubwolken des heißen Augusttages empor;
die Schlacht stand: keinerlei Fortschritte machten die Römer:
sie behaupteten sich nur: ja hin und wieder verloren sie
Boden.

Das Beste für die Römer leisteten sichtbar ihre ausge=
zeichneten Waffen, zumal die selbst mit höchster Anstrengung
kaum zu zertrümmernden Schilde; um deren feste Mauer zu
zerreißen, um Lücken, Ungleichheiten in die römischen Reihen
zu bringen, warfen sich manche der kriegserfahrensten Barbaren
auf ein Knie, stemmten sich gegen die vordringenden Römer
und suchten sie durch die überlegene Körperkraft umzuwerfen;
in unmäßigen Eifer kam es zum Ringkampf: Faust gegen
Faust und Schildstoß gegen Schildstoß — ein ungleicher
Kampf der alamannischen Weidengeflechte gegen den römischen
Erzstachel auf dem Legionenschild! —. Das laute Geschrei der
Siegjauchzenden und der Getroffenen hallte gegen den Himmel.
Der linke Flügel der Römer drang jetzt vor, über die
Gräben, die Hügel aufwärts Raum gewinnend, den immer
erneuten Ansturm germanischer Haufen mit überlegener Wucht
der ehernen Schilde zurückwerfend und klirrend eindringend
auf den Feind.

Da schien auf dem rechten römischen Flügel die Schlacht
für den Cäsar verloren: plötzlich, wider Erwarten, stoben
von dort her seine Reiter in voller Auflösung zurück; diese
Flucht ging aus von folgendem Schrecken. Die bereits (wol
durch die Plänkler zu Fuß) erschütterten Reihen wurden

eben neu geordnet, als die Panzerreiter ihren Obersten¹⁵) und neben ihm auch noch den nächsten Reiter über Hals und Kopf des Pferdes stürzen sahen, von der Wucht des Panzers herabgerissen. Da stoben sie auseinander, wie jeder konnte: die Flucht der Vordersten riß die Hinterglieder fort, und schon drohten sie, ihr eigenes Fußvolk niederreitend, Alles in Auflösung zu bringen — aber das Fußvolk hielt Stand, scharte sich eng zusammen und hielt, Mann an Mann gelehnt, den Anprall der fliehenden Reiter auf, ohne vom Platze zu weichen.

In diesem Augenblick höchster Gefahr erschien der Cäsar auf dem bedrohten Punkte, hemmte die Flucht, stellte und wendete die Schlacht.

Von ferne her — er weilte wol noch auf dem linken Flügel, dessen Stocken er gehoben — sah er, wie seine entscharten Reiter an keine Rettung mehr dachten als an die in der Flucht; da jagte er heran, so rasch das Roß ihn trug, und warf sich selbst wie ein Riegel ihrer Flucht entgegen. Zuerst bemerkte ihn nur der Rittmeister einer Schwadron: er erkannte den Cäsar an dem Purpurwimpel der hochragenden kaiserlichen Drachenstandarte, „der den Drachen umflatterte wie die abgestreifte Schlangenhaut"; der Officier erbleichte vor Scham und Scheu, hielt und wandte das Pferd, seine Leute wieder zum Stehen zu bringen. Der Cäsar rief die Erschrockenen ermunternd an, und es gelang, sie aufzuhalten: im Schutz der Legionen geborgen, sammelten sie sich wieder. Die Alamannen aber hatten, nachdem sie die Reiter zurückgeworfen und zerstreut, das erste Treffen des Fußvolks angegriffen, in der Hoffnung, dasselbe sei nun muthlos geworden und leichter zum Weichen zu bringen. Aber als es nun zum Handgemenge kam, standen sich gleichgewogene Kräfte gegenüber.

Denn hier stießen die Germanen auf die Eliteregimenter der Cornuti und Braccati, schlachtvertraute, im Kampf gehärtete Truppen, größtentheils — germanischer Abkunft; schon durch den Anblick Schreck einflößend,¹⁶) erhoben sie nun, diese für Rom kämpfenden Babaren, nach germanischer Sitte mit Macht den Schlachtgesang, „barritus", welcher

---

¹⁵) Zunächst nur leicht verwundet, aber er blieb todt auf dem Platze (s. unten).

¹⁶) Cornuti, Gehörnte; braccati, Behoste. Letzteres ursprünglich Kelten.

während des Kampfes mit leisem Gesumme beginnt, allmälig anschwillt und zuletzt erdröhnt wie das Gebrause der Meerfluth, welche brandend an die Klippen schlägt. Von beiden Seiten sausten die Wurfspeere hageldicht: hoch wallte Staub empor und barg den Ausblick, so daß blindlings Waffe auf Waffe, Leib an Leib stieß. Abermals bildete für die Alamanen, bei gleicher germanischer Kraft und Tapferkeit, das ehern gefügte Dach der römischen Schilde ein kaum bezwingbares Hinderniß: die ungleich größeren Verluste, welche sie erlitten, erklären sich zu gutem Theil daraus, daß der römische Soldat hinter diesem Schildbach wie hinter einer Befestigung focht und (während der nackte Germane alle Kraft darauf verwenden mußte, erst diesen ehernen Wall zu zerbrechen, um nur an den Leib seines Gegners zu gelangen) jede Blöße des Angreifers verwerthen konnte, diesen sofort mühelos mit Schwert oder Speer durch den dünnen Schild hindurch zu treffen.

Dieser ungleiche, verlustreiche Kampf gegen bessere Rüstung reizte den Kampfeszorn der Alamanen zu furchtbarer, zu wild aufflammender Wuth: und wirklich gelang es ihren verzweifelten Anstrengungen, durch unablässig wiederholte Schwerthiebe endlich den Schildzaun zu zerhauen, einzudringen, einzubrechen in das erste Glied der Feinde. Da kam den schwer Bedrohten im rechten Augenblick Rettung: — abermals Germanen waren es, welche den Alamanen den blutig errungenen Vortheil entrissen. Die Bataver waren es, von jeher als die allervorzüglichsten germanischen Söldner von den Kaisern geschätzt, welche die Gefahr ihrer Waffenbrüder erkannten und im Sturmschritt zu Hilfe eilten, geführt von ihren Königen."[17]) Diese Germanen waren eine allgefürchtete Schar: sie hatten ein Gelübde, jeden Waffen-

---

[17]) Venere celeri cursu Batavi cum regibus; seit Valesius ist es bei den Philologen Mode geworden, statt der natürlichen Uebertragung „unter ihren Königen" — wir wissen, daß gerade die Bataver, wie viele germanische Söldner, unter ihren Königen als Officieren fochten — die unnatürliche zu wählen: „mit den reges," d. h. einer römischen Schar, welche reges geheißen hätte. Man stützt sich dabei auf eine Stelle der notitia dignitatum, welche aber von regü, nicht von reges, spricht. Keine Variante unserer Stelle gewährt regiis statt regibus. Freund Friedländer erklärt für unmöglich, daß eine Truppenschar „reges" geheißen habe. Auffallend ist die Wendung bei Ammian allerdings: — aber sie ist doch möglich; die bekämpfte Auslegung ist unmöglich. Und Ammian sagt später ganz ähnlich: inter quos et reges.

genossen aus äußerster Todesgefahr zu befreien mit Wagung
des eigenen Lebens. Und dies Gelübde — sie erfüllten es
auch jetzt. Sie kamen und warfen ihre frische Kraft den
erschöpften Siegern entgegen.

So fochten die Römer mit bedeutend verstärkten Kräften.
Aber die Alamannen waren nicht abzuschütteln: grimmig
nahmen sie den Kampf auch gegen die frischen Truppen auf,
schnaubend, als wollten sie in einem Anfall von Raserei
alles Widerstrebende vernichten: — wiederholt brauchen die
Römer diesen Vergleich, den „furor teutonicus" zu schildern—:
es war der kampfwüthige Wuotan, die Personification dieses
ihres eigenen Heldenzornes, den die Germanen in solchen
Augenblicken in sich spürten.

Unablässig flogen lange Wurfspieße, kurze spitzige Wurf=
lanzen, Rohrpfeile mit eisernen Schnäbeln von ferner
stehenden Gliedern, während vorn im Handgemenge Klinge
an Klinge schlug, die Panzer unter den Schwerthieben
klafften; auch wer verwundet niedergesunken, sprang wieder
auf, fortzukämpfen bis zum letzten Blutstropfen. Wahrlich,
es war ein Kampf ebenbürtiger Gegner: waren die Alamannen
größer und kräftiger, so waren die in römischem Dienst
Kämpfenden besser geschult und geübt; waren jene heiß=
grimmig und ungestüm, so blieben diese kühl und vor=
sichtig; trotzten jene auf ihre Körperkraft, so waren diese
an geübtem Verstand überlegen; — unter welchen Verlusten
hiernach die Alamannen fechten mußten, leuchtet ein. Und
doch gelang es ihnen wiederholt, die Römer durch die über=
legene Wucht des Ansturms aus ihrer Stellung zu stoßen;
aber immer drangen diese wieder vor: der Alamanne aber,
sank er endlich vor Ermüdung zusammen, fiel nun auf's
Knie und schlug noch in dieser Stellung auf den Feind
los: — „ein Zug der äußersten Hartnäckigkeit", meint der
Grieche.

Die Schlacht stand abermals, hergestellt durch die
Bataver, aber noch immer unentschieden. Da versuchte die
germanische Führung — wahrscheinlich doch eben Chnodomar
— eine letzte äußerste Anstrengung, deren Gelingen oder
Scheitern den Tag entscheiden sollte.

Gewitzigt durch viele blutige Erfahrungen, geschult im
Kampf für oder gegen Rom, hatten die Führer diesmal den
alten systematischen Haupt= und Erbfehler germanischer
Taktik vermieden, ohne Reserve alle Kraft bei dem ersten

Anlauf zu verbrauchen. Die Könige und Edeln, deren Ehrenpflicht es war, die Gemeinfreien an Tapferkeit zu übertreffen, wie sie ihnen durch bessere Bewaffnung überlegen waren, zeigten jetzt, daß sie den Argwohn nicht verdient hatten, sich durch voreilige Flucht retten zu wollen. Eine kleine, aber auserlesene Gruppe, die Könige und die Edeln, hatte sich und ihre Gefolgschaften geschart, um durch einen todesmuthigen, opferreichen Vorstoß die so lange schwankende Schlacht zu entscheiden. Plötzlich in brausendem Anlauf stürmten sie den Ihrigen wie bei einem Ausfall voraus, und wirklich durchbrachen sie das erste römische Treffen vollständig. Jauchzend folgten die Gemeinfreien den todesstolzen Führern: an solchen Thaten erkannte das Volk in solchen Augenblicken das von den Göttern stammende Mark seiner Könige und Edeln, denen wahrlich ihr Adel „Pflichten auflegte". Und sich blutige Bahn brechend auch durch die nächstfolgenden Glieder der Römer, gelangte dieser Keil, wie es scheint, die Mitte und den halben linken[19]) Flügel des römischen Vordertreffens völlig durcheilend, bis in das weit zurückgehaltene Centrum der römischen Aufstellung: hier aber stießen sie auf die noch ganz frischen Truppen, auf die volle Legion, der „Primani".

Und abermals, wie auf so vielen Schlachtfeldern vor- und nachher, entschied diese kühle römische „Taktik der Reserven" den Sieg über germanisches Heldenthum trotz todesfreudigsten Ungestüms.

Abermals wiederholte sich hier, nur erst im späteren Stadium des Kampfes, was so oft gleich von Anfang das Los römisch-germanischer Schlachten entschieden hatte.

Nicht ohne Klugheit hatten die Germanen diesmal disponirt, nicht dem bloßen Frontalstoß vertraut: jene Gräben auf ihrem rechten Flügel und die verdeckt darin aufgestellten Schützen hatten erfolgreich hier den römischen Angriff gehemmt.

Wiederholt hatten dann die Reserven den Römern die bedenklich schwankende Schlacht gestellt: die geschlagenen Reiter fanden Aufnahme hinter ihrem Fußvolk; den Cornuti und Braccati kam im rechten Augenblicke die batavische Verstärkung zu Hülfe.

Und jetzt scheiterte der letzte Keilstoß der Germanen an

---

[19]) Denn von diesem war zuletzt die Rede, und ihm gegenüber hatten von Anfang die Könige Stellung genommen.

der noch völlig unberührten Kerntruppe, welche der Cäsar im Mitteltreffen, mit weiser Aufsparung der Kräfte, zurück=
gehalten hatte.

Wie sonst der germanische Angriffskeil oft und oft das erste und noch das zweite römische Treffen unwiderstehlich getroffen hatte, dann aber, nach furchtbaren Verlusten, athem=
los und geschwächt, an dem dritten Glied der Römer an=
prallte, dies nicht werfen konnte, sondern hier zum Stehen kam, und, damit seine wirksamste Gewalt verlierend, alsbald auch von den Flanken und im Rücken von den wieder ge=
sammelten Vortreffen gefaßt, völlig unfähig, zu schwenken, umzingelt ward und nur noch auf dem Fleck sterben oder in ordnungsloser Flucht, ohne die Möglichkeit, sich nochmal zu stellen, irgendwo — keineswegs auf der natürlichen Rück=
zugslinie — in Verzweiflung ausbrechen konnte —: so er=
ging es jetzt dem gegen Ende der Schlacht unternommenen reservelosen Keilstoß.

Die Legion der Primaner in der Mitte, in dem „prä=
torischen Lager", dem festen Haltpunkt der ganzen Auf=
stellung, stand hier vollzählig in dichten und zahlreichen Gliedern hinter einander, fest wie ein eherner Thurm und unerschütterlich; mit größerer Zuversicht nahm sie den Kampf auf als die vorgeschobenen, jetzt durchbrochenen Treffen. Mit einem wohlgezielten Hagel der mörderischen Pila aus nächster Nähe empfing sie die athemlos vor ihr eintreffenden Anstürmer. Kein Geschoß ging fehl. Jetzt kam es zum Handgemenge. Kühl, wie im Circusspiel der keltische Gla=
biator (mirmillo) dem Gegner sich gewandt entwindet, deckten sich die Legionare gegen jede Wunde mit dem Schild; gab sich dann der Alamanne, immer hitziger und wüthiger über das eherne Hemmniß, eine Blöße, so durchbohrte ihn blitz=
schnell der Stoß des gezückten kurzen, für solchen Nahkampf unvergleichlichen dolchartigen Römerschwertes. Die Schar der Könige und Edeln aber wetteiferte, ihr Herzblut zu verschwenden, den Sieg zu erzwingen; abermals mühen sie sich ab, wie vorher die Gemeinfreien, das eherne Schild=
gefüge der Primani zu lockern. Da der wüthige Ansturm gestockt und damit das Gefährlichste bestanden war, streckte der Römer mit wachsender Siegeszuversicht immer den vor=
dersten Angreifer nieder; aber über die vorderste Reihe der Erschlagenen stiegen die Nächsten im alamannischen Keil, die noch Lebenden über die dichte Schicht ihrer Todten. Längst

waren die Kühnsten, Vordersten, Besten gefallen; die Gefolgen stiegen über die Leichen ihrer königlichen und edeln Gefolgsherren; schon kam die Reihe an die Gemeinfreien, welche sich angeschlossen hatten. Da endlich war auch alamannisches Heldenthum erschöpft: Schmerz, Verzweiflung, Jammer um die hier haufenweise erschlagen, röchelnd, sterbend liegenden Führer ergriff die noch Lebenden, lähmte sie mit Entsetzen.

Da kam der Augenblick des sicheren, des unvermeidlichen Verderbens auch für diesen Germanenteil: der Augenblick, da der Sieg hoffnungslos, der fortgesetzte Ansturm unmöglich scheint; und jetzt — es gibt keinen Rückzug und keine Reserve! — ist jeder Widerstand zu Ende, nur rasche Flucht kann das Leben noch retten. Aber nur Einzelnen, nicht mehr Gescharten.

„Endlich erschöpft durch so viele Verluste, hatten sie nur zur Flucht noch Athem: nach allen Richtungen stürzten sie mit höchster Eile davon: wie Steuermann und Matrosen, um nur der Wuth der See zu entrinnen, sich überall hin von Wind und Welle landwärts werfen lassen. Jeder Augenzeuge wird bestätigen, daß solcher Wunsch der Rettung wenig erfüllt ward." Und nun entwirft Ammian ein grauenhaftes Bild des Gemetzels, welches die Verfolger unter den widerstandslos Flüchtenden anrichteten „unter Beistand eines unverkennbar auf dem Schlachtfeld waltenden Gottes": „Der Soldat säbelte die Weichenden vom Rücken her nieder; war das Schwert krumm gebogen, stieß er die Barbaren mit deren eigenen Speeren zu Boden; das Blut der Wunden stillte nicht den Zorn der Sieger; massenhaftes Morden genügte nicht der Faust; keinem um Gnade Flehenden ward das Leben geschenkt: in Menge lagen sie, durch und durch getroffen, zum Sterben wund, den Tod herbeisehnend als Erlösung; andere sogen verscheidend in das brechende Auge den letzten Lichtstrahl; balkendicke Geschosse hatten manchen Fliehenden den Kopf abgerissen, daß er nur noch an der Kehlhaut mit dem Rumpf zusammenhing; andere waren auf dem kothigen, schlüpfrigen Boden im Blut der Waffenbrüder ausgeglitten und, unverwundet, von den Haufen der über sie Hinstürzenden erdrückt und erstickt. Immer eifriger verfolgte der Sieger dies Glück, auf schimmernde Helme und Schilde mit den Füßen tretend, bis die Schneiden durch die zahllosen Hiebe stumpf waren.

Endlich sperrten den Barbaren die mauerhoch aufge=
thürmten Schichten ihrer eigenen Erschlagenen jeden Ausweg;
in äußerster Verzweiflung warfen sie sich in den Rheinstrom,
welcher als einzige Zuflucht dicht hinter ihnen dahinschoß.
Rastlos in der raschen Verfolgung setzten ihnen die Römer
bis in das Wasser nach, in vollen Waffen, ihrer Schwimm=
kunst vertrauend, in den Strom springend, bis der Feldherr
mit den Tribunen und Führern laut scheltend verbot, sich
den reißenden Wirbeln zu vertrauen. So stellten sich denn
die Römer ruhig an dem Ufersaum auf und schossen mit
allen Arten von Pfeilen und Speren auf die Germanen, wie
auf schwimmende Scheiben; mancher, den seine Schnelligkeit
bisher dem Tod entrissen, sank jetzt auf den Grund des
Stromes durch die Wucht des (jacti?) getroffenen Körpers.
Selbst ungefährdet, wie bei einer Theatervorstellung nach
aufgezogenem Vorhang die Zuschauer, sahen die Sieger mit
an, wie die weniger geübten sich an die besseren Schwimmer
zu klammern suchten, dann, nachdem sich die Flinkeren von
ihnen losgemacht, wie Blöcke auf dem Wasser trieben; wie
andere, umsonst gegen die Gewalt des Stromes ankämpfend,
von den Fluthen verschlungen wurden; etliche aber legten
sich auf ihre Schilde, brachen in schräger Richtung durch die
Gewalt der gegen sie wogenden Wasser und gelangten nach
vielen Gefahren ans rechte Ufer. Schäumend, geröthet vom
Blut der Barbaren, staunte der Strom über den ungewohnten
Zuwachs."

Ammian vergißt über seiner Freude an dem Gemetzel
anzugeben, wie die Verfolgung, von welchen Truppen und
in welchen Bewegungen sie geschah.

Wir dürfen wol annehmen, daß zunächst, als die An=
stürmer, die Hoffnung aufgebend, den Rücken wandten, die
bis dahin einem modernen Viereck, das gegen Reiterangriff
gebildet war, vergleichbare, unbeweglich stehende Legion der
Primari, dieser eherne Thurm, sich jetzt in furchtbare Be=
wegung setzte, die Vorderglieder öffnete, die Hinterglieder
durchließ, auch auf beiden Seiten vorzog und so in breitester
Front, in einer langen Linie, die Weichenden im Rücken
faßte, sie wol auch auf beiden Seiten umflügelte. Daß aber
den Fliehenden jeder andere Ausweg abgeschnitten war als
der Durchbruch nach dem Rhein, in der Richtung ihres
linken Flügels, erklärt sich doch nur durch die Annahme,
daß die durchbrochenen römischen Vordertreffen sich während

des Angriffs auf die Reservelegion wieder im Rücken der Angreifer gesammelt, Kehrt gemacht und nun die zurück= fluthenden Flüchtigen aufgefangen hatten; auch wird die römische Reiterei sich wohl seither von ihrer Panique hin= reichend erholt haben, um auf die Fliehenden nachzuhauen, welche der Weg nach dem Rhein gerade vor dem römischen rechten Flügel, hinter welchem die Kürassiere Schutz gefunden hatten, vorbeiführte; wenigstens auf dem Plateau mochte sie nachjagen, bis wo dasselbe in steiler Böschung (supercilia) jäh gegen den Strom abfiel.

König Chnobomar hatte inzwischen, wol durch die auf= opfernde Hingebung seiner Gefolgschaft, einen Ausweg der Rettung gewonnen; über Haufen der Erschlagenen hinweg= setzend, floh er mit wenigen Begleitern[19] in der Richtung nach dem Lager, das er in tribokischem Gebiet errichtet hatte, in der Nähe der römischen (aber jetzt gewiß nicht mehr von Römern besetzten) Befestigungen Tribunci und Concordia,[20] um auf Kähnen, welche schon lange für den Nothfall dort bereit gehalten waren, sich in Verborgenheit und Abgelegen= heit zu retten. Aber um in Sicherheit zu gelangen,[21] genügte es nicht, am Ufer hin stromabwärts zu fahren, sondern er mußte den breiten, offenen Rhein überschreiten: und hierbei war römische Verfolgung am meisten zu besorgen; er ver= hüllte daher sein Antlitz und ritt stromabwärts am Ufer hin, langsam, vielleicht von der Mehrzahl seiner Begleiter sich trennend, um möglichst wenig Aufsehen zu erregen. Nahe am Ufer mußte er einem Altwasser voll sumpfigen Wassers ausweichen: er ritt am Rande hin, es zu umgehen, gerieth aber gleichwohl auf weichen Morgrund und stürzte vom Pferde. Obwol vom wuchtigen Körper schwer hinabgezogen, raffte er sich sofort empor und suchte nun, die sumpfige Niederung meidend, Zuflucht auf einem nahen Hügel. Hier aber, auf dem weithin sichtbaren Anstieg, fiel er den Römern in die Augen; sie erkannten ihn gleich: die Größe seines früheren Glückes hatte ihn nur zu bekannt gemacht. — Athemlosen Laufes machte sofort eine ganze Cohorte mit ihrem Tribun auf ihn Jagd: solchen Eindruck hatte der

---

[19] Es waren übrigens doch mehr als 200, wenn diese größere Zahl nicht erst bei der Schiffsstation sich ihm anschloß.
[20] S. v. Spruners Karte, antlas antiq. VIII.
[21] Zu seinen Zelten, „tentoria", oder in sein Gebiet, „territoria" (Conjectur Ernesti's).

Gewaltige gemacht, daß der übervorsichtige Officier auch jetzt nicht wagte, geradenwegs hinaufzustürmen; denn den Hügel umgab oben dichtes Gehölz, und die Römer, durchaus keine Freunde des Waldgefechts mit Germanen, besorgten, unter dem Dunkel der Zweige in einen Hinterhalt zu fallen. So begnügten sie sich, den ganzen unteren Rand des Gehölzes mit Bewaffneten zu umstellen. Als der König jeden Ausweg mit Uebermacht gesperrt sah, ergab er sich, würdevoll, ohne weiteren Widerstand: allein schritt er aus dem Walde auf die Posten zu. Aber seine Gefolgen, 200 an der Zahl, und seine drei nächsten Freunde ertrugen die Schande nicht, den König zu überleben, oder den Vorwurf, seinen Tod nicht getheilt zu haben: auch sie traten nun hervor und ließen sich in Fesseln schlagen. Der Grieche meint freilich, „aus äußerster Furcht habe sich der König ergeben", und fügt bei: „Und wie der Barbaren angeborene Art ist, unfähig, das Glück zu tragen, im Unglück demüthig, ließ er sich fortschleppen, der Sclave fremden Willens, völlig bleichen Antlitzes: schweigend, das Schuldbewußtsein (!) seiner Thaten gegen Rom band ihm die Zunge. Unendlich verschieden von dem Bilde, das er gewährt, als er, unter furchtbaren und trauervollen Schrecknissen, auf den Trümmern gallischer Städte wüthende Drohungen wider Rom ausstieß."

Der Grieche hat den Stolz dieses königlichen Schweigens, die heldenhafte Ergebung in das Schicksal, die Trauer um das hingeschlachtete Volk nicht verstanden.

Die „Gnade des höchsten Wesens", sagt der Historiker (der weder Christ war noch an die Götter seines Volkes glaubte) hatte dies Alles so vollendet.

Der Abend des langen Sommertages brach herein. Den „unbesiegbaren" Soldaten rief die Trompete von der Verfolgung zurück: — es war wol nichts mehr zu verfolgen auf dieser Seite des Stromes (aber vorsichtig stellte der Feldherr mehrfache Ketten von Wachen aus). Die Sieger lagerten auf den Uferhöhen des Rheins und labten sich an Speise und Schlaf.

Gefallen waren in dem viele Stunden währenden Kampf nur 243 Römer — der beste Beweis für die Undurchbringbarkeit ihrer Schutzwaffen; aber auch viele höhere Officiere: ein Tribun, dessen Name entfallen; dann ein Liebling Julian's, ein ausgezeichneter Officier, Bainobaud, der Germane, welchen also für die Schlächterei der Wehrlosen auf den Rheininseln hier die Vergeltung traf; dann Laipso, auch Germanc„ beide Tribunen der Cornuti, welche wohl am schwersten gelitten; endlich Innocentius, der Oberst der Kürassire, dessen Fall die Seinigen entschart hatte.

Von den Alamannen aber lagen 6000 todt auf dem Schlachtfelde, ungezählt und unberechenbar die Haufen, welche der Fluß verschlang.

Gefangene hatten die Römer, scheint es, wenige gemacht — außer dem König und seinen Begleitern.

Julian ward einstimmig — und zwar verdientermaßen: denn ohne Zweifel hat er zweimal in die Schlacht auf das verdienstlichste eingegriffen — vom ganzen Her auf dem Schlachtfelde zum „Augustus" ausgerufen. Er wies scheltend diese — lebensgefährliche — Auszeichnung als Unfug zurück: er betheuerte eidlich, dergleichen nicht zu wünschen und zu hoffen.

Er ließ, um die Siegesfreude zu erhöhen, in der Versammlung der Officiere Chnobomar sich vorführen; gebeugt trat dieser ein, warf sich zur Erde und bat in alamannischer Sprache um Gnade.²²) Julian hieß ihn guten Muthes sein und schickte ihn nach wenigen Tagen an den Hof des Kaisers. Von da ward er nach Rom gebracht, wo ihn, „im Lager der Fremden" auf dem Cälischen Hügel die „Schlafsucht" hinraffte — es war aber wohl nicht Schlafsucht, sondern Heimweh.²³)

Man kann den Finger der göttlichen Weltordnung, welche angeblich stets der besseren Sache den Sieg verleiht, nicht eben leicht in dieser Entscheidung erkennen.

Denn werfen wir jetzt einen Blick auf die römische Regierung, welcher der Sieg zu Statten kam.

Wörtlich sagt der eifrig römische, aber ehrliche Soldat Ammian:

„Ungeachtet dieser zahlreichen und schönen Erfolge fand Julian am Hofe des Kaisers Feinde genug, welche, nur um dem Herrscher zu gefallen, den Cäsar „das Siegerlein"

---

²²) Letzteres bestätigt auch Libanius: Orat. parent. in Julian, c. 29.
²³) Morbo veterni cocsumptus est; morbus veterni heißt wörtlich „Schlafsucht", wie sie bei „alten Leuten" oft vorkommt; aber auch träumerisches vor sich hin Brüten; gewissenhaft fügen wir das bei; der alte ehrliche Maskov I. S. 250 meint schon „eine Krankheit, die man ihm zuvor wol niemals prophezeyhet hätte"; das schweigsame Träumen kann recht wol ein Zug des Heimwehs gewesen sein. Alt war Chnodomar nicht. Der Leser mag wählen.

nannten, weil dieser, obzwar in aller Bescheidenheit, so oft er auszog, Siege über die Germanen meldete. Andererseits bliesen diese Höflinge die Eitelkeit des Kaisers immer stärker auf, indem sie mit leerem Lob, das die maßlose Uebertreibung nicht verdecken konnte, Alles, was auf der weiten Erde geschah, auf seine glückliche Leitung zurückführten. Aufgebläht durch solche Prahlerei, verbreitete der Kaiser in seinen amtlichen Edicten renommistisch die ärgsten Lügen: Er allein habe in Person gekämpft — Er nahm aber an dem Feldzuge gar nicht Theil —, Er habe gesiegt, Er habe die gnadeflehenden Könige der Völker von ihrem Fußfall aufgehoben. Wenn z. B. während der Kaiser in Italien weilte, ein Feldherr die Perser geschlagen hatte, schickte jener auf Kosten der Provinzialen ellenlange Bulletins, mit Lorberzweigen umwunden, aus, in welchen er, ohne den Feldherrn auch nur zu nennen, prahlte, wie er im Vordertreffen, im ersten Glied gefochten habe.. Vierzig Tagemärsche war er entfernt vom Schlachtfelde bei Straßburg; aber in seiner Beschreibung der Schlacht sagt er, Er habe die Aufstellung geleitet, Er sei unter den Fahnenträgern gestanden, Er habe die Barbaren kopfüber in die Flucht geschlagen, Ihm sei — verlogenermaßen —! Chnodomar vorgeführt worden: von Julian's ruhmvollen Thaten aber schweigt er ganz: — welche Erbärmlichkeit! — ja, er hätte sie ganz begraben: aber die Weltgeschichte läßt Großthaten nicht vergessen, wie sehr man sie zu verdunkeln trachtet."

Der Cäsar ließ alle Leichen, auch die der Germanen, bestatten, in frommer Scheu vor den Göttern, daß nicht Raubvögel sie verzehren möchten. Jetzt, nach der Schlacht, entließ er erst jene Gesandten, welche er, die Träger hochfahrender Botschaft, festgenommen hatte. Beute und Gefangene schickte er nach Metz. „Er sah den Rhein nun wieder ungestörten Laufs sicher dahinströmen." Das ist nun freilich eine Phrase Ammian's: — denn alsbald hatte der Sieger wieder Arbeit genug, den Strom zu schützen.

Die blutige Niederlage hatte keinen dauernden Erfolg: allzu groß war die Volkskraft der Alamannen, allzu stark das Ueberschwellen ihrer Kraft, das auf dem rechten Rheinufer nicht mehr Raum genug fand.

Zwar so lange Julian die römische „Wacht am Rhein" hielt, gelang es den Germanen nicht, sich wieder in Gallien festzusetzen. Er trug vielmehr wiederholt die römischen

Adler sieghaft über den Strom bis in die Dörfer der Alamannen.

Aber bald ward er abgerufen — durch sein Schicksal, das ihn auf den Thron und zu frühem Untergang führte. Es ist bekannt, wie den aufrichtig Widerstrebenden seine Legionen zu Paris zwangen, den Purpur anzunehmen, als der argwöhnische und undankbare Kaiser ihm den Kern der gallischen Truppen abforderte.

Es blieb ihm erspart, den Vetter zu beseitigen: Constantius starb vor dem Zusammenstoß (361). Julian fiel bald darauf im Kampf im fernen Osten, gegen den anderen Erbfeind des Reichs: die Perser.

Sofort überschritten die Alamannen wieder den Rhein. Kein „Cäsar" vermochte sie je wieder aus diesen Gauen zu vertreiben: alamannische Volkskraft hat sie mit dem Schwert wiedergewonnen und mit dem Pfluge behauptet, jene Landschaften, welche einst stromweise alamannisch Blut getrunken.

Die Schlacht bei Straßburg ist längst gerächt. Denn Straßburg ist „alamannisch" geworden und — soll es bleiben.

Nachtrag.

Die Angaben Ammian's über die Stellung der Cornuti, Braccati, und Batavi sind leider so unbestimmt und unklar, daß volle Sicherheit nicht zu gewinnen ist. Wiederholte Prüfung läßt mich als das Wahrscheinlichste annehmen, daß sie von dem linken römischen Flügel an, wo sie über die Gräben zum Angriff vorgingen, sich auch über die Mitte der Römer bis zu deren rechtem Flügel hinzogen, also das Vordertreffen der ganzen römischen Aufstellung bis zu den Panzerreitern bildeten, so daß sie auch von dem Angriff des alamannischen Fußvolks auf den rechten römischen Flügel getroffen wurden.

(Ich danke der Güte des Herrn Prause, Premierlieutenants im k. preußischen Ingenieurcorps, zur Zeit zu Neubreisach im Elsaß, hierauf merksam geworden zu sein.)

Der Ort der Schlacht ist schwer zu bestimmen, weil „Höhen" (supercilia), wie sie Ammian angiebt, nirgends in jener Gegend am Rhein vorkommen. Man nimmt die

"Hausberge" an: Julian rückte auf der Legionenstraße heran von Elsaß=Zabern, also von Nordwesten gegen Südosten. Auf dem Kochersberg oberhalb Küttolsheim ward man der Alamannen ansichtig; das Heer zog nun in das Thal herab, dann das Plateau von Hürtigheim ben Kochersberg hinan, wo die Germanen einen Spähepoſten ausgeſtellt hatten, der nun mit der Meldung des Feindes zurück flog. Julian marſchirte noch ungefähr 8 Kilometer durch das Thal des Musbaches, erſtieg den letzten Hügelrand von der Rheinebene und hier, über die Straße nach Nordoſten hin, in der Richtung auf Oberhausberg kam es zur Schlacht. Der "Bach oder die Gräben" waren der Musbach: der linke Flügel der "Germanen" verlegte alſo den Römern die Legionenſtraße und beherrſchte den Weg an den Rhein.

(So iſt meine — Angabe in: "von Wietersheim," Geſchichte der Völkerwanderung, Leipzig 1880. [2. Ausgabe] I. S. 469 zu beſſern, wo ich aus Verſehen den Irrthum der erſten Ausgabe ſtehen ließ, tres Tabernae ſtatt für Elſaß= Zabern für Rheinzabern zu halten. Uebrigens habe ich den Irrthum bereits verbeſſert in "Urgeſchichte" der germaniſchen und romaniſchen Völker II. Berlin 1881 S. 283 und deutſche Geſchichte I. Gotha 1883. S. 544.)

Skizzen aus der deutschen Vorzeit.

I.

In erfreulicher Weiſe wendet ſich in unſern Tagen ein zwiefaches Intereſſe den Zuſtänden unſerer germaniſchen Vorfahren in der Zeit vor und bis zu ihrer erſten Berührung mit der römiſchen Cultur= welt zu: — man hat erkannt, einerſeits wie reizvoll für die äſthetiſche, andrerſeits wie wichtig für die geſchichtliche Betrachtung jene Vorſtufen der mittelalterlichen Entwick= lung ſind.

Die Wiſſenſchaft ſoll es nicht vernachläſſigen, auch der Nachfrage der erſtgenannten Art durch Ausgebot von Dar=

stellungen zu entsprechen, welche die Früchte ihrer Ergebnisse in nicht allzu schwer durchdringbaren Schalen darreichen.

In diesem Sinne will ich hier alte Geschichten erzählen, welche doch weder veraltet noch altbekannt sind.

Dabei wollen wir den Blick weniger auf die sogenannte äußere, politische Geschichte richten, welche fast nur Kriegsgeschichte ist, und auf die Rechtseinrichtungen, welche wir anderwärts erörtern, als auf die Culturzustände, zumal auf die Volkswirthschaft.

Denn man hat allmälig erkannt, daß jene wirthschaftlichen Verhältnisse von ganz entscheidender Einwirkung waren auch auf die äußere Geschichte, wie ja die Rechtsnormen vielfach nur die äußeren Lebensformen für den wirthschaftlichen Lebensinhalt bilden.

So wird die großartige Erscheinung, welche man viel richtiger „Völkerausbreitung" als „Völkerwanderung" nennt, in ihren letzten Ursachen nur aus der Geschichte der Wirthschaft, aus dem Uebergang der Germanen zu seßhaftem Ackerbau, aus der besonderen Art ihrer Ansiedlung und Niederlassung, aus der Methode ihres Landbaues erklärt.

Wie in der asiatischen Heimat waren auch nach der Einwanderung in Europa die Germanen noch geraume Zeit Nomaden gewesen; hatte sie doch solches Nomadenthum in langsamer Bewegung von Jahrhunderten allmälig von Ost nach West geschoben, so daß sie vom Nordosten des kaspischen Meeres bis an den Rhein und die Alpen gelangt waren; wir können nur vermuthen, daß der Druck nichtarischer Völker von Osten her auf die Slaven und in Folge hievon das Drängen der Slaven auf die Germanen die Ursache war, welche dem früher nach allen Seiten ungehemmten Umherziehen allmälig die bestimmte Richtung von Ost nach West aufgenöthigt hatte. Die Anfänge des Ackerbaues waren zwar schon in Asien nicht völlig unbekannt, aber doch nur im häufigen Wechsel der Wohnsitze, wie im Vorübergehen, betrieben worden; waren die Weide= und Jagdgründe erschöpft, so brach man ohne Bedauern auf von dem Boden, in welchen man keinen Aufwand von Arbeit gesteckt hatte. Weiber und Kinder lud man auf die mit Häuten oder Decken überspannten Zeltwagen, die Knechte und Mägde trieben die Herden nach, die Reiter deckten Vorhut und Nachhut.

In dieser Weise war auch die Einwanderung in Europa

geschehen; und auch hier blieben Viehzucht und Jagd lange
Zeit wichtiger für den Unterhalt als der Ackerbau; erst seit
man am Rhein und in den Alpen auf die noch für Jahr=
hunderte unburchbrechbare Mauer der Römermacht stieß und
das weitere Vordringen nach Westen und Süden ein noth=
wendiges Ende fand, erst jetzt mußte man Halt machen, an=
fangen, seßhaft zu werden und die Wälder für Gewinnung
von Pflugland zu roden; ein ganz Jahrtausend war diese
Urbarmachung von Wald= und Sumpfland die wirthschaft=
liche Hauptarbeit der Germanen.

Das ursprüngliche Uebergewicht der Viehzucht beherrschte
lange Zeit auch die Art und Weise des Ackerbaubetriebes.

Es mußte für ausreichende Weide gesorgt werden: außer
der Allmännde diente dazu die große Brache bei der wohl
in graue Vorzeit hinaufreichenden Dreifelderwirthschaft,
welche sich in manchen Gegenden Deutschlands bis auf unsere
Tage gegenüber vortheilhafteren System mit echter Bauern=
zähigkeit erhalten hat: das heißt, jeder Bauer theilte sein
Sonder=Eigen in drei Theile, von welchen in jedem Jahr
zwei Theile mit verschiedenen Früchten bebaut wurden, der
dritte aber brach lag und als Weide, Wiese benützt wurde.

Auf dieser Brache weidete nun nicht nur das Vieh des
Eigenthümers, sondern meist das Vieh aller Gemeindegenossen:
oft verirrten sich freilich die Herden auch aus dieser in den
Grenzwald, wo sie den Raubthieren, den „Waldgängern",
das heißt den Outlaws, den Aechtern, umherschweifenden
Räubern, oder auch den feindlichen Nachbarn leicht zum
Opfer fielen. Die Rechte gegenseitiger Viehweide auf der
Brache, welche sich in vielen Gegenden finden, sind offenbar auch,
zum Theil wenigstens, sehr alt. Vielleicht ist hieburch zuerst die
ebenfalls uralte Sitte aufgekommen, daß für alle Herdenthiere
der Gemeinde, für die „gemain herd", ein Gemeindehirte
bestellt wird, welcher, nicht im Dienst eines einzelnen Bauers,
sondern der ganzen Gemeinde stehend, verpflichtet ist, allen
Thieren gleichmäßig die Vortheile der Weide auf Allmännde
und Brache zuzuwenden, nicht die des Einen vor denen des
Andern zu begünstigen (der Hirt selbst, oft ein armer Junge,
kein selbstständiges Gemeindeglied, darf kein Eigenvieh haben)
und andererseits gleichmäßig die Rechte aller an ihren Sonder=
äckern gegen Ueberweide, gegen Schädigung der Saten und
Früchte auf den Nicht=Brachfeldern zu wahren; er führt das
Horn, den Speer, und der Hund begleitet ihn. Mit dem

Horn ruft er die Hilfe der Märker herbei, wenn er mit seinen werthvollen Schützlingen von Räubern und Feinden, die aus dem Grenzwald brechen, überfallen wird. Mit dem Speer, der Hirtenschleuder hat er dem Wolf und auch dem Bären entgegenzuschreiten, die Herde zu vertheidigen. In manchen Gegenden Deutschlands, in den Alpen, hat sich bis heute statt des idyllischen Schäferstabes der Speer des wehrhaften Hirten erhalten, und manche muthige und glückliche Vertheidigung auch des noch kaum halbwüchsigen Gaishirten gegen Wolf und Adler wird dort in den Bergen meiner Heimat erzählt.

Viel weniger verbreitet als die früher wol allgemein herrschende Brache und Dreifelderwirthschaft war das System des Feldwechsels, wie es in einigen niederdeutschen Landschaften sächsischer und friesischer Bevölkerung bis vor wenigen Jahrzehnten sich ziemlich sporadisch erhalten hatte.

Es werden alle zur Sonderbenützung bestimmten Grundstücke in drei „Wannen" oder „Campen" vertheilt, zumeist nach Bonität und günstiger (centraler, arrondirter) Lage, und jeder Bauer erhält nun für eine bestimmte Periode, für einen Turnus von etwa sieben Jahren, widerrufliches Eigenthum auf Zeit oder Nießbrauch an einem zugemessenen Theil Landes aus jeder der drei Campen; das Eigenthum verbleibt häufig der Gemeinde und nur Nutzungsrechte auf Zeit werden den Einzelnen eingeräumt: anderwärts dagegen ist wahres zeitlich begrenztes Eigenthum übertragen, nur etwa das Haus, der Hof mit dem umzäunten Raum bleibt im erblichen Sonder=Eigen des Geschlechts. Diese Einrichtung, wenig rationell, da sie jedem der oft wechselnden Besitzer die Versuchung des Raubbaues allzu nahe legt, ist wol zu erklären aus der alten Eifersucht der Bauern unter einander: es soll jede dauernde Bevorzugung durch werthvollere oder günstiger gelegene Güter möglichst ausgeschlossen sein.

Man sieht leicht, daß eine solche Einrichtung des wandelbaren Besitzes des Einzelnen auf eine gewisse Wandelbarkeit der Niederlassung im Ganzen schließen läßt: denn offenbar kam ursprünglich dabei das Wohnhaus gar nicht in Betracht; dies wurde dahin gefahren oder dort neu aufgezimmert, wo es bei dem eingetretenen Feldwechsel am günstigsten lag; man kehrte also die Arrondirung gewissermaßen um: das heißt, man legte nicht die Aecker möglichst um das Haus, sondern man verlegte das wandelnde Haus möglichst in die Mitte der Aecker. Und war nach mehrmaligem Feldwechsel und durch den dabei getriebenen schonungslosen Raubbau, der in kürzester Zeit möglichst viel aus dem Boden gewinnen wollte, der gesammte Grund erschöpft, so schlug die ganze Niederlassung ihre Holzhäuser ab, schob sie auf den Wagen und rückte in neue Sitze noch uner= schöpften Bodens. Man wird also die viel bestrittene Frage, ob die Stelle Cäsar's, welche entschieden den Feld= wechsel schildert, nur von dem jährlichen Feldwechsel des Einzelnen oder nur von dem blos jährlichen Verweilen der Gemeinde in benselben Sitzen handle, dahin zu entscheiden haben, daß sie beides voraussetze: Felderwechsel der Ein= zelnen und Sidelungswechsel der Gesammtheit. Wie fern beides dem Römer Cäsar als sich bedingend klar geworden, muß dahingestellt bleiben.

Aus diesen Erörterungen erhellt — was ich schon früher anderwärts ausgeführt habe — die Unmöglichkeit, die An= lage der ersten, ältesten Pfahlbauten in Europa oder Deutschland auf germanische Ansidler zurückzuführen.

Die Germanen standen bei ihrem frühesten Eindringen in Europa schon auf höherer Culturstufe als die Begründer der ersten Pfahlbauten.

Welcher Gruppe oder Race diese angehörten, ist wol nicht mehr außer Zweifel zu stellen: die Gründe für die finnische Hypothese sind, so weit ich sehe, nie völlig ent= kräftet worden.

In allen Erdtheilen (ausgenommen meines Wissens Austra= lien) hat man bei einer sehr großen Zahl von Völkern, unter denen keinerlei Racegemeinschaft oder geschichtliche Einwirkung denkbar, in der Stufe der Vorcultur die Anlegung von Wohn= oder Schlaf= oder Vorrathshäusern oder Burgen und Zufluchtsorten in dem gegen Menschen und Raubthiere sichernden Element angetroffen; und in der That, früh und leicht mußten die Menschen überall in der Nähe von großen, tiefen Gewässern auf diesen naheliegenden Gedanken verfallen.

In den ältesten Pfahlbauten haben Leute gewohnt, welche noch keine Metallwaffen und Geräthe kannten: Stein, Knochen, Gräten bilden die Spitzen oder Schlagseiten der Werkzeuge, der Keulen, der Geschosse.

Daß man in anderen, jüngeren Pfahlbauten oder auch in jüngeren Schichten älterer keltische und germanische Bronce=

und selbst Eisenwaffen gefunden hat, kann für die Anlage der ältesten Bauten und Schichten nichts beweisen; hat man doch auch römische Waffen und Münzen darin gefunden, und doch hat noch Niemand die Römer für die Anleger dieser Bauten erklärt.

Ich habe anderwärts ausgeführt, wie spätere Culturstufen keineswegs Alles zerstören oder verschmähen, was ältere geschaffen, daß man das vorgefundene Brauchbare noch jahrhundertelang fortführt auch neben dem vorzüglichen neu Erzeugten; so haben ohne Zweifel auch Kelten, Germanen, Römer einzelne strategisch günstig gelegene Pfahlbauten benützt: daher erklären sich die Funde jüngerer Cultur in den Bauten und Schichten älterer Vorzeit.

Die Pfahlbauleute scheinen sehr oft, flüchtend vor den weit überlegenen keltischen und germanischen Einwanderern, die von Süden und Osten her kamen, nach Norden und Westen ausweichend — denn in jenen uralten Zeiten freilich blieben die Schwächeren gewiß nicht, sich unterwerfend, im Lande — ihre Holzansiblungen im Wasser durch Feuer zerstört zu haben, um alle Vorräthe und Vortheile, welche sie den Verfolgern nicht gönnten und nicht mit sich führen konnten, zu zerstören, die Spuren ihres Abzuges zu verbergen und die Verfolgung zu erschweren; denn man darf nicht annehmen, wozu man sich versucht fühlt, die große Zahl der durch Feuer zerstörten Pfahlburgen sei eben von den mit Bronceschwert und Fackel angreifenden Kelten während des Sturmes mit Feuer zerstört worden; in diesem Falle müßte man die Leichen von erschlagenen Erwachsenen in dem Pfahlgrund finden. Man hat aber bisher nur Leichen von Kindern gefunden, die, durch das Lattenwerk fallend, ertranken, noch nie solche von Erwachsenen: — was übrigens auch zeigt, daß diese Pfahlbauten als Leichenstätten nicht dienten: wol überhaupt nur als Burgen, Zufluchtsorte für Menschen und Hausthiere, Magazine, Vorrathshäuser. Daraus erklären sich die großen Massen von Rohmaterial und Halbfabricaten, sowie verunglückten Geräthen und Abfallsplittern von Steinen, die oft weither importirt waren. Die Pfahlbauleute trieben Jagd und Viehzucht, sowie die Anfänge des rohesten Ackerbaues auf dem Festlande und verbrannten dort auch ihre Todten.

Uebrigens hat die keltische und germanische Sage die Erinnerung bewahrt an ein scheues, flüchtiges Geschlecht, zwerghaft klein, — und das waren die Pfahlbauleute, nach den Handgriffen dieser Waffen zu schließen, im Vergleiche mit Kelten und Germanen — welches das Brod nicht zu backen versteht und im Wasser wohnt.

Suchen wir nun zu ermitteln, wie weit es die Germanen in der Wirthschaft im weitesten Sinn gebracht hatten vor der beginnenden Romanisirung, so kommt den sehr dürftigen Berichten der Geschichte, die Sage, der Rechtsüberlieferung, glücklicherweise reichlicher strömend, eine andere Quelle zu Hilfe, aus welcher freilich nur vorsichtig geschöpft werden darf: nämlich die Sprache.

Die Sprachvergleichung und Sprachgeschichte lehrt uns, für welche Naturproducte im Pflanzen= und Thierreich, Jagdthiere, Hausthiere, Herdenthiere, Culturpflanzen, Nutz= gewächse, Steine, Metall, dann für welche Geräthe der Jagd, für welche der Fischerei, der Viehzucht, des Reitens und Fahrens, des Ackerbaues, für welche Werkzeuge ver= schiedener Hantirung, für welche Waffen des Krieges, für welche Arten und Stücke der Kleidung, des Schmuckes, des Hausbaus endlich und der Hauseinrichtung sich gemeinsame, für welche sich auseinandergehende Benennungen finden; die Gemeinsamkeit beweist dann das höhere Alter, beweist die Ausbildung des gewählten Wortes zu einer Zeit, da die dasselbe gebrauchenden Völker und Stämme noch ungetrennt beisammen wohnten.

Dabei ist einmal zu unterscheiden „die Urgemeinschaft", das heißt der Gemeinbesitz der von allen Völkern der arischen Race vor ihrem Auseinanderwandern gleichmäßig gebrauchten Ausdrücke; dieser urgemeinsame Wortschatz ist allerdings nicht sehr umfangreich.

Dazu kommt, daß sehr häufig eine derartige urgemeine Bezeichnung nur selten bei allen arischen Völkern genau denselben Sinn hat; oft bedeutet dieselbe bei einigen nur das Genus, bei andern die Species, und zwar häufig bei verschiedenen Völkern verschiedene Species desselben Genus.

Nicht leicht sind manchmal die Fälle zu erkennen, in denen der ungermanische Ausdruck erst von dem Gothischen aus dem Griechischen oder Lateinischen spät, im dritten Jahr= hundert etwa, entlehnt wurde.

Besonders interessirt uns der nicht allen Ariern, nur den Germanen gemeinsame Sprachschatz; er zeigt uns, welche

Bezeichnungen unter diesen germanischen Völkergruppen auch vielleicht während der allmäligen Einwanderung aus Asien noch gemeinsam gebraucht wurden nach der Scheidung von den übrigen Ariern.

Uebrigens wiederholt sich hier die oben erwähnte Erscheinung der Variirung des Wortes für Genus und Species einerseits, für verschiedene Species andererseits.

Oft findet sich dann bei den einen oder anderen, nicht mehr bei allen — außergermanischen — Völkern, das gleiche gemein=germanische Wort in gleicher oder oft merkwürdig abweichender Bedeutung.

Man darf aber hier nicht immer annehmen, daß das Wort zwischen Germanen und dem fraglichen Volk z. B. Litthauern oder Slaven, urgemein, d. h. entstanden sei, als diese Gruppen noch ungetrennt oder nahe benachbart lebten; sehr oft beruht die Uebereinstimmung hier auf Entlehnung, und häufig ist es unmöglich, noch den Verleiher und den Entleiher zu bezeichnen.

Aber auch bei den unter den Germanen gemeinsamen Worten ist häufig Entleihung anzunehmen, besonders dann, wenn das Wort nur etwa zwei oder drei Gruppen, nicht allen Sprachen der Germanen gemein ist, und zumal wenn unter den gemeinsamen Trägern Nachbarschaft oder sonstige häufige Berührung feststeht, wie dies zum Beispiel zwischen dem Altnordischen einerseits und dem Angelsächsischen (und Altsächsischen) andererseits der Fall ist: — die Zahl der nur diesen beiden (drei) Sprachen gemeinsamen Worte ist nun aber gerade sehr groß: — und wenn das Alter der nordischen Quelle, in welcher uns das Wort zuerst begegnet (oder deren Aufzeichnung) im Verhältniß zu dem Alter der angelsächsischen Quelle (oder deren Aufzeichnung) sich nicht bestimmen läßt, dann ist es fast unmöglich, zu entscheiden, ob Gemeinschaft oder ob Import durch die Dänen nach dem angelsächsischen Reich vorliegt.

Besondere Bedeutung kommt dabei dem Gothischen zu, als der ältesten Gestaltung der in beträchtlichem Umfang uns erhaltenen einschlägigen Ausdrücke.

II.

Die Erörterungen, welche wir über Lebensweise, Wirthschaft, Ansiblung der Germanen in der Zeit nach ihrer

Einwanderung angestellt, führen uns von selbst auf eine andere Frage, aber zugleich auch zu ihrer Beantwortung: nämlich zu der Frage nach der Ursache und dem Wesen jener großartigen Bewegung, welche man "Völkerwanderung" nennt, aber richtiger "Völkerausbreitung" nennen würde.

Man mag sagen: Die sogenannte Völkerwanderung ist nur der letzte Wellenschlag einer Jahrhunderte dauernden Bewegung; nicht so fast Anfang einer neuen, als vielmehr Abschluß einer uralten Entwicklung; nicht in Europa, in Asien hat sie begonnen.

Die große Einwanderung der Germanen aus Central-Asien über den Kaukasus, die Donau aufwärts, war vorübergehend auf wenige Generationen zum Stehen gekommen, nachdem sie im Westen am Rhein, im Süden an der Donau an den ehernen Schild des großen römischen Cultur-Reiches gestoßen war. Hier wurden die wilden Wasser gestaut, so lange der Damm vorhielt: als aber dieser Damm, mehr von innen heraus angefault, denn von außen durchbrochen, an Widerstandskraft verlor und als gleichzeitig aus einer ganz bestimmten später zu erörternden Ursache der Andrang der mehr geschobenen als schiebenden Barbarenstämme bedeutend zunahm, da ergossen sich tumultuarisch die brausenden Wogen über die Schutzweren in das Innere des römischen Reiches: und nicht weniger als drei Jahrhunderte währte es, bis Einzelne der Eingedrungenen, von dem Boden der römischen Cultur spurlos aufgesogen, verschwanden, andere sich in wechselnder Richtung vertheilten und endlich, in manchfacher Mischung mit den vorgefundenen Elementen, beruhigt und gerettet niederließen.

Die vergleichende Sprachgeschichte lehrt uns, daß in Central- und Nord-Asien in unvordenklicher, nicht näher bestimmbarer Zeit die Angehörigen der großen arischen Völkergruppe: Perser und Inder, Graeco-Italer, Kelten, Germanen, Litthauer und Slaven noch unausgeschieden beisammen wohnten. Wie die Sprache war auch der Gottesglaube, — ein Licht-Cultus — waren die Grundzüge von Moral und Recht, war die Culturstufe überhaupt, zumal die Grundlage der Wirthschaft, gemeinsam.

Mögen im Einzelnen, zumal je nach der örtlichen Beschaffenheit, nach Art des Bodens, welchen die Völker bewohnten, Verschiedenheiten nicht gefehlt haben: — im Wesentlichen stimmten sie darin überein, daß sie zwar die Anfänge eines oberflächlichen, sehr kunstlos betriebenen Ackerbaues kannten, überwiegend aber von Viehzucht und Jagd lebten und, umherschweifend, nach Erschöpfung oder doch Abschöpfung der Jagd- und Weidegründe die Wohnsitze wechselten.

Sonder Schmerz, sonder Opfer, sonder Heimweh verließ man die bisherigen Sidelungen, packte Weiber, Kinder und den geringen Hausrath, ja wohl selbst die leichten Holzhäuser und die Zelte aus gegerbten Fellen auf die breiten, von Rindern gezogenen Wagen und suchte neue Sitze in der Richtung, welche Vogelflug oder Himmelszeichen riethen, oder auch die Nothwendigkeit des Ausweichens vor nachdrängenden stärkeren Nachbarn aufzwang.

In dieser Weise waren wol Jahrhunderte hindurch auch die Germanen von Flußgebiet zu Flußgebiet, von Weideland zu Weideland gezogen, ohne bestimmtes Wanderziel, ohne festgehaltene Richtung; nur im Ganzen allmälig immer weiter nach Westen gedrängt, weil die Rückwanderung nach Osten schon durch die Massen der ihnen nachfolgenden anderen germanischen Stämme (der Gothen), anderer arischer Völker (der Slaven), anderer außer-arischer Horden (der mongolischen Hunnen) versperrt war. Als sie nun in solcher Weise und auf solchen Wegen allmälig in Europa angelangt waren, setzten sie zunächst die alte Lebensweise, die alten Wandersitten fort; nur wenig Unterschied wurde Anfangs durch das Vorfinden anderer älterer Cultur bewirkt; was nicht durch Wanderung nach Westen den von Osten anziehenden Germanen auswich, ward keineswegs ausgerottet, sondern in gelinden oder strengen Formen der Kriegsgefangenschaft, der Halbfreiheit oder vollen Unfreiheit unterworfen; daß die Sprache der Kelten auch nach der germanischen Ueberfluthung noch dauerte, daß Berge, Flüsse, Städte, Dörfer mit dem vorhergehenden Namen auch später benannt wurden — klingen bis heute ja Rhein, Donau, Main, Lech, Isar, Inn, Karwendel u. s. w. in keltischem Laut — erklärt sich doch nur unter der Voraussetzung, daß die germanischen Einwanderer sie noch lange von den keltischen Sidlern benennen hörten.

Mochte nun aber das occupirte Land früher schon bebaut und bewohnt oder mochte es bisher Urwald gewesen sein: — in beiden Fällen verfuhren die Germanen nach dem gleichen, durch ihre Wirthschaftsweise vorgezeichneten System;

sie theilten das gesammte besetzte Land in drei Gruppen: Grenzwald, Allmännde und Sondereigen; nach Erschöpfung des Sondereigens durch die nachwachsende Bevölkerung griff man zu Allmännde und Grenzwald, um Bauerhöfe mit Sondereigen daraus zu schaffen; da nun aber Allmännde und Grenzwald die trennenden Außentheile des occupirten Gesammtlandes gebildet hatten, so mußte deren Verwandlung in Ackerland mit Sondereigen die Wirkung haben, die bisher durch Wald, Sumpf und Wüstenei getrennten Völker zu unmittelbaren Nachbarn zu machen; in Freundschaft und Feindschaft mußten nun alle Beziehungen weit stärker wirken, Anziehung, Ueberwältigung, Zusammenschließung viel rascher und leichter und häufiger erfolgen, jede Kraft und Bewegung in einer Völkerschaft mußte stärker auf die Zustände der Nachbarn wirken, in Krieg oder Bündniß, als ehedem.

Nun vollzog sich gerade in den ersten drei Jahrhunderten nach Christus, genauer: beginnend zwischen Cäsar (fünfzig Jahre vor) und Tacitus (hundert Jahre nach Christus) also kurz vor dem Anfang der sogenannten Völkerwanderung: — denn der sogenannte "Markomannenkrieg" c. 160 ward durch die Wanderung der Gothen von der Ostsee an die untere Donau herbeigeführt — der allmälige Uebergang der Germanen vom überwiegenden Nomadenthum mit Jagd und Viehzucht zu überwiegendem seßhaftem Ackerbau.

Es ist aber ein überall beobachtetes "Naturgesetz", daß dieser Uebergang eine ganz gewaltige und rasche Vermehrung der Bevölkerung zur Folge hat. Die gesteigerte Cultur im Allgemeinen und die Mehrproduction, sowie die mehr gesicherte und regelmäßige Beschaffung der Nahrungsmittel, die in diesem Uebergang liegen, bewirken mit der Nothwendigkeit eines "Naturgesetzes" diese rasche und stärkere Vermehrung.

Natürlich mußte die Ursache geraume Zeit, mehrere Menschenalter hindurch, haben walten können, auf daß die Wirkung überall und deutlich erkennbar eintreten konnte.

Diese Zeitbestimmung trifft nun ganz genau zusammen mit dem Anfang der Bewegungen, welche wir "Völkerwanderung" nennen.

Die Uebervölkerung konnte auf jener Culturstufe unmöglich durch die Mittel höherer Civilisation, zum Beispiel intensiveren, rationelleren Ackerbau, abgewendet werden; ihre nothwendige Folge war Hungersnoth. Das einzige Mittel, das denkbar einfachste — Auswanderung, sei es des ganzen Volkes, sei es des Ueberschusses, aus den ungenügenden, zu eng gewordenen Sitzen, deren längst in Sondereigen verwandelte Allmännden und Grenzwälder nicht mehr ausreichten, in reichere, weitere, fruchtbarere Länder. Und so nahmen denn die Germanen nach einer Unterbrechnng von etwa drei Jahrhunderten jene Wanderzüge wieder auf, welche sie ehedem allmälig aus Asien nach Europa geführt hatten. Freilich war jetzt die Richtung der Wanderung nicht mehr so frei wählbar. Der Druck der von Osten her nachdrängenden ostgermanischen, slavischen, mongolischen Massen und der eherne Wall, welchen die Legionen im Süden und Westen um das römische Imperium zogen, waren zwei gewaltige, treibende und hemmende Kräfte; endlich erlahmte von innen heraus die Widerstandskraft des Cäsarenstates und der Völkerstrom ergoß sich nun brausend nach Süden nnd Westen über den „Pfahlgraben" in die römischen Provinzen.

So war also die letzte Ursache der Völkerwanderung die durch ackerbauende Seßhaftigkeit herbeigeführte Uebervölkerung in Germanien und, zu deren Vermeidung, die Wiederaufnahme uralter Gewöhnung.

Zu dieser Grundauffassung von Ursachen und Wesen der Völkerwanderung bin ich durch eine Fülle ineinander greifender, sich gegenseitig bestätigender Wahrnehmungen geführt worden. Nur Eine Erwägung unter den mannigfaltigen, welche sämmtlich zu dem gleichen Ergebnisse drängten, soll hier hervorgehoben werden.

Fast sieben Jahrhunderte liegen zwischen der ersten germanischen Wanderung, der kimbrischen, und der letzten, der langobardischen; mit kurzen Pausen sind diese Jahrhunderte ausgefüllt durch ununterbrochenes Anfluthen der Germanen in der Richtung von Osten nach Westen, von Norden nach Süden gegen die furchtbar überlegene römische Waffen- und Culturmacht.

Geradezu grauenhaft sind die Menschenverluste, welche die nackten, schlecht bewaffneten Barbaren alle diese Jahrhunderte hindurch immer und immer wieder erlitten an Erschlagenen und in die Sklaverei oder in die Arena geschleppten Gefangenen, der nur als Colonisten verpflanzten zu geschweigen.

Man muß sich doch nun die Frage vorlegen, welcher Grund kann es gewesen sein, der, in der That wie eine

Elementargewalt, wie eine Naturgewalt, diese Menschen — und zwar nicht nur die Männer des Krieges, auch Weiber, Kinder, Greise mit Knechten, Mägden, Herden und Habe auf Wagen und Karren, das heißt wirklich wandernde Völker, nicht raubfahrende Krieger — immer und immer wieder von neuem gegen die römischen Grenzen und die mörderischen Waffen der Legionen trieb, in den mit Sicherheit vorauszusagenden Untergang?

Es genügt durchaus nicht zur Erklärung dieser Erscheinung, auf die Freude der Germanen an Kampf, Krieg, Abenteuer, Raub und Beute zu verweisen, etwa unter Berufung auf die Freuden Walhallas, welche den den Bluttod gestorbenen Helden winkten.

Niemand wird germanisches Heldenthum höher anschlagen als ich: aber dieser Zug des National-Characters reicht doch nur aus, kühne Wagefahrten der Männer, nicht constanten Andrang ganzer Völker zu erklären.

Durchaus nicht bestreite ich, daß zahlreiche Streifzüge, Raubfahrten, Einfälle und andere Erscheinungen des fast niemals ruhenden Grenzkrieges auf jene Lust an Kampf und Beutefahrt zurückzuführen sind. Diese kleinen Unternehmungen gingen recht eigentlich, obzwar natürlich nicht allein, von den Gefolgschaften aus.

Aber diese kleinen Unternehmungen, nur auf Raub und baldige Heimkehr gerichtet, sind eben nicht die großen Bewegungen, deren Gesammtheit wir „Völkerwanderung" nennen.

Nicht Muthwille, nicht Abenteuerlust hat ganze Völker oder doch Völkertheile in Hunderttausenden von Köpfen bewogen, die Heimat zu verlassen, in oft zielloser, selten zielsicherer Wanderung, die zugleich ein Krieg war und die Existenz der ganzen wandernden Masse auf's Spiel setzte. Nur zwingende Noth kann jahrhundertelang die treibende Kraft gewesen sein: und zwar eine constant wirkende Noth.

Dadurch sind Elementar-Ereignisse, Deichbruch, Ueberschwemmung, auch Seuchen und Mißwachs, die ja vereinzelt, nach Sage und Geschichte, gewirkt haben — als regelmäßige Ursache ausgeschlossen.

Der Druck anderer Völker von Osten her, der Ost- auf die West-Germanen, der Slaven auf die Ost-Germanen, der Hunnen zuletzt auf Slaven und Germanen soll keineswegs ausgeschlossen sein bei der Aufstellung der zu Grunde liegenden Ursachen: insbesondere mittelbar hat dieser Druck mit gewirkt, soferne er dem Ausbreitungstrieb die Richtung nach Nordosten versperrte.

Aber dieser äußere Druck hat nicht den Ausbreitungstrieb erzeugt, er hat ihn nur verstärkt und nach Süden und Westen gedrängt. Die innere jahrhundertelang stetig wirkende Ursache ist vielmehr in derselben Thatsache zu suchen, welche auch in anderen Erscheinungen zu Tage tritt: nämlich in der erstaunlich, trotz der colossalsten Menschenverluste unerschöpflich immer stärker anschwellenden Volksmenge der Germanen.

Mit Grauen haben scharfblickende Römer diese unerschöpfliche Naturgewalt betrachtet; sie mochten ahnen, daß hierin, in dieser elementar wirkenden Kraft die letzte Entscheidung des jahrhundertelangen Ringens zwischen Rom und den Germanen lag. In Rom wird seit Augustus durch künstliche Statseinwirkung Vermehrung der Ehen und der Kinder angestrebt — ohne Erfolg im Großen; bei den Germanen erzeugt seit dem Uebergang zu seßhaftem Ackerbau das keusche und gesunde Naturvolk so viele Menschen, daß die alten Sitze nicht ausreichen, daß die stärkste Gewalt, der Selbsterhaltungstrieb gegenüber Hunger und Noth, jahrhundertelang ungezählte Wanderer zur Ausbreitung gewaltsam zwingt: dieser „höheren Gewalt" — nicht in mystischem, sondern in höchst realistischem Sinne, ist zuletzt das bereits von innen heraus germanisirte Westreich Roms erlegen. Sehr nahe liegt der Einwand: eine viel größere Menge Menschen, als die Germanen des 3. bis 5. Jahrhunderts zählten, findet heute in dem damaligen Germanengebiete ausreichende Nahrung: wie kann man da von Uebervölkerung sprechen?

Hierauf ist zu erwidern: die Germanen jener Jahrhunderte hatten für eine Volkswirthschaft in Urproduction, vor Allem in Ackerbau, dann in Handwerk, Fabrication und Handel, wie sie heute in dem fraglichen Ländergebiet blühen, weder Fähigkeit noch Willen noch objective Möglichkeit.

Es kann sich dabei im Wesentlichen nur um den Ackerbau handeln. Ein Ackerbau aber, der an Intensität und Zweckmäßigkeit des Betriebes mit dem modernen, ja auch nnr mit dem mittelalterlichen irgend verglichen werden könnte, war den Germanen unbekannt und unmöglich.

Die immer noch sehr starke Bedeutung der Viehzucht für den Lebensunterhalt erheischte für jeden Gau höchst ausgedehnte Wohn-, das heißt Weideplätze im Verhältniß zur Kopfzahl; die Art der Ansidlung, die der Gemeinde- und der Stats-Verfassung zu Grunde lag, vertrug das Zusammendrängen auf enge Räume durchaus nicht.

Diese höchst ausgedehnten Gebiete waren zum größten Theil Grenzwald, Allmännde, Weide, Wiese und zu sehr geringem Theil Ackerland. Die Zunahme der Bevölkerung bewirkte nun allerdings allmälig Rodung des Urwaldes, Trockenlegung der Sümpfe, Verwandlung der Weide in Pflugland.

Aber ganz unmöglich konnte bei dem damaligen Stand der Technik diese höchst langsame volkswirthschaftliche Arbeit (vielmehr hat diese Arbeit des Rodens und Pflugbarschaffens vom Schluß der Völkerwanderung ab fast noch ein ganzes Jahrtausend hindurch die Bevölkerung des alten „Germanien" beschäftigt) gleichen Schritt halten mit der gewaltig rasch anwachsenden Bevölkerung: — also blieb nur gewaltsame Ausbreitung übrig, freudige Eroberung des längst von Kelten und Römern dem Pfluge gewonnenen, ohnehin so viel lockenderen, reicheren Landes im Süden und Westen.

Denn allerdings, an dieser Stelle, als untergeordnet mitwirkende Momente, sind zwei Factoren nicht zu übergehen, in welchen man früher allein die Ursachen der Völkerwanderung fand: die Freude des Germanen an Krieg und Kriegsraub einerseits und der Reiz der Natur- und Culturschätze der römischen Provinzen im Süden und Westen Europas.

Ohne Zweifel hätte ein minder kriegerisches Volk, nachdem die alten Sitze dem gesteigerten Bedürfniß nicht mehr genügten, vor die Wahl gestellt, zwischen mühseliger Rodungs- und Pflugarbeit einerseits oder dem ungleichen Angriff auf die Legionen-gehüteten Grenzlande Roms den Pflug gewählt, statt des Schwertes. Und ohne Zweifel lockte der mildere Himmel, der fruchtbarere Boden Galliens, Italiens, Pannoniens, Rätiens, Noricums, Illyriens, Dalmatiens mit der Fülle zu erbeutender werthvoller Habe um so stärker, als die Ausbreitung gegen den rauheren Osten und Norden in Kampf gegen Ost-Germanen, Nord-Germanen, Slaven, Hunnen viel weniger anziehend erscheinen mußte und fast noch weniger erzwingbar als die Durchbrechung des römischen Heres.

III.
Von deutschen Bäumen.

Vor allen Waldbäumen, deren wilde Früchte zur Nahrung dienten, ist zu nennen die Eiche (quercus), später als Bild germanischer Kraft so viel gebraucht, dem Donnergott geweiht, weil dem Volksglauben nach sein Strahl vor anderen Bäumen häufig die Wipfel der Eiche heimsucht.

Freilich konnte man auch oft das Andere, was Goethe von der Eiche so treffend zeichnet, von des zerspaltenen deutschen Volkes Eigenart aussagen:

> Die Eiche starret mächtig
> Und eigensinnig zackt sich Ast an Ast.

Altnordisch eik, schwedisch ek, dän. eg, angelf. âc, engl. oak, althochd. eih, niederl. eek, urverwandt litthauisch aúzolas, lettisch ohsols; in den andern urverwandten Sprachen hat ein anderes Wort von sanskrit daru, druma Holz, Baum, zugleich die Bedeutung Eiche und Baum: griech. δόρυ, δρῦς; in den germanischen Sprachen hat sich nur die Bedeutung „Baum" an dies Wort geknüpft: goth. triu, angelf. treov, engl. tree, altnord. trê, schwed. traed, dän. trac. Die Lappen entlehnten wohl spät erst aus dem Germanischen die Aik, (Haik?) für quercus.

Die Frucht der Eiche, die Eichel, althochdeutsch eichila (ἄκυλος?) wird in den andern germanischen Mundarten mit abweichenden Ausdrücken bezeichnet: altnord. aldin, schwed. ollen, ållon, was Jakob Grimm auf akarn (?) zurückführt, dän. olden.

Und doch diente sie gewiß zur Nahrung allen Germanenstämmen während der Einwanderung: die Eiche heißt besonders Fruchtbaum, und Eichwald Fruchtwald im Norden.

Ob das allgemeine Wort für solche Früchte der Waldbäume, die „Eckern", (daher „eckernde Bäume", wohin z. B. und vor Allem die Bucheln, ebenso gebildet wie „Eicheln") zählen, mit Eichel zusammenhängt, hat man bald verneint, bald bejaht.

Gothisch akran, angelf. aecern, engl. acorn, altnord. akarn wurde bald mit akrs, akar = acker in Verbindung gebracht, bald mit Eke = Eiche: juglans wird gewöhnlich aus Jovisglans geleitet. J. Grimm hat einmal vermuthet, es könne gerade dieses Wort den anlautenden Vocal bewahrt haben, der in den anderen Sprachen abgefallen: so daß Eichel und juglans und litthauisch áuzolas zusammen gehörten.

Nur aus dem Holz "eckernder Bäume", der Eiche oder Buche, Tacitus German. c. 10, durften die Stäbchen (Buchstab), auf welchen die Runen eingeritzt wurden, zum heiligen Losen geschnitten werden, sowol für die Erforschung der Zukunft wie zur Entscheidung zweifeliger Rechte oder behufs unparteilicher Vertheilung: vielleicht auch als Gottesurtheil wurde das Los mit Runenstäbchen in der Heidenzeit benutzt wie in christlicher Zeit das Loswerfen mit bekreuzten Holzwürfeln. (S. Bausteine II. S. 1. f.) Andererseits durfte der Verbrecher nicht an einen eckernden Baum gehängt, durfte später der Galgen nicht aus dem Holz eckerner Bäume geschnitten werden: man hätte dadurch den heiligen, wohlthätigen Baum entweiht, den man noch im Mittelalter ehrerbietig "Frau Eiche", "Frau Buche" ansprach. Vielmehr wird der Verbrecher am "dürren Baum" an dem von Natur aus verdorrten, oder dem "angeblitzten", das heißt von dem Zorn des Gottes als Unheilsbaum gekennzeichneten, gehängt.

Daher heißt "am dürren Baum reiten" geradezu gehängt werden; noch den Landsknechten wird gedroht: "man wird dich an einen dürren Baum hängen und nicht an einen grünen."

Freilich das "Gewind", das gedrehte, frische, zähe Holz, welches das graue Alterthum statt des hanfenen Strickes brauchte, wurde auch von Eichen genommen wie von Weiden, daher: ekevidhju binda um hals, eichen wied und hagedorn knebel.

Die heiligen Haine und Wälder bestanden wol großentheils aus Eichen. In Niedersachsen und Westfalen, aber auch in Thüringen und Hessen, in Alamannien und bei den Bajuvaren hat sich der alte Cultus, der den in den Wipfeln der Eichen schwebenden und webenden, brausenden und säuselnden Göttern ursprünglich gegolten hatte und der die Bäume nur als den Wohnort der Götter mit verherrlicht hatte, manchmal, in Vergröberung, dem Baume selbst zugewendet. Bekannt ist die Donnereiche bei Geismar in Hessen, welche (c. 730) Bonifacius fällte: daß er dies straflos thun mochte, daß der rächende Strahl des Donnergottes ihn nicht sofort traf, schien die stärkere Macht des ihn schützenden Christengottes unumstößlich darzuthun: das Christenthum faßte von diesem Ereigniß an festere Wurzel; mit weiser Berechnung ließ der Bekehrer an derselben Stelle und aus dem Holz des gefällten Heidenbaumes ein christliches Bethaus errichten, an welches nun die alte Gewöhnung, aber zu einem neuen Gotte, nach wie vor heranzog.

An der Eiche, nicht gerade der Eiche, hatten die Chatten geopfert. Aber auch als Mittelpunkt des Frühlingsfestes erscheint die Eiche: am Ostertag führen Knaben und Mädchen den Reigen um die „alte Eiche" im Fürstenthum Minden. Auch in anderen Gegenden Westfalens, in dem Dorfe Wormeln im Gebiet von Paderborn, richten sich Festzüge nach heiligen Eichen.

Von den Nichtgermanen waren besonders die Preußen eifrige Eichenverehrer: an dem heiligsten Ort des Landes, zu Romowe, (im Samland?) ragte die heilige Eiche, auf welcher die Götter ihren Sitz hatten: mit Tüchern war das Geäst verhängt: in dem ganzen Walde, den kein Ungeweihter ungestraft betrat, durfte kein Thier getödtet, kein Baum gefällt, kein Zweig geschnitten werden.

Aber auch in christlicher Zeit ist der Baumcult, gegen welchen so viele Concilienschlüsse eifern, seit dem siebenten Jahrhundert nicht verschwunden; er hat nur christliche Form angenommen.

Noch immer liebt es der bajuvarische Bauer, seine Schutzmächte unter rauschenden Wipfeln zu suchen: man findet oft in große Waldbäume, Eichen und Buchen Bilder der Gottesmutter oder der Heiligen eingelassen, manchmal mit einem Glase geschützt: die rothen Beeren des dem Eichengotte heiligen Eberschenbaums werden, in Schnüren aufgereiht, als Umrahmung darum gezogen: oft findet der Wanderer denselben Baum wieder und wieder bekränzt mit Blumen der Hoffnung, des Dankes, der Andacht: zumal wenn ein Waldquell daneben rieselt, dessen Wasser dann als besonders gesund oder heilkräftig gilt. Dann werden auch etwa noch Lichtlein vor dem Bild in der Eiche angezündet — der alten großen Opferfeuer winzige Ueberbleibsel — und wenn sie halb herab gebrannt sind, läßt man sie in kleinen Kähnen von Baumrinde das Geriesel hinab treiben, aus dem tapferen, langandauernden Bestand oder raschem Verlöschen des „Lebensschiffleins" Glück oder Unheil, dem Beisammenbleiben oder Getrenntwerden des „Liebesschiffleins", das ein Par zusammen „rinnen" läßt, für das Liebesbündniß Weis=

sagung schöpfend. Auch diesen Gebrauch ward die Kirche früher müde zu verbieten, als unser Volk, ihn zu üben. In dem wunderschönen Fleck deutscher Erde, wo das Festland am Westufer des Chiem=Sees wie sehnend und badedurstig in das Wasser ausläuft, in der Mitte der Frauen= und Herren=Insel ungefähr, und wo dieser Landzipfel, prosaisch der "Gans=Zipf" genannt, mit einem Wald von Tannen und Buchen bestanden ist, den Stürme und, — barbarischer als diese! — die Menschen immer mehr gelichtet haben, kenne und liebe ich seit Jahren eine hohe stattliche Buche, die aus tiefem schweigendem Versteck empor geschossen, ein solches Bildniß der Madonna trägt. Dicht dabei rinnt fast unhörbar eine Quelle durch das Waldmos: sie gilt als heilkräftig. Und die Bäuerin des nächsten Hofes ging und geht zwar fleißig zur Kirche. Aber wenn eines ihrer Kinder tödtlich erkrankt, dann betet sie nicht in der Steincapelle, dann geht sie zu "unserer lieben Frau im Holz", die ihr schon zweimal geholfen hat. Selten fand ich den Baum unbekränzt: Dank und Hoffnung pflegen sein.

Von den zahlreichen Verwendungen des starken Eichenholzes soll hier nur hervorgehoben werden die zu Schiffen und — was oft dasselbe war — zu Särgen.

Die starken und keineswegs unsicheren Schiffe der oberdeutschen Bergseen, — es ist ein norddeutsches Vorurtheil, daß sie leicht umschlagen: und sie haben den Vortheil, daß sie, auch umgeschlagen, stets den umgestülpten Gransen so hoch über Wasser halten, daß ein, auch zwei Menschen darauf Bergung finden mögen — welche aus Einem Stamm gebrannt und gehauen werden, die "Ein=Bäume", werden nur aus Eichen gebildet: "Doppeleich" heißt auf dem Chiem=See ein aus zwei Stämmen gefertigtes größeres, das heißt breiteres Fahrzeug.

Ganz ähnlich gestaltet sind alte Särge aus Eichenholz: wenig mit Feuer und Beil ausgehöhlte Stämme, nur gerade vertieft genug, die Leiche aufzunehmen.

Aber auch in weiten großartigen Todtenbauten brauchte man vor anderen Hölzern das lang dauernde, harte Holz der Eiche: der Hügel der Königin Thyra Danabôt bei Jelling in Jütland zeigt die Verwerthung der Eiche zum Todten=Bau in größtem Maßstab: unter einer starken Schicht von Steinen — ein Granit trägt die Runeninschrift, die

König Gorm seiner Gattin weihte — findet sich ein geräumiges Haus von Holzbalken, 2¼ Ellen hoch, 4 Ellen breit, 11 Ellen lang: die Wände, die Decken und die Dielen bestehen aus Eichenbohlen, Eichenbrettern und Eichenbalken.

Aber auch in den alamannischen Gräbern am Lupfen in Würtemberg waren die Balken und Bretter der Todtenkammern von Eichenholz und ebenso die größte Zahl der Särge: auch das Laub, welches auf den Boden der Grabhügel oder in die Särge gestreut wurde, war fast immer Eichenlaub, selten Buchenlaub.

Der Sarg aus Eichenholz heißt „der Todtenbaum."

Tiefere Wurzeln übrigens als die Eiche hat die Esche in dem Götterglauben der Germanen geschlagen: der den Kosmos tragende Weltbaum ist nicht eine Eiche, sondern eine Esche.

Allerdings steht die Eiche wie die Hasel in besonderem Frieden, wozu aber wol noch mehr als religiöse Vorstellungen oder ihre Nützlichkeit, ihre hohe Bedeutung für Recht=, Gerichts= und Grenz=Wesen führte.

Denn man hat später die Eiche, wol vor Allem deßhalb, weil sie ein hohes Alter erreicht, besonders häufig als Gerichtsbaum gewählt, — sie wahrte das Gedächtniß der wichtigen Stätte — und aus dem gleichen Grunde sowie wegen der ragenden Höhe auch als Grenzbaum, was beides oft zusammenfiel, die Mark von anderer Mark oder die Allmännde von den Sonderäckern scheidend; nur die Linde macht ihr als Gerichtsbaum den Platz streitig. Die „Dorfeiche" ist zugleich „Gerichtseiche": sie ist die Ahnfrau des Maibaums, in der Bedeutung als Wahrzeichen des Dorfes (des Dorfrechts), als Sammelort für Fest, Spiel und Tanz wie für Musterung der gewaffneten Bauerschaft bei kriegerischem Auszug und als Gerichtsstätte.

Uebrigens liebte man es, eine Mehrzahl von Eichen in heiliger Zahl (drei — sieben — und neun) etwa auf einem Bühel in der Nähe des Dorfes, manchmal aber auch mitten im freien Feld oder auch in einer im übrigen gelichteten Stelle im Walde beisammen stehen zu lassen (oder in späterer Zeit nur zusammenzupflanzen, „das Aichat", quercetum, roburetum, „aichach" = „Roveredo") und hier dann Gericht zu hegen; oft sind wol in solchen Fällen diese Eichen Ueberbleibsel oder doch Erinnerungen uralter Heiligthümer im Walde — zugleich Opfer= und Gerichtsstätten — und häufig schon haben Nachgrabungen in der Nähe Asche, Knochenreste, Waffen und Geräthe zu Tage gefördert.

Auch Ortsnamen, wie Dreieich — ein alter königlicher Bannwald mit merkwürdigem Weisthum, (Grimm Weisth. I. Nr. 498 —) Siebeneichen, Neuneichen, die sich in allen Gauen Deutschlands finden, weisen darauf zurück (seltener begegnen die profanen Zahlen: Vier-, Fünf-Eichen: dann gewiß zufällig nach der Zahl der Bäume).

Das Gericht wird oft „an die Eiche" (spät-lateinisch ad casnum = alt-französisch chesne, neu-französisch chêne, aber englisch chesnut ist Kastanie) gerufen; in Westfalen war und hieß einer der Frei-Stühle der Vehme „an der breiten Eiche"; bei Torgau wird ein Gericht gehegt „unter den drei jungen Eichen," anderwärts „bei den sieben Eichen". Ob dem Dorf „Siebenbäumen" im Lübischen Eichen oder Buchen den Namen gegeben, war auf eingezogene Erkundigung nicht zu ermitteln.

Die freundliche, mildere Schwester der Eiche ist die Buche mit dem lichten, Aug' und Herz erfreundeten Zartgrün der jungen Blätter, mit den geraden, schlanken Stämmen von festlich weißer Rinde, den Säulen und Pfeilern des deutschen Laubwald-Domes: die „Sachsen-Eiche" d. h. Deutschen-Eiche, heißt sie den Finnen.

Die Buche (gothisch bôkô oder bôka fehlt) altnordisch beyki, schwedisch bok, dänisch boek, finnisch boeki, angelsächsisch bôc, auch bêce, englisch beech, dem entsprechend baierisch: das buech = der Buchwald, althochdeutsch buochâ, puocha, mittelhochdeutsch buoche) hat ihren Namen von der Eßbarkeit ihrer Früchte erhalten, welche unsere Ahnen wol auch für den eigenen Mund nicht verschmähten: — Buche heißt der „Eß-Baum," d. h. unter den Waldbäumen der Baum mit eßbarer Frucht: bak, φαγεῖν, lateinisch fagus, italienisch faggio, aremoricanisch fao; griechisch bezeichnet dann freilich φηγός nicht die Buche, sondern eine Art Eiche mit eßbaren Früchten.

Das weichere Holz der Buche wurde in Tafeln, Scheiben, Stäbe „gescheitet", d. h. gespalten; sie hat die alte Rune auf ihre Stäbe geritzt getragen und später das Schriftzeichen und die Bildzeichnung des Holzdrucks und Holzschnitts; mächtiger als die Buch-Stämme sind die Buch-Staben geworden, und auf die Zeit der Herrschaft der Buchen im deutschen

Walb ist bie Herrschaft der Bücher, der „wisen" und oft auch der „tumben büchlin" gefolgt.

Die Mast der Schweine in den Eichen- und Buch-Wäldern war von großer Wichtigkeit, da noch im späten Mittelalter — und bei den Bauern ist es vielfach noch ebenso — der größte Theil der Fleischnahrung nicht aus Rinder- und Schaffleisch, sondern aus frischem oder gesalzenem, geräucherten Schweinefleisch bestand.

Sehr ausführlich sind daher schon in den Volksrechten die Rechtsnormen, welche die Befugniß, Thiere in frembe Wälder zur Eichel- und Bucheckern-Mast zu schicken, regelten; das Verhältniß kam bald als bringliches Recht, als Dienstbarkeit vor (so auch in bem Allmaennde-Wald), bald als nur durch Vertrag eingeräumtes Forderungsrecht.

Oft wurde hier als Vergütung das zehnte Schwein dem pflichtigen Walbeigenthümer überlassen; dieser Schweinszehnt (decima porcorum) war im westgothischen Recht genau geregelt. (Dahn, westgothische Studien. Würzburg 1874 S. 85 f.)

Der Eigenthümer barf regelmäßig auch die eigenen Thiere weiden lassen; dann wird oft ein gemeinsamer Hirt bestellt, der Ungleichheiten und Schädigungen zu verhüten hat.

Neben der Eiche füllten besonders die Buchen die Wälder Germaniens; wiederholt hat der Buchenwald ihrer Gaue deutschen Völkerschaften den Namen gegeben: so den schon von Cäsar erwähnten suebischen Tribocci, die auch Strabo p. 193, p. 194 nennt Τριβόχχοι, I. 51, Plinius IV. 17, Tacitus Germ. c. 28 und Ptolemäus II. 9 Τριβόχχων, meist als Nachbarn der „Anger-Männer" (gothisch vaggs, altnordisch vângr, angelsächsisch vong, althochdeutsch wang: Wangio (et Sido) suebischer Mannsname: in Ell-Wangen, Feucht-Wangen erhalten), Vangiones im Worms-Gau und der „Waldmänner", Nemetes, (nemus, νέμος, sacra silvarum quae nimidas vocant, indiculus paganiarum. J. Grimm D. M. II. S. 614 hat auch Ortsnamen Nimoben, Nimebin beigebracht), im Speier-Gau: die „Dreibuchen-Männer"; im Elsaß: eine römische Inschrift kennt neben den keltischen Bojern exploratores Triboci und bei Brumat (Brocomagus) wies ein römischer Wegweiser nach der civitas Triboccorum. Merkwürdig ist, daß noch zu Schilter's Zeit ein Städtlein „zu'n breien Buchen" in jener Gegend lag; der Wald von Hagenau galt im ganzen Mittelalter als ein heiliger Forst; jenes

dribuochi ist ganz dem drieich entsprechend, das wir als ein Baumheiligthum kennen gelernt. J. Grimm D. Spr. I. S. 347.
— Allein Zeuß S. 220 leitet es aus dem Keltischen (tri, durch per, auch in Tricassi, Trinobantes, Tricorii) und boc, Waldhöhe vgl. Melibocus.

Dreihundert Jahre später nennt gegenüber Mainz Ammianus Marcellinus 29, 4. eine alamannische Völkerschaft der Bucinobantes; der letzte Theil des Wortes ist das bekannte bant, das auch in Brabant, Testrabant begegnet und soviel als pagus, regio, Landschaft heißt; in bucina aber grüßen uns rauschend unsere Buchen: (althochdeutsch) puochin, fagineus), also die „Buchengauer".

Ihre Sidelung lag nahe bei, wenn nicht ganz in dem „Buchenwald" Buchonia, althochdeutsch Buohunna, Puohunna, mit welchem Namen damals das Waldgebirge der Rhön und der Bergwald des Vogelberges zusammengefaßt werden; zuerst sicher bezeugt bei Fredigar c. 87, denn die Stelle bei Greg. Tur. II. 40 kann auch einen andern Laubwald in der Nähe des Rheins (bei Köln) bezeichnen.

Leider erfahren wir nicht, welcher Baumart angehörig der bei den Langobarden hoch verehrte Opferbaum in der Nähe von Benevent war, welcher dem heiligen Barbatus (Acta sanctorum 19. Februar pag. 139 und 112. 602 bis c. 683) unter den Königen Grimoald und Romuald so viele Schmerzen bereitete, bis er ihn endlich umhieb: so zahlreich leisteten die Longobarden, obwol längst schon Christen, Gelübde an diesem Baum, daß der Ort selbst votum genannt wurde.

Sie sprengten auf raschen Rossen daran vorbei und suchten, abgewandt, nach rückwärts, eine in den Aesten ausgespannte Thierhaut mit dem Wurfspeer zu durchbohren: ein Stücklein der Haut zu verschlucken galt als ein mächtiges Vorbeugungsmittel gegen allerlei Gefahr und Schaden: sie wollten nicht von dieser Sitte ihrer „heldenhaften Ahnen" (belicosissimorum majorum) lassen, bis der Heilige, die Entfernung des Königs Romuald, der also den Baum schützte, rasch benützend, den Baum niederhieb, was freilich, wie J. Grimm sagt D. M. II., S. 616, prahlerisch und unwahrscheinlich klingt.

Das Umreiten geweihter Stätten im Wettrennen und der Glaube, daß dies Reiter und Roß vor Schaden bewahre, hat sich bei dem bajuvarischen Stamm in voller Lebendigkeit erhal=

ten in den sogenannten Leonhardiritten und Leonhardi=
fahrten, welche alljährlich, ebenfalls noch unter Ableistung
von Gelübden, um die Capellen des heiligen Leonhard ge=
halten werden, der als Schirmherr zumal des Rosses gilt: in
Niederbaiern wurde damit auch ein Ringelstechen nach Scheiben
verbunden. Das Rücklingswerfen ist sehr alterthümlich: es
erhöht die Schwierigkeit, aber auch das Geheimniß, es wirkt
dabei mit der von den Göttern gelenkte Zufall. Ausge=
spannte Rinderhäute wurden auch im Norden durchschossen,
was als Zeichen von Kraft und Geschicklichkeit galt. Hier,
bei Benevent, war wol ehedem die Haut des dem Kriegs=
oder Rossegott geopferten Thieres ausgespannt worden und
das Verschlucken eines Stückleins Haut war jetzt, in der
christlichen Zeit, an die Stelle der Theilnahme an dem Opfer=
schmaus getreten: man bekannte sich dadurch noch als Ver=
ehrer des Gottes.

Es finden sich überall in der Nähe der Leonhardcapellen
hohe, alte, schöne Bäume: Eichen, Buchen, Linden: ja hin
und wieder ist nicht die offenbar spät daneben gebaute Capelle,
sondern noch immer der ehrwürdige alte Baum selbst der
Gegenstand, um welchen das Wettreiten und Wettfahren
kreist: dann wird auch noch der Baum mit den Ketten des
von Sanct Leonhard geheilten Viehes, mit den Hufen der
von ihm geretteten Rosse, mit Bildern des in Sturzgefahr
geschirmten Reiters nnd seines Rosses aus rothem Wachs
umgürtet und geschmückt.

(Vergl. meine Darstellung der Leonhardiritte in: alt=
germanisches Heidenthum in dem deutschen Volksleben der
Gegenwart. Bausteine I. Berlin 1879.

Die Vertheilung der Germanen über Europa und die germanische Ansidlung und Landtheilung.

Wir haben die in Europa eingewanderten Germanen zu unterscheiden in Nordgermanen, Gothen und Südgermanen. Die ersten, die Hillevionen des Plinius (von hil, Fels?) beschäftigen uns hier nicht: es genügt zu erinnern, daß sie von Süden, von Deutschland, von den Küsten der Nord= (und Ost=?) See über deren Halbinseln und Inseln hin nach „Scatinavia" übersetzten, die vorgefundene finnische Bevölkerung vor sich her drängend.

Die zweiten, die Völker der gothischen Gruppe, haben wir in ihrer Gliederung in eine Mehrzahl von Sondernamen und in ihren ursprünglichen Sitzen an der Ostsee, sowie ihren späteren ausführlich dargestellt: sie bilden die östlichste Auf= stellung der Germanen im Norden: hart hinter ihnen stehen die Slaven (Venedae) bereit, einzurücken in jede Scholle, welche die Gothen räumen. (Könige der Germanen I—VI. München und Würzburg 1860—1871. Urgeschichte der germanischen und romanischen Völker I. Berlin 1881.)

Die Südgermanen sind die später unter dem Namen der Deutschen zusammen gefaßten Stämme: und zwar die Ingävonen (Ingväonen) die Niederdeutschen, die Herminonen die Oberdeutschen, die Istaevonen (Istväonen) die Mittel= deutschen: letzteres ist allerdings bestritten: doch wird man vielleicht die späteren Franken und Thüringe istaevonisch nennen dürfen: die Ingaevonen sind die späteren Sachsen und Frisen, die Herminonen die späteren Alamannen und Bajuvaren.

Schreiten wir von Westen und Süden nach Osten und Norden durch die Niederlassungen der Germanen, so sind vorerst auf dem linken Rheinufer in Gallien kleine ger= manische Völkerschaften zu verzeichnen, welche sich mitten unter besiegten oder zu vertragsmäßiger Landtheilung genöthigten Kelten von der Zeit vor Caesar bis in's dritte Jahrhundert nach Christus erhalten haben: es sind die Vangionen um Worms (keltisch Borbetomagus), die Nemeter um Speier (Spira, früher keltisch Noviomagus), die Triboken um Brumat (keltisch Breuiomagus) und Elcebus (keltisch, im Süd= westen von Straßburg. Caesar nennt neben ihnen im Heer Ariovists noch Sedusier und Haruden, welche später ver= schwinden). Die keltischen Namen der drei Städte, ja der beiden letzteren Völker selbst zeigen, daß diese Germanen schon lange Zeit hier im Lande siedelten, nicht etwa erst mit Ariovist eingewandert waren: jene Städte hatten sie nicht gegründet, sondern den Kelten abgenommen.

Dagegen nicht Germanen, sondern Kelten sind andere Völker in Gallien, welche nur ihrer einfacheren Sitte und rauheren Tapferkeit wegen als Germanen galten und sich germanischer Abkunft oder doch Blutmischung rühmten; so die Belgen und zumal unter diesen die kriegerischen Ner= vier. Einzelne Völkerschaften mögen stark mit benachbarten Germanen gemischt, vielleicht auch ursprünglich rein germanisch gewesen sein, wurden aber so früh und so stark keltisirt, daß sie uns nicht als Germanen gelten können: so die Treverer um Trier.

Auf den nächsten Höhenzügen, die auf dem rechten Rhein= ufer, da wo Caesar den Fluß zweimal überschritt (zwischen Coblenz und Bonn etwa), sich erheben, wohnten die Sugam= bern und landeinwärts zu beiden Seiten der Ruhr. Des Tiberius Politik gelang es, das in viele Gaue gegliederte Volk zu trennen und einen großen Theil auf das linke Rheinufer und in römische Herrschaft zu bringen: vielleicht haben wir diese verpflanzten Sugambern unter dem Namen Guberni (Gugerni) zu verstehen. Nördlich von ihnen fanden auf dem Ostufer der Lippe (Luppia) die von Caesar aus Gallien vertriebenen Usipier Aufnahme.

Im Süden der Sugambern wohnten die Ubier (wohl von uoban, bauen, d. h. den Acker) ursprünglich bis sie, die von Anfang Kelten und Römern zugeneigt und von ihren rauheren suebischen Nachbarn vielleicht auch gerade deßhalb bedrängt waren, von den Römern, um sie selbst und durch sie das angewiesene Land zu schützen, gerade deren alten Sitzen gegenüber auf das rechte Ufer versetzt wurden: hier ward ihr Hauptort Köln, Colonia Agrippinensis nach

Agrippina, der Tochter des Germanicus benannt: Gelbuba (Dorf Gelbub bei Kaiserswert) war ihr letzter Ort stromabwärts (hier grenzten sie mit den Gugerni), Tolbiacum (Zülpich) wohl ihr äußerster südwestlich.

Kleinere Völklein, Usipier (Usipetes ist Keltische Form) und Tenchterer wurden von Caesar aus Gallien auf das rechte Rheinufer getrieben und, nachdem sie bei den Sugambern Aufnahme gefunden, abermals von den Römern allmälig immer weiter südlich gedrängt bis in die Mainlandschaft um Mainz. In ähnlicher Weise wurden die Amsivarii (Ems=Wehren, Ems=Männer) aus ihren früheren Sitzen an dem Unterlauf der Ems von Chauken zuerst, dann von den Römern aus dem Land nördlich der Lippe immer weiter nach Süden gedrängt, wo sie aber nicht, wie die Römer wähnten, völlig untergingen, sondern in der Gruppe der Franken erhalten blieben, welcher auch die Chamaven angehören, die, vorübergehend bis an die Werra nach Osten gewichen, später wieder an den Rhein zurück kehrten. Die mächtige Mittelgruppe (s. Dahn, Deutsche Geschichte I. Weimar 1883.) der Brukterer gliederte sich in die „großen" auf dem östlichen, und die „kleineren" auf dem westlichen Ufer der Ems an ihrem Mittellauf: letztere erreichten die Lippe, auf welcher ihrer Weissagerin Veleda die eroberte Triere zugeführt wurde. Nordwestlich grenzten sie mit Friesen, nordöstlich mit Chauken, östlich mit Angrivariern, westlich mit Chamaven, im Süden stießen sie an den römischen Grenzwall.

Oestlich von den Sugambern verbreiten sich in das innere Germanien die starken, in viele Gaue gegliederten Chatten (die späteren „Hessen"), eine Mittelgruppe, welche einen Hauptbestandtheil der suebischen Hauptgruppe ausmachte. Anfangs wird nur dieser Gesammtname, Sueben, genannt, so von Caesar: aber schon in den ersten Zügen des Drusus begegnet der Name der Chatti; im Norden grenzten sie an der Diemel mit den Cheruskern, im Osten schied sie die Werra von den Hermunduren (den späteren Thüringen); die hier häufigen Salzquellen, nicht die der fränkischen oder der thüringischen Sale, bildeten die Grenze und den Streit=Ort und =Gegenstand zwischen beiden Völkerschaften; im Westen hatten sie am Taunus die gefährliche Wacht auf äußersten Vorposten gegenüber dem römischen Zehntland, den „agri decumates", diesem Glacis der drohenden römischen Machtstellung, von welchem

aus immer wieder bei jedem Ausfall, bei jeder Angriffs- und
Rache-Bewegung der Legionen die ersten Schläge auf die
westlichsten chattischen Gaue trafen, so auf die Mattiaci bei
Wiesbaden (aber „Mattium" ist Maden). Der „hercynische
Bergwald" ist den Römern die recht eigentliche Heimat der
Chatten: dies ist nicht der Harz, dessen Westhänge vielmehr
die Nordgrenze der Chatten bezeichnen, sondern der südwest-
liche Höhenzug (silva Bacenis), der noch heute das hessische
Hügelland bildet.

Uebrigens war „Chatti" selbst ein Gesammtname (eine
Mittelgruppe) innerhalb des Haupt-Gruppen-Namens
„Suebi": zahlreiche, später zu Völkerschaften erwachsende
Gaue führen innerhalb des chattischen Verbandes besondere
Namen: so die Chattu-ari = Chattu-vari im Nordwesten
des chattischen Gesammtgebiets: ein starker Theil des Volkes
muß es gewesen sein, der unter dem Namen „Batavi"
wegen inneren Zwists mit andern Gauen, wahrscheinlich
um die Landvertheilung bei steigender Volkszahl, vielleicht
auch wegen verschiedenen Verhaltens zu Rom, aus dem
alten Chattenlande wandernd über den Rhein zog und
der „batavischen Insel" den Namen gab, ein tapferes den
Römern durch Waffenhilfe sehr werthvolles Volk, das
allmälig in den neuen Sitzen eine so große Stärke gewonnen,
daß es schon bei der Auswanderung nicht unbeträchtlich gewesen sein kann.

Die Nachbarn der Chatten von der Werra gegen Osten
waren die Hermun-duren, die späteren Thüringe (Hermun,
Irmin = groß, allgemein, gesammt: also Hermun-duri Ge-
sammt- oder Groß-duri; später fiel jenes Vorwort weg und
Duri, Düringe blieb übrig), ebenfalls ein Gesammt-Name
(Mittelgruppe) für zahlreiche darunter einbegriffne Völkerschaften, welche im Osten bis an die Elbe, im Norden bis
an den Harz, im Süden bis an die hessischen Waldgelände
reichten.

Im Norden grenzten am Harz mit den Hermunduren
die Cherusker (ahd. heru, Schwert: Schwert-träger: wie
Suarbones und Heruler): ein Hauptvolk der späteren Sachsen-
Gruppe, die ebenfalls von der stammthümlichen Waffe, dem
kurzen Schwert, Sahs, ursprünglich aus Stein, den Namen
führte: nach Bezwingung der mehr ausgesetzten Völker im
Süden und Westen durch die Römer, die Hauptvorkämpfer
germanischer Freiheit, das Volk Armins, oft geschlagen, nie-

mals unterjocht: in mehrere selbständige Gaue gespalten, mächtig durch Bündnisse mit den Nachbarn im Norden und Osten, aber in altvererbter Feindseligkeit gegen die Chatten im Süden, der auch später im Gegensatz, im Haß der Sachsen und Franken noch oft und stark genug hervor trat. Im Westen reichten sie südlich von der Diemel noch auf das linke Weser=Ufer, hier mit den Chatten sich feindlich berührend: im Norden grenzten sie mit den Angrivaren, der „Anger= Männer" auf beiden Ufern der Weser, im Osten reichten sie über die Aller hinaus gegen das linke Elbufer und in die Nähe der Semnonen.

Oestlich von den Angrivaren von der Aller bis an und über die Elbe wohnen die Langobarden, welche später süd= östlich in die Donauländer nach Pannonien und von da nach Italien wandern. Westlich von den Langobarden, nördlich von den Angrivaren, auf beiden Seiten der Weser bis zu deren Mündung sitzen die Chauken, (doch wohl identisch mit den Chaulci, Kalukones?) westlich von den Angrivaren an der Hase die Hasu=vari.

Wenden wir uns von hier weiter südlich nach Böhmen zurück, so finden wir dies rings von Bergen umschlossene Land seit Anfang unserer Zeitrechnung besetzt von den namen= reichen Völkerschaften, welche, unter der Bezeichnung Marko= mannen zusammengefaßt, früher die Gegenden am mittleren und oberen Main bewohnt hatten: man streitet, um welcher „Mark" das heißt Grenze willen diesen Sueben zuerst der Name Grenz=Männer gegeben worden sei: sie hielten am Main die Wacht gegen die Kelten (Helvetier) und später gegen die Römer. Aber da Mark ursprünglich Wald heißt, sind die Markomannen vielleicht nur die „Waldbewohner", genau dasselbe was Holsteiner das heißt Holtsaten. Ein Theil der Markomannen erhielt später den Namen Baju=vari, die Männer von Baja=hemum, der Heimat der keltischen Bojer: das gleiche bedeutet Baemi, vielleicht zuerst auf die Kelten, später auf die Germanen in jenem Land angewendet. Den Mar= komannen nahe verwandt und benachbart sind die Varisten (al. Narisker), welche die Verbindung mit den alten Sitzen am Ober=Main aufrecht hielten und westlich vom Böhmerwald geblieben waren und die Quaden im Osten von Böhmen an der March und der Taya; in jenen Gegenden bis weit süd= östlich in das Donauland werden auch in der Zeit der un= bestrittenen Herrschaft der Germanen (Sueben) zahlreiche

Namen keltischer Völkerschaften genannt, welche, wie gerade ihre große Zahl auf engem Raume beweist, oft nur Gaue und kleine Völkersplitter gewesen sein können: vermuthlich Reste der einst hier sehr dichten keltischen Einwohner, welche bei der germanischen Eroberung weder vernichtet noch überall vertrieben, sondern als Unterworfne, Zinspflichtige im Lande belassen worden waren.

Ein Gesammtname wie „Sueben" und „Gothen" war auch der der „Ligier" „Lugier", welcher nordöstlich von Böhmen und den Markomannen viele Völkerschaften wie Harier, Helvekonen, Manimer, Helisier, Nahanarvalen umfaßte und wohl auch östlich an den Quellen der Oder die Burier. Dagegen sind die noch weiter östlichen Bastarnen keinesfalls als ungemischt germanisch anzusehen (s. Könige I. S. 99. Bausteine, I. S. 133.)

Kehren wir nach dem Norden zurück, so sind die oben erwähnten Semnonen als Hauptvolk der suebischen Gruppe hervorzuheben, von welchem die Sage die Abstammung aller anderen Sueben=Völkerschaften ableitete: was Cäsar von allen Sueben gesagt wurde, daß sie hundert Gaue zählten, ward Tacitus von den Semnonen allein berichtet: ein heiliger Wald in ihrem Land galt als der höchsten Gottheit Wohnsitz und als Ursprungsort aller Sueben: Gesandte aller Völkerschaften dieser Gruppe erschienen hier zu wiederkehrender Jahreszeit in Vertretung der Ihrigen und ein gemeinsames Menschenopfer besiegelte das Gefühl der Zusammengehörigkeit; das weite Gebiet, das diese starke Völkerschaft erfüllte, muß, als von der Elbe bis an die Oder reichend gedacht werden. In dem Monumentum Ancyranum wird nur der Name der Semnonen hervorgehoben unter den Völkern des Elblands, welche des Kaisers Freundschaft gesucht und ihr Abfall von dem großen Suebenreich Marobods galt als entscheidende Schwächung.

Nördlich von den Semnonen zieht sich das Land der Warni, von der Elbe gegen Osten hin der Havel entlang.

Oestlich von den Semnonen von dem rechten Ufer der Oder bis an das linke der Weichsel wohnten die Burgunden (welche erst später an den Main, dann an den Rhein [Worms] und endlich in das südöstliche Gallien wanderten), durch den Strom geschieden von der großen Gruppe der gothischen Völker, deren Aufstellung wir gesondert betrachten.

Nordwestlich von den Semnonen, auf dem rechten Elb=

ufer im heutigen Holstein haben wir die Teutonen zu suchen, welche mit ihren Nachbarn, den Kimbern, die der „kimbrischen Halbinsel" den Namen gegeben, zuerst von allen Germanen die römischen Legionen bekämpft haben. Die Elbe schied die Teutonen von den Chauken (oder Cauchen) welche in zwei Gruppen als „große" und „kleine" Chauken vom linken Elbufer ab westwärts bis an und über die Weser, ja im Norden der Amsivaren bis an die Ems reichten. Westlich von den Chauken und zwar sowol nördlich von denselben zwischen ihnen und der Küste der Nordsee als in weitem Bogen um dieselben gegen Süden bis in die Nähe der Bataver und das rechte Ufer der Wal dehnten sich die unter dem Gruppen=Namen der Friesen zusammengeschlossnen Völkerschaften der großen und kleinen Friesen (Frisiavones).

Südöstlich von den Friesen wohnen die Sachsen, deren Name, von Ptolemäus zuerst erwähnt, ursprünglich nicht so viele Völkerschaften umfaßte wie später, obzwar er schwerlich anfangs nur Einer Völkerschaft zukam: es war wol ursprünglich ein Mittel=Gruppen=Name wie Chatten. Von dem Chalusus (Trawe?) bis an die Elbe dehnten sich ihre Gaue: im Norden grenzten sie mit den Angeln, den späteren Eroberern und Namengebern Britanniens, die den Süden von Schleswig erfüllten; kleinere Völkerschaften, Chavionen, Sedusier, wohnen westlich von ihnen: doch reichte der Sachsen=Name Haruden, bis in's Meer: Ptolemaeus nennt drei Eilande gegenüber der Elb=Münbung vermuthlich Nordstrand, Föhr und Sylt, „Inseln der Sachsen."

Oestlich von der Elbe bis über Weichsel und Pregel wohnen die zahlreichen Völker der gothischen Gruppe, zu welcher auch Heruler, Rugier, Skiren, Turkilingen zählen, dann Vandalen, West= und Ostgothen.

Die Germanen in Skandinavien bleiben außerhalb des Rahmens dieser Betrachtung.

Die Ansiblung und Landtheilung geschah nun in folgender Weise. Der wandernde Gau, welcher einen Theil der Völkerschaft bildete, erhielt wol durch gemeinsamen Beschluß der Versammlung der Völkerschaft, (z. B. der Cherusker) seinen Theil des eroberten oder ohne Kampf besetzten Landes zugewiesen, welchen er dann unter die (Hundertschaften?) die Dorf= und Hof=Gemeinden selbst weiter zu vertheilen hatte. Gewiß mag mancher Gau sich von der Völkerschaft getrennt und unter seinem Sondernamen neue

Sitze und Geschicke aufgesucht haben, weil er mit Umfang, Lage, Güte des zugewiesenen Landes nicht zufrieden war: so sahen wir, daß von den Chatten sich „innerer Zwistigkeit halber" ein Theil gelöst uud auf der Insel der Rhein=mündungen neue Sitze gefunden hat, welchen er seinen Sondernamen „Batavi" auf die Dauer aufgedrückt hat.

Das gesammte dermaßen dem Gau zugetheilte Land ward nun in drei Gruppen gegliedert: Grenzwald, Allmännde und Sonder=Eigen. Der Grenzwald bestand aus schwer durch=bringbarem Urwald, der oft Sümpfe, Seen, Gebirge einschloß und die beste natürliche Schutzwehr bildete gegen Einfälle feindlicher Nachbarn.

Die Allmännde, an welcher die Gesammtheit aller Höfe dingliche Nutzungsrechte hatte, bestand ebenfalls in Wald, besonders aber in Wiese und Feld: jeder Mann, der in der Gemeinde Sondereigenthum, ein aus Haus, (Garten) und Ackerland bestehendes Besitzthum, sein nannte, hatte das Recht, in dem Grenzwald und in der Allmännde zu jagen, Bäume zu fällen, seine Herdenthiere weiden zu lassen: und zwar war wol Anfangs dies Recht ein dem Umfang nach unbeschränktes: wir müssen im Auge behalten, daß damals noch jede Rodung des Urwalds, jeder erlegte Bär oder Wolf ein für die Gesammtheit wohlthätiger Fortschritt im Kampf um das Dasein schien: bei dem Ueberfluß an Wald und Wild tauchte die Besorgniß, beide durch rücksichtslose Aus=beutung zu erschöpfen, Jahrhunderte lang nicht auf. Später, als die Zunahme der Bevölkerung und die Abnahme jener Naturgüter zur Sparsamkeit mahnte, ward dann allerdings das Maß des zu fällenden Bau= und Brenn=Holzes, die Zahl der auf die Gemeinweide zu schickenden Thiere jedem Hof durch Gemeindebeschluß für das kommende Jahr zu=getheilt.

Selbstverständlich bedurfte der damalige sehr wenig intensive Ackerbau sehr weiter Landstrecken, die Bevölkerung zu nähren: und die große Bedeutung, welche Viehzucht und Jagd immer noch für den Unterhalt bewahrten, erheischte sehr ausgedehnte Weide= und Jagd=Gründe.

Von Auun und Aeide.

Höchſt erfreulich und verdienſtreich ſind die Arbeiten der Forſcher, welche ſeit einigen Jahren der Wirth=ſchaft der germaniſchen Vorzeit ſcharfſinnige Unter=ſuchung zuwenden.

Von zwei verſchiedenen Disciplinen her führten Wege auf dies Gebiet: einmal hat in der Volkswirthſchafts=lehre die vor Allen von Roſcher vertretene geſchichtliche Methode reichſte Anregung geboten: Schmoller hat in um=faſſenden eigenen Werken die Geſchichte einzelner Inſtitute des Volkshaushalts oder das Geſammtbild einer wirthſchaft=lichen Culturperiode ausgezeichnet behandelt: das Gleiche mag man von nicht wenigen der Mitarbeiter an ſeiner Zeitſchrift rühmen.

Andererſeits hat ſich unter den Erforſchern der deutſchen Rechtsgeſchichte doch der Eine und Andere wieder daran erinnert, daß Textkritik und Quellenausgaben nicht Selbſt=zweck, ſondern Mittel zum Zweck ſind, daß auch Verſuche, römiſche oder moderne Conſtructionen mit harſpaltenden juriſtiſchen „Diſtinctionen" in die naive Terminologie der Volksrechte hinein zu interpretiren, die Wiſſenſchaft nicht allein ausmachen, ſo anziehend es iſt, ſolche oft nur allzu geiſtreiche Spiele des Scharfſinns zu erfinden. Was, ohne viel Schule und jedesfalls ohne Erkenntniß des geſchichts=philoſophiſchen Grundes, Männer, wie der ehrwürdige Juſtus Möſer mit geſundem Menſchenverſtand und offenem Blick in das wirk=liche Leben des Volkes erfaßt und zum Ausgangspunct ihrer Arbeiten gemacht hatten, daß nämlich das Recht, vor Allem das Privatrecht, aber auch das öffentliche Recht einer Nation und einer Periode im weiteſten Sinn (Verfaſſung, Verwaltung, Strafrecht, Verfahren) in innigſtem Zuſammenhang, in noth=wendiger Wechſelwirkung mit der Wirthſchafts=Stufe und Wirthſchafts=Art ſtehe, — das hätte nicht mehr in Ver=geſſenheit gerathen dürfen, ſeit die hiſtoriſche Schule, ſeit Savigny, K. Fr. Eichhorn und in lebendigſter, vielſeitigſter, mächtigſter Wirkung Jakob Grimm dargethan, wie das

Recht, ein bloßes Segment in dem Kreis nationaler Cultur, nur im Zusammenhang mit den übrigen, unscheidbar ihm verbundenen Gebieten: Sprache, Religion, Ethos, Kunst, Wirthschaft lebendig, wahr und wurzeltief erfaßt werden kann.

Dies gilt am meisten von dem Recht auf der Stufe der Vorcultur: denn in den Anfängen jeder Volksgeschichte sind alle jene Erscheinungen noch ungetrennt in der Substanz der Volksseele ineinander gewickelt —: erst die Entwicklung bringt die Lösung z. B. von Kunst und Religion, von Religion und Ethos, von Ethos und Recht.

Gerade in der germanischen Urzeit ist z. B. das Familienrecht (Muntschaft, Erbrecht), das Recht der Liegenschaften, ist aber auch das Rechtsverfahren (Fehdegang, Eidhelfer) nur im Zusammenhang mit den Bedürfnissen der damaligen Wirthschaft zu begreifen: ja die ganze sogenannte Völkerwanderung und die in und nach derselben entstandenen Rechtszustände sind auf wirthschaftliche Ursachen und Wirkungen — wenigstens großentheils — zurück zu führen.

Es ist bezeichnend, daß die für Wirthschaftsrecht und Wirthschaftsgeschichte so wichtigen Quellen der „Weisthümer" Rechtshistoriker wie Richard Schröder, Sprachforscher wie J. B. Zingerle, Volkswirthschaftslehrer wie von Inama-Sternegg zu ihren Bearbeitern zählen: und die ausgezeichneten Forschungen von Arnold gehen aus von Ortsnamen und anderen Anhaltspuncten der Ansidelung, der Rodung, der wirthschaftlichen Ausgestaltung.

Als feststehend dürfen wir annehmen, daß die Germanen bei ihrer Einwanderung die russischen Ströme und die Donau aufwärts einen großen Theil der von ihnen sehr allmälig und langsamen Schrittes eingenommenen Gebiete nicht unbewohnt, sondern von Kelten besiedelt vorfanden.

Abgesehen von Gallien und Oberitalien, welche (fast) ganz keltisch waren, breiteten sich Sidelungen dieses Volkes nicht nur über Deutschland vom Rhein bis nach Böhmen, von den baierischen und österreichischen Alpen bis über den Main, wie zahlreiche Berg-, Fluß-, Wald- und auch manche Orts-Namen unwidersprechlich darthun, — es ist noch zu wenig beachtet, daß viel weiter östlich über das Bojer-Land, Böhmen, hinaus tief nach Ungarn hinein, lange nach der germanischen Einwanderung, nämlich noch zur Zeit des Tacitus, zahlreiche keltische Völklein mit ihren alten keltischen Namen neben oder richtiger unter den germanischen Siegern lebten. Dies ist durchaus nicht aus einer späteren Rückwanderung von Kelten aus Gallien nach Osten zu erklären (wohin die Römer, sofern sie sich überhaupt Gedanken hierüber machen, zu neigen scheinen), sondern einfach daraus, daß diese keltischen Splitter, bei der ursprünglichen Einwanderung aus Osten nach Westen, d. h. aus Asien nach Europa (von der die Alten nichts ahnten), hier angesiedelt, auch unter der germanischen Ueberfluthung wohnen blieben, zwar besiegt, unterworfen, wahrscheinlich zinspflichtig, aber immerhin unter Wahrung ihrer Nationalität, wie die Erhaltung ihrer nationalen Namen bezeugt.

Konnten sich nun Kelten südöstlich von Böhmen, wo sie doch von Anbeginn viel weniger dicht sidelten, erhalten, so müssen wir annehmen, daß sie in dem Lande zwischen Rhein und Main, Rhein und Donau, ja auch vom Rhein bis gegen die Elbe hin keineswegs gänzlich ausgetilgt oder vertrieben wurden: und allerdings hat ja auch eine keltische Rückwanderung aus Gallien wegen Uebervölkerung statt= gefunden, — welche aber freilich nicht über den Main vor= gedrungen zu sein scheint und sich nur im Zehentland unter römischem Schild behauptete, nach Durchbrechung des Limes aber wieder völlig von den Germanen aufgesogen wurde.

Wenn nicht Kelten im Lande gewesen wären, als die Germanen anzogen, von wem hätten diese die keltischen Namen der Flüsse, Gebirge, sogar der Waldparcellen in Hessen, Franken, Rheinland, Baiern, Oesterreich vernommen? Und wären nicht auch nach dem Zusammenstoß mit den Germanen und Tod oder Flucht der meisten Kelten doch noch Reste der Letzteren als Knechte, Colonen, „Lazzen" im Lande geblieben, wie jene keltischen Völkernamen rings unter Germanen obenein beweisen, — gewiß würden die Sieger die kaum einmal gehörten keltischen Laute vergessen und jene Oertlichkeiten mit germanischen Namen getauft haben.

Man muß überhaupt die lange herrschende Vorstellung von dem Austilgen oder Verjagen ganzer Völker und Kulturen in der sogenannten Völkerwanderung aufgeben: je länger ich mit diesen Dingen mich befasse, desto vielfacher finde ich die Fortdauer der vorgefundenen römischen Kultur, desto seltener die Unterbrechungen des Ueberkommenen.

Am stärksten ist der Bruch selbstverständlich im Gebiet der Verfassung und des Rechts, d. h. auf dem rechten Rhein= ufer, wo keine Spur römischer Herrschaft übrig bleibt: auf dem linken — geschweige in Italien und Spanien! — dauert nicht nur für die Provincialen eine Fülle römischer Rechtseinrichtungen fort, — es wird sogar das Königthum über die Germanen romanisirt.

Am geringsten ist der Bruch ebenso selbstverständlich auf dem Gebiet der Wirthschaft: — schon aus Gründen der Selbstsucht, des Vortheils. Waren doch die Germanen, als sie mit Kelten, dann mit Römern in Europa zusammenstießen, längst nicht mehr auf der Stufe der Wildheit, wo jeder Gefangene als Siegesopfer geschlachtet wird: — nur als seltenste Ausnahme wird dies ganz vereinzelt hervorgehoben: sie machten ganz regelmäßig die Gefangenen zu Knechten, legten besiegten Völkern Tribute auf.

War also der Widerstand der Kelten, später der Römer, gebrochen, wich der geschlagene Feind aus dem eroberten Land, so schuf man freilich rücksichtslos Raum für die einwandernden Sieger: — aber nicht so, daß man alle Gefangenen ermordet, alle Culturen verbrannt hätte: vielmehr wurden die bableibenden Besiegten sammt ihren Höfen und Aeckern den Siegern als Unfreie oder Halbfreie zugetheilt.

Keltische Städte hat es in Deutschland wol von je weniger gegeben, als in Gallien oder Oberitalien: die sogenannten „Städte" waren nur zu Zeiten von Landtagen, Opferfesten oder Belagerungen von vielem Volk erfüllt. Die Burgen und Schanzen der Kelten wurden von den Germanen nicht dauernd besiedelt, sondern entweder zerstört oder nur im Krieg zur Vertheidigung oder Zuflucht benützt. Römisch gewordene Keltenstädte, wie Kempten, aber haben sich, von romanisirten Kelten und römischen Colonisten bewohnt, durch die ganze Völkerwanderung erhalten.

Abgesehen von den keltischen Städten, welche die Germanen haßten und mieden, wurden die von den Kelten angelegten Culturen keineswegs zerstört, soweit sie nicht im Kriege vernichtet wurden, sondern erhalten.

Das beweisen z. B. für Hessen die zahlreichen von Arnold gesammelten Flur=Namen: — sie wurden erhalten und sei es von Germanen unmittelbar, sei es für Germanen von keltischen Knechten und Colonen verwerthet.

Was nun von den Germanen gegenüber den Kelten, das gilt in noch höherem Grade von den Germanen gegenüber den Römern im ganzen Lande rechts vom Rhein: so wenig wie in Gallien, Spanien, Italien, haben im römischen „Germanien," Noricum, Rhätien, Vindelicien die germanischen

Einwanderer die vorgefundenen Culturen absichtlich, systematisch zerstört, die Besiegten, welche nicht geflohen waren, ausge=
mordet. Wir reden nicht von der Zeit der Kriege oder Raubzüge, wo nach damaligem Kriegsrecht, wie es furchtbar auch die Römer übten, freilich alles, was nicht davonge=
schleppt werden konnte, zerstört ward, sondern von der Periode, da die Germanen, nach bezwungenem Widerstand der Römer, sich im Lande festsetzten: freilich manche Städte und Castelle — nicht alle — traf auch hier die Zerstörung: der Germane haßte diese Zwingburgen seiner Feinde, welche er weder zu stürmen noch zu vertheidigen noch als Hand=
werker oder Kaufmann zu nützen verstand; und waren sie endlich gewonnen, so ließen zumal Chatten und Alamannen von diesen Ringen der Limes=Kette nicht leicht was übrig, schon um Wiederfestsetzung der Römer zu hindern.

Aber abgesehen von den Städten und Burgen ist an geflissentliche Zerstörung der Culturen in dem dauernd ge=
wonnenen Lande nicht zu denken: man hat die für den Pflug gewonnenen Aecker nicht wieder von Wald überwachsen lassen, man hat die Herden besserer Racen nicht geschlachtet, sondern fortgezüchtet, man hat die Weinpflanzungen an der Donau nicht zertreten, sondern durch die beibehaltenen rö=
mischen Vinitores gepflegt.

Denn — und das ist von hoher Bedeutung — nicht nur die römisch bestellten Landgüter, auch die unentbehrlichen römischen Bebauer derselben, die villicos der villae mit ihren familiae von coloni, colonae, mancipia, servi, pueri, ancillae, hat man beibehalten: ohne sie hätte die römische Bewirth=
schaftung nicht fortdauern können; sie hat aber fortgebauert, wie die so zahlreichen römischen Benennungen der Geräthe und Thätigkeiten des Weinbaues, des Feldbaues, des Obst=
baues, der Viehzucht sogar beweisen.

Ein vielbesprochenes Ereigniß, welches gegen das Ver=
bleiben von Römern in den von den Germanen eroberten Landschaften rechts vom Rhein zu zeugen scheint, beweist vielmehr für unsere Annahme. Erst ganz am Ende des fünften Jahrhunderts zog Odovakar die Reste römischer Be=
satzungen aus den Donauländern und verstattete hierbei denjenigen Römern der Civilbevölkerung, welche dies wollten und konnten, den Truppen zu folgen. Es ist vorerst er=
staunlich, daß auch in diesen seit Jahrhunderten am schwersten heimgesuchten Grenzlanden noch römische Besatzungen und

Civilisten in nennenswerther Zahl hausten. Also über drei Jahrhunderte lang hatten sich hier, in Bestätigung unseres Satzes, römische Bevölkerungen unter der Herrschaft von Gothen aller Stämme, von Markomannen, Quaden, anderen Sueben, behauptet. Und nicht einmal jetzt zogen sie alle ab: nicht jetzt einmal, da der Sturz des weströmischen Kaisers und der Abzug der letzten Garnisonen sie im Fall des Verbleibens gleichsam feierlich und förmlich für immer den Barbaren Preis gab, da Alles sie auffordern mußte, den Abzug nach Italien zu begleiten, falls sie konnten und wollten.

Daß viele Tausende gleichwol zurückblieben, beweisen die Namen römischer servi, coloni, ancillae in den Urkunden der nächsten Jahrhunderte: — diese konnten wohl nicht abziehen, weil sie bereits in Gewalt und Eigenthum germanischer Herren gerathen waren. Aber auch manche Freie wollten (oder konnten) ihr Vermögen d. h. ihre Grundstücke nicht im Stich lassen und dem Elend in Italien entgegen ziehen; sie blieben und stellten sich gut mit den germanischen Fürsten, an deren Höfen sie bald wie in Gallien, Italien, Spanien neben den barbarischen Gefolgen großen Einfluß gewannen.

Alle diese freien und unfreien Römer führten für sich oder für einen germanischen Herrn die bisherige Wirthschaft fort.

Da nun aber die Germanen die christliche Kirche, abgesehen von einzelnen Plünderungen bei der Eroberung, in den unterworfenen Gebieten gewähren ließen, bald selbst Christen wurden und Kirchen und Klöster gründeten, blieb ein anderes höchst wichtiges Element erhalten, ja ward verstärkt in seiner Macht und Fähigkeit, römische Cultur ununterbrochen fortzuführen. Denn die Kirche, das darf man nicht vergessen, war römisch durch und durch. Seit der Erhebung des Christenthums zur Statsreligion war der ursprünglich von der verfolgten Kirche so stark betonte Gegensatz zum Stat völlig verschwunden: jener Gegensatz hatte ja dem sündhaften heidnischen Römerstat gegolten: er galt nicht mehr dem Reich des „heiligen" Constantin. Die Kirche war sehr rasch reich, ihre Bischöfe waren einflußvolle Statsmänner geworden. Die Kirchen und Klöster bewirthschafteten selbstverständlich ihre großen von den Kaisern und anderen Frommen geschenkten Güter aller Art durch die mitgeschenkten, oder später in Schutz und Eigenthum der Heiligen getretenen

Unfreien ganz in der bisherigen römischen Weise fort, auch nachdem nicht mehr der Imperator, sondern der Franken=könig, oder ein Alamannenkönig oder ein bajuvarischer Fürst ihr weltlicher Herr geworden war. Das wurde von aller=größter Bedeutung: denn die Kirchen und Klöster rechts vom Rhein wurden nun die Lehrmeister und Muster der Barbaren nicht nur für Glauben und Moral, — auch für die ge=sammte Wirthschaft: wie ja auch die Kirche, die Römerin, welche gemäß dem Princip der persönlichen Rechte, soweit ihr eigenes Recht noch nicht ausgebildet war, nach römischem Recht lebte, sehr wesentlich zu der ersten Reception römischen Rechts — zur Zeit der Aufzeichnung der Volksrechte — beitrug. Der Haushalt der Kirche war ein Musterhaushalt an Ordnung, Milde gegen die Unfreien und Colonen, aber auch an rationeller Wirthschaft in Weinbau, Obstbau, Acker=bau, Viehzucht, sorgfältiger Bearbeitung der hieraus ge=wonnenen Rohstoffe aller Art. Damals war unter dem Krummstab gut wohnen: jeder Fortschritt, auch in Wunn und Weide, geschah unter geistlicher Leitung: die Könige, Edlen, Gemeinfreien in der Nachbarschaft konnten nichts Weiseres thun, als diesen Musteranstalten nacheifern und die massenhaften Schenkungen von Oedland, wie von Bau=land an Kirchen und Klöster, welche man, sehr unverständig moderne Verhältnisse oder Tendenzen in die Urzeit über=tragend, schmäht, waren in Wahrheit wirthschaftlich von höchstem Vortheil: denn sie wandten den Boden dem besten Bewirthschafter zu.

Eine in den letzten Jahren lebhaft (durch die Herren von Inama=Sternegg und Ludwig Steub) erörterte Frage, ob die germanische Besidelung von Rhätien, Vin=belicien und Noricum (Oberbaiern, Schwaben und Tirol) „von oben nach unten" oder „von unten nach oben" erfolgt sei, ist wohl dahin vermittelnd zu entscheiden, daß die von Osten und Norden einwandernden Markomannen (welche nunmehr Baju=vari hießen, weil sie seit Marbods Tagen in Baju=hem [Böhmen] gewohnt) eine blühende Cultur bereits vorfanden, die in Tirol rhätisch=römisch, in Baiern und Schwaben keltisch=römisch war. Die Frage wird also zurück=geschoben auf die frühere rhätische und keltische Einwanderung: von beiden erzählen nur die Ortsnamen, und zwar stimmen deren Andeutungen mit der Annahme überein, welche dem Blick in die Oertlichkeiten sich schon als fast unablehnbar aufbrängt: daß nämlich die große Masse der Einwanderer ihren schwerfälligen Zug von Wagen und Herden nicht über die unwegsamen Bergjöcher schleppen konnte, sondern der von der Natur vorgezeichneten, immerhin noch bequemsten Straße folgen mußte, nämlich dem Rinnsal der Flüsse in der Thalsole; darin stimmen wir mit unserem alten Freund Steub, dem hochverdienten Erforscher tirolischer Ortsnamen, völlig überein. Derselbe wird aber gewiß seinerseits zugeben, daß eine Sicherung der thalbeherrschenden Höhen der Mittelgebirge wie schon für die Einwanderung so später für die Niederlassungen unentbehrlich war. Daher eilte, während der lange mühselige Zug der Wagen sich unten langsam das Flußthal heraufwand, eine leichte Vorhut rascher Jünglinge zu Fuß (wo es noch anging, natürlich am liebsten zu Pferd) die steilen Pässe voran, um die Volksmenge davor zu schützen, daß sie auf ihrem Vorwärtsrücken im Thale nicht von Oben her mit Geschossen und Felstrümmern überschüttet werde. Daher besetzte man diese beherrschenden Höhenzüge, sperrte die engen Pässe, unterstützte die natürliche Festigkeit solcher Puncte durch Schanzen und Burgen. So machten es die Rhäter zuerst, so in den Vorbergen die Kelten: die Römer hatten solcher „arces alpibus impositas tremendis" recht viele zu erstürmen. Keineswegs alle zerstörten sie, setzten sich vielmehr selbst in den wichtigsten fest und vermehrten ihre Zahl. Diese Castelle fanden Baiern (und Schwaben) vor, als sie eindrangen, und viele derselben sind heute noch wenigstens als Ruinen erhalten. Diese Castelle lagen aber keineswegs auf den obersten Kämmen der Hochgebirge, sondern krönten und krönen heute noch die Hügel und Mittelberge: auf den steilsten Höhen der Berge wären sie ebenso schwer zu erbauen und zu bewohnen, als ungeeignet gewesen, die Siedelungen im Thal zu schützen, den Weg im Flußthal wirksam zu sperren: vielmehr wurden sie in einer Mittelhöhe angelegt, von welcher aus sie durch Pfeil, Speer, Schleuder und Felsstück die Straße am Fluß um sicheren Ziel nehmen und jeder Vorhut den Pfad über die Uferberge sperren konnten: an Lech, Inn, Etsch und Eisack läßt sich dies deutlich wahrnehmen.

Als nun die Baiern eindrangen, machten sie es nicht anders als die Kelten vor ihnen: sie zogen in Masse im Thal die Flüsse hinauf, während die Vorhut vorausstreifend die Besatzungen der Mittelhöhen vertrieb, die Schanzen,

Verhaue, Burgen bezwang oder doch absperrte und am Niederbrechen auf die Volksmenge hinderte. Die Sidelungen der römisch-keltischen Provincialen im Thale wurden, soweit sie nicht als Festungsstäbte vertheibigt wurden, nicht zerstört, sondern, leer oder mit den verbleibenden Insassen, eingenommen: ja nicht einmal alle Festungsstäbte, wie Augsburg, Kempten, oder kleine Stationen, wie Füssen, Partenkirchen (?) barthun, wurden völlig zerstört.

Lange Zeit mag den Einwanderern das bereits von Rhätern, Kelten, Römern cultivirte Bauland im Thale genügt haben: erst später, bei zunehmender Bevölkerung, nahmen sie auch jene mittleren Höhen in Sondereigen, welche früher nur als Allmännbe oder gar als herrenloses Grenzgebiet in Gestalt von Almen, Bergwiesen, Wäldern, der Viehzucht und Jagd gedient hatten.

Mit diesen Annahmen stimmt im Wesentlichen auch überein, was die kürzlich erschiene Monographie von Hartwig Peetz „die Kiemsee-Klöster" (Stuttgart, Cotta 1879) über die römische und die älteste bajuvarische Wirthschaft in jenen wunderschönen Landschaften der Prien, der Traun, der Alz constatirt, eine Arbeit, welche wegen des Eifers des verbienten Verfassers und der Mittheilung zahlreicher Inedita aus den baierischen Archiven in hohem Maß Beachtung und Anerkennung verdient.

Nur möchten wir wünschen, daß die in Aussicht gestellte sehr bankenswerthe Darstellung der Wirthschaftsgeschichte einer weltlichen Immunität (Herrschaft Hohenaschau) in etwas mehr nüchternem, einfachem Stil geschrieben würde. Denn die Form der Darstellung in jener Monographie ist durchaus nicht geschmackvoll — sie ist allzu prickelnd, und brillant und stört Stubium und Genuß des Inhalts, ja, das Buch ist so geistreich geschrieben, daß man es beinahe gar nicht lesen kann! —

Angebliche Opfersteine.[1]

Die kleine Schrift führt völlig überzeugend für jeden Verständigen aus, daß die angeblichen „Opfersteine" des Fichtelgebirges vor Allem, aber auch andere hier besprochene keineswegs „Opfersteine" oder „Richtersitze" oder „Druidenstühle" oder Opferblut=Wannen" sind, nicht von Menschenhand vertiefte, gehöhlte, mit Rinnen für das Ablaufen des Blutes versehene Vorrichtungen, sondern lediglich Naturgebilde, durch Verwitterung, Erosion, Wasser=geträuf 2c. gestaltet und von Menschen zu Gerichts= oder Opfer=Zwecken ebensowenig verwendet als ursprünglich her=gestellt. Der Verf. thut seinen Gegnern viel zu viel Ehre an, indem er ihre unglaublich methodelosen Aufstellungen eingehend bekämpft: so werden von diesen Herren den Ger=manen (!) Druiden zugeschrieben, eine vereinzelte Stelle der Edda von Menglödh wird im Fichtelgebirge (!) realisirt ge=funden, ebenda, viel zu weit südwestlich, wird das Heilig=thum der Semnonen angesetzt und anderer solcher unsäglicher Dilettantismus mehr. Die Stärke und das Verdienst des Verf. liegen in der ruhigen, kühlen, klaren Beobachtung und Beurtheilung des Naturforschers: mit diesen Waffen hat er der Natur jene ihre Gebilde wieder erobert, sie aus abge=schmackten Wahnvorstellungen von germanischem Druidenthum befreiend. Die glücklicher Weise sehr seltenen und für seinen Kampfzweck unerheblichen Etymologien, die er gelegentlich wagt, sind starke Mahnungen für ihn, bei seinen Steinen zu bleiben, die er gründlich versteht, und sich nicht unter die Wörter zu wagen, die er nicht versteht.

---

[1] Gruner, Dr. H., Lehrer, Opfersteine Deutschlands. Eine geo=logische=thnographische Untersuchung. Mit eingedruckten Holzschnitten u. 4 Steintafeln. Leipzig 1881. Duncker & Humblot. (63 S. gr. 8. Taf. 4.)

Zur Geschichte Baierns.[1]

Der Verfasser dieses lebhaft ersehnten Werkes hat die hohen Erwartungen, mit welchen man nach seinen früheren Arbeiten über einzelne Perioden der baierischen Geschichte diesem Buche entgegen sehen durfte, nicht nur erfüllt, — er hat sie in reichstem Maße übertroffen. Nicht überrascht in der ganz ausgezeichneten Leistung die tadellose Schulung, die makelfreie Methode, die gründliche und doch nie überkritische Kritik der Quellen, die musterhaft sorgfältige, gewissenhafte Verwerthung der gesammten außerordentlich umfangreichen, mannichfaltigen und weit zerstreuten Literatur, die maßvolle Polemik, das gesunde unbefangene Urtheil, welches in der nicht immer leichten Abwägung der Berechtigung des Stammthümlichen und der Reichsgewalt ausnahmslos die richtige Mitte tactvoll zu treffen weiß: — alle diese Vorzüge haben die früheren Veröffentlichungen des Herrn Verfassers, eines Schülers von Giesebrechts und, irren wir nicht, auch von Georg Waitz, bereits bewährt oder doch sicher voraussetzen lassen: — aber was an den Gegenständen der früheren Arbeiten nicht wohl gezeigt werden konnte, tritt hier auf das Erfreulichste hervor, nämlich: ein außergewöhnliches Maß von Darstellungstalent, von Gruppirungsvermögen, von Formsinn, kurz im besten Sinne des Wortes von künstlerischer Begabung. Man möge dieses nicht unbedenkliche Lob richtig verstehen!

Wir meinen hier unter „Form" und „Künstlerschaft" durchaus nicht eine berauschte, dithyrambische Prosa, ein hohles Pathos, oder eine um jeden Preis geistreiche Eleganz des Stiles, wie sie manches neuere deutsche Geschichtswerk dem echten Poeten ebenso unausstehlich wie dem Gelehrten verächtlich machen. Solche Geschmacklosigkeit der Phraseologie, die immer nur auf Kosten der Gründlichkeit erzielt wird und

---

[1] Sigmund Riezler, Geschichte Baierns. Erster Band (bis 1180). Gotha, Friedrich Andreas Perthes. 1878.

doch blos ein widriges Zwittergeschöpf zwischen Poesie und Wissenschaft erzeugt, ist das wahre Gegentheil der schlichten, ungesuchten Sprache des vortrefflichen Buchwartes zu Donaueschingen (der übrigens nach dieser hervorragenden Arbeit hoffentlich bald einen akademischen Lehrstuhl einnehmen wird, wenn anders die „sittliche Weltordnung" auch in Berufungen zu erscheinen sich herabläßt, was freilich schon Mancher bezweifelt hat). Vielmehr begreifen wir unter „Darstellungskunst" die Vorzüge höchst geschickter Gruppirung und Gliederung des nichts weniger als gefügen, vielmehr höchst spröden Stoffes, die lichtvolle Zusammenstellung eines reichen und doch übersichtlichen einheitlichen Ganzen aus einer gewaltigen Fülle sehr zersplitterten Materials: dieses Mosaikbild konnte nur bei liebevollster Versenkung in den Stoff, vollständiger Beherrschung desselben und sehr geschickter Verwerthung jedes kleinsten Splitterleins geschaffen werden. Auch zwischen edler Volksthümlichkeit und gelehrter Strenge hat der Verfasser glücklich die richtige Mitte gefunden. Ich glaube deshalb ein Urtheil über den Werth und Erfolg gerade solcher Bemühung aussprechen zu dürfen, weil ich seit Jahren mit einer ähnlichen, obzwar wol noch bedeutend schwierigeren, Aufgabe ringe: — der Geschichte der deutschen Urzeit für das Giesebrecht=Heeren=Uckert'sche Sammelwerk: und wahrlich, froh würde ich aufathmen, ruhte bereits auf meinem Werke ein so voll verdienter Kranz der Anerkennung, wie wir ihn auf diese „Geschichte Baierns" legen dürfen.

Der Verfasser führt im Eingang aus, wie er seine Aufgabe erfaßt und begrenzt hat: nämlich als Geschichte desjenigen politischen Gemeinwesens, das jeweils den Namen Baiern führte: es werden also nicht behandelt die Geschichten aller Glieder des States, durch deren Vereinigung das heutige Königreich dieses Namens entstanden ist. Jeder Sachkundige wird ihm in dieser Eingrenzung Recht geben. Die fränkischen, schwäbischen, pfälzischen Landschaften dieses heutigen Königsreichs sind bis zu dieser Vereinigung weder in den altbaierischen Landen noch unter einander in einem organischen Zusammenhange gestanden: die Verbindung ihrer Geschichten in Einem Buche würde kein einheitliches Werk, sondern eine äußerliche Nebeneinanderstellung der Geschichten verschiedener deutscher Stämme, vielmehr Stammestheile bilden, welche bis Anfang dieses Jahrhunderts durch Nichts mit einander verbunden waren. Waren es doch, Reichs=

dörfer und Reichsritter ungerechnet, nicht weniger als drei=
undachtzig verschiedene Gebietstheile, aus welchen vor etwa
achtzig Jahren das Königreich zusammengesetzt wurde: Bis=
thümer, Abteien, Städte, Grafschaften, Vogteien u. s. w., —
grundverschieden in Art und Gang ihrer Verfassungs= und
Kulturgeschichte. Gewissermaßen das Ideal einer geschicht=
lichen Aufgabe wäre es, fiele die Statsgeschichte mit der
Stammesgeschichte zusammen: — aber bei keinem einzigen
deutschen Stat wie Stamm ist dies der Fall: die salischen
und ripuarischen Franken sind zu Holländern, Belgiern,
Wallonen, Franzosen, Lothringern, Rheinpreußen, Pfälzern
geworden, die „Sachsen" und Friesen sind zwar nunmehr
(seit 1866) zum großen Theil im preußischen Stat vereint,
aber Splitter beider Stämme sind in anderen norddeutschen
Staten (Braunschweig, Hansestädte, Oldenburg u. a.) ver=
theilt; die „Thüringe" sind zahlreicher als im heutigen
Thüringen, in den baierischen sogenannten Franken und im
Königreich Sachsen zu suchen; die Alamannen sitzen außerhalb
Württembergs in der Schweiz und in dem „Fremd=Land"
Alisat = Elsaß; endlich den Baiern haben — leider! — sehr früh
ihre Ostmarken, Oesterreich, Salzkammergut, Steier, Kärnten
und ihre Südmark Tirol sich vom alten Herzogthum gelöst.
Es ist seltsam, wie die Geschichte, welche die Stämme zer=
rissen, auch mit den Namen willkürlich gespielt: so sind die
sogenannten baierischen Franken keine Franken, sondern
Thüringe, die Sachsen des gleichnamigen Königreichs keine
Sachsen, sondern ebenfalls meistens Thüringe mit slavischer
Mischung und die Preußen — glücklicherweise! — keine
Preußen, d. h. nur zu verschwindend kleinem Theile Söhne
der Anbeter des Perkunos.

Der erste Band, der bis 1180 geht, umfaßt in fünf
Büchern die Agilolfinger bis 788, die Karolinger bis 907,
die Wiederaufrichtung des Stammherzogthums bis 995,
Herzoge aus verschiedenen Häusern 995 bis 1070, Welfen
und Babenberger 1070 bis 1180.

Einzelne Punkte, in welchen wir abweichen (z. B. das
Verhältniß zu Kelten und Römern — d. h. den stärkeren
Rest von Kelten, welchen wir unter der Markomannischen
Einwanderung im Lande verblieben annehmen), werden
anderen Orts zur Sprache kommen.

Bisher war unbestritten die beste deutsche Territorial=
geschichte die ausgezeichnete Arbeit Stälins für Württemberg:

liegt das Werk Riezlers vollendet vor, so werden wir Baiern uns berühmen dürfen, den alamannischen Nachbarn hierin nicht nachzustehen.

Friedrichshafen, September 1879.

Zur Lex Salica.[1]

Das Vorwort des Herrn Herausgebers belehrt uns über die Lebensverhältnisse des Verfassers dieses Werkes, eines der Insel Amrum entsprossenen Nordfriesen, der bereits im Jahre 1843 eine Schrift über die Lex Salica herausgegeben. Er wanderte im Jahre 1871 nach Amerika aus, „da er sich nicht in die Verhältnisse finden konnte, welche die neuere Zeit geschaffen hatte, da sie seinen Begriffen von der seinem Heimatlande (Schleswig-Holstein) gebührenden statlichen Selbstständigkeit nicht entsprachen;" er hatte mannhaft gegen die dänische Unterbrückung gerungen und deßhalb 1848 seine Privatdocentenstellung zu Kiel aufgeben müssen; vermuthlich war es also die Einverleibung seiner Heimat in Preußen (statt der Errichtung des Augustenburgischen Herzogthumes), welche den 68 jährigen Greis aus dem hergestellten deutschen Reiche nach Amerika wandern ließ. Der Verfasser, ohne Zweifel ein höchst ehrenwerther Character, leistet in dem vorliegenden Buche an Dilettantismus (das Verzeichniß der 25 auf S. XXIII. aufgezählten Schriften des Mannes ist characteristisch: Nr. 8 der Lumpenkorb des Schneiders Gabe, 1846 Nr. 9 Shakespeares Sturm historisch erklärt, 1846 Nr. 12 der Franzose und seine Sprache 1848 Nr. 15 Neuestes Testament testiert im Namen Gottes des heiligen Geistes, Stuttgart 1852. Nr. 17 das Nordlicht, 1860. Nr. 23 Die Lombardei und ihre eiserne Krone, 1866)

---

[1] Clement, Dr. Kn. J. Forschungen über das Recht der salischen Franken vor und in der Königszeit. Lex Salica und Malbergische Glossen. (Erläuterungen, nebst erstem Versuch einer vollständigen hochdeutschen Uebersetzung.) Nachgelassenes Werk: Herausgeg. und mit einem Vorworte und Register versehen von Geh. Hofrath Prof. Dr. Heinr. Zoepfl. Berlin, 1876, Grieben. (XXIV, 468 S. gr. 8.)

das Alleräußerste, an Dilettantismus des Inhaltes, der Methode, der Form, der Gesammtanschauung.

Die Verbreitung des Christenthums durch Rom und die Aufrichtung des merovingischen Königthumes, zumal aber des Kaiserthumes durch Karl den Großen werden in einer haß=sprühenden Sprache als grenzenlose Calamitäten dargestellt, in bis zur Unerträglichkeit monoton wiederholten Wendungen. Was soll man aber dazu sagen, daß bei dem Abdruck des Textes der Lex Salica (und der hochdeutschen „Uebersetzung", deren Zweck schwer begreiflich) unter der Rubrik: „Textfehler" unter Anderem alle in dem Vulgärlatein jener Zeit vorkommenden (also nicht als Textfehler anzusehenden) oder auch durch Versehen der Schreiber entstandenen Casusfehler u. s. w. (Accusativ statt des Ablatives oder umgekehrt, falsche Pluralbildungen, unrichtige Geschlechtsbezeichnungen) mit peinlichster Sorgfalt zusammengestellt werden, als ob irgend ein Leser darüber einen Zweifel haben könnte, ob per den Accusativ oder ex den Ablativ regiert. — Daß die Mundart der salischen Franken ursprünglich der friesischen und sächsischen sehr nahe stand, wird immer wieder in eifrigster Polemik vorgeführt, als ob das nicht längst bekannt wäre. — Die ganz unglaublichen Behauptungen und Sätze, welche den höchstgradigen Dilettantismus des Verfassers bekunden, können hier nicht gehäuft werden: wir verweisen beispielshalber auf S. 2 „das National= symbol der (heidnischen) friesischen Franken war die Lilie S. 3" S. 5 Faramund ist historisch, in dem baierischen Franken, nicht in den übrigen „„Strecken"" (!) Bayerns erkannte ich sogleich am Aeußeren der Bevölkerung ihre friesische Abstammung;" diese Bevölkerung der aus zufälligen Gründen später „Franconia orientalis" genannten „Strecken Baierns" ist aber hermunburisch. — S. 13 „die Ueberwiegenheit des Geistes;" vergl. den hierauf folgenden Satz: „als viele Barbarenschelter ohne" (2c. Bärenfell); ebenda: „der Reim ist germanisch oder eigentlich gothisch (sic)." S. 14. „Die germanische Cultur theilte sich von Westen her den Slaven und Skandinaviern mit, und was beide (also auch die Skandinavier!) Germanisches in ihren Sprachen haben(!!), stammt aus Westen in späteren Zeiten." — Man würde nach solchen Proben diesen verrannten Dilettantismus einfach auf sich beruhen lassen dürfen, wenn nicht der Verfasser, der über das Verhältniß der nordgermanischen Sprachen zu den süd=

germanischen solchen Unsinn lehrt, in der empörendsten Weise gegen Jakob Grimm aufzutreten sich erkühnte.

Die Bekämpfung „Herrn Jakob Grimm's," und zwar in den gröblichsten Ausdrücken, ist der Hauptinhalt des Buches; zu diesem Behufe werden 46 Seiten der Forschungen zur Lex Salica ausgefüllt mit Kritik von J. Grimm's Bemerkungen zu den angelsächsischen Gedichten von Andreas und Elene! — Es mag ja sein, daß der Verf. in den Grimm'schen Erklärungen der malbergischen Glossen hin und wieder nicht bloß Irrthümer aufgedeckt, sondern hie und da auch Richtiges gegenübergestellt hat (Kern's Arbeit blieb ihm unbekannt, wie überhaupt fast die ganze neuere Literatur), keinesfalls aber darf in deutscher Sprache über Jakob Grimm in solchen Ausdrücken geschrieben werden: von Niemandem, aber gewiß am wenigsten von einem Gast in Jakob Grimm's Arbeitszimmer: S. 86 „Wenn man bedenkt, wie unzählig viele Hülfsmittel J. Grimm bei seinen Sprachforschungen hatte, was ich selbst in seinem Arbeitszimmer gesehen habe, so muß man darüber erstaunen, daß er so unzählig viele Mißgriffe selbst in seinem großen deutschen Wörterbuche gethan hat." — Immerhin kann man noch die Sprache eines tief verbitterten, durch Schicksalsschläge ergrimmten Mannes, wenn nicht entschuldigen, doch erklären: aber wie kommt Herr Hofrath Zoepfl dazu, solche Ausdrücke gegen Jakob Grimm drucken zu lassen? S. IX. äußert der Herr Herausgeber Bedenken wider die Urtheile des Verf.'s über die Kirche und Karl den Großen; aber daß man gegen Jakob Grimm nicht solche Worte in die Feder nehmen sollte, scheint dem Herrn Herausgeber garnicht eingefallen zu sein.

Zu Ammianus Marcellinus XXVII, c. 5.

Man hat sich viele Mühe gegeben, das germanische Amt zu ermitteln, welches für Ammianus Marcellinus XXVII, c. 5 den Anlaß gegeben haben möchte, Athanarich, den König der Westgothen, ,judex' zu nennen: ja, man wollte um dieses Wortes willen den Westgothen das Königthum ganz absprechen und in Athanarich nur einen republicanischen Grafen oder ein Geschlechterhaupt erblicken. Auch ich habe wenigstens angenommen, ein besonderer gothischer Ausdruck habe jenen bewogen, statt rex hier judex zu setzen.¹) All das ist vielleicht unbegründet. Ich finde, daß Ammian der Grieche, welcher, in seinem gesuchten Stil und wol auch in der Unsicherheit des Ausdrucks in einer erst erlernten Sprache, zahlreiche sehr befremdliche Bezeichnungen anwendet, in allerdings höchst seltsamer, aber völlig zweifelloser Redeweise 'judex' für „Feldherr", „kriegerischer Anführer", „Befehlshaber" braucht.

XXIX, c. 4 (ed. Eyssenhardt, Berlin 1871 S. 444) erzählt er den mißlungenen Ueberfall, welchen Valentinian gegen den Alamannenkönig Macrian im Jahre 373 ins Werk setzte. Es ist dabei nur von römischen Soldaten und Officieren die Rede. Nachdem er berichtet, daß Severus, der das Fußvolk befehligte (qui pedestrem curabat exercitum), in Erwägung seiner sehr geringen Truppenzahl besorgt Halt gemacht habe, fährt er fort: „aber nach dem Eintreffen zahlreicher Truppen ermuthigt schlugen die 'judices' auf kurze Zeit ein (improvisirtes) Lager . . und . . rückten bald darauf weiter vor" u. s. w. Es leidet keinen Zweifel, das 'judices' hier = 'duces', „Anführer" "Heerführer".

Und offenbar ganz in dem gleichen Sinn hat nun Ammian XXVII, c. 5 das nämliche Wort von Athanarich gebraucht: dieser Sinn: „der mächtigste Heerführer" paßt dort auch am allerbesten; denn es ist nur davon die Rede, daß, als Valens die Westgothen angriff, in den ersten beiden Feldzügen die Barbaren sich durch Rückzug in die Berge sicherten: erst bei dem dritten Feldzug heißt es: nach leichteren Gefechten wagte Athanarich, zu jener Zeit 'potentissimus judex', Widerstand zu leisten mit einer Schar, welche er für weit mehr als ausreichend erachtet hatte, ward aber durch die Besorgniß, (von den Legionen) völlig vernichtet zu werden, zur Flucht gezwungen."

Man sieht: Ammian giebt hier, in 'potentissimus judex' nur den Grund an, weshalb gerade Athanarich Stand hielt und nicht, wie die andern angegriffenen Fürsten, sich sofort zurückzog: „er hielt Stand," weil er der mächtigste

---

¹) Vgl Könige V, S. 3 f. VI, S. 3 f. und die dort angegebene Literatur.

'iudex' war, d. h. nicht „Richter", sondern „Heerführer" war, weil er glauben durfte, eine weit mehr als ausreichende Streitkraft entgegenführen zu können: 'judex' ist also dux, hier wie XXIX, c. 4. Wir erfahren daher aus der Stelle nichts, als was wir schon wissen: daß nämlich der König im Kriege den Heerbann seines Gaues befehligt und, wenn mehrere Könige verbündet Krieg führen, Ein König zum gemeinsamen Oberfeldherrn („Herzog") gekoren zu werden pflegt. An das dem König allerdings auch zukommende Richteramt, den „Gerichtsbann," hat Ammian hier gar nicht gedacht.

Nun ist allerdings auch von Themistius in der bekannten Stelle (Orat. X, ed. Dindorf 1832) Athanarich als „Richter" bezeichnet worden, mit dem Zusatz, dieser Fürst habe, den Königstitel verschmähend, sich mit jenem Namen begnügt. Letztere Motivirung der Titulatur ist, wie jeder sieht, sehr schief rhetorisch und von dem Redner, wenn nicht erfunden, doch zurecht gelegt.

Wir wissen: die Germanen empfanden den Unterschied königlicher und gräflicher Vorstände sehr scharf (von „Monarchie" im Gegensatz zu „Republik" sollte man hier nicht sprechen: auch die Völker mit Königen zählen zu den Republiken, denn der Souverain war auch hier die Volksversammlung): daß jemals ein Fürst die Wahl gehabt hätte, sich König oder Graf zu nennen, ist schwer zu glauben.

Anderwärts habe ich ausgeführt (Könige I, S. 88), wie schwer es den Griechen und Römern ward, für den germanischen Gaukönig einen zutreffenden Ausdruck zu finden: βασιλεύς (was auch den Kaiser bezeichnet), rex und regnum paßten nicht zu der intensiv sehr geringen und auf schmales Gebiet beschränkten Macht eines solchen Fürsten: consul, magistratus vertrug sich schlecht mit der (relativen) Erblichkeit: magistratus wird vielmehr ganz correct von Cäsar für den Gaugrafen und den Herzog gebraucht: so wählten sie denn gern das farblose 'princeps', das nur den „Ersten", den „Vorsteher" überhaupt bezeichnet z. B. princeps inventutis, senatus) und daher von Tacitus ganz ebenso für den Gaukönig als für den Gaugrafen, ja auch für den Gefolgsherrn verwendet wird. Andere halfen sich dadurch, daß sie, eingedenk der Erblichkeit, zwar ein rex verwandtes Wort wählten, aber durch Verkleinerungen das geringe Machtgebiet ausdrückten: regulus, subregulus, vielleicht auch regalis bei Ammian.

Sehr nahe lag es endlich, die eine oder andere wichtigste
Function herauszugreifen, welche dem König zukam: von
diesen war für die Römer das Handgreiflichste die Heer=
führung: daher nennen sie die Könige duces, ἡγούμενοι,
ἡγεμόνες, ἄρχοντες (Prokop, Agathias). Neben dem Heerbann
war der Gerichtsbann das Hauptrecht des Königs: kein
Wunder also, daß man auch an δικάστης dachte.

Das Richtige an der Notiz des Themistius ist, daß
Athanarich sich nicht thiudans, Volkskönig nannte, sondern
mit dem gothischen Wort für Gaukönig reiks gaujis: gab
es doch ein Wort für den Gaugenossen, gauja: so wichtig
war dieser Verband (siehe die Stellen aus Wulfila, Könige
VI, S. 10).

Vielleicht — aber das soll nur eine Vermuthung sein
— ist an jener Angabe auch noch so viel Richtiges, daß
Athanarich, da er mehrere, ja zahlreiche Gaue unter sich ver=
einte — er war der mächtigste jener Fürsten, — sich etwa
Volkskönig zu nennen hätte unterfangen dürfen, aber doch
vorzog, den bescheidenen und mehr richtigen Titel Gaukönig
beizubehalten.

Indessen, mag man diese Erklärung der Stelle des
Themistius nicht für völlig befriedigend halten (wir wissen
eben leider nicht bestimmt, welches gothische Wort hier in
Frage kam: stava?) — keinesfalls darf man sich, um sie
streng auf den republicanischen „Richter" = Grafen zu
deuten (der Graf ist auch nicht blos Richter, er ist auch
Heerführer), auf jene Stelle Ammians berufen: denn daß
Ammian bloße Officiere, Heerführer, Feldherren judices
nennt, glauben wir zweifellos bewiesen zu haben: und so hat
er auch Athanarich als den „mächtigsten Heerführer" hier be=
zeichnen wollen.

Daß sich bei Themistius ebenfalls die Bezeichnung Richter
findet, ist, da an Entlehnung zwischen beiden nicht zu denken,
ein — allerdings befremdlicher — Zufall.

Bei dieser Gelegenheit will ich bemerken, daß mir
über eine Erklärung von Tacitus: erat inter Gothones
nobilis juvenis nomine Catualda profugus olim vi Marobodui, welche ich, mit zahlreichen Vorgängern, aufrecht
hielt, weil sie, sachlich betrachtet, den Vorzug verdient,
Zweifel aufgestiegen ist: ich nahm an, Catualba sei ein vor
Marobods gewalttätigem Einkönigthum aus dessen Reich
entwichener, zu den Gothen geflüchteter Markomanne: das

hat viel mehr für sich, als ihn für einen Gothen zu halten. Aber Hist. IV, 15 sagt Tacitus von einem zweifellosen Kanninefaten: erat in Canninefatibus stolidae audaciae Brinno. Nach diesem Sprachgebrauch wird man doch wol am Ende annehmen müssen die Worte: erat inter Gothones nobilis juvenis nomine Catualda sollen diesen als Gothen bezeichnen. Allerdings: das Folgende 'profugus olim vi Marobodui' gewährt immer noch für die andere Deutung Stütze.

Jordanis.

Jordanis,[1]) der Geschichtschreiber der Gothen, war geboren ca. 500; er selbst zählt sich zu den Gothen, war aber, streng genommen, Alane: sein Großvater Paria war Kanzler (notarius) des Alanenfürsten Kandak in Mösien (sein Vater hieß Alanovamuth); und verschwägert war sein Geschlecht mit dem ostgothischen Königshaus der Amaler: diese Verbindung, welcher Jordanis allerhöchsten Werth beimißt, hat im Zusammenhang mit seiner völligen Abhängigkeit von Cassiodor's Werk (f. unten) die eigenartige Färbung seiner Gothengeschichte bewirkt und ihn völlig unfähig gemacht, den großartigen Heldenkampf der Gothen für ihre Nationalität, den er erlebte, richtig zu würdigen. — Er war selbst „Notarius" gewesen, wir wissen nicht, an welchem Königshof, bis er später vom Arianismus zum Katholicismus und (vielleicht gleichzeitig) in den geistlichen

---

[1]) So die besten Handschriften; Jakob Grimm hat freilich die durch die erste Ausgabe (Peutinger, Augsburg 1515) verbreitete Form: „Jornandes" in seinen ehrwürdigen Schutz genommen, und unmöglich ist es nicht, daß in der entscheidenden Stelle (c. 50) ursprünglich gestanden hat: Jordanis sive Jornandes. Dann wäre nach J. Grimm's Vermuthung der kriegerischer lautende Name: „Jornandes", d. h. Eber-Kühn, „beim Eintritt in den geistlichen Stand mit dem römischen Namen ‚Jordanis' vertauscht worden." Wie dem nun sein möge, — sicher gestellt ist allein der letztere, durch das ganze Mittelalter gebräuchliche Name. Wattenbach, Deutschlands Geschichtsquellen im Mittelalter. 4. Aufl. Berlin 1879, 1. Bd. § 5.

Stand*) eintrat. Vielleicht stieg er bis zur Bischofswürde empor (s. unten). Er selbst nennt sich „agrammatus" (l. c.): jedoch mag er im Alter wie lateinisch auch griechisch lesen gelernt haben: die meisten Citate in seinem Buch sind aber ohne Zweifel aus Cassiodor entlehnt: und cassiodorisch ist das Schwülstige und Gespreizte des Stils: wo Jordanis selbst schreibt, ist die Sprache unbeholfen: er hat so wenig Selbständigkeit des Geistes, daß er sogar die Vorrede zu seinem Werk mit wenigen Aenderungen fast wörtlich der Vorrede eines Anderen*) entlehnt hat. Als Katholik, als Geistlicher, als Verschwägerter des stark romanisirten Hauses der Amaler hatte Jordanis höchste Verehrung, ungetheilte Sympathie für das römische Kaiserreich, den Stat des Christenthums und der Cultur, der nach dem Erlöschen des Westreichs in Byzanz allein fortlebte, so daß, nach der römischen Legitimitätstheorie, Ostrom nun auch in den ehemals Westrom zugehörigen Ländern, zumal Italien, allein die rechtmäßige Statsgewalt zustand. So hatte es Byzanz gemeint, als es Theoderich gegen Odovakar ausgesendet hatte: blieb der Gothe Sieger, so sollte er lediglich als Beamter des Kaisers über Italien herrschen, ob zwar sein Volk in diesem Land auf den bis dahin von den rebellischen Söldnern Odovakars occupirten Grundstücken angesiedelt werden sollte. Die Natur der Dinge und Theoderichs großartige Herrschernatur waren nun zwar stärker gewesen, als jener allzu feine byzantinische Plan: kraft eigenen Rechts, als Eroberer, als König herrschte Theoderich auch über Italien und ward, ganz gegen seinen Willen, sogar vorübergehend zum offenen Krieg gegen Byzanz gedrängt. Aber schon Theoderich hatte größtes Gewicht darauf gelegt, seinen römischen Unterthanen gegenüber die Zustimmung des Kaisers zu seiner Herrschaft über Italien als Rechtstitel überall geltend zu machen und seine schwachen amalischen Nachfolger, noch viel mehr romanisirt als er, deßhalb schon und auch wegen ihrer viel geringeren persönlichen Kraft ohne Stütze im gothischen Volksgefühl, geriethen

---

*) Ante conversionem meam: c. 50 de rebus Geticis, was durchaus nicht Eintritt in den Mönchstand, Bähr, Gesch. d. röm. Litt. S. 252 bedeuten muß; richtig Ebert, Gesch. d. christl.-lat. Litt., I, Leipzig 1874 S. 531.
*) Nämlich Rufins' Vorrede zum Commentar des Origenes über den paulinischen Römerbrief, nachgewiesen von H. v. Sybel, Schmidt's Zeitschr. f. Geschichte VII. S. 288.

bald in so äußerste Abhängigkeit von Byzanz, daß sie das Gothenreich wiederholt geradezu an Justinian verkauften und verriethen. Die durch Volkswahl gekorenen Könige von Vitichis ab bis Totila (und Teja) führten nun freilich schon seit Jahrzehnten einen grimmigen Kampf gegen Byzanz für Behauptung Italiens und ihrer nationalen Existenz: aber dieser heldenhafte Kampf ist dem frommen, durchaus romanisirten und halb amalischen Geistlichen, der zu Byzanz lebt, in tiefster Seele zuwider: er verschweigt ihn nach Kräften: — Totila's erwähnt er hier gar nicht: und wo er ihn erwähnen muß, geschieht es mit unverhüllter Abneigung gegen diesen König, der Jordanis nicht anders als Prokop, dem Rechtsrath Belisars, ein „Tyrann", d. h. ein Anmaßer und Rebell gegen den rechtmäßigen Herrscher Italiens, Kaiser Justinianus, ist: sagt er doch am Schluß ausdrücklich, daß er nicht zum Ruhme der Gothen, sondern um den Ruhm des Siegers zu erhöhen geschrieben habe. Sehr bezeichnend für diese seltsame, aber doch aus den geschilderten Voraussetzungen voll erklärbare Art von gothischem Patriotismus ist das Ideal der gothischen Zukunft, welches Jordanis vorschwebt. Matasvintha, Theoderichs Enkelin, der Regentin Amalasvintha's Tochter, hatte, von Ravenna nach Byzanz gebracht, dort nach dem Tode des Vitichis (der sie zur Ehe gezwungen), den Prinzen Germanus geheirathet und diesem, der wenige Monate darauf starb, ein gleichnamiges Söhnlein geboren: dieses Kind, welches das Blut der Amaler mit dem kaiserlichen der „Anicier" in sich vereinte, galt nun Jordanis gewissermaßen als lebendiges Symbol der Verschmelzung ostgothischen nnd römischen Wesens; ganz wie zu Anfang des vorhergehenden Jahrhunderts der Knabe, welchen Placibia, des Kaisers Honorius Schwester, dem König Athaulf geboren, das — kurzlebige! — Symbol der Verschmelzung von Westgothen und Römern gewesen war. Nur in Einfügung, in Unterordnung der Ostgothen in das römische Reich, unter der Regentschaft Matasvintha's bis zur Reife ihres Knaben, dann unter dessen Statthalterschaft könnten die Gothen in Italien fortleben, freilich in völliger Unterthänigkeit —: er wußte nicht, was sein Zeitgenosse Prokop klar durchschaut hatte: „Justinian haßte den Namen der Gothen und wollte ihn hinweggetilgt wissen aus dem Gebiet des Reichs". In solcher Stimmung und politischen Anschauung schrieb er an einer kurzen Darstellung der „Weltreiche in ihrer Reihenfolge", wobei ihm der Gedanke völlig fern blieb, auch das jüngste dieser Weltreiche, eben das römische, könne einmal untergehen (so vortrefflich Wattenbach a. a. O.); benn die Erledigung des weströmischen Thrones machte bem Zeitgenossen durchaus nicht den gleichen Eindruck wie uns: wir wissen, daß kein weströmischer Kaiser mehr von Byzanz eingesetzt, daß Italien und die übrigen ehemals weströmischen Länder auch nicht von Ostrom unmittelbar behauptet oder auf die Dauer wieder gewonnen wurden: aber die Zeitgenossen in Byzanz konnten damals recht wohl glauben, wie die Germanenreiche in Afrika in Italien bereits zerstört, in Spanien wenigstens erfolgreich angegriffen waren, so werde Justinian oder ein in dem wiedererkämpften Rom von ihm eingesetzter Mit=Kaiser durch Belisar und Narses auch Gallien den Franken wieder entreißen.

Jordanis unterbrach die Arbeit an jener Chronik, um auf Wunsch eines Freundes Castalius (ober Castulus) einen Auszug zu fertigen aus der großen, 12 volumina umfassenden „Gothengeschichte" Cassiodors. Magnus Aurelius Cassiodorius Senator (vgl. über ihn Wattenbach, I. § 5 und Ebert S. 473) einer der großen Polyhistoren der sinkenden Römerwelt, hatte unter Theoderichs und bessen amalischen Nachfolgern (— das Manifest des Vitichis hat er noch verfaßt, dann aber bald den Statsdienst in dem gegen den Kaiser kämpfenden Reich aufgegeben —) die wichtigsten Aemter bekleidet und sich auch eifrig bemüht, das amalische Ideal der Versöhnung und gegenseitigen Ergänzung von Römern und Gothen zu verwirklichen (vgl. Dahn Könige III. S. 261). Dem gleichen Zwecke diente seine Gothengeschichte: er stellte (offenbar in gutem Glauben, nicht mit bewußter Lüge) die Gothen als identisch dar mit dem alten Kulturvolk der Geten, mit welchem Rom seit Jahrhunderten verkehrt hatte, welche zuletzt als römische Unterthanen in Thrakien waren angesiedelt worden: zugleich schildert er die Gothen, zumal das amalische Haus, als alte Bundesgenossen des Reiches — was sie ja auch wirklich häufig gewesen waren, — hebt ihre Verdienste, zumal im Kampf für rechtmäßige Kaiser gegen Usurpatoren, aber auch gegen andere Barbaren, zumal die Hunnen Attila's, hervor und brängt nach Kräften die Kriege zwischen Rom und den Gothen zurück in den Hintergrund. Er hatte das Werk vielleicht schon unter Theoderich begonnen und vermuthlich mit dessen

Tod und der Thronbesteigung Athalarichs unter Regentschaft Amalasvinthas abgeschlossen: so bot sich die beste Gelegenheit, in der im Namen und Auftrag des Kaisers vollzogenen Befreiung Italiens von dem „Tyrannen" Odovakar, der Wiedergewinnung Roms, der milden Behandlung der Römer, der Erhaltung der gesammten Stats= und Städteverfassung, der ehrerbietigen Sprache, zumal der Regentin, gegen Byzanz — er selbst hatte die Briefe verfaßt, welche dem Kaiser den Regierungswechsel meldeten — sein Ideal, die innigste Freundschaft zwischen den „Geten", zumal dem Haus der Amaler, und den Römern als verwirklicht zu preisen. Das waren nun völlig die Anschauungen und Wünsche, welche auch Jordanis hegte und, abgesehen von seiner Unfähigkeit, selbständig eine Umgestaltung des Werkes vorzunehmen, hatte er offenbar gar keinen Grund, keine Neigung, die Auffassung und politische Tendenz des wegen seiner Gelehrsamkeit und Frömmigkeit gleich hochverehrten Verfassers zu modificiren: an dem Inhalt, dem Detail der Geschichtserzählung Kritik zu üben, war aber Jordanis gar nicht in der Lage. So bestätigen diese psychologischen Erwägunngen das Ergebniß, anderer Untersuchnngen, daß wir nämlich in der Arbeit des Jordanis in allem Wesentlichen lediglich einen sehr knappen Auszug aus Cassiodors Werk besitzen, so weit dies reichte, mit unerheblichen Aenderungen. Nur den Schluß, vom Tod Theoderichs an, Cap. 59, hat Jordanis angehängt—aber wieder nicht selbständig, sondern aus Marcellinus Comes das Meiste entlehnend — (auch in diesem 59. Capitel sind aber die ersten Sätze bis auf Amalasvintha's Ermordung wol noch von cassioborischen Wendungen durchzogen —) mit sichtbarer Abgunst gegen Vitichis und die gothische Nationalpartei. Er schließt mit dem Söhnlein Matasvintha's, „in welchem das Geschlecht der Anicier mit dem amalischen Hause vereint als die Zukunftshoffnung beider Völker lebt:" den darauf folgenden Satz aber: „soweit über den Ursprung der Geten und das Edelgeschlecht der Amaler und die Thaten der Helden und das ruhmwürdige Geschlecht" hat Jordanis vielleicht doch wieder Cassiodor entlehnt, der recht wol mit diesen Worten bei der Thronbesteigung Athalarichs schließen konnte. — Jordanis entschuldigt die Mängel seiner Arbeit damit, daß er das umfangreiche Werk Cassiodors nicht zur Hand habe: nur früher habe er es einmal auf drei Tage zum Lesen geliehen erhalten: doch glaube er sich des wesentlichen Inhalts noch völlig zu erinnern. Jedesfalls muß er sich aber, was er freilich verschweigt, damals sehr viele Stellen abgeschrieben haben: denn der cassiborische Stil ist Jedem unverkennbar, der Cassiodors Varien gründlich kennt: wörtlich hat Jordanis sehr viele Sätze Cassiodors aufgenommen, obwol er sagt, des „Wortausdrucks" erinnere er sich nicht mehr: das letztere gilt dann eben von dem natürlich viel größeren Theil, den er nicht excerpirt hatte. Uebrigens fehlt es Jordanis nicht an gothischem Nationalgefühl, soweit es ihm seine katholische, römische, amalische Gesinnung verstattet: mit Stolz rühmt er die Heldenthaten des Volkes und des Königshauses, zumal in der Vorzeit und die Siege über andere Barbaren. Mehrere frühere Untersuchungen (deren Verfasser freilich im Einzelnen von einander abweichen) haben sehr wahrscheinlich gemacht, daß Jordanis Bischof von Kroton in Unteritalien war, (in der Nähe lagen Cassiodors Besitzungen: er konnte also leicht in Kroton sein Werk geliehen erhalten); daß er dann (547) den Papst Vigilius in seine Verbannung begleitete und sich 550 — 552 in Byzanz befand: Jakob Grimm hat in dem Vigilius, welchem Jordanis seine zweite Arbeit widmet, eben diesen Papst erkannt, es schrieb also Jordanis den Auszug aus Cassiodor zu Byzanz 551: so erklärt sich (ich folge hier ganz Wattenbach, S. 65), „daß er Castalius (in Italien) den Nachbar" der Gothen nennt, daß er zwar die Chronik des Marcellinus Comes, nicht aber Cassiodors Werk sich (in Byzanz) verschaffen kann, daß er sehr ängstlich vermeidet, Sympathien für den gothischen Heldenkampf gegen Byzanz auszudrücken, von dem Krieg in Italien wenig, dagegen von allen in Byzanz getroffenen Maßregeln, sogar von erst begonnenen Unternehmungen genau unterrichtet ist". — Im J. 552 überschickte er Vigilius die Chronik „De regnorum successione", richtiger „De breviatione chronicarum", (Wattenbach): eine Compilation, zumal aus Florus, ohne alle Selbständigkeit, aber charakteristisch für die Gesammtanschauung des Verfassers: „die Weltgeschichte ist ihm eben nur die römische, angeknüpft an die aus ... Hieronymus entlehnten Generationen des alten Testaments und die Regentenreihen der früheren Weltreiche: er beruft sich ausdrücklich auf die Prophezeiung des David, daß diesem (d. h. dem römischen) Reich die Herrschaft bis ans Ende der Welt beschieden sei."

Ausgaben: Princeps von Peutinger, Aug. Vindelic. 1515. — De Getarum origine et rebus gestis ed. Cloß,

Stuttgart 1861 (gegen diese A. v. Gutschmid im Literar. Centralblatt, 1861, Spalte 612. — Die ersten drei Capitel mit Commentar ed. Stahlberg, Programm der h. Bürgerschule zu Hagen, 1859. Jetzt die ausgezeichnete Ausgabe in den Monum. Germ. histor. etc., auctores antiquissimi, von Mommsen mit werthvollsten Bemerkungen Müllenhoffs zu den Namen, Berlin 1882) — Reiche Literaturangaben bei Potthast, Bibliotheca historica medii aevi, Berlin 1862, S. 402 f. Wattenbach, Deutschlands Geschichtsquellen im Mittelalter, 4. Aufl., Berlin 1878, §§ 4 bis 5. Ebert, Gesch. der christlichen latein. Literatur im Mittelalter, I. Leipzig 1874, S. 531. Vgl. Dahn Röm. II. Anhang.

Zu den Rechtsquellen Italiens im Mittelalter.[1])

Dieser erste Band des verdienstreichen Werkes enthält die Edicte der Ostgothenkönige, der Langobardenkönige, die Verordnungen der duces von Benevent, die Capitularien 2c. für das lombardische Reich von Karl dem Großen bis auf Heinrich II. und allerlei Anhänge zu diesen einzelnen größeren Stücken. Der erste Fascikel der Monum. Germ. Legg. V. mit der Bluhme'schen Ausgabe der auch hier gebotenen Quellen war dem Verfasser bei Abschluß der Arbeit noch nicht zugegangen. Wir sind in Deutschland gewohnt, bei derartigen Arbeiten reichlichere Zuthaten des Herausgebers zu verlangen, was die Einleitungen und die Erläuterungen betrifft; auch das Glossar ist recht knapp: man vergleiche z. B. mit dieser italienischen Arbeit die „Germanischen Reichsdenkmäler" unseres Collegen Gengler (Bausteine II.) Indessen für den „akademischen

---

[1]) Padelleti, Guido, Prof., fontes juris Italici medii aevi. In usum academicum collegit, prolegomena praemisit, glossarium add. etc. Vol. I. Turin. 1877. Loescher. (XIX., 504 S. Lex.-8.)

Gebrauch" in Seminarien wird das hier Gebotene genügen; ohne stete Nachhilfe des Leiters des Seminars werden Anfänger freilich nicht viel mehr an dem Werke haben als einen guten Text. Aus Cassiodor wären noch zahlreichere Rescripte erwünscht gewesen (alle z. B., welche die Geltung des gothischen Rechtes neben dem römischen darthun, die Zuständigkeit der wichtigsten Beamten, die sortes Gothorum, die Expropriation von 507, die Stiftung IX., 3 2c.); es sind nur vier Stücke aufgenommen. Ganz ausgezeichnet und cismontanen Verlegern als Muster vorzuhalten ist die Ausstattung des Werkes.

Zur Sage und Geschichte der Langobarden.

Die Ueberlieferungen eines Volkes pflanzen sich fort in zwiefacher Form: in Sage und in Geschichte. — Die Sage, zusammenhängend mit der Mythe, dem Götterglauben des Volkes, faßt zum Theil allerdings Wesen und Mächte, welche niemals gelebt oder doch nicht als Menschen die Erde beschritten haben, sie faßt Naturgewalten, wie Sonne, Mond und Sterne, Meer und Erde, Winter und Sommer, Tag und Nacht, Tod und Leben, Zeugung und Geburt, Liebe und Haß, Sieg und Erntesegen, dann ethische Vorstellungen, wie Treue, Untreue, Tapferkeit, Ehe, Eigenthum, Rache oder auch einzelne ganz bestimmte Naturproducte oder Naturerscheinungen, Gliederungen von Land und Wasser, diesen Berg Hekla oder Olympos, diesen Strom Skamander oder Rhein als geschichtliche, dämonische, menschlich oder halb=göttlich oder göttlich gedachte Gestalten, und weiß deren elementare Eigenschaften oder Wirkungen in menschlichen Charakterzügen und Geschichten zu erzählen.

Oder sie vergißt einerseits der ursprünglich göttlichen Natur Baldurs und berichtet von ihm als von einem menschlichen Helden: Sigfrid; sie vergißt andrerseits der menschlichen

Natur eines Helden wie Armin, Attila, Alarich, Alboin, Authari, Karl des Großen, Friedrich des Rothbarts und erzählt von ihm Geschichten, welche ursprünglich nur von einem Gott oder Halbgott berichtet wurden.

Oft aber bewahrt die Sage auch typisch, symbolisch Geschicke der Völker auf, welche die Geschichte aufzuzeichnen vergessen.

Die Sage also erzählt und überliefert unbewußt, unwillkürlich, der poetischen Production verwandt, wenigstens untrennbar von der Phantasie als Ausdrucks= und Gestaltungs=Mittel, ohne Kritik, daher oft ungenau, unklar, Zeiten und Räume, Namen und Dinge verwechselnd, aber frei von aller berechnenden Fälschung. Darin liegt ihr unvergleichlicher Werth, freilich auch ihre Gefährlichkeit für die geschichtliche Forschung.

Die historische Aufzeichnung, mit Bewußtsein und Absicht auf Ueberlieferung gerichtet, soll wenigstens kritisch, genau, ohne phantastisch irrende und ohne absichtlich fälschende Zuthat erfolgen.

Aber bekanntlich thut sie von dem Allen oft das Gegentheil.

In Zeiten der Vorkultur oder einer kümmerlich fortglimmenden Nachkultur geschehen die dürftigen Aufzeichnungen, meist zusammenhangslos=annalistisch und eng=local begrenzt, ohne Ueberblick über die Entwicklung vor, neben und nach der vereinzelten Thatsache, ohne alle Kritik, ungenau, phantastisch, abergläubisch, parteiisch und nur zu oft auch in sehr einfachen Kulturzuständen schon mit absichtlicher Fälschung.

Die Sage, aus ihrer phantastischen Sprache übersetzt, ist also eine sehr werthvolle Ergänzung, Bestätigung, Controlle der lückenvollen, zweifelhaften, unwahren Historie.

Aber abgesehen hiervon, — auch auf ihrem eigenen Gebiet ist die Sage eine höchst werthvolle Geschichtsquelle — die echte Sage nämlich, nicht die Legende oder die Gelehrtenfabel oder die schon künstlerisch zurecht gestutzte, von der Kunstpoesie verarbeitete Tradition: — denn jene spiegelt unverfälscht die Anschauungen, Sitten, Verhältnisse, Geschmacksrichtungen zwar nicht der Zeit, in welcher die Sage spielt, aber doch der Zeit, in welcher die Sage aufgezeichnet und für den Hörer mundgerecht gemacht wurde.

Das Nibelungenlied z. B., wie es uns erhalten ist,

spiegelt zwar gewiß nicht die Sitten und Vorstellungen des 5. Jahrhunderts, da König Gunther lebte, aber des 13. Jahrhunderts, da man von König Gunther so sang, wie es die Hörer, die höfischen, ritterlichen gern vernahmen.

Freilich, manches Stück aus dem alten Stoff bleibt in dem neuen Rahmen unverändert stehen: — weil es nicht zu entfernen war, ohne das ganze Bild zu zerstören.

Wer also Sagenquellen für die Geschichte verwerthen will, muß die poetische Sprache der Sage verstehen, wie die prosaische der Geschichte: sonst kann er nicht aus der Einen in die Andere übertragen.

Er muß aber auch den der alten Zeit der Sage angehörigen Inhalt zu unterscheiden wissen von der neuen Form, welche die meist viel spätere Zeit der Aufzeichnung hinzufügte.

Oft nun sind Sage und Geschichte in ganz verschiedenen Denkmalen überliefert, oft aber sind sie auch in Einem Geschichtswerk zusammengeschlossen, dessen Verfasser in sehr vielen Fällen sich nicht bewußt war, wo die Sage aufhört, wo die Geschichte anhebt: ohne Unterscheidung überliefert er uns beide durcheinanderströmende Wogen und überläßt uns die oft nicht leichte Mühe, jetzt, nach tausend Jahren, zu trennen, was er nicht trennen konnte oder wollte.

Ein wichtiges und schwieriges Beispiel dieser Art liegt vor in Paulus Diaconus, dem Benedictiner-Mönch von Monte Casino, welcher zu Ende des 8. Jahrhunderts die Geschichte seines Volkes, der Langobarden, bis auf die Tage ihres berühmten Königs Liutprand (s. unten) beschrieben und dabei ohne Unterscheidung Sage und Geschichte überliefert hat: nur sehr selten bezeichnet er selbst eine solche Erzählung, etwa weil sie mit dem heidnischen Gottesglauben der Vorzeit zusammenhängt, als „lächerliche Fabel".[1]

Das Merkwürdigste aber ist, daß dieser Sage und Geschichte mischende Mönch schon sehr bald nach seinem Tode selbst Gegenstand solcher Mischung wurde. Die Sage, oder richtiger die Gelehrtenfabel und die nationale langobardische Tendenz-Dichtung in Unteritalien ließ es sich nicht entgehn, die seltsam widerspruchsvollen Verbindungen gegen einander strebender, ja tief verfeindeter Elemente in den geschicht=

---

[1] Paulus Diaconus de gestis Langobardorum, jetzt ed. Waitz, Monumenta Germaniae histor. scriptoris 1879; ed. Muratori in rer. Italicar. scriptor.)

lichen Voraussetzungen, Beziehungen, Neigungen und Lebens=
schicksalen des Mannes sagenhaft, legendenhaft, poetisch,
tendentiös zu verwerthen, wirkliche und mögliche Conflicte
in seinem Charakter, seiner Geistesbildung und seinem
Lebenswege, welche leicht hätten tragisch enden können.

Betrachten wir hier diese Mischung von Geschichte und
Sage in dem Manne selbst: anderwärts werden wir Ge=
schichte und Sage in seinem Werk untersuchen.

Paulus, des Warnefrid Sohn, war um das Jahr 725
geboren: seine Sippe (fara) war in Friaul, dem nordöstlichen
Grenzherzogthum des Langobardenreiches, angesiedelt; der
Ur=Urgroßvater, Leupichis, war unter Alboins Führung mit
dem gesammten Langobardenvolk im Jahre 568 von Pan=
nonien her eingewandert. Dessen Sohn gleichen Namens
war um das Jahr 610 von den Avaren bei einem ihrer
häufigen Einfälle als Knäblein gefangen mit fortgeschleppt
worden: erst als Mann gelangte derselbe auf einer gefahr=
vollen Rückwanderung wieder nach Hause: heidnische und
christliche Mythenvorstellungen hatten in der Familienüber=
lieferung die wundersame Rückkehr des Flüchtlings umrankt:
— abermals ein lehrreiches Beispiel von Geschichts= und
Sagen=Mischung.

Der Sohn des Rückgewanderten, der Großvater unseres
Paulus, führte den in einem friaulisch=beneventanischen
Adelsgeschlecht, zu welchem die fara des Leupichis enge Be=
ziehungen pflegte, häufigen Namen Arichis: ebenso hieß auch
der einzige Bruder unsres Paulus, während dessen Mutter
der Name der hoch gefeierten, auch von unsrem Mönch be=
sonders verehrten Langobardenkönigin Theudelindis, der
bajuvarischen Herzogstochter, beigelegt worden war, welche,
die nahe Freundin des großen Papstes Gregor, ganz wesent=
liche Verdienste um den Uebertritt des Volkes aus dem
Arianismus zu dem rechtgläubigen katholischen Bekenntniß
sich erworben hatte.

Der Name einer von Kindheit an dem Schleier geweihten
Schwester ist uns nicht erhalten.

Als junger Mann kam Paul einmal an den Hof des
Königs Rachis und sah bei Gelegenheit eines Festes den
berühmten Schädelbecher König Alboins, welchen Rachis seinen
Gästen vorzeigte.

Auch lernte er als Knabe bei dem berühmten Gram=
matiker Flavianus; vermuthlich war dieser auch sein Lehr=

meister im Griechischen, dessen damals selbst in Ober-Italien seltne Kenntniß ihm später am Hofe Karls des Großen zu hoher Ehre gereichen sollte. Dagegen ist bereits ein Stück Legendenarabeske die Tradition, Paulus sei an dem Hof des Königs Rachis erzogen und dessen oder seines Nachfolgers Desiderius Notar, oder, wie die spätere Nachricht will, dessen Reichskanzler gewesen.

Persönliche Beziehungen unseres Geschichtschreibers zu den Königen seines Volkes lassen sich also nicht nachweisen. Wohl aber stand Paulus in nahem Verhältniß zu dem Eidam des Königes Desiderius, dem Herzog Arichis von Benevent und zu Abelperga, dessen Gattin, der Tochter des Königs.

Wie sich die Verbindung anknüpfte, wissen wir nicht: doch darf eine Vermuthung gewagt werden.

Arichis von Benevent gehörte dem aus Friaul stammenden Herzogsgeschlecht an, über welches Paulus besser unterrichtet und für welches er lebhafter interessirt ist als beinahe über und für Alles Andere: ich vermuthe, daß die fara Warnefrids niemals den Zusammenhang mit dem im Süden der Halbinsel so mächtig gewordenen friaulischen Edelgeschlecht verloren hatte und daß von diesen Berührungen aus der gelehrte und dichterische Paulus dem, wie es scheint, aufrichtig kunst- und bildungsfreundlichen Fürstenpar näher trat.

Zuerst richtet er im Jahre 763 (in dict. prima) das Gedichte „a principio seculorum" an das herzogliche Par, veranlaßt vielleicht durch eine Frage der Herzogin über Zeitrechnung.

Die nächste an Abelperga gerichtete Production war eines der wichtigsten Werke des Paulus: die historia romana. Das Begleitschreiben, mit welchem es ihr übergeben wurde, fällt in die Jahre 766—781: aus demselben erhellt, daß auch nach dem Jahre 763 noch Paulus in wenigstens schriftlichem Verkehr und geistigem Zusammenhang mit der Fürstin geblieben war.

Er hatte ihr den Eutropius geliehen: da sie aber diesen Auszug allzu mager und namentlich keine Angaben über die Geschichte der Kirche darin fand, — die offenbar der frommen Fürstin näher anlag als die Kriege und Statsactionen der heidnischen Römer — so erweiterte und ergänzte er die Bücher des Eutrop und führte die Erzählung in sechs Büchern bis auf die Mitte des VI. Jahrhunderts herab, genauer auf die Zeit der Eroberung Italiens durch die Byzantiner: hier, also kurz vor dem Auftreten seines eigenen Volkes in der Halbinsel, brach er ab — ein gewiß aus guten Gründen gewählter Abschnitt. Er verspricht der Fürstin am Schluß, das kurz vor der Einwanderung der Langobarden abgebrochene Werk bis auf unsere Tage (ad nostram usque aetatem)" fortzuführen, — woraus sich vielleicht schließen läßt, daß diese Worte vor 774 geschrieben wurden, da Paulus schwerlich ein solches Versprechen in einer Zeit gab, in welcher er wußte, daß er der Fürstin in einem ihr gewidmeten Buch den Untergang ihres Hauses, die Entthronung und Gefangennehmung ihres Vaters würde zu erzählen haben.

Hält man es für unwahrscheinlich, daß Paul nach dem Untergang des Langobardenreiches die Fortsetzung der Geschichte bis auf die Gegenwart versprochen, so ergibt sich — ein nicht unwichtiges Resultat — als Entstehungszeit des Briefes und der historia romana 766—774. Der Entstehungsort bleibt ungewiß.

Daß Paulus übrigens zur Zeit, da er diesen Brief an Adelperga schrieb, noch nicht mit Karl in Beziehung stand, namentlich dessen Bestrebungen für Förderung von Wissenschaft und Kunst, die übrigens auch erst später voll begannen, noch nicht berücksichtigte, ist einigermaßen auch dem Lob zu entnehmen, welches er dem Arichis spendet, alsdem fast einzigen Fürsten, der in unsern Tagen die Palme der Weisheit trägt.

Für unsere Kenntniß der in diesen sechs Büchern erzählten Dinge ist das Werk ohne Belang, da Paulus, was er dem Eutrop einfügte und anhing, nur uns ohnehin bekannten Quellen entnahm: aber gerade diese Nachrichten sind oft unrichtig oder doch sehr ungenau. Dagegen für die Geschichtsauffassung unseres Paulus ist der Standpunct, den er bei Auswahl, Benutzung und bei Aenderung der Quellen einnahm, nicht ganz ohne Interesse freilich wird dadurch nur bestätigt, was wir aus seinem selbstständigeren Werke besser kennen lernen: seine strengkirchliche, gut imperatorische und scharf antibarbarische Stellung: den kirchlichen, kirchenpolitischen Standpunct kennzeichnet er selbst mit den Worten (an Adelperga), er habe „historiam sacratissimae historiae consonam" gemacht.

Daß Paulus die Versinschriften verfaßt habe, mit welchen Herzog Arichis seinen neuerbauten Palast zu Salerno schmückte, hat man zwar allgemein bisher angenommen, aber da die

Angabe lediglich auf die Autorität des Salernitaners sich stützt, der gern alles Herrliche, Fromme und Poetische, was mit Arichis zusammenhängt, auf das Haupt des Paulus häuft und gewiß eine etwaige Localüberlieferung zu Salerno nicht prüfte, sondern blind eifrig wiederholte, so gebricht es an jeder Beglaubigung.

Sein Verkehr mit dem Herzogpar zu Benevent würde hienach (763, dann 763—774) — und das fügt sich wohl — in die Zeit vor dem Eintritt in das Kloster, zum Theil vielleicht auch noch vor den Uebertritt in den geistlichen Stand fallen.

Keinen Zweifel aber habe ich darüber, daß er sein Werk über die römische Geschichte der Tochter des Langobarden= königs noch vor dem Untergang des Reiches bestimmte und überreichte: nach dieser Katastrophe hätte er das Versprechen, die Geschichte Italiens bis auf seine Zeit herabzuführen, gewiß nicht geleistet. Und am Wenigsten gegenüber der warm verehrten Tochter seines entthronten Königs, der da= zumal im Kloster trauerte.

Wann und wo Paulus in den geistlichen Stand eintrat, wissen wir nicht: nur nennt ihn Karl in dem Rundschreiben über die Predigtensammlung (ungefähr aus dem Jahr 786): „diaconus:" er selbst nennt sich ebenso in der Predigt von Sanct Benedict: aber deren Entstehungszeit kennen wir nicht: sonst nennt er sich nur Paulus. Die Grabschrift nennt ihn levita-diaconus: ebenso Johannes von Neapel. Das „pa= triarchae aquilejae civitatis dyaconus" des Salernitaners ist wieder eine Erfindung oder Muthmaßung dieses allzu phantasiebegabten Chronisten, der Alles, was ihm nach der wirklichen Ueberlieferung plausibel dünkt, sofort als mitüber= liefert darstellt, wo seine Verherrlichungstendenz oder — wie hier — auch nur sein Streben, sich als im Detail besser denn Andre über Paulus unterrichtet zu zeigen, in's Spiel kommen.

Ihrem Meister nachsprechend wiederholen dies Detail Leo von Ostia und Petrus Diaconus: Johannes von Vol= turno aber hat an dem diaconus nicht genug und befördert Paulus zum „archidiaconus."

Die Zeit seines Eintritts in das Kloster läßt sich aus äußern Gründen ebensowenig ermitteln. Nur das steht in schroffem Widerspruch gegen die vielverwerthete und viel=

überschätzte „Quelle," die Grabschrift, fest, daß er nicht erst nach seinem Aufenthalt in Frankreich in's Kloster trat, sondern schon vor der Reise nach Frankreich in dem Kloster gewesen war —: also vor 782.

Ueber die Beweggründe, welche den Sohn des Warnefrid aus der Welt (d. h. aus dem nun dem vielhundertjährigen Feind unterworfnen Langobardenstat) in die gleichsam neutrale, dem Gegensatz der Völker und Reiche entrückte Stille des Klosters führen mußten, hege ich keinen Zweifel.

Und wenn die im Folgenden versuchte psychologische Zergliederung des Mannes nicht ganz verfehlt ist, wird auch dem Leser, hoff' ich, kein Zweifel darüber bleiben.

Kurz gesagt: wenn Paulus zur Zeit des Untergangs der Freiheit seines Volkes noch nicht im Kloster war, — was anzunehmen wir gar keinen Grund haben — so mußte diese Katastrophe einen Charakter wie den seinen mächtig in das Kloster drängen.

Ich halte seinen Eintritt in das Kloster für eine Folge jenes Ereignisses: die Zeit nach dem Fall von Pavia (Ende 774) oder die folgenden Jahre (775—776) mochten den Entschluß reifen. Vielleicht wirkten auf diesen Entschluß auch noch die Schicksalsschläge, welche, den Untergang des Reiches begleitend, die ihm nächsten, liebsten, verehrtesten Menschen trafen.

Arichis und Abelperga von Benevent, der Eidam und die Tochter des gefangenen und entthronten Königs, waren durch die Unterwerfung des gesammten übrigen langobardischen Italiens unmittelbar bedroht: schon im nächsten Jahre trat Arichis mit seinem nach Byzanz geflüchteten Schwager Adelchis, dem Sohn des Desiderius, der eine Landung zur Wiedereroberung seines Reiches vorbereitete, und mit den Herzogen von Friaul, Spoleto und Clusium in geheime Verbindungen gegen Karl, welche von dessen Schützling, dem Papste, diesem gemeldet wurden. Damals gelang es noch, mit Mühe, durch Unterhandlungen, einen Conflict zwischen Arichis und den Franken zu vermeiden, welcher später doch ausbrechen mußte. und mit der Unterwerfung des Fürsten von Benevent abschloß, Paulus aber vermochte damals weder gegen Arichis noch gegen den Papst Partei zu ergreifen: einen Ausweg bot — das Kloster.

Dazu kam, daß das Geschlecht des Paulus selbst mit in den Fall des Reiches hinabgezogen ward.

Sein einziger Bruder, wie der Herzog von Benevent Arichis genannt, wurde entweder schon im Juli 774 als Geisel oder zu Anfang des Jahres 776, weil er sich bei der vorbereiteten Erhebung des Herzogs von Benevent und des Herzogs Hrobgaud von Friaul gegen die Frankenherrschaft betheiligt, gar als Hochverräther von Karl gefangen über die Alpen geführt und sein Vermögen eingezogen. Dieser hart neben Paulus einschlagende Wetterstrahl, der die „fara" Warnefrid's zerstört zu haben schien, mochte die Neigung, aus dieser Welt zu scheiden, bestärken.

Dabei sind wir zwar durchaus nicht gezwungen zu der Annahme, Paulus, als Günstling des Beneventaners und Bruder eines Rebellen selbst verdächtig geworden, habe sich durch eine Art Selbsteinkerkerung dem Argwohn des Siegers entziehen wollen.

Indessen eine bisher völlig übersehene Aeußerung des Paulus selbst über seine Lebensverhältnisse und Schicksale scheint doch annehmen zu lassen, daß damals (d. h. bald nach dem Untergang des Reichs und vor der Berührung mit Karl) Paul sich als „verbannt", „arm", „hilflos" fühlte: nämlich in dem Gedicht auf St. Benedict sagt er gegen das Ende:

V. 124. poemata parva dedi, famulus pro munere supplex.

V. 125. Exul, inops; tenuis poemata parva dedit.

Aus dem später folgenden Gebet, namentlich aus v. 129. „mitis adesto gregi nunc venerande pater," welches er nur in der ursprünglichen Fassung des Gedichts angefügt, in der Langobardengeschichte aber weggelassen hat, erhellt, daß Paulus diese Verse schrieb, da er bereits Mönch war und der Herde des h. Benedict zu Monte Casino angehörte: die Worte „exul", „inops", „tenuis" hätte, er nachdem er am Hofe Karls die ehrenvollste Stellung erlangt hatte, auch nach der Rückkehr in's Kloster hochgeehrt von Karl und seinem Abt, nicht schreiben können: sie fallen also in die Zeit vor seiner Reise zu Karl, also etwa 776—782: diese Aeußerung, doppelt werthvoll, weil sie ohne Zweifel von Paulus selbst herrührt, nicht angeblich von einem angeblichen Schüler oder von „Quellen", die 200 Jahre später aus der dichtenden Ueberlieferung geschöpft sind, ist das wichtigste Zeugniß über jenen Abschnitt seines Lebens.

Daß sie in einem Gedicht begegnet, steht ihrer Glaub=
haftigkeit nicht im Wege: die Worte: „verbannt, (flüchtig),
arm, hülflos" sind nicht mißzuverstehen, auch nicht blos
christliche Demuthsphrasen.

Wir dürfen also wohl annehmen, daß Paul, ohne selbst
vom König unmittelbar der Mitschuld an der Verschwörung
des Bruders beschuldigt zu sein, doch um des Untergangs
des Reiches und seines Hauses willen und bei der Bedrohung
der beneventanischen Fürsten, „flüchtig", exul, seinen bisherigen
Aufenthalt, sei es in Pavia, sei es die Heimat in Friaul
(das stimmt am Meisten), sei es Benevent verließ und der
Mittel entblößt, „tenuis" — das Vermögen des Hauses
war wohl auf den Bruder Arichis übergegangen, seit der
gelehrte Paulus zum geistlichen Stand neigte oder doch zu
wissenschaftlichem, nicht kriegerisch=weltlichem Leben: vielleicht
auch war Arichis der ältere Bruder — „inops", hilflos,
d. h. der bisherigen Stützen zu Benevent beraubt und den
fränkischen Machthabern eher verdächtig als beliebt, im
Kloster eine auch sonst ihm zusagende Zuflucht suchte. Damit
stimmen auch sehr wohl Aeußerungen in den Gedichten und
Briefen von Karl und an Karl, welche, ohne eine förmliche
Verfolgung gegen Paulus wegen Hochverraths vorauszusetzen,
doch durchschimmern lassen, daß es eine Zeit gab, in der
auch Paulus, der eifrige Patriot, der Bruder des Rebellen,
der Freund des Beneventaners, in einer gedrückten, traurigen,
noch „keineswegs zu Ehren aufgenommenen" — Stellung
dem König gegenüber sich fühlte: damals also war er: „exul,
tenuis, inops."

Der Hymnus ist vermuthlich bald nach dem Eintritt in
das Kloster geschrieben.

Daß dieser Eintritt aus der Welt in's Kloster als das
„Aufsuchen der Verborgenheit" gelten konnte und zwar im
Zusammenhang mit einer düstern, traurigen Stimmung be=
weist, wenn ich richtig deute, auch eine Stelle des Gedichtes
Karl's „Nos dicamus". Der König freut sich, „an seiner
Haltung und seinem Thun zu erkennen", daß Paulus endlich
feste Wurzeln geschlagen in dem Grunde seiner Liebe, daß
der von ihm übernommene Unterricht die Zweifel über Paul's
längeres Verweilen am Hofe beseitigt habe, daß ihn des
Königs Seil fest umschlungen habe und der Anker ihn nicht
mehr los lasse, „so daß er sich nicht mehr nach dem früheren
Versteck zurücksehne." Unter diesem früheren Schlupfwinkel,

in dem er sich also vor dem König barg, kann nur das Kloster gemeint sein.

Einigermaßen können wir auf seinen wechselnden Aufenthalt in Italien schließen aus der besonderen Kenntniß der Gebäude, Räumlichkeiten und Umgebung bestimmter Städte, welche seine Schriften verrathen.

Ganz genau ist er natürlich vertraut — in liebevoller Detaillirung schildert er sie — mit seiner friaulischen Heimat, wo er wohl seine Kindheit und einen großen Theil seines Jugendlebens zubrachte, vor dem Aufenthalt in Pavia und Benevent und wohin er wohl vor oder bei der Katastrophe von 774 zurückgekehrt war. Genau kennt er auch die Localität von Pavia: in solchem Fall spricht er auch gern von Oertlichkeiten mit detaillirter Bestimmtheit: die Entfernungen gibt er auch meist nur aus eigener Erfahrung genau an z. B. in Oberitalien, dann bei Bobium. Die Mosaiken in der Kirche zu Monza schildert er aus eigner Anschauung: auch die Umgegend von Asti kennt er. Ebenso Rom: in der Langobarden= geschichte schildert er ausführlich die Lage von Straßen, Thoren, Brücken, Basiliken Roms und deren Ausschmückung. Im Leben Gregors nennt er dann Rom als den Entstehungs= ort dieser Schrift. Auch die Umgegend von Benevent kennt er, wie es wenigstens scheint, aus eigner Anschauung: doch ließe sich ein Beweis, daß er in der Stadt Benevent und am Hofe des Arichis gelebt, aus seinen Schriften nicht führen. Das tiefere Unteritalien, wenigstens die Umgegend von Regium, kannte er dagegen sicher nicht: nur aus Hörensagen nennt er die Säulen des Authari — hätte er sie gesehen, er würde sich diese „Wahrzeichen" anzuführen nach seiner sonstigen Weise sicher nicht haben entgehen lassen. Diese Reisen in Italien dürfen wir in die Zeit vor dem Eintritt in das Kloster verlegen, ausgenommen den Aufenthalt in Rom, wohin er wol 786 mit Karl auf dem Rückweg aus Frankreich nach dem Kloster kam, das er wahrscheinlich nach 786 nicht mehr auf längere Zeit verlassen hat.

In Monte Casino schrieb er die Langobardengeschichte: den Anfang wie den Schluß: daß er auch das Capitel VI. 1. südlich vom Po schrieb, erhellt nicht ganz zwingend daraus, daß er Pavia und Brescia „trans Padum" nennt — er stellt sich hier auf den Standpunkt von Benevent: sonst müßte man auch annehmen, er habe das dreißigste Capitel des britten Buches der Langobardengeschichte außerhalb Italiens und in Frankreich verfaßt, da er hier die Richtung über Bellinzona und Mailand die rechte, die über Chur und Como die linke Seite Italiens nennt: aber er hat hier offenbar nur seine in Frankreich entstandene Quelle, Gregor von Tours, ohne Aenderung abgeschrieben.

Wir wissen nun, daß Paul in dem siebenten Jahr der Gefangenschaft seines Bruders eine Fürbitte an den König um dessen Freilassung richtete; aber wir wissen nicht genau, wann diese Gefangenschaft begann.

Für die Annahme, Karl habe den Bruder des Paul erst 776 und zur Strafe wegen des Aufstandes weggeführt, spricht nur die Vermuthung, daß (auch) damals noch) die Güter des Bruders im Gebiet von Friaul lagen — was aber eben nur Vermuthung ist — (die Stadt Friaul selbst wurde belagert und genommen). Stärker spricht dafür, daß Herzog Arichis von Benevent bei der Erhebung betheiligt war, mit welchem Arichis, der Bruder unseres Paulus, wohl wie dieser selbst in Verbindung stand.

Möglich wäre indeß auch, daß Arichis, des Warnefrid Sohn, sich unter den Geiseln befand, welche Karl schon 774 nach dem Falle von Pavia mit sich führte.

Dagegen spricht nur allerdings ziemlich bedeutsam die Einziehung des Vermögens, welche bei bloßer Vergeiselung nicht üblich war: die Worte des Paulus dagegen „debuimus fateor asperiora pati," „welche eine Schuld einzugestehen scheinen, von welcher im Jahre 774 bei den als Geiseln weggeführten Großen nicht die Rede sein konnte," können wohl keine starke Belastung tragen: sie sind vielleicht nur eine captatio benevolentiae: andern Falls müßte ja aus dem „debuimus" eine wirkliche Mitschuld des Paulus folgen, für welche jeder Anhalt fehlt.

Pavia fiel im Juni 774, der Aufstand des Hrodgaud war zu Ostern 776 unterdrückt (14. April): der Brief an Karl („septimus annus adest") ist also vor Juni 781 oder vor Ostern 783 geschrieben.

Wir wissen ferner nicht, in welcher Weise Paulus die Fürbitte zur Kenntniß Karl's gelangen ließ: ob er sie in Rom persönlich überreichte: was im April 781 geschehen konnte, da Karl daselbst das Osterfest beging und was mit der einen Alternative wenigstens vereinbar ist.

(Irrig ist der Einwand, das „septimus annus adest" passe nur auf Ostern 782 oder Ostern 780 [abgesehen von den falsch gezählten Jahren]: denn wenn die Gefangennehmung im Jahre 774 geschah, so ist nicht von Ostern, sondern von Juni an zu rechnen und im April 781 konnte man füglich sagen, septimus annus adest seit Juni 774.)

Oder ob, was bei solchen Bitten sehr gewöhnlich war, weil man eine Empfehlung mit ihnen zu verbinden liebte, Paul sie durch einen Andern, etwa einen Geistlichen oder Angehörigen des Gelehrtenkreises oder einen beliebten Italiener, dem König überreichen ließ.

Oder endlich, ob er die Bitte persönlich nach Frankreich überbrachte.

Aus dem Kloster Monte Casino begab sich Paulus nach Frankreich zu Karl dem Großen, wie aus dem Brief an den Abt Theudemar erhellt. Der Anlaß zu diesem Aufbruch nach Frankreich kann aber ebensowol als jene Bitte eine Berufung durch Karl um der großen Gelehrsamkeit des Paulus willen gewesen sein und vielleicht hat erst dann der ehrenvoll Aufgenommene den Entschluß gefaßt, die ihm zugewendete königliche Gunst für den Bruder anzurufen —: aber auch für andere Gefangene, wie aus dem Brief an Theudemar sich ergibt: vermuthlich doch ebenfalls Langobarden und um der gleichen Gründe willen Festgehaltne.

Dankbar, aber voll Bescheidenheit, rühmt Paulus die gütige Aufnahme an dem Hofe Karl's in einem Brief an den Abt seines Klosters, Theudemar.

Aus dem Brief erhellt nur, daß er aus dem Frankenreich und aus dem Hof oder dessen unmittelbarer Nachbarschaft nach dem Kloster Monte Casino gerichtet wurde.

Und zwar bevor Paulus die Befreiung der Gefangenen erwirkt hatte: daß er sie bereits erbeten, d. h. also seine Bittschrift schon überreicht habe, daß daher dieser Brief nach der Verfassung der Bittschrift (und hienach also vor Juni 781 oder vor Ostern 783) geschrieben sei, geht aus dem Brief nicht hervor.

Doch scheint er allerdings einen Anhaltspunkt zu gewähren, daß er nach Ostern 781 entstanden: (wofür auch die Zeit der Gefangenschaft spricht: denn vorbereitet war damals wenigstens die Bittschrift, mochte sie 781 oder 783 verfaßt und überreicht sein:) er spricht von „domini nostri", für welche die Brüder zu Monte Casino beten sollen: d. h. für Karl und dessen Söhne Pipin und Ludwig; diese wurden aber erst Ostern 781 zu Königen geweiht und nicht vorher mit der Bezeichnung „domini nostri" geehrt. Dadurch erfahren wir nun aber nichts Neues; denn vor 782 oder 783 waren Brief und Bittschrift ohnehin nicht anzusetzen.

Es bleibt uns also nur der aus der „siebenjährigen" Gefangenschaft abzuleitende Schluß, daß die Bittschrift zwischen 781 und 783 geschrieben worden. Ungefähr gleichzeitig ist der Brief an Theudemar anzusetzen, als die Bittschrift bereits beschlossen, wir wissen nicht, ob, nachdem sie bereits übergeben war.

Also ist aus dem Brief auch nicht zu ersehen, daß Karl mit der Bewilligung lange zögerte. Und geradezu falsch ist es, wenn aus den Worten „weder Geld noch Gut noch Schätze Goldes noch eines Menschen Liebe sollen mich von Eurer Gemeinschaft ‚zu Monte Casino' fern halten," gefolgert worden ist, Karl habe unsern Paul durch Anerbietungen von Geld und Gut in Frankreich zu halten versucht. Denn unmittelbar vorher heißt es: „so wie ich von dem gnädigsten Fürsten die Zusage (promissum) erhalten habe, dann soll mich nichts mehr, nicht Geld noch Gut noch (anderer Menschen) Liebe hier fest halten." Das in Karl liegende Hinderniß wird also zuerst angeführt und die etwaigen Lockungsmittel werden im Gegensatz zu Karl (promissum principis) angeführt. Und so war es auch: ohne Karl's Zusage und Urlaub konnte Paulus nicht gehen und Karl bedurfte, um den Langobarden bei sich zu behalten, nicht der Bestechung, sondern nur des Wortes. „Geld und Schätze und (Anderer) Liebe" sind also nur rhetorisch gemeinte Abhaltungen im Gegensatze zu der einzig wirklichen: Karl's Wille.

Denn daß dieser Brief, unerachtet der Gemüthswärme seines Inhalts, in der Form rhetorisch gehalten ist, verstand sich nach damaligem Stil bei einem gelehrten Akademiker am Hofe Karl's von selbst.

Unwohlsein, die noch nicht erlangte Befreiung der Gefangenen und der noch nicht ertheilte Urlaub halten ihn zurück.

Damit stimmt auch völlig überein, was er als das „ihn noch hier für eine Weile Zurückhaltende" selbst angibt:

Das Gefühl des Mitleids (mit den Gefangenen), das Gebot der Liebe, (sich des Bruders und seiner Schicksalsgenossen anzunehmen) und die Förderung des Seelenheils, d. h. in Erfüllung dieser Christenpflicht der charitas, der Fürsorge für die Gefangenen.

Wer der „Herr Abt" ist, — sein Name ist nicht genannt — für welchen die Monte Casiner beten sollen und von dessen besonderer Spendemilde Paul (nach der Freigebigkeit des Königs) hier lebe, wissen wir nicht. Mochte nun auch Paul ursprünglich nicht um seiner Fürbitte willen oder nicht um ihrer allein willen die stille Zelle am Liris verlassen haben, nun, nachdem er am Hofe die Gunst des Königs und die Gelegenheit, ihn mündlich und wiederholt zu bitten gewonnen, nun wollte er freilich die Nähe Karl's nicht verlassen, ohne seinen Wunsch erreicht zu haben.

Daß eine geraume Zeit zwischen der Abreise Pauls aus Monte Casino und der Verfassung des Briefes liegt, zeigt einmal, daß inzwischen bereits „sehr viele" (plurum) der Mönche gestorben waren: wenigstens ein Jahr, denn er frägt nach den Zugang von Mönchen „im Laufe dieses Jahres"; aber noch mehr spricht hierfür der ganze Ton sehnsüchtigen Heimwehs, welcher nur bei längerer Abwesenheit angeschlagen werden konnte.

Wie die Geschichte der Metzer Bischöfe für seinen Charakter, so gewährt dieser Brief ein wahres Ehrenzeugniß für das Gemüth, für die tiefe Empfindung, den lautern Sinn, das warme, reiche, treue Herz des langobardischen Mannes.

Rührend und aufrichtig spricht sich seine Sehnsucht nach dem Frieden des Klosters zu Monte Casino und dem beschaulichen Leben in Gemeinschaft mit den Brüdern aus: dabei ist auch der Reiz seiner kleinen Zelle nicht vergessen, die Gedanken an die Beschäftigung mit den Himmlischen allein, die aufrichtige Freundschaft und Neigung der Brüder, deren leuchtendes Vorbild und süßes Gespräch, die Erinnerung an die schönen Gesänge, an das Vorlesen im Speisesaal, an den Besuch bei den Alten und Kranken und die Erkundigung um ihr Befinden, an die gewohnten Beschäftigungen der einzelnen in ihren Arbeitssälen, zumal an die heilige Schwelle (der Klosterkirche), ihm theuer wie das Paradies, rühren ihn bis zu Thränen vor Sehnsucht.

„Wol weil' ich unter Katholiken, unter den christlichen Bräuchen eifrig ergebenen Menschen, gut nehmen mich Alle auf, höchst freundlich wird mir begegnet um der Liebe zu unserm Vater Benedict und um Eurer Verdienste willen: aber im Vergleich mit Eurem Kloster ist mir das Palatium ein Gefängniß: im Vergleich des hohen Friedens bei Euch ist mir das Leben hier ein Sturm. Glaube es, Vater und Herr, glaube es, du heilige Schar: nur das Mitleid, nur die Fürsorge für so viele Seelen und unseres Herrn und Königs stille Gewalt hält mich hier zur Zeit noch fest. Aber so bald ich kann und mir der Herr des Himmels durch den frommen Fürsten die Nacht der Trauer und meinen Gefangenen das Joch des Elends abnimmt, — wenn ich anders irgendwie die freudige Zusage des gütigsten Fürsten zu gewinnen vermag — dann werde ich sofort (wenn ich am Leben bleibe) zu Eurer Gemeinschaft zurückwandern, kein anderer Grund wird mich abhalten, nicht Schätze, nicht Land, nicht Fülle starren Metalls und keines Menschen Liebe werden mich mehr fern halten von Eurer Gesellung. Ich hoffe bei unserem Gott, der niemanden in guten Wünschen getäuscht werden läßt, daß er mich nach dem Verlangen meines schmachtenden Herzens Euch in Bälde wieder zurückgebe, „mit angemessenem Zuwachs;" (ob dies nur die Erfüllung seiner persönlichen Bitte durch Karl meint oder Vortheil für das Kloster?)

Nur mit dem leider kranken Leibe gehört er diesem Lande, mit der ganzen Seele, die allein gesund ist, weilt er im Kloster. Die Brüder — er unterscheidet bescheiden die seniores von seinen Altersgenossen, den fratres — sollen bei dem gemeinsamen Vater Benedict es erbeten, daß er recht bald wieder zu ihnen heimkehren könne, und seiner nicht vergessen. Der Abt möge über sein und der Brüder Befinden schreiben und ihn die Namen der einstweilen Verstorbenen mittheilen. „Denn ich vernehme, daß ihrer sehr Viele heimgegangen sind: namentlich auch . . . . . (der Name fehlt), der, wenn es wirklich so ist, meines Herzens ein nicht kleines Stück mit sich davon getragen." Ein ergreifend wahres und warmherziges Schriftstück.

In welchen Strichen des Frankenreichs Paulus am Längsten und Häufigsten weilte, wissen wir nicht: wir dürfen nur annehmen, daß er dem Hofe Karls zu folgen pflegte und daß er namentlich dann, wenn der König längere Zeit an einem Ort im Kreise seiner Gelehrten weilte, nicht fehlte. Karl weilte aber in den Jahren 782—785 zumeist (abgesehen von Sachsen) in Kiersey (Ostern) 7. April 782, 4. Juli in Düren, Winter 783 (Weihnachten bis Ostern 11. April 784) in Heristal, in Attigny Weihnachten 785 bis Ostern 23. April 786. Aus diesen Gründen kamen auch Metz und Diedenhofen in Betracht; daß Paul zu Dieden=

hofen Ostern 783, 23. März bis Mai geweilt, sagt er selbst und VI. 16. der Langobardengeschichte läßt wol Lectüre des erwähnten Buches der Metzer Kirche in dieser Stadt selbst vermuthen. Die zersprungene nur wieder zusammengefügte Marmorplatte in der Capelle von St. Stephan bei Metz hat er offenbar selbst gesehen und berührt. Man hat aber ganz übersehen, daß auch die Jahreszeit seines Aufenthalts zu Diedenhofen sich aus seinen Worten I. 5 ergibt: er spricht vergleichend von der Länge des menschlichen Schattens um Mittag 12 Uhr zu Weihnachten in Italien und weiter nördlich und gibt dann seine zu Diedenhofen vorgenommene Messung an, — wol der nordöstlichste Punct, den er erreichte. Das hat doch nur Sinn, wenn die Zeit der Messung eben auch wieder, wie in Italien, Weihnachten war: Karl weilte nun freilich nur zu Ostern (März) bis Mai in dieser Pfalz: Karl begeht Weihnachten 781 zu Kiersey: wo er Weihnachten 782 gefeiert, wissen wir nicht: 783 zu Heristal, 784 im Lande der Engern in Villa Lindibihi, 785 zu Attigny, 786 bereits in Italien: das für eine Weihnachtsfeier zu Diedenhofen frei bleibende Jahr wäre also 782: doch kann auch Paul etwa Weihnachten 784 zu Diedenhofen geweilt haben, da er dem Heere nach Sachsen sicher nicht folgte. Für einen Aufenthalt an der Mosel im Winter (von September bis Weihnachten) und einen Besuch in der Gegend von Corbei im vorhergehenden Sommer würde sprechen der Brief an Adalhard von Corbei: die Angabe, daß er von September bis Weihnachten krank zu Bette lag, würde mit der auch sonst von ihm beklagten Krankheit in Frankreich und der einmal zu Diedenhofen verbrachten Weihnachtszeit gut stimmen: aber die Beweisführung Mabillons, daß der Verfasser des Briefes, — er nennt sich nur Paulus und es gebricht an jeder weitern Bezeugung für den Brief — unser Paulus gewesen, ist bei allem Scharfsinn nicht ganz überzeugend, wenn auch sehr hohe Wahrscheinlichkeit dafür besteht.

Daß aber Paul auch entlegene Gegenden Frankreichs besuchte, fern von jenen Moselpfalzen und den gewöhnlichen Aufenthaltsorten Karls, fern auch von jedem Weg, der ihn aus oder nach Italien führen konnte, bezeugt uns sein von ihm selbst erzählten Aufenthalt in Poitiers, der nicht ganz kurz gewesen ist, da er auf Bitten des Abtes des dortigen

Hilarius=Klosters, Aper, eine Grabschrift für den Dichter Venantius Fortunatus verfaßte.

Ein Versuch, aus der Lebens= und Amts=Zeit dieses Abtes Aper von Saint Hilaire zu Poitiers etwas für das Jahr von Pauls Aufenthalt daselbst zu schließen, führt uns zu nichts Neuem: Aper war 775 noch nicht Abt, wol aber 780, und nicht mehr 792, daß aber Pauls Besuch 780 und vor 787 fallen muß, wissen wir ohnehin.

Aus einem der Gedichte geht hervor, daß er an dem Hof in einem „hospitium" wohnte: das kann aber freilich auch ein zu dem palatinm oder einer villa gehöriges Neben=gebäude bezeichnen sollen.

Daß nicht unter demselben Dache mit Karl, wenn auch ganz in dessen Nähe, Paulus seine Wohnung hatte, zeigt ein anderes Gedicht. Das Leben der Gelehrten auf Kosten Karl's am Hofe bezeugt Petrus. Angesehene Krieger des Hofes trugen in deren Wettkämpfen und Räthselspielen die Briefe hin und her. Spät Abends erhält einmal Paul einen Brief Karl's und findet sich dann am frühen Morgen bei Karl ein mit der Beantwortung.

In wie hohen Ehren Paul am Hofe und in dem Kreise der Akademiker von Karl und seinen Gelehrten ge=halten wurde, wie Karl auch nach Paul's Rückkehr in das Kloster ihm Liebe, Ehre und Vertrauen zuwandte, wird die folgende Darstellung zeigen.

Paulus hat, so scheint es, die Erfüllung seiner Bitten, die Entlassung seines Bruders und der Mitgefangenen er=reicht: wenigstens lassen sich einige Stellen der Gedichte von und an Paul am Hofe Karl's so deuten.

Paulus sagte dem König in einem uns verlorenen Ge=dicht, er (Paulus) könne nun frohlocken, da er vom König zu Ehren angenommen sei: und er danke Gott, daß dieser ihn nach der Finsterniß das Licht habe schauen lassen.

Darin hat man den Dank für die Freilassung der Ge=fangenen ausgedrückt finden wollen: möglich: aber die Un=bestimmtheit der wenigen Worte läßt Sicheres nicht erkennen: man sollte meinen, eine so concrete Wohlthat als die Be=gnadigung des Bruders hätte Paulus anders als mit so vagen Worten verdanken müssen.

Die Antwort Karls („Paule sub umbroso") freut sich der Aufhellung in Pauls Stimmung: aber dieser habe die drei Fragen ungelöst gelassen: ob er schwere Fesseln tragen, in strengem Gefängniß liegen oder zu den Dänen reisen und deren König Sigfrid bekehren wolle.

Die Wahl unter drei Lebensstrafen hat ihm Karl auferlegt, und ähnlich wie Petrus von unendlicher Liebe zu Christus ergriffen wurde, nachdem dieser ihm seine Sünden verziehen, erfüllt den Paulus Liebe zum König, nachdem dieser ihm „Unthat verziehen" („ubi donasti facinus.")

Möglich ist es immerhin, daß unter dem „facinus" das Verbrechen des Bruders des Dichters zu verstehen sein soll: aber zunächst spricht das Gedicht doch von einer (scherzhaften) Bestrafung des Paulus: und der Vergleich mit Petrus setzt doch auch voraus, daß das „facinus", das den „crimina eius" entspricht, von Paulus, und nicht von einem Dritten, begangen war: was diese (dann offenbar auch scherzhafte) Unthat gewesen, wissen wir freilich nicht.

Die Beweggründe, aus welchen der Däne Gesandte an Karl geschickt, waren offenbar Besorgnisse vor den fränkischen Waffen nach den großen Erfolgen, welche diese im Jahr 782 in Sachsen gewonnen hatten, er hatte alle Ursache, Karl's Rache zu scheuen: denn Widukind hatte wiederholt Zuflucht am dänischen Hofe gefunden (so zwar, daß die Sage ihn sogar zum Eidam oder Schwager des Dänenkönigs gemacht hat, dessen Tochter oder Schwester Geva er geheirathet haben sollte).

Die Gesandten müssen eine entschuldigende Sprache geführt haben,: „velut pacis causa" seien sie gekommen, sagen die einharbischen Annalen, bemüht die Waffen Karl's von weiterm Vordringen abzuhalten. Andererseits aber gelang es Karl keineswegs, zu erreichen, was er als Bürgschaft guten Einvernehmens wie aus religiösen Gründen am Eifrigsten anstreben machte: den Dänenkönig zur Annahme des Christenthums zu bewegen: derselbe blieb ein trotziger Heide.

Diesen Stand der Dinge und Anschauungen spiegeln deutlich die beiden Gedichte: dabei ist es bezeichnend, daß bei Paulus mehr die Furcht der Dänen vor dem König, bei Karl mehr der Trotz des wilden Heiden betont wird.

Paul spricht sehr geringschätzig von dem Dänen: die Furcht vor Karl werde ihn abhalten, Paulus, wenn er ihn als Bürger des Frankenreichs erkannt, auch nur ein Har zu krümmen, er werde sich unterwerfen: wenn nicht, werde man ihn bald mit auf den Rücken gebundenen Händen herbeiführen und Thonar und Wodan („Waten") werden ihm nichts helfen.

Karl dagegen hatte gemeint, der „hochfahrende König, der das gottlose Scepter eines verderblichen Reiches führe", werde den christlichen Priester, der ihn bekehren wolle, bei dem ersten Anblick des Lebens berauben: und auch Paul nennt die Fahrt zu dem Heiden ein supplicium. Diese Vorstellungen von dem Karls Macht fürchtenden, aber doch verstockt heidnischen und grimmen Könige entsprachen genau dem, was man am fränkischem Hof Ende des Jahres 782 und 783 von dem Dänen reden mochte.

Wegen der gewählten Form der beiden Götternamen Zusammenhang des Gedichts mit der sächsischen Taufformel anzunehmen, besteht keine Nöthigung: wenn auch die Tauf= formel, die zwischen 765 und 772 festgestellt wurde, und „Thuner ende Uoden" nannte, 783 Paulus leicht bekannt geworden sein konnte: er braucht bei dem ersten Namen die Aspirata wie diese Formel: „Waten" dagegen steht stark ab von „Uoden."

Da nun aber Wodan in der langobardischen Mythe eine ganz hervorragende Rolle spielt, erklärt es sich sehr einfach, daß Paulus in dem Gedicht von dem Heidenkönig Sigfrid eben auch Wodan als dessen Beschirmer denkt und nennt: die Formen „Waten" und „Thonar" statt der nor= dischen Thôr und Odhin setzte aber Paul wohl einfach deßhalb, weil er diese nordischen Formen nie gehört hatte und nur wußte, daß Sigfrid, gleichviel unter welchen Namen, die gleichen Götter anbetete, wie Widukind der Sachse.

Und so verschieden war der Götterglaube germanischer Stämme doch wahrlich nicht, daß Paulus nicht den Namen Donars gekannt hätte, welcher nicht nur Dänen und Sachsen, auch Langobarden der zweite Gott Walhalls sein mußte.

Das Gedicht Karls („nos dicamus") gewährt ein Mittel, ungefähr die Zeit seiner Entstehung festzusetzen. Paulus wird darin auch wegen des Unterrichts im Griechischen gelobt, welchen er den zur Begleitung der (mit dem Thronerben von Byzanz verlobten) Königstochter Rotrudis bestimmten Geist= lichen ertheile. Diese Verlobung war erfolgt zu Ostern 781 zu Rom: das Gedicht ist also nach Karls Rückkehr von der Romfahrt dieses Jahres entstanden, da es offenbar das Ver= weilen des Königs in seiner Heimat, im Kreise seiner Ge= lehrten voraussetzt: und dies ist (neben Sigfrid's Erwähnen) die erste wirklich brauchbare Zeitangabe über Paul's Aufenthalt in Frankreich, da sich uns die aus der Bittschrift oder aus dem Brief am Theudemar geschöpften sämmtlich bei näherer Prüfung verflüchtigt haben.

Wir vermögen aber die Zeit dieses griechischen Unterrichts noch genauer und zwar, was mit den sonstigen Erwägungen übereinstimmt, für ein späteres Jahr, nach 785, festzusetzen.

Rotrud, die älteste Tochter Karl's von Hildegard, war im Jahre ihrer Verlobung 781 höchstens 9 Jahre alt —: sie ist nicht identisch mit der während der Belagerung von Pavia 773 oder 774 gebornen („Adelheid") —: an den Vollzug der Ehe war also, auch wenn man der Sitte der Zeit volle Rechnung trägt, (Hildegard, die Mutter der Prinzessin, war im dreizehnten Jahre mit Karl vermählt worden), vor dem Jahre 785 nicht zu denken: nun setzt aber das Gedicht die Abreise der Braut behufs der Vermählung in allernächste Aussicht: nostra filia ... ad tenenda sceptri regna ... solers maris spatia transitura properat: d. h. „sie schickt sich demnächst zur Ueberfahrt an": das kann vor den Jahren 785—786 nicht möglich gewesen sein: es kam nun freilich nie zu dieser Reise und Vermählung: aber erst im März 787 löste Karl zu Capua die Verlobung förmlich auf: da er nun im August 786 schon seinen friedlichen Hof verlassen hatte und im November über die Alpen zog, finden wir im Sommer 787 den spätesten Termin, in welchem das Gedicht den griechischen Sprachunterricht loben kann.

Nun erfahren wir aber, daß im Jahr 786 oder 785 ein Caplan Karl's, Witold, und ein gewisser Johannes (wohl auch ein Geistlicher) in Sachen der Rotrudis nach Byzanz gesendet worden seien, und wir werden nicht fehl greifen in der Annahme, daß man hierfür eben jene „clericos nostros" ausgewählt hatte, welche Paulus im Griechischen hatte soweit bringen sollen, „ut Graecorum eruditi videantur regulis." Der Reise und Vermählung der Prinzessin hatten sich Schwierigkeiten entgegengestellt: um darüber zu Byzanz „mit den Fürsten der Griechen" zu verhandeln, wählte man wohl die im Griechischen Unterrichteten „clerici", welche ursprünglich zu ihrer Begleitung bestimmt waren: so fällt also jenes Gedicht und die Blütezeit von Paul's Aufenthalt am Hofe in die Jahre 784—785.

Daß sich das Studium des Griechischen in den Kloster=

schulen von Metz, Elnon, und St Riquier unter Karl gerade auf unsern Paulus zurückführen läßt, ist wohl zuviel gesagt: außer Paulus und schon vor ihm wirkten schon Alkuin und Peter von Pisa am Hofe Karl's: gleichzeitig weilte ein geborener Grieche, Elisäus, ein Verschnittener, ebenfalls zu Behuf des Unterrichts der Prinzessin in jener Sprache am Hof: und das Gedicht: „Nos dicamus", welches den den Begleitern Rotrud's ertheilten griechischen Unterricht preist, hatte dringenden Anlaß, des Paulus Verdienste um Verbreitung dieser Sprache in den Klosterschulen zu rühmen, wenn dergleichen zu rühmen war: aber es spricht nur von jenen „clerici", die für Byzanz, nicht für das Frankenreich bestimmt waren.

Ungefähr stimmt mit der gewonnenen Zeitangabe auch das muthmaßliche Datum der Grabschriften, welche Paulus in des Königs Auftrag für die Königin Hildegard und deren Tochter Adelheid und Hildegard, so wie für die Töchter Pippins, Adelheid und Rotheid, dichtete.

Die Königin Hildegard starb am 30. April, ihr eben gebornes Töchterchen gleichen Namens am 9. Mai 783. Adelheid und die beiden Töchter Pippin's waren schon früher gestorben und in der Capelle des h. Arnulf, des Stammhauptes des Geschlechtes beigesetzt. Diese Aufträge weisen auf die Jahre 783 und 784 als auf die Zeit der ehrenvollsten Beziehungen Paul's zu dem König hin.

Die Geschichte der Bischöfe von Metz, welche Paulus auf den Wunsch des Bischofs Angilramn von Metz verfaßte, ist wohl während des Aufenthalts in Frankreich entstanden, vielleicht in der Nähe von Metz, etwa in Diedenhofen (ebenso, wenn es von Paul herrührt, das versificirte Verzeichniß der Bischöfe von Metz): wenigstens war hier die Anregung durch Angilramn am Leichtesten möglich und das Material, zumal für die Geschichte der Arnulfingen, am Nächsten zugänglich: doch freilich, gewiß ist dies nicht und obige Erwägung nicht zwingend: denn auch nach der Rückkehr in's Kloster blieb Paulus unvergessen von Karl und dessen Kreise, wie an ihn in's Kloster gerichtete Briefe und Gedichte Karl's und die Beauftragung mit der Predigtensammlung darthun: unerreichbar waren auch von Monte Casino aus die Angaben nicht, welche die knappe Geschichte bietet. Die Echtheit der Schrift ist außer Zweifel gestellt durch Paulus selbst, der sie in der Langobardengeschichte citirt.

Ueber die Entstehungszeit gibt das über Karl darin Gesagte einigen Aufschluß: es wird die Heirath mit Fastrada erwähnt, October 783: aber noch nicht die Geburt ihres ersten Kindes, welche wohl so wenig verschwiegen worden wäre, als die der Kinder von Hildegard: Angilramn, auf dessen Wunsch das Buch entstand, starb 791: (Die 783 gedichteten fünf Grabschriften hat Paul diesem Werk einverleibt.

Die unverhältnißmäßig ausführliche Darstellung der Geschichte des karolingischen Geschlechts mochte allerdings Angilramn's Wunsch (wol auch des dankbaren und Karl aufrichtig verehrenden Verfassers Neigung) entsprechen, doch ist auch zu erwägen, daß für die spätere Geschichte von Metz seit Arnulf, die Quellen reichlicher flossen.

Diese Geschichte des karolingischen Geschlechts ist die Probe für Charakter und Gesinnung wie für den Beruf unseres Paulus zu echt weltgeschichtlicher Auffassung: und er hat sie wacker bestanden: ohne Verletzung seines langobardischen Volksgefühls, ohne unwürdige Schmeichelei hat er das Großartige, das Weltbeherrschende in dem Aufstreben jenes Geschlechts dargestellt: nach der Auffassung des ganzen Zeitalters und seiner eignen kirchlich-mönchischen Anschauung konnte er nur durch Annahme unmittelbarer himmlischer Führung das revolutionäre Aufsteigen und die weltumfassenden Erfolge dieses Hauses sich rechtfertigen und erklären: es war die einzige damals mögliche „Philosophie der Geschichte" — sie war eine Theologie der Geschichte mit dem Glauben an constante theologische übernatürliche Eingriffe des Himmels — und er hat sie in diesem Buch ausgesprochen, während er sich, voll Tact und Pietät, in der Erzählung der Geschichte seines, des unterlegenen Volkes solcher Betrachtung enthielt und lieber diese Geschichte vor derjenigen Zeit abbrach, bei deren Darstellung eine solche Enthaltung undurchführbar geworden wäre.

Dasjenige Werk unseres Paulus, welches durch zehn Jahrhunderte die katholische Kirche in Gebrauch behalten hat, die Excerpirung und Sammlung von Predigten, mit welcher ihn Karl beauftragte, hat er wol nicht in dem Geräusch des Hofes, sondern in der Stille seiner Zelle zu Monte Casino vollendet; denn in der Widmung sagt Paulus, daß er das Werk vollbracht habe mit Hülfe (des wunderthätigen Vaters Benedict) „und eures Getreuen, meines

Herrn und Abtes." Seinen (Herrn und) Abt aber konnte ein Mönch von Monte Casino eben nur den Abt von Monte Casino nennen: und nur in dem Kloster, nicht am Hofe, konnte ihm diese Unterstützung des Abtes werden.

Wann Paulus wieder nach Italien zurückging, ob in Begleitung Karl's im December 786 oder schon vor diesem Zuge, wissen wir nicht. Daß aber Paulus Frankreich wieder verlassen und sich nach Italien zurückbegeben, dafür haben wir ausreichende Beweise: die Grabschrift des Herzogs Arichis, den Brief Karl's bezüglich der Predigtensammlung, das Gedicht „parvula rex Carolus" und das Gedicht „Christe, pater mundi".

Am 25. August 787 starb Arichis von Benevent: und aus der ihm von Paul gewidmeten Grabschrift geht hervor, daß sie nicht in Frankreich, sondern in Italien gedichtet ist.

Die Zeit der Entstehung ergibt sich aus dem Todestag des Herzogs 25. VIII. 787 und der Rückkehr des Sohnes Grimoald aus Frankreich, wo ihn das Gedicht weilen läßt, nach Italien, Frühjahr 788.

Die Verfasserschaft Paul's ist mir unzweifelhaft: seine Sprache ist hier unverkennbar: wenn auch einzuräumen ist, daß in keinem anderen Gedicht Paul wieder gleich tiefe, wahre Empfindung gleich schwungvoll ausgedrückt hat; es ist Paul's schönstes Gedicht und ragt einigermaßen — dies allein von allen seinen Dichtungen (dann noch das Gedicht über den Comersee, falls es von Paulus verfaßt ist) — hervor unter den Poesien seines Jahrhunderts.

Namentlich auch der „Bulgar", der des Herzogs Tod beklagt, beweist, im Zusammenhalt mit hist. Langob. 15. 29, die Urheberschaft Paul's.

Ein Leben Gregor's des Großen hat Paul, vor der Langobardengeschichte, einige Jahre, bevor er deren III. Buch schrieb, verfaßt.

Paulus schrieb dies Buch zu Rom. Wann ein solcher Aufenthalt in Rom anzusetzen, ist nicht leicht zu bestimmen: da er aber die Langobardengeschichte nicht vor 786 anfing und „ante aliquot annos" wol nicht auf die Zeit vor 781 (Frankreich) oder vor 778—781 (Monte Casino) zurückgreift, so darf vielleicht angenommen werden, daß Paul auf der Rückreise von Frankreich, etwa in Begleitung Karl's im December 786, zunächst nach Rom ging. Karl feierte Weihnachten in Florenz, ging dann nach Rom, und von da über

Monte Casino nach Capua (vor 22. März): es wäre nun leicht möglich, daß Paulus dem Hof auf diesem Wege folgte: — jedesfalls führte ihn der Weg aus Frankreich nach Monte Casino hart an Rom vorbei und, auf der üblichsten Straße, durch Rom selbst. Damals (Januar 787) stellte er dann wol in wenigen Wochen die kleine Biographie zusammen. Es handelte sich in jenen Tagen vor Allem um die Stellung seines alten Gönners Arichis von Benevent: langsam vorschreitende, meist durch Geistliche vermittelte Unterhandlungen erzielten endlich einen Vergleich, ohne daß es zu einem Kampfe kam.

Danach wäre die Entstehungszeit der Langobardengeschichte durch den Aufenthalt zu Rom, die dort (Januar 787) geschriebene Biographie Gregor's und die „aliquot anni" auf c. 790 bestimmt.

Möglich ist aber freilich immerhin, doch sehr viel weniger wahrscheinlich, daß die aliquot anni von 787 bis auf die Zeit vor 773 zurückgreifen sollen und ein alsdann ganz unbestimmbarer Aufenthalt Paul's zu Rom anzunehmen ist.

Ferner: die Langobardengeschichte ist geschrieben, nachdem Paul Diedenhofen und Poitiers besucht und nachdem er die Geschichte der Metzer Bischöfe geschrieben, auch, wol in Metz selbst, eine vita Arnulfi eingesehen hatte und nachdem er „einige Jahre vorher" in Rom das Leben Gregor's des Großen verfaßt: und doch in Monte Casino: also nach der Rückkehr aus Frankreich nach Italien. Also nach 786—87; auch diese Erwägung führt ungefähr auf das Jahr 790.

Alles Andere, was späte Tradition von der Rückkehr des Paulus nach Italien und seinen Schicksalen und Werken nach dieser Rückkehr berichtet, ist völlig unbeglaubigt: und nur Halbheit in der Kritik kann, unter Verwerfung der handgreiflichsten Erdichtungen, etwas minder abenteuerliche, aber nicht besser verbürgte Stücke dieser nämlichen Tradition der nämlichen Quellen festhalten wollen. Was der Mönch von Salerno von den Verschwörungen des Paulus gegen Karl, der wiederholten Begnadigung, der Verbannung auf eine Insel, der Errettung aus dieser Verbannung und dem glücklichen Wiedersehen mit Arichis und Adelperga zu Benevent berichtet, hat man zwar schon seit Mabillon als Erfindung erkannt. Doch ist es wohl weniger Volkssage als Gelehrtenfabel und Klosterdichtung zu nennen. Der Inhalt dieser Fabel, welche in national langobardisch gesinnten gelehrten

Kreisen, nicht als Volkssage, entstand, bei dem Mönch von Salerno ist folgender:

„Aus alter Anhänglichkeit an Desiderius trachtete Paul dem König Karl nach dem Leben. Und obwol dies dem König von seinen Getreuen hinterbracht wurde, ertrug er es doch wegen der großen Liebe, welche er für Paulus hegte. Als dieser aber es zum dritten Mal unternahm, ließ ihn der König ergreifen, vor sich bringen und sprach ihn an mit den Worten: „Sag' an, o Paulus, warum hast Du mir zweimal und dreimal nach dem Leben getrachtet?" Paulus aber, großherzigen Sinnes, wie er war, gab unerschrocken zur Antwort: „Thue mit mir, wie Dir gut scheint: ich aber rede die Wahrheit und nicht soll Lüge kommen aus meinem Munde. Treu bin ich gewesen meinem König Desiderius: und noch heute halte ich ihm die Treue!" Da er dies vor Allen ausgesprochen, ergrimmte der König und befahl seinen Kriegern, jenem sofort die Hände abzuhauen. Als diese sich aber hierzu bereit machten, hob der König vor übergroßer Liebe zu Paul an zu seufzen und brach in den Ruf aus: „wenn wir ihm die Hände abhacken, wo finden wir wieder Einen, der so zierlich schreibt?" Die Vornehmen (Franken) aber, welche ihm Haß trugen wegen seiner Treue gegen Desiderius, sprachen: „Dein Reich wird erschüttert, läßt Du diesen unbestraft. Laß ihn bleuden, auf daß er nicht mehr Briefe oder anderes gegen Dich und Deine Herrschaft anzuzetteln vermag." Der König aber sprach wieder: „Wo werden wir dann wieder einen so herrlichen Dichter und gebiegenen Geschichtschreiber finden?" Da gaben die Großen den Rath, ihn auf eine Insel in Verbannung zu senden. So geschah es: in Ketten wurde er dorthin geführt (Leo Ost. setzt bei: Diomedis insula quae hodie a tribus montibus: „Tremiti" nuncupatur). Und dort lebte er lange Zeit in Elend und Qual. Christus aber erbarmte sich sein, und ein Mann, der ihm (früher) lange gedient hatte, rettete ihn heimlich von jenem Eiland und führte ihn nach Benevent. Als das Arichis vernahm, schickte er ihm einige seiner Großen entgegen, ihn einholend zu empfangen: und als er die Stadt betrat, umarmte ihn der Fürst und küßte ihn unter Freudenthränen. Als aber Paulus die Herzogin Adelperga erblickte, die Tochter seines frühern Herrn, (Desiderius), da warf er sich ihr zu Füßen und rief: „Deinen Vater hab' ich verloren, aber erhalten hat mir der Herr seine Kinder und läßt mich auch noch Deine Kinder schauen." (Nur eine poetische Verwerthung der Erwähnung der Kinder in Paul's Brief.) Da brach die Fürstin in lautes Weinen aus. Herzog Arichis aber gab ihm Diener und Gewänder in Fülle und ließ ihn in seinem Palast bei sich wohnen und pflog oft mit ihm der Zwiesprach über das Wort Gottes und über die freien Künste.

All dies ist Fabel.

Es ist daher reine Willkür, anzunehmen, daß Paulus mit Bewilligung und im Auftrag Karl's zu Arichis ging, um diesen zur Huldigung zu bewegen und so seinen beiden Gönnern zu nützen: denn wir haben für ein Wiedersehen mit Arichis, für einen Besuch oder Aufenthalt zu Benevent nach der Rückkehr aus Frankreich durchaus gar keinen Anhaltspunct denn lediglich die als Dichtung erkannte Ueberlieferung bei dem Salernitaner: es geht aber gegen alle Methode, einen als Fabel erkannten Bericht gleichwol in seiner unverbürgten Grundlage festhalten oder minder phantastische Züge aus dem als ein Ganzes zu verwerfenden Gewebe retten zu wollen: wir haben für solchen Besuch oder Auftrag gar keinen Beweis.

Ebenso grundlos ist die Annahme, Paulus habe Adelperga bei ihrer Begegnung mit ihrem Bruder Adelgis im Januar 788 „wie in andere Angelegenheiten mit treuem Rath beigestanden" und das Verfahren, dann nur das „Nähere, was Neuere über seine Theilnahme hiebei angeben" als „aus der Luft gegriffen" zu bezeichnen: auch der angenommene Aufenthalt in Benevent, der Rath und Beistand bei der Begegnung mit Adelgis ist nicht minder „aus der Luft gegriffen." Inconsequent aber ist es, wie gesagt, mit Verwerfung dieser offenbarsten Erdichtungen die übrigen ganz gleich schlecht verbürgten Ueberlieferungen für Geschichte zu erachten, blos weil sie nicht so offenbare Poesieen sind. Die Anekdoten über das Stillschweigen, sowie über das sonstige Leben des Paulus im Kloster hat Bethmann als eine aus dem Capitel „de taciturnitate" geschmiedete Erfindung erkannt: — sie trägt aber genau denselben mönchischen Charakter wie das Vorhergehende, was man als „Volkssage" ausgeben will.

Als Karl die Reorganisation des Klosterwesens in seinem Reich nach dem Muster der Benedictiner-Regel beschloß und zu diesem Behuf von Abt Theudemar zu Monte Casino eine Abschrift dieser Regel nach der Urschrift des Heiligen und die Absendung des Mönches Josephus forderte, um diesen an die Spitze der zu begründenden Musteranstalt zu stellen, übertrug Theudemar die Antwort an den König unserm Paulus.

Mit der Erzählung, welche Leo Marsicanus (von Ostia) hievon gibt, ist aber abgesehen davon, daß er 300 Jahre später schrieb, diesmal schon deshalb ganz besonders nichts anzufangen, weil sie einfach alle ihre Angaben aus dem Briefe Paul's an Karl entnommen und dieselben nur durch Muthmaßungen und viele Worte verwässert hat: es ist also unzulässig, diese „nicht selbstständige Quelle" doch wieder für Nebenpuncte, z. B. für die Zeitbestimmung oder für die Urheberschaft der Erläuterung der regula Benedicti zu verwerthen.

Nur der Brief des Paulus selbst und, soweit er denselben darin reproducirt, der Brief Karl's sind zu verwerthen: für die Zeit ist aber wenig daraus zu gewinnen: von sehr Vielem hier Angeführten ist nur der Besuch Karl's zu Monte Casino sicher, weil anderweitig bezeugt. Karl verlieh dann von Rom aus am 28. März 787 dem Kloster das Recht, sich den Abt frei zu wählen.

Die Nachricht von den vielen Schülern, die der Ruf von Paul's Gelehrsamkeit angezogen und in Monte Casino um ihn geschart habe, darunter Hildrik von Benevent und Johannes, einer von den jungen Geistlichen, welche ihm Bischof Stephan von Neapel (767—800) zur Ausbildung zugesendet haben soll, ist also werthlos.

Die Blüte Monte Casino's, welche viele hervorragende Männer aus weiter Ferne nach dem Kloster zog, ist wenigstens, was die Anziehung Adalhard's und Liudger's anlangt, nicht auf unsern Paulus zurückzuführen: denn zur Zeit von Adalhard's Besuch (771—773) war Paulus noch nicht im Kloster und zur Zeit von Liudger's Aufenthalt daselbst (782—783) war er in Frankreich.

Daß der Tod ihn an der Vollendung der Langobardengeschichte gehindert, folgert man aus VI. 58, wo er ein später zu erzählendes Wunder erwähnt (aber: „in loco proprio")".

Die Angabe seines Todestages, eines 13. April, gewährt nur das Necrologium casinense.

Sein Todesjahr ist ungewiß: nach Mabillon nehmen alle Neuern das Jahr 799 an, aber ohne Zeugniß oder auch nur ohne Andeutung eines Grundes.

Zum Langobardenrecht.[1]

Diese sehr tüchtige Schrift ist Julius Ficker zugeeignet; es war eine ausgezeichnete Schule, welche der Verfasser bei diesem Lehrer gefunden hat, und der Schüler macht dem Lehrer Ehre. Er hat außergewöhnlichen Scharfsinn, angeborenes juristisches Talent und die Gabe lichtvoller Darstellung mitgebracht und hat sich jene musterhaft saubere, sorgfältige Methode angeeignet, welche die Ficker'schen Arbeiten auszeichnet. Der Verfasser hat mit emsigem Fleiß ein reiches Urkundenmaterial verwerthet, das ihm zum Theil, so weit es Abschriften ungedruckter Codices aus den italienischen Archiven betrifft, von Ficker zur Verfügung gestellt wurde. Der Verfasser verwahrt sich in der Vorrede dawider, daß er sich in der Wahl des Gegenstandes von der Vorliebe für verschollene Privatalterthümer, von planloser Curiositäten-Krämerei habe leiten lassen. Er habe vielmehr Beiträge zu geben versucht zur Entscheidung einer wichtigen, weil principiellen Streitfrage in der Geschichte des deutschen Privatrechts, der Frage von der Gültigkeit und Klagbarkeit formloser Verträge im altgermanischen Recht. Er erinnert, wie man die moderne Regel der Klagbarkeit formloser Verträge, weil sie dem römischen Recht widerstritt, bald aus dem kanonischen Recht (Phillips, Pertile), bald aus der angeblichen deutschen „Treu' und Redlichkeit" (von Runde bis Maurenbrecher, Hillebrand, Walter, Zöpfl) erklären wollte. Dagegen wirkte nun die historische Schule höchst wohlthätig, indem ihre Grundanschauung darauf hinwies und zahlreiche bahnbrechende Monographien ihrer Jünger im Einzelnen darthaten, daß solche Formlosigkeit im Widerspruch stehe mit dem Wesen eines jugendlichen Rechts, eines Rechts von Völkern der Vorcultur, dessen Charakter vielmehr üppige Formenfülle und symbolisch-poetische Sinnlichkeit sei, daß auch die ger-

---

[1] Val de Lièvre, Dr. Ant., Launegild u. Wadia. Eine Studie aus dem langobard. Rechte. Innsbruck, 1877. Wagner (XIII, 1 Bl. 294 S. gr 8.)

manischen Rechte einer reichen Fülle von Formen sich erfreut
haben, bald als Wesensformen, bald als Bestärkungs= und
und Sicherungsmittel, und daß die wichtigsten Rechtsgeschäfte
für Gültigkeit oder Vollstreckungsvorrechte an solche Formen
gebunden waren.

Auf den verschiedensten Gebieten des Rechts sind diese Er=
gebnisse durch die Untersuchungen von Beseler, Siegel, Brun=
ner, Sohm, Stobbe, Goldschmidt, Laband und Anderen
gewonnen worden. Wenn hingegen Löning einwendet, daß
diese Lehre von dem formalen Charakter des älteren deut=
schen Rechtslebens auf Rechnung einer „vorgefaßten" Ueber=
zeugung zu schreiben sei, so ist zu erwidern, daß es direct
gegen die Methode der historischen Schule verstoßen würde,
solche Sätze auf Grund von „vorgefaßten Ueberzeugungen"
aufzustellen: gerade die historische Schule, mit welcher un=
dankbare Epigonen (nicht Löning meinen wir hiermit)
heutzutage umzugehen lieben, wie man nach Lessings Wor=
ten eine Zeit lang mit Spinoza umging, hat uns von
solchen Constructionen vorgefaßter Ueberzeugungen befreit
und man sollte glauben, daß die stattliche Reihe von Ein=
zeluntersuchungen, welche obige Sätze bestätigt haben, die
Schule vor der Beschuldigung schützen sollten, jene Lehre
auf vorgefaßte Ueberzeugung gegründet zu haben. Die
Wahrheit liegt auch hier in der Mitte. Man darf von der
Art der altgermanischen Quellen nicht erwarten, daß sie, wie
etwa das preußische Landrecht, den generellen Satz ausdrück=
lich formulirt hätten: „Rechtsgeschäfte über die wichtigsten
Verhältnisse oder über einen gewißen Werthbetrag bedürfen
für Gültigkeit oder Klagbarkeit bestimmter Wesensform."
Aber einmal war solche Form für eine Reihe von Ge=
schäften allerdings Wesensform und andererseits konnte man
sich, wie im römischen Recht der Stipulation, gewisser Formen
auch bei solchen Rechtsgeschäften bedienen, welche an diese
Formen nicht nothwendig gebunden waren: und man that
es in allen wichtigeren Fällen so regelmäßig, daß für die
Praxis, für das Rechtsleben das entgegenstehende Princip
der Formlosigkeit auch da, wo es galt, ohne Belang war.
In den Volksrechten ist z. B. für Veräußerung von (ge=
wöhnlichen) Liegenschaften, von Unfreien eine Wesensform
(regelmäßig) nicht vorgeschrieben: allein die uns erhaltenen
Urkunden beweisen, daß man Gerichts=, Schrift=, Zeugen=
Form in den allermeisten Fällen gleichwol wählte, was, ab=

gesehen von anderen Erwägungen, schon die Creditlosigkeit und Unsicherheit der Rechtspflege der Vorcultur erheischt. Kehren wir nach dieser Auslassung über die Streitfrage, in deren Zusammenhang die Arbeit des Verfassers betrachtet sein will, zu dieser Monographie zurück. Mit gutem Fug beschränkt sie sich auf langobardische Quellen, denn es ist längst als die richtige Methode annerkannt, „vorerst die einzelnen Stammesrechte zu untersuchen, um dann . . . aus dem Particularen zum Generellen vorzubringen". Auf diese Methode, von der ich bei Grundlegung meines Werkes über die „Könige" ausging (Vorwort zur 1. Abtheilung München, 1861) hat man Veranlassung wiederholt zu verweisen, da sie in jüngster Zeit wieder wie vor etwa zwanzig Jahren häufig verlassen und durch Constructionen ersetzt wird, welche Tacitus und den Sachsenspiegel, die Grâgas und die Lex Burgundionum in Einem Athem zur Begründung eines Rechtssatzes citiren. Das langobardische Recht gewährt aber zugleich die Vortheile der zähen Erhaltung germanischer Sätze, trotz und in einer frühen wissenschaftlichen Bearbeitung, und des reichen italienischen Urkundenvorrathes. Launegild und Wadia sind altgermanische Formen, welche eine in den Quellen verfolgbare Geschichte von mehr als fünf Jahrhunderten durchlebt haben; es spiegeln sich also in dieser Entwicklung die wechselnden Rechtsanschauungen vieler Generationen über die obige Streitfrage. Man muß hiernach anerkennen, daß der Verfasser in Wahl und Begrenzung seines Gegenstandes glückliche Einsicht bewährt hat.

Es werden nun zuerst bei Launegild die Objecte (Terminologie, Kleinigkeiten als Launegild, Fiction des Launegild, Werthgegenstand als Launegild) untersucht, dann die Anwendung desselben (im Familien-, Sachen-, Obligationen-Recht, hier besonders bei Verkäufen, im Erb- und Proceß-Recht, im System der persönlichen Rechte), endlich die juristische Bedeutung des Launegild wobei sich ergibt, daß es, ursprünglich bei der Schenkung wesentlich, später von der Theorie unter Einfluß des römischen Rechts als arrha confirmatoria auf alle Verträge facultativ übertragen wurde. Mit Ergebniß und Führung der Untersuchung im Wesentlichen einverstanden, haben wir blos wenig zu bemerken. Nur das Wort „Launegild" bezeichnet den Begriff des Rechtsgeschäfts im älteren Recht: nur dies ist original und quellenmäßig für das ursprüngliche

Wesen des Instituts; deßhalb mußten unseres Erachtens die späteren Bezeichnungen nicht pari passu mit dem Originalwort verwerthet, sondern zum Theil wie wider-donum als Uebersetzungen, zum Theil wie meritum, premium, laudemium, charitas als Ausdrücke für das veränderte Institut auf späteren Stufen seiner Fortbildung aufgefaßt werden, was wenigstens nicht immer eingehalten wird. Außerdem erscheint S. 46 das Auskunftsmittel bedenklich, in der Urkunde bei Mittarelli ann. III. app. 55 (vgl. 57) libras statt solidos zu lesen, woran freilich auch schon Mittarelli dachte. Eine solche Verwechselung in dem Hauptpuncte der sehr sorgfältig redigirten Urkunde ist doch nicht eben wahrscheinlich.

Bei der Wadia werden, nach kurzem Blick auf die Literatur, in gleicher Gliederung wie bei Launegild, zuerst Gegenstand, Anwendung und juristische Bedeutung der rein=langobardischen Wadia erörtert, darauf die Einflüsse von fränkischen Capitularien, deutschen Reichsgesetzen und Privilegien, endlich die späteren Schicksale der langobardischen Wadia, die Motive ihres Untergangs, ihr allmäliger Verfall und ihre Umbildungen. Das Hauptergebniß, durch eine überzeugende Beweisführung gewonnen, lautet: die Wadia ist Symbol der Bürgschaft, muß, (als essentiale negotii) vor Bürgenbestellung vom Schuldner dem Gläubiger in der festuca bestehend dargereicht werden, bei Uebernahme der Bürgschaft stellt sie der Gläubiger dem Bürgen zu. Für das Schuldversprechen ist die Wadia arrha confirmatoria, also facultativ, ausgenommen Verlöbniß und Urtheilerfüllungsversprechen, wo sie essentiale negotii. Nach einigen Papienser Juristen erleichterte sie in allen Fällen die Privatpfändung: so auch beim Bürgenstellungsversprechen, wo sie auch noch als Beweis diente. Zur Entstehung der Bürgschaft S. 225 möchten wir nur die Vermuthung aussprechen, daß die Germanen von der völkerrechtlichen Vergeiselung her auf die privatrechtliche Bürgschaft gelangten; dafür spricht die Doppelbedeutung oder richtiger die dreifache von gisala = 1) obses, 2) captivus eventueller Schuldknecht, 3) fidejussor. An des Vergeiselten Leben und Freiheit hielt sich der völkerrechtliche Promissar, erfüllte der Promittent seine Verpflichtung, Friede zu halten, nicht. Erinnern wir uns, daß bei den Germanen der „Krieg" häufig Privatfehde der Geschlechter war. Auch manche andere Eigenthümlichkeit der germanischen Bürgschaft (Selbstschuld, Vollstreckung in den Leib, Solidarhaft, Unvererblichkeit) würde sich unschwer damit in Zusammenhang bringen lassen.

Allgermanische Uebervölkerung und Auswanderung.

(Zu einem Bilde von Johannes Gehrts.)

Versteht man unter der „socialen Frage" die schroffe Ungleichheit der Vermögens= und damit der Lebens= verhältnisse, welche durch Vererbung, Verschuldung, Verdienst und Zufall im Kampf um das Dasein die Einen zum Ueberfluß erhöhen, die Andern bis an und bis in das Verderben stoßen, so muß man leider für alle Völker und alle Zeiten die „sociale Frage" für unlösbar erklären; denn diese durch Natur= und Geistesanlage gegebene, durch unberechenbare Einflüsse gesteigerte Ungleichheit und ihre traurigen Folgen sind, wie alle Geschichte lehrt, nicht aus der Welt zu schaffen: keine politische Verfassung, keine gesellschaftliche, wirthschaftliche Einrichtung kann sie beseitigen. In der naiven Zeit der Vorcultur ist die Sclaverei der erste rohe Versuch, jenes Problem zu lösen: erträglicher in Zu= ständen, in welchen Herr und Knecht ungefähr auf gleicher Unbildungsstufe stehend, immer unerträglicher werdend, je schroffer der Unterschied der Cultur wird, wenn, in raffinirter Sclaverei, der Sclave gebildeter ist als der Herr. Das Römerthum ist zuerst wirthschaftlich untergegangen, dann erst politisch=militärisch. Das Mittelalter ist ebenfalls zuerst wirthschaftlich untergegangen an seinem getheilten, unfreien Grundbesitz der Bauern und seiner gebundenen Gewerbe= zünftigkeit. Vielleicht geht auch die moderne Cultur zuerst wirthschaftlich unter an ihrem Proletariat und Allem, was damit zusammenhängt; denn unlösbar ist die „sociale Frage", und jeder Versuch, sie gewaltthätig zu lösen, reißt, wie es scheint, mit der Wirthschaft auch Gesellschaft und Stat in das Verderben.

Wie dem auch sei — eine krankhafte Erscheinung ist, unter anderen Symptomen tiefer Schäden, die Auswanderung, die massenhafte, welche auch heute noch jährlich viele Zehntausende aus Deutschland nach anderen Erdtheilen führt. Sie ist räthselhaft: denn in den politischen und socialen Zuständen unseres Reiches können, mag man die Abneigung gegen den Waffendienst, den Steuerdruck, das Darniederliegen der Geschäfte und die Wirkungen der Lehren der Socialdemokratie noch so hoch anschlagen, ausreichende Gründe für diese Flucht nicht gefunden werden, wie sie etwa in dem Zeitraum von 1815 bis 1848, 1850 bis 1870 allerdings vorlagen. Auch von Uebervölkerung des deutschen Reiches kann keine Rede sein: eine relative Uebervölkerung findet sich nur in großen Städten, und zwar eine sehr schädliche in Ursache und Wirkung; denn die Ursache ist nur zu oft der Drang der ländlichen Arbeiter beider Geschlechter aus der „Langeweile" des Ackerbaues nach den „Genüssen" der Großstadt, und die Wirkung ist die Belastung der Großstädte mit dem Unterhalt einer häufig genug arbeitsunwilligen, nicht selten aber auch arbeitsunfähigen Menge.

Gerade die ländliche Bevölkerung ist es nun bekanntlich, welche, neben der Ueberwanderung in die Großstadt, ein sehr erhebliches Contingent zu der Auswanderung aus Europa stellt, so daß Uebervölkerung des flachen Landes im deutschen Reiche durchaus nicht zu verspüren, vielmehr hier Mangel an Arbeitskräften zu beklagen ist. Die Summe von Kraft, welche seit anderthalb Jahrhunderten dem deutschen Volke unwiderbringlich verloren ging und von Jahr zu Jahr noch verloren geht, ist ganz enorm. Es wäre eine dringendere Aufgabe der deutschen Politik als gar manche, welche seit 1871 in Angriff genommen wurde, durch Colonisation im großen Stil dafür zu sorgen, daß in Zukunft wenigstens diese Tausende von deutschen Arbeitern uns erhalten, nicht, wie bisher, verloren gegeben, in Concurrenten, ja oft Feinde der deutschen Heimat verwandelt werden.

Deutsche Colonien können also auf die Dauer nicht entbehrt werden.

Aber ein verhängnißvoller Fehler wäre es dieselben in außereuropäischen Ländern gründen zu wollen.

Die begehrenswerthesten überseeischen Länder sind bereits vergeben.

Und abgesehen davon: niemals wird das deutsche Reich, neben einem Landheer allererſten Ranges, welches wir haben müſſen, wenn wir ruhig ſchlafen ſollen, eine Kriegsflotte aufbringen können, welche, allein oder auch mit der habs= burgiſchen im Bunde, gegen eine große Seemacht zugleich unſere Küſten vertheidigen und, die offne See haltend, unſere außereuropäiſchen Colonien ſchützen könnte. Bei dem Aus= bruch des Krieges mit einer ſolchen Macht würden uns viel= mehr jene Beſitzungen faſt ohne Widerſtand genommen werden und, blieben wir auch in dem Landkrieg in Europa Sieger, — welch werthvolles Pfand oder Compenſationsobject würden dieſelben, z. B. Metz und Lothringen aufwiegend, beim Friedensſchluſſe bilden.

Die deutſchen Colonien müſſen alſo in Europa gegründet werden: und an der unteren Donau, auf der Balkanhalb= inſel, wird ſich dafür, im Wege friedlichen Vertrages, oder nach einer Umwälzung, welche ſich in jenen Gegenden doch bereinſt vollziehen wird, wol Raum finden laſſen.

Dieſe Gedanken über moderne Auswanderung entbehren durchaus nicht des Zuſammenhangs mit den Studien, welche Beruf und Vorliebe mir ſeit Jahrzehnten am nächſten legen: mit der Erforſchung deutſcher Urzeit und der — ſogenannten — „Völkerwanderung".

Einen weiteren Anlaß zur Erörterung dieſer Frage gab das dieſen Zeilen beigegebene Bild von Meiſter Johannes Gehrts, der wie kaum je ein anderer Maler vor und neben ihm in die Wahrheit germaniſchen Alterthums einge= drungen iſt.

Ich habe andern Orts ausgeführt, daß jene ſogenannte Völkerwanderung richtiger als Völkerausbreitung bezeichnet würde, und mit unſerer modernen Auswanderung hat ſie faſt gar nichts gemein; ſie unterſcheidet ſich vor Allem darin, daß nicht Einzelne oder einzelne Familien, ſondern wirklich ganze Völker, ſtatlich organiſirt, ſich in Bewegung ſetzten, während der Wanderung das ganze Statsleben (mit Ge= richt ꝛc.) fortführend, wie es in den verlaſſenen Heimatſitzen beſtand: — und zweitens darin, daß faſt immer Ueber= völkerung, Bedürfniß nach ausgedehnteren, dann auch er= giebigeren und mehr geſicherten Wohnſitzen die treibende Urſache der Ausbreitung und Sitzveränderung war. Auf die Gründe, welche diese Uebervölkerung, dieses Bedürfniß nach geräumigerem Wohnsitz erzeugten, soll hier nicht näher eingegangen werden; sie lagen in dem Uebergang vom nomadenhaften Leben der Hirten und Jäger mit nur im Vorüberziehen nebenher betriebenem Ackerbau zu seßhafter Agricultur als der Grundlage des wirthschaftlichen Lebens, mit Viehzucht und Jagd als Wirthschaftszweigen zweiten Ranges. Zum Theil lagen sie auch darin, daß die Macht des römischen Weltreichs dem bisher ungehemmten Wandern nach West und Süd an Rhein und Donau Schranken entgegenstellte, welche ein halbes Jahrtausend fast den halbnackt fechtenden, in zahllose kleine Völkerschaften zersplitterten Germanen undurchbrechbar blieben. Selbstverständlich ernährt heute das damals von ihnen besetzte Mittel- und Ost-Europa unvergleichlich mehr Menschen, als zu jener Zeit Nahrung begehrten, aber das damalige Germanien war von Sumpf und Urwald bedeckt, und der damalige Ackerbau, ja die ganze damalige Volkswirthschaft noch in sehr einfachen Anfängen begriffen; zwar nahmen die Germanen manche Vortheile, der benachbarten römischen Cultur an: aber das geschah langsam, stückhaft, in unzulänglicher Weise, und Alle zogen zogen es vor, statt mühevolleren Ackerbau als bisher zu treiben, durch Kampf und gewaltsame Ausbreitung neue, breitere, bessere und mehr geschützte Wohnsitze zu gewinnen.

Es waren nicht Scharen bewaffneter Abenteurer, nicht nur Fürsten mit ihren Gefolgen, nicht blos Here von Kriegern, sondern wirklich ganze Völker, welche mit Weib und Kind, mit den noch nicht und den nicht mehr waffenfähigen Freien, mit Freigelassenen, mit Knechten und Mägden, mit deren Herden — dem wichtigsten Theil des Nationalvermögens — und mit der übrigen Fahrhabe einher gezogen kamen.

Das hat der Künstler, der überhaupt, wie gesagt, eine auf gründlichstem Studium ruhende Kenntniß germanischer Vorzeit überall bewährt, klar zur Anschauung gebracht.

Wir sehen den Zug der Wagen, welche bei der Rast zu einer Art Lager, „Wagenburg", in einander geschoben werden: auf diesen Wagen leben während der Wanderung die Weiber mit Handarbeit, zumal Spinnen, beschäftigt, dann die Kinder, die marschunfähigen Greise, Kranke, Wunde; die Wagen waren mit Thierhäuten oder Leinwand, nicht ohne Schmuck bunter Zeichnungen, überspannt und glichen daher beweglichten Zelten; Rinder zogen sie. Die Giebelstangen der Wagen waren bei deren Kreuzung mit Büscheln geschmückt oder liefen in Gestalt von Pferdehäuptern aus, sie trugen Laub oder auch die Häupter geopferter Rosse.

Die Schafherden folgen dem langsamen, schwerfälligen Zug, von gewaltigen Hunden umbellt. Die Knechte tragen Waffen, Geräth, Jagdbeute. Halbwüchsige Jünglinge und Mädchen reiten auf den Zugthieren, wenig bekleidet, wie denn die keusche, unbefangene Sitte des Naturvolks auch an der geringen Verhüllung der Frau keinen Anstoß nahm. Die junge wehrfreudige Mannschaft tummelt ihre Rosse neben dem Zug der Wagen, die Speere im Spiel in die Luft werfend und wieder fangend. Der König aber oder Graf, stattlich geschmückt mit dem Adlerhelm, dem Schild, der Brünne, den Armringen, mit dem Kurzschwert und der Streitart im Gürtel, reitet voran, sinnend Ziel und Zukunft seines Volkes erwägend. Diese Wanderer, die entlang den hohen Bergen ziehen, mögen die Markomannen sein, die späteren Baiern, einrückend in das Land zwischen Donau und Alpen: denn als Sueben kennzeichnet sie die Haartracht. Auch Langobarden könnten es sein, die über die Alpen nach Italien ziehen.

Germanisches Waffenwerk.

(Zu einem Bilde von Johannes Gehrts.)

In sehr verschiedenen Formen konnte germanische Kampfesfreude sich austoben: im Herbann, im Volkskrieg des Angriffs oder der Vertheidigung, in dem abenteuernden Raubzug der Gefolgschaft gegen feindliche oder doch gleichgültige, nicht befreundete Völker zu Land oder, im Seeraub, zu Schiff: in dem Fehdegang, zumal wegen Blutrache, im gerichtlichen Zweikampf, welcher die Fehde auf zwei Kämpfer beschränkte; aber auch außergerichtlicher Zweikampf ward oft verabredet, sei es, einen Streit zu entscheiden, sei es, einen Haß auszufechten, sei es endlich auch nur, um, ohne Haß, vielleicht in Lösung eines bei dem Bragi=Becher geleisteten Gelübbes, zu ent= scheiben, wer von zwei gerühmten Helben der stärkere sei, wie heute noch in meiner oberbaierischen Heimat zwei als Ringer berühmte Bursche solchen Wettkampf verab= reben. Als Stätte des Zweikampfs wählte man gern eine rings vom Meer, einem Strom, einem See umspülte Insel, eine „Aue", einen Holm: baher heißt der Zweikampf im Norden „Holm=Gang": auf solch ödem, von Niemand be= wohntem und nicht unbemerkbar vom Ufer aus zu erreichendem Eiland war man vor treuloser, gewaltthätiger Störung des „fair play" burch Anhänger bes einen oder andern Kämpfers gesichert: bie sanbige, ebene Fläche war günstig, bie Oertlich= keit, auch „Wind und Sonne" ebenmäßig zu vertheilen.

Es konnte, mußte aber nicht Fortsetzung des Kampfes bis zum Tod bes einen Kämpfers bereitet werden: es konnte auch der Verwundete, Entwaffnete sich für besiegt erklären und baburch sein Leben retten dürfen: oder bie Kampfrichter sprachen ein Urtheil ähnlichen Sinnes aus.

Die Stätte des Kampfes in biesem Bilb ist ein kleiner öber, sanbiger Holm: man sieht im Hintergrund, von Möven über= flattert, bie See, in welche bie Küstenhänge zur Linken ab= fallen. Ginster unb der stachlige Strandhafer, bessen kleine gelbe Blüten, stets vom Meersalzduft genetzt, so herb, fast salzig riechen, überziehen ben weißen Sand. Jeden der Kämpfer begleiten zwei Zeugen, welche bie Kampfstätte abgesteckt haben: Schnüre wurden an ben bünnen Stämmchen befestigt, welche der über das flache Eiland sausende Wind nur schwer auf= kommen läßt; der so im Viereck eingefriebigte Raum warb mit einem großen Segeltuch bebeckt, bas an Pflöcken bicht über ben Sand gespannt warb: auf bas Tuch, in bas Viereck, traten bie Kämpfer: weicht einer auch nur von ber Umfriebung, gilt er als besiegt: bie beiben Zeugen traten je zur Rechten unb zur Linken ihres Freundes unb auf ein gegebenes Zeichen begann der Kampf. Lang hat er gewährt und grimmig war er: nun ist er zu Ende.

Die Kämpfer hatten ohne Helm unb Brünne gefochten, nur „mit Schilb und Schwert auf weißem Sanbe", wie oft vertragen warb; das Schwert ist das Langschwert, Spatha; am Gürtel trägt jeder das bolchgleiche Kurzschwert, ben Scrama=sachs.

Außer den ebenfalls stark mitgenommenen Schilden, welche beide Kämpfer noch an dem linken Arm führen, liegt neben jedem ein völlig „verhauener" Schild auf der Erde: von dem des Siegers hat ein wuchtiger Schwerthieb des nunmehr Erlegenen den Schild=Buckel völlig herabgeschlagen: frische Schilde reichten die Zeugen den Helden: und nun schmetterte der Sieger durch den neuen Schild des Gegners oben links einen grimmen Streich, der das Holzgetäfel unter dem Schild=reif zertrümmerte und in den Hals eine tödtliche Wunde schlug: aber der Sterbende blickt wohlgemuth nach oben: wird er doch den Bluttod, nicht den Strohtod sterben: und schon hört er aus den Wolken niederrauschen die Schwanen=flügel der Walküren, die ihn empor tragen zu Walhalls goldenen Sälen.

Das Weib im altgermanischen Recht und Leben.

Die Frage nach der Stellung des Weibes in Recht und Leben der Germanen ist nicht nur eine Einzelfrage neben anderen im Gebiet der germanischen Ur=geschichte: — sie hat darüber hinaus präjudicielle Bedeutung.

Denn die Stellung des Weibes ist ein Maßstab für Nationalcharakter und Culturgrad: je gemeiner, je dumpfer der Nationalcharakter, desto härter bleibt das Los des Weibes sogar auf ziemlich hoher Culturstufe — so bei Türken und anderen Orientalen; andererseits bürdet aber die Noth des Lebens, die Niedrigkeit der Cultur, der noch sehr harte Kampf um's Dasein auch bei edel angelegten Völkern dem Weibe Lasten auf, welche der sonstigen idealen Würdigung des Weibes zu widersprechen scheinen, jedoch unerläßliche Fol=gen niederer Cultur sind, und erst bei höheren Stufen derselben, namentlich bei vermehrtem Nationalwohlstand, ab=genommen werden können den zarten Schultern.

Weniger der Nationalcharakter, viel lebhafter der Culturgrad der Germanen vor ihrer Berührung mit den Römern ist noch immer bestritten.

Zumal französische Schriftsteller lieben es, die Germanen bei ihrem Eintritt in die Geschichte etwa auf die Stufe der Rothhäute in den Urwäldern Amerika's zu stellen. Eine große Thorheit: und wüßten wir auch von Verfassung, Recht und Götterglaube unserer Ahnen zu jener Zeit gar nichts, — schon ihre herrliche Sprache allein würde jene geringe Schätzung ihrer Anlagen und ihrer Entwicklungsstufe widerlegen. Allen Respect vor Dr. Martin Luther's Bibelübersetzung; aber man wird von seinem Vorgänger Wulfila, der zwölf Jahrhunderte früher die heilige Schrift in das Gothische übertrug, sagen müssen, daß seine Aufgabe nicht nur unvergleichlich schwieriger war, sondern daß sie mindestens ebenso geistvoll und vielleicht poesiereicher gelöst wurde.

Andererseits hat man aber auch die Sittenzustände der Germanen überschätzt, zumal indem man der einseitigen Idealisirung kritiklos Glauben schenkte, welche Tacitus gegenüber seinen übercultivirten Römern, zwar mit der edelsten Tendenz, aber eben doch mit Tendenz an den germanischen Verhältnissen vornahm.

Ganz ähnlich wie im vorigen Jahrhundert französische und englische Schriftsteller gegenüber den Lastern und der Lüge zu Paris und London den „tugendhaften Huronen", den „edeln Wilden ohne Falsch" in bester Absicht, aber mit sehr wenig Völkerpsychologie schilderten, — ganz ähnlich wollte Tacitus seinen Römern das Bild eines rohen, aber sittenreinen sogenannten „Naturvolks" entgegenhalten, als er seine Germania schrieb.

Da nun aber gerade die Verhältnisse der Geschlechter in und außer der Ehe in Rom ganz besondere Symptome der beginnenden Fäulniß aufwiesen, hatte Tacitus das Bedürfniß, gerade diese Dinge bei den Germanen in das hellste Licht zu stellen. Die unleugbar vorhandenen, in dem Nationalcharakter begründeten Vorzüge in der Stellung der germanischen Frau verleiteten ihn nun aber, jene Schattenseiten nicht oder doch nicht genügend hervorzuheben, welche, durch den niederen Culturgrad und die Noth des Lebens bedingt ebenfalls vorhanden waren.

Wir werden die Wahrheit zwischen beiden Extremen finden: der Culturgrad war ein niedriger, der National=

charakter und demgemäß die Würdigung der Frau edel; was in der Stellung der Frau jener idealen Werthschätzung nicht entspricht, erklärt sich aus den noch rohen einfachen Anfängen der Cultur; anders gewendet: die Stellung der Frau ist vermöge des Nationalcharakters eine viel günstigere als bei andern Völkern gleicher, ja oft viel höherer Culturstufe, und das Ungünstige in der Stellung der Frau, was ihrer hohen Würdigung in dem Nationalcharakter nicht entspricht, ist Folge des niedrigen Culturgrades und des zum Theil noch harten Kampfes um's Dasein.

Betrachten wir zunächst die Stellung des altgermanischen Weibes im Recht, so müssen Einrichtungen, welche heute als Zurücksetzungen erscheinen, im Zusammenhang mit den Zuständen jener Zeit ganz anders aufgefaßt werden: dahin zählt die Geschlechtsmuntschaft und die Ausschließung oder Beschränkung der Frauen im Erbgang des Grundeigens.

Jene nothwendige Muntschaft, unter der die Weiber wenigstens nach dem Recht der Langobarden und anderer Stämme standen, war die Folge ihrer Waffenunfähigkeit nicht nur im Fehdegang, auch im gerichtlichen Zweikampf: eine Zurücksetzung des Geschlechts als solchen lag durchaus nicht darin: galt doch gleiche Muntschaft auch für Männer, die z. B. wegen Jugend nicht waffenfähig waren. Diese von dem nächsten Schwertmag, d. h. dem nächsten durch Männer mit dem Weib verwandten Mann, über Frauen, die in rechter Ehe standen, von dem Gatten geübte Muntschaft (von munt, manus Hand: mit dem Munde hat die Muntschaft nichts zu thun, hierin besteht kein Bedürfniß der Unterstützung für das Geschlecht, das hierin schwerlich das schwächere) d. h. Gewalt war keineswegs nur ein einseitiges Recht, sie legte vielmehr auch sehr schwere Pflichten auf: Schutz und Vertretung vor Gericht, Unterhalt und andere mehr.

Auch in dem geringeren Wergeld der Frau liegt nicht eine Zurücksetzung, nur der Ausdruck der unläugbaren Thatsache, daß in jenen Tagen der gewaffneten Selbsthilfe die Spindel wirklich weniger werth war für die Sippe als der Speer: daher haben auch Männer, welche nicht waffenfähig, ein geringeres Wergeld als waffenfähige: daher hat das Weib während der Zeit der Gebärfähigkeit ein höheres Wergeld als vor und nach dieser Zeit. Ist dies noch die Auffassung einer roheren Zeit, so drückt sich bei anderen Völkerschaften eine sehr ideale Denkart darin aus, daß das Weib, uner=

achtet seines geringeren Brauchwerths für die Sippe, sogar ein höheres Wergeld als der Mann erhält: der fehlende Selbstschutz soll durch den erhöhten Rechtsschutz ersetzt werden.

Aber auch die Beschränkung der Frauen in der Erbnahme von Grundstücken war durchaus nicht als Zurücksetzung gedacht: vielmehr folgte sie aus dem Bedürfniß, den Grundbesitz, auf welchem nicht nur der Wohlstand, auch die Rechtstellung in Gemeinde und Stat beruhte, dem Mannstamm der Sippe zu erhalten: übrigens ist sehr zweifelhaft, wie alt und wie weit verbreitet solche Beschränkung war; jedesfalls trat sie erst ein, nachdem seit mehreren Generationen der Uebergang zu seßhaftem Ackerbau vollzogen war: ferner war das Vorrecht des Mannsstammes auf das bei der ursprünglichen Ansidlung von Stat oder Gemeinde dem Sippe-Haupt zugetheilte Gut, das „Erbgut", beschränkt: anderweitig erworbene Grundstücke vererbten auch auf die Frauen: endlich waren nach manchen Rechten die „Spindeln" nicht völlig ausgeschlossen durch die „Spere", sondern nur durch die Männer der gleichen Grabnähe der Verwandschaft, so daß z. B. die Schwester hinter dem Bruder des Erblassers zwar zurückstand, aber dessen Vetter oder Neffen vorging. Daß Zurücksetzung der Frau als solcher ganz fern lag, erhellt daraus, daß bei manchen Völkern das Recht, bei anderen wenigstens die Sitte auch die nachgeborenen Söhne ausschloß, nur den Erstgeborenen in das Erbgut folgen ließ. Nur die Männer vermochten ja auch den Grundbesitz mit den Waffen zu vertreten: und die Frauen hatten selbst ein Interesse daran, das Erbgut in der Sippe erhalten zu sehen, da die verheiratheten ihr ehelicher, die unverheiratheten der Geschlechts-Muntwalt aus den Früchten des Guts zu ernähren verpflichtet war. Seitdem die Pflichten der Sippe, zumal der Waffenschutz, von geringerer Bedeutung wurden, ist auch die Geschlechtsmuntschaft und die Zurückstellung im Erbgang des Erbeigens abgeschwächt, zuletzt völlig aufgehoben worden. Nur im Recht des Adels und zum Theil des Bauernstandes, dessen Gedeihen noch immer auf der Erhaltung unzersplitterten Grundeigens beruht, hat sich der Vorzug des Mannsstamms bis auf heut erhalten.

Betrachten wir nun, abgesehen von jenen Beschränkungen das Recht des Weibes im Allgemeinen, zumal in der Ehe.

Bei der „einfachen Ehe" blieb das Mädchen (oder die Wittwe, die wieder heirathete, was aber bei manchen Völkern

verboten war) in der Muntschaft ihres bisherigen Munt=
walts: also z. B. ihres Vaters, Brubers, Vaterbrubers (die
Wittwe in der ihres eigenen Schwertmagen, also z. B. ihres
waffenfähigen Sohnes ober, nach anderen Rechten, des nächsten
Schwertmagen ihres verstorbenen Mannes: also z. B. ihres
Stiefsohnes), bei der „rechten Ehe" trat sie in die eheliche
Muntschaft ihres Mannes: bei dieser rechten Ehe mußte also
der Mann dem bisherigen Muntwalt seine Muntschaft ab=
lösen, was in der Zeit vor Einführung des (römischen)
Geldes durch Hingabe einer vertragsmäßig beredeten Zahl
von Rossen oder Herdenthieren, von Waffen, Schmuck,
anderer Fahrhabe geschah. Ein „Kauf" liegt hier gar nicht
vor, sondern ein Tausch: ein Recht ist die eine Leistung,
Sachen bilden die andere: erst später, seit Einführung des
Geldes, wird die Muntschaft als Ware um Geld erworben,
also gekauft. Dieser Kauf der Muntschaft gab Anlaß zu der
abscheulichen und unmöglichen, aber immer wieder vorge=
brachten Behauptung, die Eheschließung der Germanen sei
ein „Kauf des Weibes gewesen: ein freies Weib kann man
aber nach germanischem Recht — was in vorgeschichtlicher
Zeit, nach vorgermanischem Recht, galt, geht uns hier nichts
an — so wenig kaufen, als einen freien Mann. Die frag=
lichen Ausdrücke der Quellen sind eben kurz gedrungen und
übertragen: so wenig ein Grundstück eine Person wird, weil
bei der Reallast das Recht sagt: „das Gut schuldet", so
wenig wird der Leib eines freien Weibes Ware, weil das
Recht statt der Muntschaft über das Weib das Weib selbst
als gekauft nennt. Am wenigsten darf man sich für jene
Meinung auf die „Weibermärkte" berufen, die in Schottland
und England bis in unser Jahrhundert hinein bestanden:
man wird doch nicht glauben, daß man 1830 ein schottisches
Mädchen kaufen konnte, wie eine schottische Kuh: gerade diese
von der Verlobung und Erwerbung der Zustimmung des
Vaters oder Vormunds gemeinten Ausdrücke zeigen, wie
gleiche Wendungen auch der alten Rechtsprache zu deuten
sind. Das Muntgeld ward selbstverständlich als Preis der
Muntschaft von dem bisherigen Muntwalt erworben; erst
später, nachdem deren Bedeutung sehr abgeschwächt war, zum
Theil, endlich, (unter Einfluß auch des römischen Rechts als
donatio propter nuptias) ganz der Braut überlassen. —
Das Recht zog bei der einfachen Ehe alle Folgerungen aus
dem Satz, daß die Muntschaft nicht abgelöst war: es blieb

daher die Frau unter der Muntschaft ihres bisherigen Muntwalts, trat nicht in die eheliche ihres Gatten: und die in solcher Ehe geborenen Kinder kamen nicht in die Muntschaft ihres Vaters, sondern des Muntwalts ihrer Mutter: also z. B. ihres mütterlichen Großvaters oder des Bruders ihrer Mutter.

Eine Zurücksetzung der Frau in der Ehe kann nach heidnischer Auffassung nicht darin erblickt werden, daß der Begriff des Adulteriums genau derselbe ist wie im römischen Recht und im Recht aller Völker vor dem Sieg der christlichen Anschauung: erst diese hat dem Weibe das Recht auf eheliche Treue des Mannes gegeben; vorher wird die Ehe nur gebrochen durch Untreue des Eheweibes oder, von Seite eines Mannes, nur durch Bruch fremder Ehe. Obwohl nun regelmäßig die germanische Ehe monogamisch war und die Untreue der Frau fast gar nie vorkam (wenn sie aber vorkam, war sie mit den alleräußersten Strafen bedroht), durften doch Könige und Edle mehrere Frauen gleichzeitig haben, so z. B. Ariovist, was wegen der Wichtigkeit mächtiger Verschwägerungen nicht selten vorkam. Auch dulden wenigstens die nordischen Rechte Concubinen nicht nur an Statt der Ehefrau, sondern auch neben der Frau.

Der Eheschließung ging vorher ein Verlöbniß, das öffentlich, vor geladenen Zeugen, auch wol in der Volksversammlung geschah und dem Bräutigam das Recht gab, von dem Muntwalt die Ueberführung der Braut (mit oder ohne Muntschaft) in sein Haus zum Zweck der Eheschließung zu verlangen in vertragsmäßiger, eventuell gesetzmäßiger Frist. Das Verlöbniß begründete ein voll gefestigt Recht des Bräutigams auf die Treue der Braut; dagegen war das Verlöbniß nicht an sich schon, wie man geistvoll, doch unrichtig ausgeführt hat, Eheschließung: diese geschah allerdings ohne weiteren Rechtsact durch den Vollzug, aber nach der das Leben beherrschenden Sitte begleiteten sacrale Formen und weltliche Gebräuche die Ueberführung der Braut in das Haus des Gatten, für Oeffentlichkeit der Verwandlung des Verlöbnisses in Ehe hinlänglich Sorge tragend: jene Hochzeitsgebräuche sind zum Theil gemein-arisch. (Der Brautlauf, das Brautstehlen, d. h. ursprünglich ein Scheinkampf um die Braut, der Brautschleier, das Treten in den Schuh des Mannes.) Im ehelichen Güterrecht ist das ursprünglich häufigere System das der Güterverbindung, wonach das

Eigenthum der beiden Gatten durch die Eheschließung unberührt bleibt, nur die Verwaltung und der Fruchtmitgenuß des fraulichen Vermögens auf den Mann übergeht; später kam, zumal in den Städten, im Stande der Kaufleute und Handwerker „von der offenen Tasche", das System der Gütergemeinschaft oder Gütereinheit häufig vor, wonach das Vermögen beider Gatten, ursprünglich nur die Errungenschaft in der Ehe, später auch das Eingebrachte, früher nur die Fahrhabe, später auch die Liegenschaften, also zuletzt manchmal alles Vermögen in Miteigenthum der beiden Gatten je zur Hälfte trat, auch hier unter Verwaltungsrecht mit Fruchtmitgenuß des Mannes an der Quote der Frau. Der Hauptgrund war gewesen, einerseits den Credit des Geschäftsmannes um den Betrag des Frauenguts zu erhöhen, andererseits dieses den Gläubigern unentziehbar haftbar zu machen. Doch begegnet im westgothischen, nordischen und fränkisch-rheinischen Recht schon früh wenigstens die Errungenschafts- und Fahrniß-Gemeinschaft. Schließlich mag noch erwähnt werden, daß das deutsche Recht, da die Frauen im Erbgang in Liegenschaften, jahrhundertelang dem größten Theil des Vermögens, zurückgesetzt und letztwillige Verfügungen, durch welche der reiche Mann für die dürftige Frau nach seinem Tode hätte sorgen können, unbekannt, später verboten waren, zahlreiche Institute ausgebildet hat, welche sämmtlich die Wittwenversorgung bezweckten.

Wir betrachten nunmehr die Stellung der altgermanischen Frau im Leben.

Die Entscheidung, ob es ihr gut oder schlecht ging, war wesentlich, wie bei allen Völker und zu allen Zeiten, bedingt durch den Stand, genauer gesagt, durch Reichthum oder Armuth ihrer Sippe und ihres Gatten.

Dem Weibe, den Töchtern des armen Gemeinfreien, welcher, ohne über unfreie Knechte und Mägde zu verfügen, auf schmaler Scholle lebte, ging es hart. Wir dürfen eine gewisse Rohheit der Männer hierbei nicht verschweigen, welche freilich auch — aber doch nur zum Theil — in dem noch harten wirthschaftlichen Kampf um's Dasein begründet war: so eifrig und freudig diese Helden zum Kampf, so lässig und träg waren sie zur Arbeit. Sie wälzten die riesigen Glieder am Herdfeuer, unendliches Ael vertilgend, oder besuchten zu gleichem Zweck den Nachbar oder gingen in die Volksversammlung — aber die Arbeit, nicht nur im Hause, — auch im Stall und zumal auf dem Ackerfeld blieb, in Ermanglung von Unfreien, welche nur die Reicheren kaufen und erhalten konnten, den Frauen und Kindern überlassen. Ganz anders dagegen die Stellung und Lebensweise nicht nur der Königin, auch der Edelfrau, selbst der Gattin des reichen Gemeinfreien: sie nehmen neben dem Gemahl den Ehrensitz in der Halle ein: freilich selbst die Königin geht mit dem Trinkhorn umher, den meist geehrten Gästen zuzutrinken. Auch führt sie selbst Spule und Webschiff, aber doch mehr um die Töchter und Mägde anzuweisen und zu unterrichten, auch um die Arbeit zu adeln, wie wol zu solchem Zwecke der König auch einmal die erste Ackerfurche mit dem Pfluge zieht, als zum Zwecke wirthschaftlicher Erwerbsarbeit, welche vielmehr unter solchen Vermögensverhältnissen ausschließend von dem unfreien und etwa auch dem freigelassenen Gesinde getragen ward. Die Hausfrau führt am Gürtel die Schlüssel als Symbole ihrer „Schlüsselgewalt", d. h. ihres Rechts, den Haushalt zu leiten, das ihr nicht willkürlich entzogen werden kann und in dessen ordnungsmäßiger Uebung sie den Mann durch die von ihr eingegangenen Verbindlichkeiten zum Schuldner macht.

Nur sehr mangelhaft sind wir über die Gewandung unserer Ahnfrauen vor und während der Völkerwanderung unterrichtet. Mit Ausnahme von Tacitus hat fast kein römischer oder griechischer Schriftsteller diesen Gegenstand geflissentlich oder auch nur gelegentlich berührt. Antike Bildwerke, Statuen und Reliefs an Siegessäulen und Triumphbogen stellen zwar manchmal kämpfende oder gefangene Barbaren dar, aber seltener Frauen, und in den meisten Fällen ist überhaupt nicht mit Bestimmtheit gerade die germanische Nationalität dieser Gestalten festzustellen; es sind eben nördliche Barbaren insgemein: Kelten, Geten, Daker, Thraker, Sarmaten, darunter — unscheidbar gemischt — Germanen.

Die Gräber aber und die Scheiterhaufen haben die Stoffe aller Art von Gewandung verzehrt. Die sehr selten in den erhaltenden Torfmoor-Schichten unversehrt bewahrten Gewebe sind meist unbestimmbaren, manchmal sicher vorgermanischen Alters, auch zu geringen Umfanges, um eben dem Stoff und der Bereitungsart, noch Anderes, zumal Schnitt und Form des Gewandstückes erkennen zu lassen.

Wenn wir nun, solche Lücken der Ueberlieferung auszufüllen, nordgermanische Quellen heranziehen, dürfen wir nicht vergessen, einmal, daß das scandinavische Klima Anforderungen

an die Kleidung machte, welche bei den Süd= und West=
Germanen nicht hervortraten; ganz besonders aber, daß jene
Quellen tausend und mehr Jahre jünger sind, als etwa
Tacitus, daher einem viel höheren Grade der Cultur ange=
hören. So mannigfaltig, so reich, so complicirt und ver=
feinert, wie die Tracht der Norwegerin im elften und zwölften
Jahrhundert, dürfen wir uns keineswegs die Gewandung
ihrer Ahnfrau oder des südgermanischen Weibes, zur Zeit
des Tacitus oder selbst der Völkerwanderung, vorstellen.

Tacitus nun berichtet (98, 99 n. Chr., Germania c. 17):
„die Tracht der Frauen ist keine andere, als die der Männer,
nur daß die Weiber häufiger sich in Linnenkleider hüllen
und diese mit Purpur bunt färben; auch lassen sie nicht (wie
die Männer) einen Theil des Obergewandes in Aermel aus=
laufen, sondern gehen mit unbekleideten Armen und Ober=
armen (von der Schulter bis zum Ellbogen); aber auch der
obere Theil der Brust ist sichtbar."

Gerade hieran knüpft Tacitus das Lob der Keuschheit
der germanischen Frauen; in der Reinheit seines Sinnes
und seiner Sitten findet das unverdorbene Naturvolk in jener
Nacktheit keinerlei Anstoß und keinerlei Gefahr.

Da nun also die Tracht der Frau im Wesentlichen der
des Mannes gleich ist, eine Erscheinung, welche sich sehr
häufig bei Völkern einfacher Cultur findet, — im Nordland
traten erst spät stärkere Unterschiede ein, als man den Männern
die ursprünglich gleich langen Gewänder kürzte — so müssen
wir des Tacitus Bericht über die männliche Bekleidung er=
örtern: Er sagt (c. 17): „Alle tragen als Hauptgewand=
stück das ‚sagum' — das ist ein langer Mantel aus dichtem,
starkem Wolltuch — das mit einer Spange oder, in deren
Ermangelung, mit einem Dorn zusammen gehalten wird."
(Auf der linken Schulter, dürfen wir beifügen.) Solche
Spangen (fibulae) aus Bronze, Silber, manchmal auch aus
Gold gefertigt, sind in sehr großer Zahl gefunden worden;
es ist etruskisches, keltisches oder römisches Fabrikat. „Im
Uebrigen unverhüllt," fährt Tacitus fort, verbringen sie
ganze Tage neben dem Herd und dem Feuer. Die Reichsten
zeichnen sich durch die Kleidung aus — nicht flatternde, wie
Sarmaten und Parther, sondern eng anliegende, welche die
Glieder deutlich erkennen läßt. Auch Pelze wilder Thiere
tragen sie: die Völker zunächst dem Rhein sonder strengere
Wahl; die entlegneren mit sorgfältigerer Auswahl; diesen

trägt ja nicht, wie den Rom Näheren, der Handel sonstige Stoffe höherer Culturländer zu. Sie wählen unter den wilden Thieren diejenigen aus, deren Felle sie verwenden, und besetzen dieselben hie und da mit Büscheln und Pelz= stücken anderer Unthiere, welche der ferne Ocean (die Nord= und Ostsee) und ein uns unbekanntes Meer erzeugt."

Diese Pelztracht ist so charakteristisch für die Germanen und wird so zäh von ihnen festgehalten, daß sie nicht nur in den rauhen Waldländern rechts vom Rhein, bis nach Scandinavien nördlich und bis in die Steppen Rußlands östlich, Jahrhunderte lang herrschend bleibt, sondern daß sogar in dem warmen Italien und Südfrankreich die Gothen noch im fünften und sechsten Jahrhundert wiederholt die „Bepelzten" genannt und in ihrer „Wildschur" geschildert werden, in welcher sie Ende des vierten Jahrhunderts das rechte Donau=Ufer betraten und bis in das heiße Griechen= land und Kleinasien wanderten. Gewöhnlich verwendete man zu der Wildschur Schaf= und Ziegenfelle; werthvoller waren Katzen= und zumal Marder= und Zobelpelze, welche nur von Reichen an Festen gezeigt wurden. Die Männer trugen Bären= und Wolfspelze.

Für die Tracht jener Zeiten und Völker ist mit dem Angegebenen fast Alles erschöpft, was wir wissen; nur vom Schmuck ist manches Stück in den getreuesten Schmuckkästchen: den Gräbern, für uns aufbewahrt worden. Dahin zählen, außer den in sehr großer Zahl erhaltenen „Fibulae", die Ringe in mannigfaltigster Verwendung und verschieden in Stoff, Form und Arbeit. Die engsten, an den Fingern ge= tragenen Ringe hießen „Finger=Ring", „Finger=Gold". Andere, breitere umschlossen das Handgelenk oder, unseren modernen Armbändern entsprechend, den Unterarm, während die breitesten, die „Armringe", „Armbogen" (baugar), um den Oberarm getragen wurden, übrigens auch von Männern. Häufig finden sich statt der plattenähnlichen, breiten, aber flachen Bogen drahtähnliche, schmale, aber dicke Spirale, welche manchmal den ganzen Oberarm bedeckten und, abgehackt und zugewogen, zugleich als Tauschmittel dienten (vor dem Ein= bringen keltischen und römischen Metall=Münzgepräges). Auch den Hals umgaben oft Ringe, zuweilen mehrere, wol auch durch senkrechte Stäbchen verbunden, so daß ein dem Wehrkragen des Mittelalters vergleichbares Gefüge entstand. Viel häufiger aber als Halsringe waren Halsketten, oft auch in mehrfachen Schnüren, an deren Stoff und Form man die Fortschritte der Cultur in den verschiedenen Jahrhunderten und bei den verschiedenen Völkern verfolgen kann. Die ältesten, rohesten, der Vormetallzeit angehörigen Ketten bestehen aus bunten Kieseln, Muscheln, Fischgräten, Zähnen von Haien oder aus bunten Steinen jeder Art, aus Knöchelchen, Stücken von Horn oder Geweih, Bernstein, Halbedelsteinen, Perlen, aus gebranntem und bunt gefärbtem Thon, Kristall und Glas; dann aus Beeren, Körnern, Kugeln, Ellipsen, Platten, Ringen, Scheiben, Gewinden von Bronze, Eisen, Silber, Gold. Bei den einfacheren Ketten besteht die Anordnung häufig darin, daß das größte, das Prachtstück, etwa allein auch von besserem Stoff, z. B. Bernstein, in der Mitte auf der Brust ruht, während von diesem Mittelstück hinweg nach beiden Seiten hin die Kugeln oder Beeren sich mehr und mehr verkleinern. Unter den Silber- und Goldketten ragen einzelne durch außerordentliche künstlerische Schönheit des Stils und Geschmacks und durch wunderbar vollendete Technik hervor; es sind etruskische Arbeiten. Erst in neuerer Zeit hat man die Bestimmung großer, flacher, oft in erhabener oder vertiefter Arbeit getriebener Metallscheiben erkannt, die häufig in ihrem Mittelpunkt einen Halbedelstein zeigen; es sind Zierplatten, welche Männer und Weiber auf den Schultern, auf der Brust und auf dem Gürtel trugen. Solche Scheiben von großem Durchmesser dienten auch als Schmuck der Rosse auf Stirn oder Brust, sowie der Vorderseite der Wagen. Fügen wir noch hinzu, daß auch Stirnbänder, ähnlich gefertigt wie die Halsketten, getragen wurden, so ergibt sich eine nicht geringe Mannigfaltigkeit weiblichen Schmuckes.

Um aber von der Gewandung ein anschaulicheres Bild zu zeichnen, müssen wir die nordischen Quellen heranziehen.

Die Hauptbestandtheile der Frauentracht sind das ärmellose, zunächst dem Leibe getragene Hemd, das auch im Schlafe nicht abgelegt wurde: die skyrta (daraus, mit abweichender Bedeutung, „Schurz", „Schürze") und der darüber geworfene Mantel, Kyrtja, unser „Kittel"; dazu treten dann die Kopfbedeckung, ferner der Schleier, ein oder zwei Gürtel, manchmal Hosen, Strümpfe, Schuhe, Handschuhe, Tasche. Alle diese Dinge haben wir nun einzeln zu betrachten.

Was die Stoffe betrifft, so ward das grobe, dichte Wolltuch, aus welchem der Mantel (sagum) gefertigt wurde, von den Frauen in jedem Gehöft bereitet, entsprechend der einfachen Natural=Wirthschaft, die sich auf Handel nicht verlassen konnte, vielmehr die unentbehrlichsten Güter selbst erzeugen mußte. Im Norden hieß dieses Wolltuch „Wadmal"; es diente vor Einführung der Metallmünzen, ähnlich den Armringen, als Tauschmittel und Werthmesser und erhielt sich in dieser Bedeutung auf Island bis in unser Jahrhundert, wenigstens als Rechnungswährung. „Wad" (deutsch nur als „Watte" erhalten, bedeutet Gewand; daher z. B. Hergewäte (nicht: Hergeräthe), die Schutz= und Trutzwaffen des Mannes.

Eine Art, „Lod", ganz unser „Loden", war besonders dicht und stark, so daß eine Mütze daraus wohl eine Sturmhaube ersetzen mochte. Dreimal höher als Wad war, auf Island wenigstens, Linnen gewerthet, da ja Flachs im Nordland größtentheils eingeführt werden mußte. Die Germanen kennen Flachsbau und Linnenbereitung seit unvordenklicher Zeit. Frauen webten das Linnen, wie sie es als Trachtstoff bevorzugten: so heilig und ehrwürdig und so echteste Hausfrauenarbeit ist dieses Werk, daß aller Hausfrauen Vorbild, die Hausfrau Odhin's selbst, Frigga, die Lehrerin und Schützerin des Spinnens und Webens ist.

Sie führt die Spindel, wie ihr Gemahl den Speer, und wie der Speer den Mann, so bedeutet die Spindel — sogar in der Rechtssprache — das Weib (Speerseite, Spindelseite, Schwertmagen, Spindelmagen: „la couronne de France ne tombe en quenouille"). Daher ist heute noch die Hollefrau, die Frau Holle in Thüringen, die Berchtfrau, die Frau Berahta, d. h. die Glänzende, im Volksglauben die Schirmerin der Spinnarbeit, die Lohnerin der fleißigen, die Straferin der faulen Spinnerin; denn Frau Holle, Frau Berahta, ist keine Geringere, als Frigga selbst.

Aus weißem Linnen bestand auch der Brautschleier. Ergetzlich ist zu lesen, wie die Göttinnen das Haupt des ungefügen Donnergottes Thor in einen solchen Schleier hüllten, da er als Braut, an Freya's Statt, dem getäuschten Riesen zugeführt ward. So hoch war die Linnentracht gewerthet, daß ein Meermännlein auf die Frage, was ihm vom Menschenleben am besten gefallen habe, antwortete: „Wasser für die Augen, Fleisch für die Zähne, Linnen für die Glieder." Minder geschätzt ward Hanfleinen — Ende des dreizehnten Jahrhunderts wie fünf zu zwölf. Baum=

wolle gelangte erst durch die Araber nach Europa. Seide war von den Chinesen schon den Römern zugegangen, aber der kostbare Stoff kam wohl höchst selten zu den Germanen über den Rhein.

An Farben des Kleides werden, außer Schwarz und Grau, Grün und Weiß für geringere Gewänder erwähnt, Roth und Rothbraun für feinere Tracht; Roth aber ist Hoftracht. Blau kleideten sich gern die Männer; einen dunkelblauen, glänzenden Rock trägt nach dem Edda=Liede, welches die verschiedenen Stände nach Lebenssitte und Erscheinung schildert (Rigsmâl), auch die Mutter des Edlen, des Jarls (des Kleinfürsten).

Die Skyrta, bei den Frauen auch serkr genannt, war ein Untergewand von Leinwand; im Hause ging man wol auch lediglich mit diesem Hembe bekleidet. Die Ehebrecherin warb entkleibet bis auf den serkr, der nach hinten abgeschnitten warb, so daß sie, von dem Gemahl aus dem Hause gejagt, nur eine Art Schürze zur Bedeckung behielt. In der Nacht warb der serkr anbehalten oder mit einem besonderen Nachthembe vertauscht. Der obere Bund des serkr wurde mit bunter Färbung, mit Stickerei, wohl auch mit Gold und Gestein geschmückt Der Ausschnitt, durch welchen man das Haupt steckte, durfte bei Männern nicht so weit wie bei den Frauen sein: sonst galt das für ein „Weiberhemb", und die Ehefrau konnte Scheidung verlangen von einem solchen „Weib=Mann", wie umgekehrt der Mann von einem Mann=Weib, d. h. einer Frau, welche Hosen nach Männerzuschnitt anlegte. Denn im Norden wenigstens trugen auch die Frauen Hosen. Dieses Kleidungsstück war aus zwei Bestandtheilen zusammengesetzt. Von den Hüften bis zum Knie reichte „die Bruch", vom Knie bis zu den Knöcheln „die Hose" im engeren Sinne, auch „Beinhose" genannt, unseren Strümpfen entsprechend. Doch trug man auch Bruch und Hose aus Einem Stück, dem oft auch Socken angefügt waren, welche den Fuß von der Ferse bis zu den Zehennägeln umschlossen. Ein Unter=Gürtel hielt um die Hüften die Bruch zusammen, die aber nur bei Männern hinten durch eine Naht geschlossen war. Wie alle Unterkleider, war die Bruch von Leinewand; nur bei sehr harter Kälte, auf See und von den Männern im Krieg wurden Loben=Bruche getragen. Häufiger als die Bruch war die Hose von Tuch oder auch von Geiß=, Rinds= oder kost=

spieligem schwarzem Bock=Leder; als Farben der Hose liebte
man Roth, auch Braun oder Blau; geringere waren linnen=
weiße oder tuch=schwarze. Die unteren Enden der Hose
liefen, später wenigstens, in zwei oder vier Zipfel aus, die
um den Knöchel geschlungen und festgeknüpft wurden.

Barfuß gingen nur Unfreie und ganz Arme. Der
Schuh war aus Leder, nach dem Fuße geschnitten, und ward
durch lange Riemen nicht nur über den Rist gebunden,
sondern diese Lederstreifen wurden auch, Gamaschen vergleich=
bar, in mehrfachen Windungen um die nackte Wade und
das Schienbein oder über die Hose geschlungen und unter=
halb der Kniekehle festgebunden. Diese Schuhriemen waren,
vermöge der mehrfachen Umschnürung, so lang, daß man
sehr wol, wie an einem Strick, einen Menschen daran auf=
hängen konnte. Bei Reicheren waren sie mit Fransen und
Trobbeln geziert und bunt (roth) gefärbt oder glänzend weiß.
Auch der Schuh selbst war manchmal, wie Moorfunde zeigen,
mit eingelegter Arbeit, mit allerlei Ornamenten an den
Seiten, der Riftdecke, den Riemenansätzen geschmückt; doch
gab es auch Sandalen=Leder ohne Riftdecken. Das Anziehen
und Zuschnüren der Schuhe besorgten reichen Frauen und
Männern besondere Schuhmädchen und Schuhknechte. Von
den im Norden viel gebrauchten Schlittschuhen sind wol zu
unterscheiden Eisschuhe, d. h. gewöhnliche Schuhe, unter
deren Sohlen Eisenstacheln geschraubt wurden, wie sie in
unsern Bergen heute noch gebraucht werden.

Der Rock (Kyrtil), eng anliegend, bald ärmellos, bald
kurzärmelig bis an den Ellenbogen, bald langärmelig bis an
die Handknöchel, war von Wolle, Tuch, gewöhnlich braun
oder grau, im Winter von Pelz.

Zwei Gürtel sind zu unterscheiden: zunächst der untere,
welcher die Bruch über den Hüften zusammenhielt. Trug
man zur Sommerzeit im Hause nur die Skyrta, so hingen
oder staken Schwert und Messer des Mannes an oder in
diesem Hosengürtel. Diente dieser nur dem praktischen Zweck
— er ward nicht gesehen, daher auch nicht geschmückt —
so war der obere sichtbare Gürtel, der den Kyrtja umschloß,
ein Zierstück, an welchem Reichthum, Geschmack und Schön=
heitssinn sich gern voll und glänzend zeigten; zum Stoff
wählte man feineres, sorgfältiger gefärbtes Leder, als für
den Hosengürtel.

Der Ledergürtel war dann in ältester Zeit behängt oder

besetzt mit symmetrisch gereihten Thierzähnen, Halbedelsteinen, Bernsteinperlen, später mit Gold= oder Silber=Zierraten; aber auch Metallgürtel von Bronce sind gefunden. Silber= und Goldgürtel werden als Prachtgürtel erwähnt. Manchmal gab man dem Obergürtel eine in der Mitte der Brust spitz emporsteigende Form, an beiden Seiten ausgerundet. Hieraus ist das „Mieder" entstanden, wie es baierische und alamannische Bäuerinnen heute noch tragen; auch der reiche Schmuck des Mieders mit Schnürwerk, Gold= und Silber=Ketten, Münzen geht auf jenen alten Obergürtel und seine Verzierung zurück.

An dem Obergürtel trugen Frauen (auch Mädchen) die Schlüssel, erstere als Symbole der „Schlüsselgewalt", d. h. des Rechtes, den Hausstand zu verwalten. Auch Schere, Messer, Geldbeutel, ein Täschchen für allerlei kleines Geräth (von Leder, Leinewand oder Wolltuch) führte man am Gürtel.

Uebrigens fehlte es dieser Tracht durchaus nicht an Manchfaltigkeit. Ueber den ganzen Anzug von Skyrta und Kyrtja warf man im Winter auf Land= und Seereisen noch verschiedenartige (man zählt mehr als zehn Namen und Formen) Pelz=, Wadmal= oder Tuchmäntel, ärmellos, auf den Schultern durch Spangen befestigt, an den Enden mit Borten besetzt, bis über die Hüften reichend oder auch in eine lange Schleppe auslaufend. Wurde schon der gewöhnliche Mantel bei Unwetter über dem Haupte zusammengeschlagen, so gab es noch Kapuzenmäntel aus Loden, welche, die ganze Gestalt bis an die Sohlen verhüllend, oben in einer spitzen Kapuze endeten und sogar zur Bedeckung des Gesichtes eine Larve von starkem, steifem Tuch enthielten, lediglich für die Augen Oeffnung bietend, an Stirn, Hals, Wangen und Seiten fest genäht und geknöpft. Solche Vermummung trug man nicht nur bei winterlicher Fahrt, sondern auch als Flüchtling, Verbannter, Späher oder geheimer Bote.

Die Handschuhe von Hirschleder oder Tuch hatten anfangs nur einen Däumling und erhielten die vier anderen Fingerlinge erst später.

Als Kopfbedeckung diente ein Linnentuch: vornehme Frauen trugen einen hohen, aus mehreren glänzend weißen Tüchern hergestellten Aufsatz, „Faldr", d. h. gefaltet, turbanähnlich oder auch nach oben gebogen, hornähnlich, wie in Deutsch=

land im späten Mittelalter. Die Haube, ursprünglich wie
die Spindel ein Symbol des Weibes, ward später auch von
Männern getragen. Man trieb reichen Luxus in der Fein=
heit der Stoffe von Leinwand und Edelpelzen (Bärenhauben,
Graufell).

Zum Schlusse ein Wort über Tracht und Farbe des
Hares. Bei den Sueben trugen Frauen und Männer das
Har zurückgekämmt und auf dem Wirbel in einen Knoten
zusammengebunden, der den Schweifbüschel über den Rücken
herabfallen ließ. Das lang wallende Haupthar galt bei
beiden Geschlechtern als Zeichen der Freiheit und der Ehre.
Der Verknechtete, der Verbrecher, das Weib, das ihre Ehre
eingebüßt, wurden geschoren. Eine Ehrenstrafe und zugleich eine
sehr schmerzende Strafe, dem Brandmal gleich und wie dieses
zugleich vor dem Gekennzeichneten warnend, war das „turpiter
decalvari" bei Westgothen und Vandalen, wobei die obere
Stirnhaut sammt den darauf stehenden Haren nach einem Ein=
schnitt herausgerissen ward. Langes, volles, wallendes, gelocktes
Har galt als hohe Zier für Männer wie für Frauen. Die
am meisten geschätzte blonde oder auch rothe Farbe ward
durch beizende Salben gesteigert; im vierten Jahrhundert
werden herende Alamannen, an der Mosel gelagert, über=
fallen, während sie zechen, baden, ihr langes Har strählen
und salben. Braun werden Gothen und Langobarden geschildert,
eine Folge ihrer Vermischung mit Italienern und Spaniern.
Sigfrid von Niederland als Fremdling zu Worms ist nicht
blond, sondern braun (und doch ist auch er Germane, ja
ursprünglich Baldur, also doch wol blond). Schwarzes
Har, als volksfremd und finster, als feindlichen Sinn
drohend, galt für häßlich. Die Männer trugen das Har
lang, manchmal bis über die Schulter wallend, aber nicht
gelockt, was für weibisch angesehen wurde. Bei Schilderung
eines schönen Weibes wird nie das lange weiche Har
vergessen.

Kraka war aller Mädchen schönstes. Ihre Flechten
reichten bis an die Erde; sie waren weich und glänzend, wie
schimmernde Seide. Hallgard, die hochgewachsene, vermochte
sich ganz in ihre Locken einzuhüllen. Auch eine nordische
Isolde wird erwähnt, die durch ein einziges Har in weiter
Ferne Liebe erweckte: Ingigerd, des Königs Hreggid Tochter,
die sich ganz in ihre Locken hüllen konnte, welche wie Gold
oder Stroh glänzten. Da sitzt einmal Jarl Thorgnyr auf

dem Hügel, in dem seine Frau bestattet liegt, und eine Schwalbe fliegt über ihn weg. Sie läßt ein Seidenknäulchen fallen, worin ein einziges Menschenhar steckt, lang, wie ein Mann hoch, und von eitel Goldglanz. Entzückt schwört der Jarl, er müsse die gewinnen, der dieses Har gehöre, und sein Rath Biörn erräth sogleich, daß es Ingigerd, Hreggid's Tochter sei.

Jungfrauen trugen das Har lose und fliegend, während es Bräuten in ein zopfartiges Geflecht gelegt ward; die Verheiratheten bedeckten den Kopf mit Tuch, Schleier oder Haube.

Das Wesentliche war nun aber die hohe ideale Würdigung des Weibes in der gesammten Lebensanschauung der Männer: daraus allein erklärt sich, daß das germanische Weib in den rauhen, ja zum Theil rohen Zuständen der Vorcultur eine so günstige, ja ehrenvolle Stellung einnahm, wie etwa, bei viel höherer Civilisation, die römische Matrone, und eine viel würdigere, als die hellenischen Hausfrauen zur Zeit der höchsten Culturblüthe Athens.

Richtig hat der große Römer, welcher die Urzustände unseres Volks geschildert, die tiefe Bedeutung einer Haupttugend der Germanen erkannt: ihrer Keuschheit, der edeln Reinheit im Verhältniß der Geschlechter. Diese Tugend bewirkte, daß die beiden Gatten in die spät geschlossenen Ehen mit gleich reiner Vergangenheit eintraten, und daß diese Ehen mit einer Kinderzahl gesegnet waren, welche dem gerade in diesen Dingen tief gesunkenen Rom mit vollem Rechte Grauen einflößte. Während kaiserliche Gesetze schon unter Augustus durch allerlei Vermögensvortheile und Vermögensnachtheile die Ehescheu und die Kinderlosigkeit der Römer zu überwinden sich sonder Erfolg bemühten, erwuchsen aus den Ehen des gesunden, einfachen Waldvolkes so zahlreiche Kinder, daß all' die furchtbaren Lücken, welche das römische Schwert und, durch Verpflanzung, Kolonisation, Soldbienst, die römische Politik in die Reihen der germanischen Here riß, alsbald nicht nur immer wieder ausgefüllt waren, — daß vielmehr die stetig zunehmende Bevölkerung der Germanen zuletzt allen Widerstand der Legionen überwältigen und überfluthen mußte.

Mit dieser Keuschheit in tiefstem Zusammenhang steht die hohe ideale Würdigung des Weibes: „etwas Heiliges und Weissagungsvolles erblicken sie in dem Weibe," sagt Tacitus; sie hören auf ihren Rath, auf ihre Warnung. Näher als die rauheren Männer stehen die Frauen den Göttern, leichter ahnen sie deren Willen und Zukunftsbestimmung. Daher gab es nicht nur neben Priestern Priesterinnen, sondern Zukunft-kundige Frauen, die nicht Priesterinnen waren oder doch nicht sein mußten, übten großen Einfluß auch auf die Leitung des States, der Kriege mit Rom: so jene Jungfrau Velleda im Land der Brukterer, welche, auf hohem Thurm einsam lebend, den Willen der Götter erkundete und ihrem Volke verkündete; Sieg hatte sie verheißen und Sieg war geschehen, und zum Lohne führte man ihr den gefangenen römischen Feldherrn zu.

Dieser hohen Werthhaltung der Ehre ihrer Frauen entsprechend glaubte man die Germanen zur Einhaltung von Verträgen am wirksamsten anzuhalten, wenn man sich edle Jungfrauen als Geiseln von ihnen geben ließ; diese vor Schmach zu wahren, enthielten sie sich sorgsam jeder Verletzung der vertragsmäßigen Verpflichtungen.

Aber um die Vorstellungen der Germanen von ihren Frauen und Mädchen zu erschöpfen, dürfen wir uns nicht blos in ihren irdischen Gehöften umsehen: wir müssen den Blick emporheben nach Walhall: denn wie alle Völker haben auch die Germanen ihre Götter und Göttinnen nach ihrem eigenen Bilde geschaffen: und wie Odhin und Thor und Baldur und Freir nur idealisirte germanische Männer und Jünglinge, so sind auch Frigga, Freia, Nanna, Gerdha, Sigün germanische Jungfrauen und Frauen, nur wenig idealisirt. Welche Fülle von Schönheit, Anmuth, Hoheit, Reine, Treue, Seelenkraft und Herzenstiefe ist aber in jenen Gestalten vereinigt! Und Sage und Geschichte belegen diese Luftspiegelung des Weibes mit zahlreichen Beispielen menschlicher Bethätigung. Wie folgerichtig ist es, daß, da das Weib die Zukunft, das nahende Schicksal ahnungsvoller als der Mann erfaßt, die da das Schicksal weben und wirken, nicht Männer sind, sondern die ehrwürdigen Nornen. Und jene Tapferkeit der germanischen Jungfrau, welche die Waffen nicht fürchtete und oft mit dem Geliebten in Kampf und Tod ging, findet ebenfalls ihren Ausdruck in Walhall: nicht Männer, nicht Herolde sind es, sondern herrliche Mädchen, die Schildjung=

frauen Odhin's, welche die „Wal küren", d. h. die zum Tode
bestimmten Helden bezeichnen, und wenn sie gefallen, empor
tragen zu Walhalls ewigen Freuden, welche sie, Odhin's
Wunschmädchen, mit den Einheriar theilen. Höhere Ver=
herrlichung des Weiblichen war germanischer Phantasie nicht
denkbar.

Gegenüber einer sehr wenig erfreulichen Behandlung des
Weibes in der modernsten deutschen Literatur möge der Wunsch
verstattet sein, daß die altgermanische Würdigung des Weibes
unserem Volke nicht verloren gehe: denn diese bildet — so
schließen wir, wie wir begonnen — einen Maßstab für den
Charakter des Volkes und die Höhe, zumal aber für die
Gesundheit seiner Cultur.

Zum Langobarden-Recht.[1]

In der verdienstlichen Sammlung der Gierke'schen
„Untersuchungen", welcher wir schon manche werth=
volle Erörterung verdanken, nimmt diese Abhandlung
einen ehrenreichen Platz ein. Das Urkundenwesen
und die Bedeutung der Schrift sowie anderer Formen für
Existenz, Gültigkeit, Klagbarkeit, Beweis, Sicherung der Rechts=
geschäfte ist in neuerer Zeit von mehreren Forschern behandelt
worden, vor Allem in ausgezeichneter Klarheit und frei von will=
kürlichen Constructionen durch Brunner. Die vorliegende kleine
Arbeit berührt sich der Natur der Sache nach vielfach mit Val de
Lièvre, Launegild und Wadia (oben S. 151.) Sehr löblich ist
die Beschränkung auf den Quellenkreis Eines Stammes; inner=
halb dieser weisen Selbstbeschränkung leistet die fleißige und
sorgfältig gearbeitete Untersuchung recht Werthvolles; die Ver=
werthung später Urkunden (aus dem 11. Jahrh.) hätte viel=

---

[1] Rosin, Dr. Heinr., Privatdoc., die Formvorschriften für die
Veräußerungsgeschäfte der Frauen nach langobardischem Recht. Breslau,
1880. Koebner. (122 S. gr. 8.) A. u. d. T.: Untersuchungen z.
deutschen Staats= und Rechtsgeschichte, herausg. von Dr. O. Gierke,

leicht noch vorsichtiger geschehen dürfen. Strenge Abgrenzung der Forschung nach Stämmen und innerhalb der Stämme nach Perioden scheint bei dem Stand unserer Quellen (und Quellen-Ausgaben) noch immer geboten; gar manche neuere Arbeit leidet unter der allzu weiten Ausdehnung der Quellenkreise, welche gleichmäßig zu beherrschen kaum Einem von uns Allen möglich ist; daraus ergeben sich schwache Partien in sonst vorzüglichen, aber allzu weitschichtig angelegten Arbeiten. Auch stellt sich dann stets die Versuchung zu irrigen Verallgemeinerungen ein oder zur Vermischung von Rechtsbildungen verschiedener Epochen. Diese Bemerkung soll nicht gegen die hier besprochene Arbeit gerichtet sein, deren enge Begrenzung wir ja vielmehr als Vorzug anerkannt haben. Nur würden wir eine überall nach den Phasen, nach den Zeitfolgen der langobardischen Rechtsgeschichte auseinanderhaltende Untersuchung, wie sie bei Erörterung des Verhältnisses von Lex 29 zu Lex 22 Liutprandi in so erfreulicher Weise und mit so günstigen Ergebnissen angewendet wurde (S. 24—41), der systematischen Darstellung vorgezogen haben, welche eben mehr eine „dogmatische" als eine „historisch-dogmatische" ist.

Das deutsche Gerichtsverfahren im Mittelalter.[1)]

Durch dieses Werk hat der Verfasser dicht neben Homeyer Stellung genommen: wir haben nunmehr statt Eines Classikers des Sachsenspiegels deren zwei. Schon vor einem vollgemessenen Menschenalter (vor dreiunddreißig Jahren) hat die Abhandlung „über das Recht zur Beweisführung nach dem älteren deutschen, besonders sächsischen Verfahren"

[1)] Planck, J. W., Prof. das deutsche Gerichtsverfahren im Mittelalter. Nach dem Sachsenspiegel und den verwandten Rechtsquellen. 1., 2. Bd. Braunschweig, 1878/79. Schwetschke & Sohn. (X, 855, IV, 424 S. gr. 8.)

(Z. f. D. R. X) geradezu Epoche gemacht in einer Disciplin, welche sich nicht einer so reichen Pflege erfreut als man nach dem Vorgang und Vorbild der musterhaften Darstellung Homeyer's in seinem Richtsteig Landrechts hatte erwarten dürfen: sehr wenige Namen sind hier zu nennen; zu den vorzüglichen Arbeiten von Laband und Sohm ist erst vor Kurzem (1878) die dankenswerthe Monographie von v. Kries getreten „der Beweis im Strafproceß des Mittelalters". Was Plank in diesen 81 Bogen bietet, ist aber noch viel mehr als der Name des Werkes besagt: nicht nur eine alles Große und alles Kleine und Kleinste mit gleicher Hingebung und Liebe und Gründlichkeit erschöpfende Darlegung des Processes zur Zeit der Rechtsbücher wird hier geleistet: die Arbeit gewährt, ganz abgesehen vom Proceßrecht, eine außerordentliche Fülle von Belehrung auf fast allen Gebieten des materiellen Rechts vermöge der eingehenden Erörterung aller in den verwertheten Quellen auftauchenden Beispiele, wobei sehr oft zuerst die richtige Erklärung geboten wird. Ueberall spürt man der Arbeit an, daß sie nicht nur Jahre, daß sie Jahrzehnte lang Nachdenken und säuberlichste Feilung des Verf.'s beschäftigt hat. Es ist ganz unmöglich, von dem Reichthum des Inhalts in Kürze eine Vorstellung zu schaffen, wir beschränken uns auf Mittheilung der Gliederung des Stoffes: I. Buch: das Gericht; II: die Form des Verfahrens; III: der Gang des Rechtsstreits: 1. Cap.: erstes Verfahren; 2. Cap.: Beweisverfahren; 3. Cap.: Zwangsverfahren; 4. Cap.: vereinfachte Formen. Das Werk ist ein Meister-Werk und wird als unentbehrliche Grundlage stehen bleiben. Wie sehr dürfte man unsere Praktiker beglückwünschen, erhielten sie in Bälde eine auch nur annähernd vergleichbare Darstellung des heute geltenden deutschen Proceßrechts. Zwei Wünsche hätten wir an den verehrten Herrn Verfasser zu richten, einen mehr äußerlichen, den er leicht durch einen seiner Schüler erfüllen lassen kann: die Herstellung eines Sach-Registers, das gar nicht detaillirt genug gearbeitet werden kann, und wenn es einen kleinen Nachtragsband ausfüllt, desto besser! Den zweiten kann freilich nur er selbst verwirklichen. Er hat es unterlassen, und er durfte es nach Titel und Begrenzung seines Werkes, die Genesis der zur Zeit der Rechtsbücher bestehenden Einrichtungen in Gerichtsverfassungen und Gerichtsverfahren darzustellen: er beschränkte sich in der vorliegenden Arbeit

auf Erklärung der Erscheinungen auf dem von den Rechts=
büchern vorgefundenen, vorausgesetzten Boden. Möchte er
uns nun auch mit gleich vollendeter Meisterschaft darstellen,
wie sich, vielleicht wieder mit Beschränkung auf das sächsische
Recht, diese Zustände, diese Voraussetzungen gestaltet hatten,
wobei freilich sogar über die Zeit der Lex Saxonum und
der Capitularien, wenigstens in einzelnen Untersuchungen,
hinaus gegangen werden müßte.

Zur Geschichte des Gerichtswesens in Oesterreich.[1]

Das sorgfältig gearbeitete, klar darstellende Buch be=
handelt in der Einleitung Quellen und Hilfsmittel,
im ersten Abschnitt die Geschichte der Gerichtsgewalt
zur Zeit der Markgrafen, der Babenbergischen
Herzoge, des Zwischenreichs und der Habsburger bis zum
Ausgang des Mittelalters; im zweiten Abschnitt die Ge=
schichte der Gerichtsverfassung, und zwar den Untergang der
karolingischen Gerichtsverfassung, die Landtaidinge, die Hof=
taidinge, das Gericht des Landmarschalls, das herzogliche
Hofgericht, die unteren Landgerichte, die Vogtei=, Dorf= und
Hofmarkgerichtsbarkeit, das Waldgericht im Wiener Walde,
die Gerichtsbarkeit des Grundherrn, das Berggericht, die
Lehn= und Ministerial=Stadt= und Marktgerichte, das Juden=
gericht, Münzgericht, Hofmarschallgericht, Universitätsgericht,
geistliche Gericht, noch etliche Sondergerichte und endlich die
Reformen Maximilian's I. Mit Grund bemerkt der Ver=
fasser, daß noch überall in der Verfassungsgeschichte uns die
Nothwendigkeit der Specialforschung entgegentrete. Dies gilt
ganz besonders von der österreichischen Rechtsgeschichte, in

---

[1] Luschin von Ebengreuth, Dr. A., Prof., Geschichte des älteren
Gerichtswesens in Oesterreich ob und unter der Enns. Weimar,
1879. Böhlau. (XIII, 295 S. gr. 8.)

welcher ein vorschnelles Generalisiren ganz besonders übel
angebracht wäre: Quellenausgaben und Monographien haben
wir hier noch auf geraume Zeit vor verallgemeinernden Dar=
stellungen zu wünschen. Daher ist die Begrenzung, welche
der saubern, gewissenhaften Untersuchung in Raum und Zeit
gegeben wurde, nur zu billigen. Vielleicht wäre eine mehr
detailirte Darstellung der einzelnen im Ennsland nachweis=
baren karolingischen Institutionen wünschenswerth gewesen:
ihre Auflösung nur wird uns kurz vorgeführt. Es wäre
sehr dankenswerth, wollte der Verfasser uns bald zu dieser Ge=
schichte der Gerichtshoheit und Gerichtsverfassung auch die
Geschichte des Verfahrens vor diesen Gerichten geben. Aller=
dings müßte dieser Theil noch viel mehr als die hier vor=
liegenden Untersuchungen nicht nur, wie der Verfasser bemerkt,
mosaikartig aus einzelnen Urkunden zusammengestellt, es
müßten auch Uebereinstimmungen und Abweichungen im Ver=
gleich mit den im übrigen Reich damals geltenden gesetzlichen
und (weit überwiegend) gewohnheitsrechtlichen Bestimmungen
(oben S. 181) genau dargelegt werden. Die meisterhafte
Arbeit Planck's müßte, sollten wir denken, wie Muster und
Hilfe so lebendigste Anregung zu solcher Rechtsvergleichung
zwischen sächsischem und oberdeutschem Verfahren gewähren.

Ueber Verleihung des Königsbanns.[1]

"Die der juristischen Facultät zu Jena angehörigen
Docenten hatten sich vereinigt, ihrem Ordinarius
zu dessen fünfzigjährigem Doctorjubiläum einen
Kranz von Abhandlungen als Festgabe zu reichen.
Der Tod hat Fest und Festgabe vereitelt. Was von Ab=
handlungen bereits gedruckt war, erscheint nunmehr einzeln,
aber als den Manen dessen gewidmet, dem es nicht mehr
vergönnt war, zu seinem Jubelfeste zu gelangen."

[1] Georg Meyer, Professor in Jena, die Verleihung des Königs=
bannes und das Dingen bei markgräflicher Huld. Jena, Verlag von
Gustav Fischer. 1881. S. 46.

Diese pietätvollen Worte sind vorgedruckt der kleinen, aber werthvollen Abhandlung, welche die Bedeutung der Verleihung des Königsbannes in der Zeit und nach der Darstellung der Rechtsbücher untersucht und in wesentlichen Dingen zu neuen Ergebnissen gelangt. Nach dem Herrn Verfasser soll die Verleihung des Königsbannes im Sachsenspiegel nicht, wie man bisher, der Natur der Sache und dem Wortlaut gemäß, annahm, bedeuten die Uebertragung der ordentlichen Grafen-Gerichtsbarkeit, sondern bloß die Einräumung der Befugniß, unter einer Wette von 60 Schillingen zu dingen. Da nun nur mit solchem Gewebbe ein echtes Ding gehegt und da nur in echtem Ding über freies Eigen (der Schöffenbaren) und über Ungericht von Schoffenbaren gerichtet werden durfte, war die Verleihung jener Befugniß zugleich Uebertragung der Gerichtsbarkeit für die genannten Fälle und Personen im Civil- und Strafverfahren. Dagegen sei durch jene Verleihung nicht übertragen das Grafenamt oder auch nur die Gerichtsgewalt des Grafenamts an sich: denn diese umfasse außerdem noch die Zuständigkeit über Nichtschöffenbare zu Hals und Hand, mit Ausschluß des Gogreven und des Schultheißen. Ferner: nur für Sachsen gelte das Dingen des Grafen bei Königsbann: es sei hier zurückzuführen auf das Capitulare Karls des Großen de partibus Saxoniae, vom Jahre 777, c. XXXI. Außerhalb Sachsen habe jeder Richter zu dingen unter der in seinem Gerichtssprengel gesetzlichen oder gewohnheitsrechtlichen Wettsumme: ein einheitlicher Satz der Wetten für das ganze Reich habe (wahrscheinlich) niemals bestanden. Daß der Schwabenspiegel ein solches nicht kenne, sei nicht, wie in der bisherigen Annahme, aus dem Verschwinden desselben in der Zwischenzeit zu erklären: vielmehr liege hier eben der Gegensatz zum Sachsenspiegel als ein territorialer (ursprünglich wohl richtiger: stammthümlicher) zu Grunde. Gemeindeutsches Recht des XIII. Jahrhunderts, eben Reichsrecht, sei allerdings der Satz, daß der vom Pfaffenfürsten belehnte Richter der Verleihung des Blutbanns durch den König unmittelbar bedürfe, wie der Schwabenspiegel zeigt: allein dies hänge mit der Verleihung des Königsbanns nach sächsischem Recht nicht zusammen(?) Dem entsprechend bedeute auch der Satz des Sachsenspiegels, daß der Markgraf „bei eigner Huld" dinge, durchaus nicht eigne Gerichtsgewalt des Markgrafen, sondern eben nur, analog wie bei dem „Königsbann" des Grafen, das eigene Gewebbe des Markgrafen ipsius commodo. Dies habe jedoch nur in den sächsischen Marken, ja vielleicht nur in Brandenburg praktische Bedeutung gehabt, da es hier keine Schöffenbaren und kein freies Eigen gegeben habe, folglich auch keine „causae majores" mit der Wette von 60 Schillingen. —

Die kleine Schrift zeigt alle Vorzüge, welche uns an den Arbeiten des Herrn Verfassers zu erfreuen pflegen: die saubere, sorgfältige Untersuchung, die lichtvolle Darlegung. Sehr nach dem Herzen des Referenten ist das Zurückgreifen auf die ältere, der Zeit der Rechtsbücher vorhergehende Stufe der Rechtsbildung behufs Erklärung von Institutionen des XIII. Jahrhunderts. Denn wiederholt muß es ausgesprochen werden, daß doch auch der Sachsenspiegel nicht vom Himmel gefallen ist, daß doch auch die Aufzeichnungen Herrn Eike's von Repgow nicht lediglich den sächsischen status juris modernus von 1230 so darstellen, daß er aus sich selbst heraus allein erklärt werden könnte. Wenn selbst nach den classischen Arbeiten Homeyer's und Planck's noch Manches für jenes Rechtsbuch zu leisten steht, so ist es besonders der Versuch, nachzuweisen, wie fern in den Rechtsbüchern dieser Gruppe älteres, auf die Zeit der Weisthümer, die Capitularien, auch auf die knappe lex Saxonum Zurückreichendes verzeichnet ist.

Die Erörterungen des Herrn Verfassers sind überall sehr anregend, in manchen Puncten überzeugend. Aber für den Satz, der ihm wol der wichtigste, scheint der Beweis wenigstens nicht in dem vom Verfasser hinein gelegten Sinn erbracht. Er hat wahrscheinlich gemacht, daß bei Verleihung des Königsbannes in späterer Zeit manchmal das Recht auf das Königsgewebbe den Hauptgegenstand der Investitur bildete, wenigstens der praktischen Bedeutung nach: das heißt als vormögensrechtliches Motiv. In der späteren Gestaltung der Investitur mit Hoheitsrechten wird ja häufig der Vermögenswerth der Ausübung, das Recht auf Wetten, auf Naturalleistungen der Ding- oder Amts-Pflichtigen so sehr zur Hauptsache, daß z. B. auch Vogteirechte fast nur um dieser Erträgnisse willen angestrebt und letztere in den Verleihungsurkunden viel einbringlicher hervorgehoben werden, als das ihnen zu Grunde liegende Recht. Allein diese lediglich praktische, so zu sagen finanzielle Auffassung ist doch nicht die juristische: rechtlich betrachtet bleibt doch immer das Amt,

also hier die Grafschaft, der ursprüngliche Gegenstand und Inhalt der Investitur, die Grundlage der vermögensrecht= lichen Erträgnisse und des Wette=Rechts, durch welches die= selben bezogen werden. Daß auch juristisch jemals das ab= geleitete ohne das zu Grunde liegende Recht, abgelöst von diesem und selbstständig verliehen worden sei, scheint mir nicht bewiesen und auch dann nicht anzunehmen, wenn die Aus= drücke der Quellen, zumal der Urkunden, welche, abgekürzt und eindringlich redend, den praktischen Hauptzweck der Ver= leihung allein hervorheben, einen solchen Anschein hervorrufen.
Königsberg, November 1881.

Zu Gulathing und Gulathingslög.[1]

Der Verfasser, ohne Frage in Kenntniß der nordger= manischen Dinge von Keinem übertroffen und kaum in Skandinavien in der einen oder anderen Disciplin von dem Einen oder Anderen erreicht, bietet in dieser, für die „allgemeine Encyklopädie der Wissenschaften und Künste" übernommenen Arbeit bedeutend mehr als die beiden Namen besagen, unter welche sie gestellt ist: nämlich nichts Geringeres als eine vollständige Geschichte der alt= norwegischen Rechtsquellen und die Entwicklung des Land= umfangs des altnorwegischen Stats: denn der Verf. be= schränkt sich nicht auf das Gulathing, sondern betrachtet auch die drei anderen Gerichtsgebiete, indem er sie von den frühesten Spuren bis zur Herstellung des norwegischen Ge= sammtstats verfolgt, überall unter sehr eindringender Kritik der älteren Ansichten und Theorien: insbesondere der Inhalt und Umfang der älteren Gesetzgebung (von Hakon dem Guten und Olaf dem Heiligen) wird geprüft. Eingehend wird erörtert die sogenannte „Goldfeder", das ca. 1160—1165

---

[1] Maurer, Konrad v., Gulathing und Gulathingslög, in Ersch und Gruber's Encyklopädie I. Section. Band XCVI, S. 377—418; XCVII, S. 1—74.

unter starker kirchlicher Einwirkung aufgezeichnete Rechtsbuch, das Eyrathing im Verhältniß zum Frostathing und der auflösende Einfluß, den ein hochwichtiges Amt auf die alten Dingverbände üben mußte: es handelt sich hier um das Amt des „Gesetzsprechers", dessen Alter in Norwegen eine andere, wahrhaft musterhafte Untersuchung des Verfassers festgestellt hat (in der Festgabe zum Doctorjubiläum von Arndts, München 1875). Die fast fünf Bogen starke zweite Abhandlung stellt die Geschichte aller norwegischen Rechtsquellen dar, von den alten Landschaftsrechten bis auf die Gesammtstatsgesetzgebung von König Magnus. Manche dieser Quellen hatte der Verfasser schon früher zum Gegenstand eingehendster Erörterungen gemacht. Hier werden nun nicht nur die Texte, die Handschriften in ihrem Filiationsverhältniß kritisch inventarisirt, neben diesen formellen Fragen werden in dankenswerthester Weise auch die materiellen, nach Entstehungszeit, Urheberschaft, öffentlichem oder privatem Character der Aufzeichnung, Verhältniß unter einander erörtert. Der Verfasser hat abermals bewährt, daß er auf diesem ganzen Forschungsgebiet hors de concours und Belehrer der Nordgermanen über ihre eigene Rechtsgeschichte ist.

Das Christenrecht König Sverris.[1]

Schon vor bald acht Jahren hatte der Verfasser in einer Abhandlung über das sogenannte Christenrecht des Königs Sverris (Bartsch, germanistische Studien 1872/73) nachgewiesen, daß die fragliche norwegische Quelle ihren Namen mit Unrecht führe, keineswegs von jenem König herrühre: die mißbräuchliche Bezeichnung ist daher entstanden, daß der einzige uns erhaltene Codex an seinem Eingang eine Verfügung enthielt, welche aber mit dem

---

[1] Maurer, Konrad v., Studium über das sogenannte Christenrecht König Sverris (Festgabe zum Doctorjubiläum von Leonhard von Spengel.) München, 1878. Kaiser. (92 S.)

Christenrecht nichts zu schaffen hat. Dieses ist vielmehr compilirt aus Rechtsbüchern des Gulathings und Frostathings, über welche der Verfasser früher schon ausführliche Studien (in den Abhandlungen der k. baier. Akademie der Wissenschaften) veröffentlicht hat. Hieran knüpfend weist er nun die Entlehnung der einzelnen Abschnitte des „Christenrechtes" aus bestimmten Stufen d. h. Redactionen jener beiden Rechtsbücher nach. Der Codex ist nur Copie eines Originals, welches ca. 1270 aufgezeichnet, ein für den norwegischen Gesammtstat gemeinsames „Christenrecht" enthielt: dieser Entwurf steht zwar auf dem Boden der kirchlichen Ansprüche, jedoch nicht ohne wiederholt Uebersteigerungen dieser Ausprüche und Uebergriffe vom Standpunct der weltlichen Gewalt aus zu beschränken.

Historisches Taschenbuch von Friedrich Raumer.[1)]

Der vorliegende Band des bekannten periodischen Geschichtsbuchs bringt folgende Abhandlungen: Deutschlands Schriftstellerinnen bis vor hundert Jahren von Talaj. Daniel Manin als Führer des moralischen Widerstands gegen Metternich, als Lenker der venetianischen Revolution und Diktator während der Belagerung und als Stifter des italienischen Nationalvereins von Hermann Reuchlin. Skizzen des häuslichen und öffentlichen Lebens der Römerinnen im Alterthum von Heinrich Asmus. Deutsches Nationalbewußtsein und Stammesgefühl im Mittelalter von Heinrich Rückert.

Der erste Aufsatz, von einer Dame geschrieben, ist eine fleißige und verständige Darstellung gelehrter und praktischer Frauenthätigkeit Deutschlands von Amalaswintha, der Tochter Theoderichs des Großen, ab bis auf die Frau Unzerin, also

---

[1)] Vierte Folge, zweiter Jahrgang. Leipzig. F. A. Brockhaus 1861. S. 404. (1862.)

zwölf Jahrhunderte umfassend, reich an mancher feinen Bemerkung, wenn auch nicht gerade an neuem Stoff. Ueber einzelne Auffälligkeiten wollen wir mit einer Dame nicht rechten, die sonst so gut Bescheid weiß in Welt, Sitten- und Literaturgeschichte; z. B. weßhalb, wenn gothische und andere nur germanische, nicht deutsche Namen unter die Schriftstellerinnen „Deutschlands" gezählt werden, die angelsächsischen und nordischen Frauen nicht berücksichtigt wurden. Eine sehr anziehende, aber freilich sehr schwierige Aufgabe, welcher die Verfasserin aus dem Wege gegangen, wäre es, nun das Eigenartige der weiblichen Phantasie, Productions- und Darstellungsweise als ein Gesammtbild aufzufassen und richtig wiederzugeben.

Sehr schwach ist die Skizze von Asmus. Vor Allem ist sie nicht, was sie sein will. Das Leben der Römerinnen ist keineswegs ihr Hauptinhalt; die Gärten, das Wohnhaus, die Einrichtung, die Geräthe, die Sklaven der Römer werden ebenso breit behandelt. Das Ganze ist ein in allem Wesentlichen unselbstständiger Auszug aus Böttigers „Sabina" und Beckers „Gallus" in dilettantischer und wenig geschickter Form und in den seltenen eigenen Aufstellungen des Verfassers steckt manche Unrichtigkeit, namentlich scheinen ihm die einfachsten Begriffe über römisches Familien- und Sklavenrecht, die er aus jedem Institutionskursus lernen könnte, wenig geläufig. Es ist nicht wohlgethan, wenn Herr von Raumer solchen unbedeutenden Schnack, der jeden Fachmann ärgert und keinem gebildeten Laien seine Oberflächlichkeit verbergen kann, in sein Taschenbuch aufnimmt; die Gefahr für solche Sammlungen von Essays liegt gerade in dem Dilettantismus und in der Mittelmäßigkeit: in ein „historisches Taschenbuch" sollte nur neuer, gediegener Stoff oder geistvolle Form einem Aufsatz den Weg bahnen können.

Recht dankenswerth und volle Anerkennung auch da erheischend, wo wir zu anderen Ergebnissen gelangen, ist die Untersuchung Heinrich Rückert's über Genesis und Entwicklung des deutschen Nationalbewußtseins im Gegensatz und Kampf mit dem deutschen Stammesgefühl. Er weist richtig darauf hin, wie schon in der uralten Stammsage der Germanen von Tuisco, Mannus, Ingo, Isto und Irmin der Beweis dafür liegt, daß sich die Germanen sehr deutlich als ethnographische Einheit faßten: wie denn auch Tacitus dies auf's Entschiedenste hervorhebt und der Zusammenstoß mit der römischen Welt konnte jenes Bewußtsein nur noch schärfer reflektiren. Sehr gut zeigt Rückert, wie man nicht etwa aus dem Mangel seiner praktischen Consequenzen den Mangel jenes Gemeingefühls folgern darf: auch bei den Hellenen, deren Nationalbewußtsein von einer sehr stolzen Energie beseelt war, fehlte es doch so wenig wie bei den Deutschen an Bruderkriegen und Bündnissen mit dem Reichsfeind. Weiter erörtert der Aufsatz, wie in der Zeit der Völkerwanderung jenes Nationalgefühl bei Germanen wie bei Deutschen im engern Sinne am Schwächsten sein mußte, da die Nothwehr der Selbsterhaltung in diesem ungeheuren Drängen und Schieben, die Verschiedenheit der Verhältnisse zum Römerreich und die großen räumlichen Trennungen jener Völker der alten Zusammengehörigkeit über den gegenwärtigen Spaltungen vergessen lassen mußten. Indessen hätte Rückert den merkwürdigen Plan des Ostgothen Theoderich nicht unberücksichtigt lassen sollen, alle Germanenstämme zu einem Statenbunde unter seine Hegemonie zu versammeln, ein Gedanke, dessen Entstehungs= und Verfallsgründen nachzuspüren in mancher Hinsicht der Mühe werth ist.

Auch mit den nächsten Abschnitten der Abhandlung können wir nicht ganz einverstanden sein. Schon die Terminologie, welche die Völkergruppen der Franken, Sachsen, Friesen, Thüringe, Schwaben und Bayern „Stämme" nennt und an diese Stämme die Entstehung des „Stammgefühles" knüpft, ist nicht richtig. „Stammesgefühl in diesem Sinn findet sich schon lange vor der Entstehung dieser „Stämme"; die Cherusker und Sueven, die Chatten und Hermunduren, welche schon zur Zeit des Tacitus ihre vieljährigen Kriege führten, fühlten sich bereits in dem ethnographischen Gegensatz von Oberdeutschen, Mitteldeutschen und Niederdeutschen, lange ehe es Alamannen, Franken, Sachsen gab. Ferner ist auch nach der Entstehung dieser Völkergruppen das Stammgefühl noch detaillirter abgestuft: der Oberbayer, der Niederbayer, der Oberpfälzer, der Lechschwabe und der Bodenseeschwabe fühlen sich als sehr verschiedene Gruppen und die Mundart beweist deutlich, daß es auch innerhalb jener Stämme an ethnographischen Gliederungen nicht fehlt. Rückert hat nicht erwogen, daß außer der Stammgemeinschaft auch manche andere Gründe: Nachbarschaft, Bündniß, Eroberung zur Bildung seiner

„Stämme" (d. h. Gruppen) beigetragen und so z. B. entschieden unfränkische Völkerschaften zu den Franken, fränkische zu den Alamannen beigetrieben haben. Die landläufigen Anschauungen von diesen Völkergruppen werden langsam, aber sicher einer richtigen neuern Auffassung weichen. Dagegen sehr treffend sind die Ausführungen Rückert's von dem mächtigen Aufsprießen des deutschen Nationalbewußtseins seit Ende des IX., im Lauf des X. und Anfang des XI. Jahrhunderts und von dem unverantwortlichen Mißbrauch, welchen die deutschen Fürsten und Herzöge im Laufe des ganzen Mittelalters mit dem an sich berechtigten Stammesgefühl zur Beschönigung ihrer rebellischen Auflehnung wider die centrale Reichsgewalt als angebliche Verfechter der Stammesfreiheit trieben. Nur möchten wir noch schwereres Gewicht legen auf jenen Vertrag von Verdun (843), welcher das germanische Ostland definitiv von dem romanisirten Frankreich losriß und so, dem Reiche Karl's des Großen — das kein rein germanisches gewesen — ein Ende machend, es ermöglichte, daß nun die wirklich deutschen Stämme ihre gemeinsamen Interessen in einem rein-deutschen Statengebilde verfolgten.

Die interessanteste Abhandlung des Buches ist unstreitig der Essay über Manin von Reuchlin. Der Verfasser, der in seiner „Geschichte Italiens" Venedig, als nicht im Mittelpunkt der Erscheinungen liegend, nur kurz behandeln konnte, holt hier diese Auslassungen nach und entwirft mit trefflicher Zeichnung das Bild eines der edelsten und verkanntesten Märtyrer des italienischen Freiheitskampfes von 1848—49, welches durch schätzbare neue Züge aus Aufzeichnungen seiner Wittwe noch werthvoller wird. Daniel Manin, aus ursprünglich jüdischem Geschlecht, war seines Zeichens Advocat, und es ist ganz characteristisch, wie die juristisirende Denkweise durch alle seine Anschauungen und Handlungen sich durchzieht. Als echter Jurist erklärt er den ganzen Status quo Venetiens seit dem Frieden von Campo Formio (1798), in welchem General Bonaparte an Oesterreich, um von diesem Zeit und Frieden für seinen Alexanderzug zu gewinnen, die freie Republik Venedig, an der er keinerlei Rechtstitel hatte, preisgab, für nicht zu Recht beständig: „die Republik des heiligen Marcus ist nur factisch, nicht rechtlich von Franzosen und Oesterreichern aufgehoben," und er hat den Muth, im Augenblick der höchsten Gefahr, da die Bomben d'Aspre's schon auf den Marcusplatz schlagen, den Präsidenten der französischen Republik, Ludwig Napoleon, aufzufordern, den großen Frevel seines Oheims durch die Rettung Venedigs zu sühnen.

Indem wir im Uebrigen auf die warme Darstellung Reuchlin's von der Noblesse und Opferkraft seines Helden verweisen, wollen wir nur noch einen Vorwurf, welcher Manin allgemein von den Italienern gemacht wird, auf Grund der hier gegebenen Mittheilungen kurz zurückschlagen. Nicht ohne einen Schein von Grund haben die italienischen Patrioten den Dictator Venedigs beschuldigt, er habe aus doctrinärer Verranntheit in die Republik und in die alte Selbstherrlichkeit von St. Marcus, ja vielleicht aus persönlichem Ehrgeiz den Anschluß, den unbedingten, an Piemont, der allein retten konnte, nach Kräften hintertrieben und daher das Unglück Venedigs, ja Italiens selbst wesentlich mitbefördert, unfähig der Größe eines Garibaldi, der um der Freiheit willen seine Ideen von Freiheit der savoyischen Monarchie geopfert habe. Aber aus der Darstellung Reuchlin's geht unwiderruflich hervor, daß Manin nur deßhalb nicht Venedig mit gebundenen Händen an Karl Albert überliefern wollte, weil er befürchtete, dieser König möchte die sichere Ueberlassung der Lombardei an Oesterreich durch die Preisgebung Venedigs loskaufen, welches dann, gleichsam von Italien selbst aufgegeben, rettungslos verloren schien, und diese Furcht war nicht ohne guten Grund, denn in der That dachte, wie nunmehr erwiesen, zweimal, im Jahre 1848 und 1849, Karl Albert an ein solches Auskunftsmittel. — Schließlich die noch für uns Deutsche sehr interessante Notiz, daß Ludwig Napoleon, als der Gesandte Venedigs, Tommaseo, am 25. December 1848 ihn dringend zur Befreiung Venedigs von der österreichischen Belagerung aufforderte, vor Allem die Frage stellte, ob Deutschland wirklich Partei für Oesterreich nehme, indem er das Gegentheil glaube. Die Besorgniß vor einem allgemeinen europäischen Krieg werde der Sache der Italiener am Meisten schaden.

Zur älteren deutschen Geschichte.

I.

Es ist nicht eine leichte, sondern eine recht schwere Aufgabe, auf knappem Raum, ohne detaillirte, quellenmäßige Begründung von Tadel, Bedenken und Lob über eine Reihe von Werken zu berichten, welche in den letzten Jahren die älteste deutsche Geschichte in ihrer Gesammtheit oder in einzelnen Gebieten (Verfassung, Ansiblung, Wirthschaft, nordische Archäologie) behandelt haben.

Ernstlich droht die Gefahr, Zustimmung und Widerspruch zu subjectiv, zu individuell zu färben.

Wenn man seit nunmehr fast drei Jahrzehnten — denn schon auf dem Gymnasium wurden diese Gegenstände mit Begeisterung ergriffen: ja schon für die Spiele des Knaben boten die Kämpfe der Römer und Germanen den willkommensten Stoff — als Schüler, Student und Lehrer, als Forscher, als Patriot und als Poet sich unausgesetzt mit germanischer Urzeit und Völkerwanderung beschäftigt, mit Zuständen und Zeiten, in welchen (gestehen wir es nur offen ein) vermöge der Lücken quellenmäßiger Ueberlieferung unsere größten Meister — darunter auch solche, welche sich auf ihre nüchterne Objectivität am meisten zu gute thun — oft genug gar nichts anderes bieten können als wohl erwogene, mit dem Erweisbaren am Füglichsten vereinbare Vermuthungen, so ist der Fehler kaum zu vermeiden, subjectiv gefärbte Zustimmung oder Abneigung von Anfang an solchen Aufstellungen entgegen zu tragen, welche unseren eigenen, lange Zeit gehegten, gepflegten, vertheidigten Annahmen entsprechen oder widerstreiten.

Von Einer Versuchung zwar weiß ich mich frei, der man mich ausgesetzt annehmen könnte: niemals werde ich eine Ansicht mit Voreingenommenheit begrüßen, weil sie etwa „poesievoller" erscheint als die anderen; im Gegentheil: wohl eingedenk der in der Phantasiebegabung drohenden Gefahren nehme ich

Alles, was ästhetisch mehr sich zu empfehlen scheint, mit desto
größerem Mißtrauen auf: in Folge strenger Selbstzucht habe
ich als Forscher und als Dichter seit sehr langer Zeit „ge=
trennte Buchführung" in diesen Dingen eingerichtet. Auch
der „Construction" gehe ich gern weit aus dem Weg: ist sie
aber unvermeidlich — dann bezeichne ich Lesern und Hörern
gewissenhaft, wo die Grenze zwischem Ueberliefertem und
„Erschlossenem" endet und wendet.

Dagegen ist Niemand frei von Vorliebe für Sätze, welche
nach sorgfältiger Quellenuntersuchung mit langem Nachdenken
gewonnen wurden: und hatte man sie gegen starke Angriffe
zu vertheidigen, so hält man die Bedrohten erst recht mit
einer gewissen reizbaren Heftigkeit fest: ich erinnere mich wol,
daß ich in früheren Jahren in solchen Fällen förmlich in
Zorn oder Trauer gerathen konnte: in Zorn, ward ein solcher
Gedankenliebling von Anfängern unsanft angefahren; in
Trauer, ward er von verehrten Männern trotz meiner eifrigen
Vertheidigung zum zweiten Male angegriffen. Indessen —
wird man älter, so wird man, wenn nicht weiser, doch ruhiger.
Es kränkt mich nicht mehr wie ein persönlicher Schmerz,
wenn z. B. „theure Männer" immer noch nicht glauben
wollen, daß jeder Gemeinfreie, der konnte und wollte, eine
Gefolgschaft halten durfte.

So will ich mich denn redlich bemühen, ruhig und
objectiv auch solche der nun zu nennenden Werke zu be=
handeln, welche mir durch Ergebnisse oder Methode oder
Darstellungsweise weniger sympathisch sind: auch die Unfehl=
barkeit in Dingen, welche stets zweifelig bleiben werden, soll
mich nicht herausfordern: obzwar ich gestehe, es ist nicht leicht
zu tragen, in Fragen, in welchen man nach Jahrzehnte langer
Prüfung nur zu „Wahrscheinlichkeiten" gelangt ist, Andere
im Sturmlaufe der „Construction" zum absprechenden, allein
richtigen Dogma gelangt zu sehen: nur das leise Lächeln der
Ironie über solche Selbstverherrlichung wird verstattet bleiben
dürfen: ist es doch eine wohlthätige Ableitung der Entrüstung
— wohlthätig nicht nur für den Kritiker. —

Zu aufrichtiger Freude gereichte mir eine Ueberraschung.
Kaum hatte ich („Deutsche Revue" 1879) darauf hingewiesen,
daß in unseren Disciplinen neben der paläographisch=diplo=
matischen Richtung und der „constructiven" Procrustescur an
Rechtsbegriffen auch die Erforschung der „Realien", zumal
des Zusammenhanges von Recht und Volkswirthschaft sich

wieder sehr erfreulich spürbar mache und kleinere Arbeiten von Inama-Sternegg's dabei hervorgehoben, als dieser Forscher uns mit seiner „Deutschen Wirthschaftsgeschichte" beschenkte, deren erster Band (Leipzig 1879) bis zum Schlusse der Karolingerperiode reicht. Dieser erste Versuch einer Geschichte der deutschen Volkswirthschaft ist mit lebhaftestem Danke zu begrüßen. Die Schwierigkeiten sind hier sehr, sehr bedeutend: die Versuchung, aus dem spärlichen Quellenmateriale mehr zu machen als es verträgt — immer noch viel weniger, als wir wissen möchten — ist so stark, daß auch der sehr vorsichtige Verfasser sie nicht immer bestanden hat. Das Buch wird immer besser, je weiter man darin vordringt: seine Glanzpartie ist die Darstellung der Entstehung und Ausbildung der großen geistlichen und weltlichen Grundherrschaften in der Karolingerzeit; hier ist eine Fülle theils neuer Gesichtspunkte, teils neuer Ergebnisse gewonnen: mit reicher Belehrung scheidet man von der scharfsinnigen und doch nie im schlimmen Sinne „geistreichen" Verwerthung des mit großem Fleiße zusammengetragenen Materiales. Daß die Behandlung der Urzeit weniger befriedigt, liegt in der Natur der höchst dürftigen, meist dunkeln, vieldeutigen Quellenangaben, welche für jene Periode zu Gebote stehen: hier wird Manches immer zweifelig bleiben. Nur Eine Auffassung bitten wir den Herrn Verfasser aus den folgenden Auflagen, welche gewiß dem verdienstlichen Buche bevorstehen, entfernen zu wollen: die Annahme, daß in jener Urzeit bald nach dem Eintreffen in Europa — Jahrhunderte vor Cäsar — eine sehr stark, bis zur Vernichtung der individuellen Freiheit gesteigerte Statsgewalt bei den Germanen bestanden habe, welche, in geradezu socialistisch gedachter Organisation, unter Ausschluß jedes Privateigenthumes an Grund und Boden, die Ackerbestellung von Statswegen commandirt und in militärischer Gliederung ausgeführt habe. Zu schweigen davon, daß es dann überhaupt so gut wie gar kein Eigenthum gegeben haben könnte, da Herden und Unfreie fast immer Zubehörden der Grundstücke waren, steht diese ganz unmögliche Vorstellung in schroffstem Widerspruche zu geradezu Allem, was wir von der Geschichte des Statsgedankens bei den Germanen wissen, der nur außerordentlich langsam und mühsam die Individualität und die Sippe zum unerläßlichsten Minimum der Unterordnung gebracht hat. Zur Zeit Cäsar's haben die Gaue einer Völkerschaft noch nicht einmal einen gemeinsamen Richter im Frieden, nur einen gewählten Herzog im Kriege: — und Jahrhunderte vor Cäsar soll schon der germanische Völkerschaftsstat einzelne Sippen oder Gaue so furchtbar gebändigt und tyrannisirt haben, daß er die Gemeinfreien (denn daß damals eine bedeutende Zahl von Unfreien nicht bestand, sagt der Herr Verfasser selbst) im Frieden regimenterweise nebeneinander aufstellte und sie zwang, die wirthschaftliche Arbeit — das heißt die schnurgerade Herstellung und ganz gleichmäßige wie gleichzeitige Bebauung, Pflege, Aberntung der "Hochäcker" vorzunehmen, mit Vertheilung des Ertrages nach Köpfen. Da hätte der germanische Stat, der es zwei Jahrtausende nachher noch nicht einmal zur Unterbrückung der Fehde gebracht hat, in jener grauesten Vorzeit bereits das Ideal einer wirthschaftlichen Tyrannei verwirklicht, wie es unsere modernsten Socialisten nicht schöner, d. h. scheußlicher träumen.[1]) Und dies ganze Phantom stützt sich auf die — "Hochäcker", deren gründlichster Kenner, August Hartmann in München, erklärt, es sei ganz unmöglich, Zeit oder Volk oder Rasse ihrer Herstellung und Hersteller anzugeben. Germanen haben sie nicht gearbeitet, sie, welche die Ackerarbeit noch zur Zeit Trajan's so sehr scheuen, daß sie Knechten und Weibern überlassen wird. Die rein unmögliche Hypothese mag um so leichter geopfert werden, als sie mit dem wahren Werthe des Werkes, das sie entstellt, gar nichts zu thun hat.

Ganz das Gleiche mag gesagt werden von der einzigen Ausstellung, die wir an einem andern Werke zu machen finden, das, längst sehnsüchtig erwartet, bei seinem Erscheinen die Erwartungen übertroffen hat: ich meine das "Handbuch der deutschen Alterthumskunde" von L. Lindenschmit, von dessen erstem Theile, den "Alterthümern der merovingischen Zeit", bisher die erste Lieferung erschienen ist (Braunschweig, Vieweg und Sohn. 1880). Der Director des römisch-germanischen Centralmuseums zu Mainz, der Verfasser des Werkes "die Alterthümer unserer heidnischen Vorzeit" war der einzige Mann, der diese lang ersehnte, bringend nothwendige Arbeit leisten konnte. Allen Respect vor den verdienten Franzosen, Belgiern, Engländern, Skandinaviern, welche, zum Theil durch ganz unvergleichlich

---

[1]) Sehr richtig Waitz, Verfassungsgeschichte I. 3. Auflage. S. 43: "Es ist nicht die Rede von Unternehmungen, wie sie ein Volk von Knechten auf Geheiß des Herrn unternimmt."

reichere Mittel (— unterirdische und irdische! —) unterstützt,
so Werthvolles auf dem Gebiete der „nordischen Archäologie"
geschaffen haben. Aber der Dank hiefür darf die Erkenntniß
nicht ausschließen, daß, wie auf so zweifelstrotzendem Gebiet
entschuldbar, die meisten Vorgänger Lindenschmit's eine Be=
fangenheit in gewissen Schultheorien bindet, welche, mit
nationalen Neigungen und Abneigungen zusammenhängend,
und wie mit Zunftzwang von den Lehrern den Jüngern
überliefert, bei einzelnen, zumal unter den skandinavischen
Forschern, bis zu eigensinnigster Verranntheit verstockt und
versteint ist. Dazu kam als ein scheinbar strict entgegen=
gesetzter, aber doch mit der Befangenheit sehr wohl vereinbarer
zweiter Hauptfehler (und zwar bei den Deutschen wahrlich
nicht minder, eher schlimmer als bei den Nicht=Deutschen!),
ein ganz heilloser Dilettantismus, eine Kritik= und Methode=
losigkeit, welche unabläßig zur äußersten Kritik= und Methode=
widrigkeit sich steigerte. Schriften der (ja ganz unent=
behrlichsten und vielfach auch sehr verdienstlichen) „historischen
Vereine" haben häufig das Unglaublichste an solchen Dingen
geleistet: es erklärt sich und entschuldigt sich zum Theil aus
der Zusammensetzung solcher Verbände, deren Glieder ein
— gelinde ausgedrückt — sehr ungleiches Verhältniß zur
Wissenschaft einnehmen, sehr oft reine Autodidakten sind: es
erklärt sich aus dem liebenswürdigen Fehler des heißen
Localpatriotismus und, bei der traurigen Armuth unserer
deutschen Lehrer, Pfarrer, kleineren Beamten, aus der Enge
ihres Gesichtskreises: viele der eifrigsten Sammler haben
ihrer Lebtage nur den engen, oft von der Welt weitabge=
legenen Winkel ihres Dörfleins sehen und fast nur die
Schriften ihres Localvereines benützen können: aber wenn
sich unglücklicherweise ein Pfahlbau oder ein Stück Römer=
straße in ihrer Markung findet, „lösen" diese Forscher als=
bald in Wort und Schrift Probleme der Urzeit, welche die
vereinigten Akademien und Museen Europas noch nicht in
die Hände zu nehmen wagen dürften. (Jene Isolirung er=
klärt viel: freilich kann man nicht rühmen, daß der Dilettan=
tismus verstummt, wenn viele solcher Vereine ihre General=
parade abhalten.) Dazu kommt nun, daß zahlreiche Funde
fast werthlos gemacht werden durch entschuldbare und unent=
schuldbare Unterlassungssünden der Finder, Bauern, Arbeiter
— freilich oft auch der Leiter der Ausgrabungen! — indem
jede genaue Constatirung der Oertlichkeit, der Lage der einzelnen

Fundstücke, ihrer Beschaffenheit u. s. w. unterlassen wird. Diese Uebelstände haben es in ihrer Gesammtwirkung dahin gebracht, daß strenge Gelehrte gerade in Deutschland der ganzen nordischen Archäologie ein bis zur Antipathie gesteigertes Mißtrauen entgegen tragen, oder doch für ihre Person sich auf dies Gebiet absolut nicht einlassen. Ein begabter deutscher Historiker sagte mir einmal bei Gründung eines Provinzialvereines: „wir wollen Urkunden ediren, nicht ‚alte Pötte‘ ausbubbeln." Als ob „alte Pötte" nicht auch Urkunden wären!

Diese Enthaltung sehr vieler Berufenen bewirkt nun aber erst recht, daß überwiegend Unberufene jene Studien treiben, die Versammlungen und die Hefte der Localvereine füllen und beherrschen.

Und diese Enthaltung hat sich andererseits, wir dürfen es nicht verschweigen, oft recht empfindlich gerächt an den Einseitigen selbst, welche, ausschließend die Sprachvergleichung und die Archivurkunden berücksichtigend, manchmal zu Irrthümern geführt wurden, vor welchen sie die verachteten „Pötte" würden bewahrt haben.

Mit Recht beklagt und tadelt Lindenschmit lebhaft jene Einseitigkeit der Forschung, welche, Jahrzehnte lang nur philologisch und paläographisch arbeitend, um der Fehler des Dilettantismus und der Unkritik halber auch die vollgesicherten Ergebnisse methodischer Gräberforschung ignorirt hat. Und in dem an sich voll berechtigten Eifer gegen solche Unterschätzung der Archäologie und gegen die Ausschließlichkeit zumal linguistischer Forschung geräth nun der Verfasser in das andere Extrem, welches, nach unserer Ueberzeugung, das einzige, aber sehr stark Beklagenswerthe an dem Werke zur Folge gehabt hat: eine Unterschätzung der Sprachvergleichung, eine Verleugnung ihrer über jeden Zweifel empor gesicherten grundlegenden Ergebnisse: die Einwanderung der Germanen und der übrigen Arier aus Asien, ja (sofern ich recht verstanden), die Verwandtschaft der arischen Völker unter einander und ihr gemeinsames Verhalten zu dem indogermanischen Urvolke, das Verhältniß ihrer Sprachen zu der arischen Ursprache wird nicht nur als bloße Hypothese, sondern als folgenschwerer principieller Irrthum bezeichnet.

Sollen wir die Hand der Sprach=, Rechts=, Religions= Vergleichung fahren lassen, die sich als die sicherste, oft einzige Führerin bewährt hat?

Ich besorge, diese allzustarke Reaction gegen die einseitige Linguistik und Diplomatik wird der Abneigung gegen die „Pötte" neue Waffen in die Hände liefern.

Aber lassen wir diesen tief beklagenswerthen, fast einzigen[2]) Fehler des Werkes und freuen wir uns seiner Vorzüge: mit der größten Akribie der Methode wird das erschöpfend zusammengebrachte und kritisch beherrschte Material vorgeführt: musterhaft wird gezeigt, wie Funde zu constatiren, zu beschreiben, zu verwerthen sind. Die von den Skandinaviern berserkerhaft vertheidigte Drei=Alter=Theorie (Stein, Bronce, Eisen), mit oder ohne entsprechende Vertheilung der Stoffe über die Völker, ist von dieser Arbeit wol für immer zerschmettert: mit den schönsten Erfolgen wird das Princip Lindenschmit's gekrönt: nicht der Stoff, die Form ist das Wichtigste, das für Rasse und Culturstufe Entscheidende. Und nur den Anfänger kann es zunächst stutzig machen, daß der Meister nicht mit der ältesten (prähistorischen) Zeit anhebt, sondern mit der merovingischen, der erst später die römisch=germanische, zuletzt die vorgeschichtliche Periode in der Darstellung folgen soll: schon die Motivirung im Vorworte, noch mehr die Ausführung im Werke selbst wird auch den Anfänger alsbald von der methodischen Ersprießlichkeit dieses Verfahrens überzeugen. Möge das ausgezeichnete Werk rasch fortschreiten zur Vollendung: Keiner lebt, der nicht reichste Belehrung daraus dankbar zu schöpfen hat.

Nur kurz erwähnen wollen wir hier, weil sie schon etwas älter sind, die beiden Arbeiter von Arnold, „Ansiedelungen und Wanderungen deutscher Stämme. Zumeist nach hessischen Ortsnamen." I. und II. Marburg 1875, und „Deutsche Urzeit", Gotha 1879: die erste hat in wahrhaft musterhafter Weise gezeigt, welch reiches Quellenmaterial in unseren Ortsnamen vergraben liegt für denjenigen, der einsichtig und vorsichtig wie der Verfasser diese Schätze zu heben versteht. Nicht so hoch kann ich das zweite Buch stellen, ohne seine Vorzüge — es ist schon in dritter Auflage erschienen — zu bestreiten: die Gesammtauffassung vermag ich mir nicht anzueignen und auch im Einzelnen muß ich oft widersprechen: doch enthält es ganz vorzügliche Partien:

---

[2]) Die Construction der Herfahne mit den Schwanenflügeln S. 281 scheint uns allzukühn — kühn wol auch dem verehrten Verfasser selbst: sie ist wol eine Täuschung, aber völlig unerheblich; auch einige andere Bedenken gehören nicht hierher.

so die Darstellung der mächtigen und vielfach wohlthätigen Einflüsse, welche der zwei Jahrhunderte hindurch von den Römern behauptete „limes" auf (die dadurch erzwungene) Ansäßigmachung und Wirthschaft der Germanen übte (freilich hätten hierbei die neuen Auflagen die Ergebnisse der jüngsten limes-Forschung, zumal A. Duncker's Arbeiten, nicht völlig ignoriren sollen).

Auch die zum Theil vortrefflichen neueren Darstellungen von Stammes- oder Landschaftsgeschichten können hier, wo es sich um deutsche Gesammtgeschichte handelt, nur kurz berührt, dürfen aber nicht übergangen werden, da sie der Natur der Sache nach vielfach auch für die Nationalgeschichte von Bedeutung sind: wir nennen hier nur Jung, Römer und Romanen in den Donau-Ländern, Innsbruck 1878, dann das sehr tüchtige Buch von Otto Kämmel, die Anfänge deutschen Lebens in Oesterreich, Leipzig 1879 und die ausgezeichnete Geschichte Baierns von Sigmund Riezler, deren ersten allein hierher gehörigen Band wir gleich bei seinem Erscheinen freudig begrüßten. (Oben S. 107. Der 1880 erschienene zweite Band ist dem ersten ein völlig ebenbürtiger Bruder: und das will deshalb besonders viel sagen, weil der Stoff, die unseligen Landestheilungen und Bruderkämpfe der Wittelsbacher, so unvergleichlich undankbarer ist, als die Gegenstände, welche der erste Band zu behandeln hatte: auch hier ist der Bienenfleiß, die klare Darstellung, die gerechte Abwägung der Ansprüche berechtigter Stammeseigenart und berechtigter Reichsgewalt in gleichem Maße wie bei dem ersten Bande zu rühmen.)

Ferner hat uns der Baumeister, auf dessen festen Gefügen wir in deutscher Verfassungsgeschichte Alle stehen und dessen wir mit Dank und Verehrung auch da — Alle! — reden sollten, wo wir von ihm abweichen, hat uns Georg Waitz eine neue Auflage (die dritte) des ersten Bandes seines classischen Werkes geschenkt. (Erste und zweite Abtheilung. Kiel, 1880.) Sie ist beträchtlich erweitert: denn wie schon in der zweiten Auflage hat auch diesmal der Verfasser die nachgewachsene Literatur mit einem Fleiße, mit einer allerschöpfenden Sorgfalt verwerthet, welche für sich allein schon bewunderungswürdig ist. Es ist fast unbegreiflich, wie der unermüdliche Mann, während die Fortführung seiner Arbeit ihn in ganz andere Quellen- und Literaturkreise und Jahrhunderte brachte, es möglich machen kann, daß ihm nicht das kleinste Gymnasialprogramm, keine Recension, die sich in irgend einer Zeitschrift versteckt, entgeht, sofern sie irgend mit der deutschen Urgeschichte — und zwar keineswegs etwa blos mit der Verfassung jener Zeit — sich beschäftigt. Noch ungleich höher aber ist es anzuschlagen, daß er, der Meister, auch bei vorschreitenden Jahren nicht in den Fehler der Unfehlbarkeit verfällt, welchen man nach seinen Leistungen, gerade bei der peinlichen Gewissenhaftigkeit seiner Forschung, der Vorsichtigkeit seiner Ausdrucksweise, endlich in seinem Alter, das sich sonst gern gegen neuere Ansichten verschließt, wahrlich entschuldigen müßte: geben sich doch dem Hochgefühle solcher Unumstößlichkeit gar manche hin, deren Ton weder das Alter ehrwürdig, noch die Jugend liebenswürdig, noch das Verdienst begreiflich macht. So hat denn Waitz, weit entfernt von der modernsten Allwissenheit und Allüberlegenheit, in wahrhaft wissenschaftlichem Geiste gar manche seiner früheren Aufstellungen aufgegeben oder doch eingeschränkt und modificirt, überzeugt von Gegengründen meist jüngerer Forscher, oft seiner Schüler: ja eigentlich immer: denn wer von uns darf behaupten, ohne Waitz, ohne sein mündliches ohne sein geschriebenes Wort, geworden zu sein, was er ist? Die Dankbarkeit, die Pietät im Ausdrucke gegenüber den Lehrern und Meistern ist sehr aus der Mode gekommen bei unseren jüngsten Belehrern. Mir ist solch unehrerbietige Manier in tiefster Seele zuwider: denn sie verräth mit dem Mangel an Geist und Bildung den Mangel an Herzenswärme. Ich hoffe daher, Niemand wird eine Verletzung solcher Pietät erblicken in dem vielleicht lebhaft werdenden Ausdruck einer Verwahrung, die ich gegen eine Aeußerung des hochverehrten Mannes einlegen muß. Ich habe alle Ursache zufrieden, ja erfreut zu sein über die Würdigung, welche meine „Könige" in der zweiten und dritten Ausgabe der Verfassungsgeschichte gefunden haben: desto mehr befremdet bei einer an sich unwichtigen Differenz eine seltsame Wendung. Waitz sagt (es handelt sich um die Entwickelung der Bußsätze auf der dem Gaustate vorhergehenden vorgeschichtlichen Stufe des Geschlechterstates): Dahn „stellt sich vor": mit Gänsefüßchen.

Diese Waitzischen Gänsefüßchen sind mir über die Leber gelaufen. — Ich sage: „früher stellte ich mir und meinen Zuhörern die Sache so vor." Dieser Ausdruck, vielmehr dies Verfahren, „sich etwas vorzustellen", soll nun offenbar mit jenen ironischen Zeichen gerügt werden.

Ja, — so muß ich da wirklich fragen, — macht sich Georg Waitz nicht Vorstellungen? Vorstellungen von Dingen, bei denen das bestimmte Wissen unmöglich ist, wie in jenem Falle des vorgeschichtlichen Geschlechterstates, dessen Existenz und Einrichtungen wir nur „erschließen" können aus seinen vereinzelten Ueberbleibseln im späteren Stat? Ist es denn verboten, dem Geistesbedürfniß zu folgen, welches uns zwingt, über den überlieferten Buchstaben hinaus, der nur von Einzelerscheinungen zeugt, sich eine „Vorstellung", ja ich will sogar das noch viel mehr anrüchtige Wort wagen: ein „Bild" zu machen von der Gesammtheit des Lebenszustandes sowie auch von einzelnen, nur zu vermuthenden, nicht zu beweisenden Erscheinungen?

Thut das nicht Jeder? Thut es nicht auch Georg Waitz? Man darf vielleicht sagen, seine mühevolle Einzelarbeit würde an wissenschaftlicher Genauigkeit nicht verlieren, wenn es ihm gefallen wollte, öfter solche „Vorstellungen", solche versuchte Gesammtbilder sich und seinen Lesern zu machen, wie sie z. B. Band I, S. 41. 52 der neuen Ausgabe so vortrefflich geboten worden. Nur Eins ist dabei strenge, unerläßliche Pflicht: sich selbst und seinen Lesern und Hörern stets ausdrücklich klar zu machen, wo die zweifellose Ueberlieferung aufhört und wo die Vermuthung, die „Vorstellung" beginnt (s. oben S.?). Die Einhaltung dieser Pflicht habe ich mir von je in Schrift und Wort zur unverbrüchlichen Richtschnur gemacht, um so ängstlicher, als ich mir einer ziemlich lebhaften und reichen Phantasie bewußt bin, welche streng auf die Poesie zu beschränken und von der Forschung zu verbannen ich seit Jahrzehnten gelernt habe. Und ich glaube wirklich nicht, daß mir Georg Waitz Verletzung dieser Pflicht vorwerfen will, derselbe, der vielmehr meine Arbeit über Paulus Diaconus allzu großer „Zweifelsucht" beschuldigt hat. Gerade die angegriffene Stelle erfüllt ja jene Pflicht auf's Strengste: denn schärfer kann man doch nicht ausdrücken, daß man einen Satz nicht für erwiesen, nur für Vermuthung ausgibt, als wenn man sagt: „ich stelle mir die Sache so vor". Ich werde daher unentwegt fortfahren, mir und Anderen in diesem Sinne da etwas vorzustellen, wo Beweis ausgeschlossen,

Vermuthung aber möglich und Bedürfniß ist, und glaube damit nicht Unrecht, sondern Recht zu thun.

Allerdings gibt es auch Dinge, von denen man sich "keine Vorstellung machen kann", wie man zu sagen pflegt.

Zu solchen Dingen gehört auch Künftiges: z. B. was aus der deutschen Urgeschichte, zumal der Verfassungsgeschichte, noch werden wird, wenn eine neuerdings beliebte Manier zahlreichere Liebhaber findet: ich meine jenen zügellosen, maßlosen Subjectivismus, jene Willkür, welche sich erlaubt, jeden "geistreichen" Einfall, ohne den Schatten eines Traumes von quellenmäßiger Begründung, als unumstößliche Wahrheit hinzustellen und mit verblüffender Geschwindigkeit der "Construction" aus den Mutter=Thierlein solcher Einfälle so zahllose "Consequenzen" als Töchterlein herauszuziehen, daß den perplexen Leser Schwindel anwandelt und er sich mit Bangen an den Kopf greift.

Man verstehe recht: anderwärts (Bausteine II, S. 467 f. Berlin 1880), bei Besprechung der Arbeit von Sickel (Geschichte der deutschen Statsverfassung bis zur Begründung des constitutionellen States, I. Halle 1879) habe ich schon ausgeführt und habe es oben in der Verwahrung gegen Waitz für mich verwerthet: ohne "Construction" und "Vermuthung" kommt Keiner von uns durch jene Gebiete spärlicher, zweifeliger Quellenangaben hindurch: schon in der Auffassung und Auslegung wird sich das Individuelle unwillkürlich geltend machen, auch wenn die Eigenart des Forschers der bewußten Construction ängstlich aus dem Wege weichen will: bewußte Construction, eingestandene Vermuthung sind daher durchaus statthaft, weil unbewußte doch unvermeidlich. "Im letzten Grunde ist die Frage, wiefern über die positive aposteriorische Induction hinaus Construction... statthaft sei, eine philosophische, erkenntnißtheoretische. Als Ergebniß der Geschichte dieser Wissenschaft darf man heute aussprechen, daß die alte dualistische Trennung von angeblich "Rein=Empirischem" und angeblich "Rein=Construirtem" als unwahr erkannt ist· es gibt weder ein rein empirisches noch ein rein deductives Erkennen.... Wir construiren Alle."...

"Aber unerläßliche Pflicht ist, stets gewissenhaft dem Leser und Hörer erkennbar zu machen, wo die quellenmäßige Ueberlieferung aufhört und wo die Construction beginnt: das heißt die Hypothese. Denn keine Construction, auch die subjectiv zu tiefst in der Ueberzeugung wurzelnde, kann objectiv höheren Werth beanspruchen als den einer mehr oder minder. glaubhaften Vermuthung" (Bausteine II, S. 467—469). Diese Sätze meiner Theorie und ihre Befolgung in meiner Praxis hätten mich auch billigerweise vor jenen „Gänsefüßchen" schützen sollen.

Denn in der maßlos geübten Verletzung der obigen Grundsätze erblicke ich geradezu die schwerste, traurigste Gefahr für unsere Forschung auf diesem Gebiete: wir haben es schon erlebt und werden es noch weiter erfahren, daß solch ungebändigter Subjectivismus, der den „geistreichen" Einfall durch die Zucht der Selbstkritik zu meistern nie gelernt hat, sich herausnimmt, die werthvollsten, durch gewissenhafte, mühereiche Forschung gesicherten Ergebnisse in bloßer Willkür umwerfen und ersetzen zu wollen durch Gespinnste der Laune, der Eitelkeit.

Das Buch von Sickel, dessen Vorzüge ich bereitwillig anerkannt habe (Bausteine II, S. 468. 469) leidet doch auch sehr stark daran, daß es oft jeden Grund und Boden unter den Füßen verliert. Ein Hauptfehler seiner Methode besteht darin, daß er altgermanische Einrichtungen mit Kunstausdrücken des modernen States für einigermaßen ähnliche, aber doch grundverschiedene Rechtsbegriffe bezeichnet, eine Ungenauigkeit, die keineswegs nur eine unschädliche Spielerei ist: denn sofort werden die modernen Consequenzen aus jenen Begriffen gezogen und: — in die Köpfe der alten Cherusker verlegt: was dann von diesen Consequenzen verlangt, aber in den Quellen nicht vorhanden ist, wird hinzu „construirt", nach dem Grundsatze Sickel's, daß man „auch unbezeugte Thatsachen als geschehen annehmen" muß — sehr oft ohne jede Unterscheidung von Hypothese und Ueberlieferung. Dem gegenüber ist es ein Kleines, daß die Quellen oft gewaltthätig interpretirt[1]) werden: das kann jedem von uns begegnen: nur soll man nicht ganz systematisch moderne statsrechtliche Begriffe bei der Interpretation der Germania oder der Lex salica zum Ausgangspuncte wählen.

Ich weiß nicht, in welchem inneren Verhältnisse Sickel

---

[1]) Sickel's eben erschienene Besprechung meiner „Urgeschichte" (Berlin, Grote. 1880. I—III.) in den Mittheilungen des k. k. Institutes für Oesterreich. Geschichtsforschung II. Wien 1881 ist maßvoller: aber der Satz Cäsar's: „in pace nullus communis magistratus", die Grundlage meiner ganzen Darlegung, wird doch durchaus nicht gebührend gewürdigt.

stehen mag zu dem ohne Frage geistvollsten seiner Vor=
gänger: Rudolf Sohm; mag er dessen Schüler vielleicht
auch nicht sein, — es besteht eine in die Augen springende
Wahlverwandtschaft zwischen beiden Forschern.

Niemand kann die außerordentliche Begabung Sohm's
höher schätzen als ich: er ist nicht im Sinne zweifelhaften
Lobes „geistreich", er ist in unzweifelhaftem Sinne „geistvoll":
ein selten erreichter Scharfsinn, gerade in juristischer Richtung,
zeichnet ihn aus und seine Beweisführung ist immer glänzend
— auch wo sie falsch ist. Woher kommt es nun, daß die
Ergebnisse seiner immer höchst scharfsinnigen Deductionen
nicht nur nach meiner, sondern ebenso nach recht vieler
anderen Leuten Ueberzeugung so häufig nicht richtig sind,
wenigstens nicht so zweifellos richtig, wie sie seine Argumen=
tation hinzustellen liebt? Das ist nicht leicht zu sagen.
Ich werde bei Darstellung der Franken in den „Königen"
mich sehr dankbar in vielen Einzelnheiten als durch Sohm
gefördert bekennen: aber in den meisten Hauptfragen kann
ich seine Ergebnisse nicht annehmen, so warm ich die geist=
volle Beweisführung anerkenne: namentlich muß ich von
dem wichtigsten Satze: dem Nebeneinander von Volksrecht
und Amtsrecht (Königsrecht) leider sagen, daß das Wahre
daran nicht neu, das Neue daran nicht wahr ist.

Daß Widersprüche zwischen Gesetzen und Verordnungen
des Königs und seiner Beamten einerseits und dem Ge=
wohnheitsrecht und Rechtsleben des Volks andrerseits be=
standen, ist wahr, aber nicht neu: daß diese Widersprüche
auf dem Nebeneinander zweier concurrirender Rechtssysteme
beruhten, ist neu, aber nicht wahr: vielmehr beruhen diese
Widersprüche sehr oft einfach darauf, daß in entlegene
Provinzen oder auch in das Leben des (niederen) Volkes
die Gesetze und Verordnungen nicht wirklich eindrangen,
das Gewohnheitsrecht nicht ersetzen konnten oder, wenn ein=
gedrungen, bald wieder durch Desuetudo und Wieder=
belebung des alten Rechtes beseitigt wurden. Oder auch:
dem Könige gegenüber war ein Kreis der Autonomie, der
Selbstnormirung und der Selbstverwaltung, in der Hundert=
schaft=Markung von Anfang an gewahrt geblieben.

Bei dem Studium der Sohm'schen Arbeiten habe ich
mich oft gefragt, worauf es denn beruhe, daß ich die
glänzende Argumentation, die für den Augenblick sofort
zwingend überzeugend scheint, doch nicht gelten lassen kann

bei genauerer Prüfung. Häufig liegt es daran: Sohm
führt in scharf zugespitzter Schlußfolgerung Eine Quellenstelle an, in welcher der fragliche Ausdruck wirklich nur in
seinem Sinne gedeutet werden kann, oder doch am Besten
gedeutet wird. Also hat der Ausdruck immer nur diese
Bedeutung! Man ist ganz geblendet von der plötzlichen
Einsicht. Aber allmälig besinnt man sich anderer Stellen,
in welchen der fragliche Ausdruck andern, zumal weiteren
Sinn hat: und die glänzende Argumentation ist nicht mehr
zwingend. Statistik des Sprachgebrauches der Quellen, wie
ich sie liebe, ist zwar sehr mühsam, gewährt aber gegen
solche Selbsttäuschung eine Art von Versicherung. Damit
hängt zusammen, daß das scharf juristische Ingenium Sohm's
voraussetzt, einfache Völker der Vorcultur denken mit streng
eingehaltener Terminologie ebenso wie ein moderner (römisch
geschulter) Jurist: jedes Merkmales jeder Definition bei
jeder Anwendung sich klar bewußt. Aber diese Voraussetzung ist falsch: es ist nicht Zufall, daß in der lateinischen
und deutschen Rechtssprache jener Zeit dasselbe Wort oft in
so mannigfach schattirtem Sinn einer Grundbedeutung gebraucht wird: diese Unbestimmtheit lag oft nicht blos in den
Worten, sie lag in den „Anschauungen", welche häufig statt
fester Begriffe herrschten.

Was Sohm — nach meiner bescheidenen Meinung —
gefehlt, hat er durch zahlreiche richtige Ausführungen mehr
als gut gemacht: und nicht ihm gelten meine Klagen über
die einreißende Willkür. Der eminent begabte und gerade
juristisch streng geschulte Mann wird solcher Gedankenflucht
von Hypothesen nie verfallen: seine Constructionen sind nie
bodenlose Einfälle, vielmehr ausnahmslos stramme, scharf
geschliffene Syllogismen, in denen ich nur oft die aus-
schließende Bedeutung des entscheidenden Wortes für alle
Fälle seiner Anwendung nicht einräumen kann.

Aber sein Beispiel ist gefährlich.

Andere Leute, denen sowohl sein Geist wie seine
juristische Zucht durchaus nicht zu Gebote stehen, fühlen sich
durch seinen glänzenden Vorgang versucht, ihm zu folgen:
und nun wird an Stelle seiner immer scharfen (nur eben
manchmal allzu scharfen) Argumentation die souveräne
Willkür des geistreichen Einfalls gesetzt: während ferner in
Sohm's ganzer Methode dafür gesorgt ist, daß Construction
und zweifellose Ueberlieferung streng geschieden werden, ver-

letzen seine Nachahmer diese oben breit erörterte Pflicht unablässig mit einer Ungenirtheit, welche die Entrüstung herausforbert.

Es ist freilich für die Schönheit der Form, die Glätte der Sprache, den Fluß der Darstellung störsam, wenn man sie immer wieder mit einem „wol", „vielleicht", „vermuthlich", „wahrscheinlich" unterbrechen oder belasten muß und in ganzen Sätzen Grenzpfähle zwischen Gewißheit und Vermuthung aufrichten muß, den Leser vor blindem Vertrauen zu warnen. Und ganz fehlt mir der Sinn für Form und Formenschöne auch nicht. Aber in der Wissenschaft ist die Richtigkeit die Hauptsache: und sie darf nicht, auch nicht in populären Darstellungen, leiden unter der angestrebten Glätte der Form.

Solche Betrachtungen stiegen mir auf bei dem Studium der „deutschen Geschichte bis auf Karl den Großen" von Georg Kaufmann (I. Die Germanen der Urzeit. Leipzig 1880). Der Herr Verfasser hat früher gar manche sehr werthvolle kleinere Arbeit geliefert: zumal eine Abhandlung über die Rhetorenschulen, eine andere über Apollinaris Sidonius sind vorzüglich zu nennen. Es ist mir auch in jenen fleißigen Untersuchungen durchaus nicht aufgefallen, daß der Herr Verfasser Hypothesen und Constructionen besonders liebe oder mit der Ueberlieferung vermenge oder spätere Begriffe in frühere Zeiten verpflanze. Letzteres geschah erst in seiner Entdeckung der „Knappen" bei den Germanen. Eine gewisse Nachricht über die Taifalen und des Tacitus Schilderung der Gefolgschaft stellte der Herr Verfasser in der Art zusammen, daß ein Analogon oder eine Vorstufe der mittelalterlichen „Knappen" in den Urwäldern Armin's sich ergab. Man soll aber nie einen ganz bestimmten Rechtsausdruck des Mittelalters, „Knappe", in eine Zeit übertragen, der er notorisch in seiner späteren Bedeutung (der einzigen, die feststeht) fremd war. Daraus entstehen nothwendig Schiefheiten, glimpflich gesagt.

Das hier zu besprechende Werk[*)] leidet nun an dem

[*)] Da ich mich gegen den Hauptfehler dieses Werkes ziemlich scharf aussprechen muß, will ich ausdrücklich hervorheben, daß es auch einen sehr löblichen Vorzug hat: nämlich ausgebreitete Kenntniß der Quellen (zumal der nichtjuristischen). Man spürt überall, daß der Herr Verfasser, besonders auch in der nicht eigentlich historischen Literatur, den Rhetoren, Kirchenvätern u. s. w. sehr gut zu Hause ist.

oben erörterten Fehler dermaßen, daß man es geradezu als
einen Typus dafür bezeichnen darf: ganz regelmäßig werden
Ueberlieferung, Construction und Hypothese ohne Unter=
scheidung derart verwischt vorgetragen, daß der quellen=
unkundige Leser gar keine Ahnung davon hat, wo Tacitus
zu reden aufhört und wo Herr Dr. Kaufmann zu reden
anfängt: das Gegentheil ist die seltenste Ausnahme. Also:
wohlverstanden, nicht, daß der Herr Verfasser construirt und
vermuthet, table ich, sondern daß er uns nicht sagt, wo er
es thut. Seine außerordentlich bilderreiche, glatt fließende
Sprache würde er freilich dadurch mehr nüchtern und ge=
stückt haben gestalten müssen: aber wenn die volksthümliche,
gefällige Darstellung das zur Folge haben müßte, daß der
Leser modernste Einfälle für Quellentext halten kann, dann
müßte jede solche Darstellung vom Strafrecht bedroht werden.
Der Herr Verfasser hat mir einmal vorgehalten, ich zeichnete
von den Westgothenkönigen individuelle Bilder, welche nicht
in den Quellen begründet seien — ich hatte z. B. von
Eurich nur gesagt: „er war sehr kühn, sehr zäh, sehr schlau"
— eine „Schilderung", vor der jedes der sechs Wörter
quellenmäßig zu belegen — nun: ich brauche mich dafür
nicht zu rächen. Die Nemesis hat den Herrn Verfasser in
seinem eigenen Buche furchtbar getroffen — freilich auch
seine schuldlosen Leser. Es ist ganz unglaublich, was der
Herr Verfasser alles harscharf weiß, wovon die Quellen keine
Ahnung haben. Und wenn er es doch nur seinen Lesern
sagen wollte, was seine Weisheit ist und was die Einfalt
der Quellen! Aber der Leser muß glauben, das stehe Alles
gleichermaßen in den Quellen. Ein dickes Buch müßte ich
schreiben, wollte ich Seite für Seite dies Verfahren des
Herrn Verfassers darlegen. Hier nur ein par Beispiele.
S. 44 heißt es: „Segest hieb mit ein auf die Römer, deren
Freund zu sein er soeben eifrig versichert hatte. Es hat ihm
das nicht viel Ueberwindung gekostet und nachträglich keine
Reue verursacht." Woher weiß das Alles der Herr Ver=
fasser? Tacitus sagt nur, Annal. I, 55: Segest ward durch

Unkenntniß der Quellen ist sein Fehler durchaus nicht: leider weiß
er nur so sehr viel mehr als die Quellen. — Auch findet sich manche
einzelne zutreffende, scharfsinnige Bemerkung — leider meist in einer
Sprache, deren Bilder (nach meinem Geschmacke) sehr geschmacklos
sind. Mir schwebt für edel populäre Darstellung eine ruhige, wenig
geschmückte, plastische Einfachheit vor.

ben übereinstimmenden Willen (consensu) seines Volkes in den Krieg gezogen (tractus, b. h. eher: gezwungen), blieb aber feindlich (discors) gesinnt (b. h: der Kriegspartei; der private Haß gegen Armin wird erst im Folgenden erwähnt). — Ein andermal wird, was Orosius von Ataulf erzählt (Anschluß an Rom) ganz ebenso schon Alarich als politisches Ziel beigemessen: das ist grund- und bodenlose Willkür. Ferner: der Herr Verfasser verwirft meine Annahme, Athanarich sei i. J. 380 Haupt der Westgothen im Ostreiche gewesen. Darüber kann man sehr wohl verschiedener Meinung sein: das steht ihm ganz frei. Aber was thut er weiter? Eine Stütze für meine Meinung ist der glänzende Empfang, die ehrenvolle Behandlung, welche der Kaiser Theodosius Athanarich in Byzanz gewährte. Der Herr Verfasser sagt seinen Lesern: „Theodosius führte eine sonderbare Comödie mit dem alten . . . Athanarich auf — er behandelte ihn so ehrenvoll, weil: Constantinopel glauben sollte, daß sich wirklich der König der Gothen ergeben habe." Nicht die leiseste Andeutung giebt dem Leser zu verstehen, daß diese „Comödie" nur ein grund- und bodenloser Einfall des Herrn Dr. Kaufmann ist, ein Versuch, jenes Argument zu entkräften. Herr Kaufmann erzählt diesen seinen Einfall ganz im selben Tone wie beglaubigte Geschichte. Das ist das Gegentheil der Pflicht des Geschichtschreibers: das ist nicht Geschichtschreibung, das ist — sehr gelinde ausgedrückt — Selbsttäuschung und Täuschung des Lesers über die Grenzen von Geschichte und — von Phantasiegespinnsten.

Ueber den Geschmack kann man bekanntlich nicht streiten: aber ich für meinen Theil hätte dem Herrn Verfasser seine bilderreiche Sprache gern erlassen, hätte er im Inhalte die Quellenüberlieferung und seine Einfälle geschieden: übrigens sollte man doch erst mit dem Nothwendigen, d. h. mit der Grammatik im Reinen sein (z. B. „Italien wurde wehrlos plündernd durchzogen," S. 295), ehe man sich den Luxus des Schönen erlaubt in Bildern wie S. 285: „die unruhigen Barbaren hingen beständig als drohende Wolken an dem politischen Himmel" (ich hätte sie wohl hängen sehen mögen!). S. 278, „die römischen Fahnen hatten wieder über ein siegreiches Schlachtfeld geweht" (gibt es auch siegreiche Schlachtfelder?); auf derselben Seite „rührt Kaiser Theodosius die Werbetrommel" (wie wenn er in Wallenstein's Lager zöge).

Von dem Nicht=Juristen darf man nicht verlangen was vom Juristen. Aber wenn man einmal über deutsche Verfassung schreibt, sollte man doch nicht Dinge sagen wie der Herr Verfasser. Z. B. sollte man doch den Unterschied von Besitz und Eigenthum kennen: „es gab keinen Privatbesitz am Acker S. 122 (ich möchte wissen, wie man einen Acker bebauen kann, ohne ihn zu besitzen!): aber der Herr Verfasser meint eben Eigenthum, wenn er Besitz sagt, denn er fährt fort: „Der Acker gehörte der Gemeinde" und S. 123: „auch jetzt gab es noch kein Privateigenthum am Acker". S. 138 steht „die Statsgewalt dem Volke zu, auch bei Stämmen mit Königen" (das ist richtig), aber S. 144 „ist der König der persönliche Träger der Statsgewalt und nur in wichtigen Dingen an den Beschluß des Volkes gebunden". S. 145 ist der König Zeile 8 Anführer im Kriege, aber Zeile 24 „seinem Wesen nach vorwiegend Repräsentant des Friedens", der Herzog ausschließlich Repräsentant des Krieges (was das sagen will „Repräsentant des Krieges" ist einem Juristen unerfindlich). Das Stärkste aber ist doch S. 118: „die Unfreien zerfielen in Sklaven und — Freigelassene!" Das ist wie wenn man sagt, die Sachen zerfallen in Sachen und — Menschen. Der Herr Verfasser fährt fort: „.... die Lage der Freigelassenen unterschied sich auch nur wenig von der der Knechte. Wer wollte sie schützen vor der Willkür ihres Herrn?" Antwort: das Volk, dessen Glieder sie sind, während der Unfreie nicht Glied des Volkes ist.

Derselbe Herr Verfasser erlaubt sich S. 358 in der Kritik seiner Vorgänger von Georg Waitz zu sagen: „es fehlt seiner Darstellung bisweilen an klarer Anschauung" und meint von demselben S. 357: „Aber es ist schwer, sich von Vorstellungen zu befreien, mit denen man aufgewachsen ist. Theoretisch überwunden machen sie sich doch immer wieder geltend, wo immer ein günstiges Zeugniß oder eine dunkle Stelle es gestattet oder dazu verführt."

So Herr Dr. Kaufmann über Georg Waitz. — —

Das Buch ist Rudolf Sohm gewidmet und der Anhang gibt eine Uebersicht der Vorgänger „von Möser bis auf Roth und Sohm". Paul von Roth hat in seinem „Beneficialwesen", und Vielem, was damit zusammenhängt, einen bedeutenden Fortschritt über Georg Waitz hinaus gemacht: das sind Einzelheiten: wo es sich im umfassendsten Sinne

um „die Auffassungen der älteren deutschen Geschichte" —
so die Ueberschrift des Anhanges — handelt, wird sich Paul
von Roth, der nie eine Gesammtdarstellung unternommen
hat, selbst gewiß nicht neben den Urheber der vielbändigen
Verfassungsgeschichte stellen. Rudolf Sohm's verdienstvolle
Einzelleistungen gehören auch nicht in solche Reihe: ist doch
sein Buch noch gar nicht vollendet: liegt es vollendet vor,
dann erst wird sich zeigen, wie fern es, in feststehenden
Ergebnissen, über Waitz hinaus führt. Bis dahin müssen
wir noch einen solchen Ueberblick beschließen mit Georg
Waitz und einstweilen möge Gott den hochverehrten Collegen
zu Straßburg vor übereifrigen Freunden schützen: die deutsche
Urgeschichte aber vor der chronischen Vermengung von
Quellentext und mehr oder weniger geistreichen Einfällen.
Geht das so fort, so werden alle gesicherten Ergebnisse me=
thodischer Forschung verwirrt durch zügellose Willkür.

Friedrichshafen und Königsberg, August und No=
vember 1880.

II.

Vor mehr als einem Menschenalter — im Jahre 1844
— erschien das geistreiche Buch Heinrich's von Sybel:
„Entstehung des deutschen Königthums" in erster Auflage:
heute, nach siebenunddreißig Jahren, bringt uns der Herr
Verfasser eine zweite, völlig umgearbeitete Ausgabe. (Frank=
furt am Main. Literarische Anstalt: Rütten und Löning
1881.) Sie ist Georg Waitz zugeeignet in einem edel
und liebenswürdig gehaltenen Vorwort: „Mancher Leser
dieser Blätter mag sich wundern, lieber Freund, — sagt der
Herr Verfasser, — daß ich Ihnen ein Buch widme, dessen
Inhalt großentheils eine fortlaufende Polemik gegen Ihre
Darstellung des altgermanischen States bildet. Daß Sie
ein solches Gefühl nicht haben, weiß ich. Denn gerade der
scharfe Streit, der sich zwischen uns als jungen Autoren
über die erste Auflage unserer Bücher entspann, hat unsere
Freundschaft geschaffen und für eine bald vierzigjährige
Dauer befestigt, und so hoffe ich, wird die Wiederaufnahme
desselben sie für den Rest unserer alten Tage vollends be=
sigeln... Wie bei Ihnen sind die leitenden Grundgedanken
dieselben wie früher: aber auch wie Sie in einigen Differenz=
punkten meiner Auffassung sich angenähert haben, werden

Sie finden, daß ich in mehreren Abschnitten Ihrer Beweis=
führung nicht unzugänglich gewesen bin und inmitten aller
Polemik Ihnen für vielfache Belehrung von Herzen zu danken
habe. So lassen Sie uns fortfahren über unsere Argumente
zu streiten und in Gesinnung und Wirken treu wie bisher
zusammen zu halten." Ein schönes Zeugniß für die Ob=
jectivität deutscher Forschung, für die unparteiische Wissen=
schaft und gegenseitige Anerkennung scharfer Gegner, denen
der Streit der Vater der Freundschaft wurde! Auch an
mich schreibt der Herr Verfasser (am 1. Nov. 1882): „In
welchem Sinne ich über altgermanische Hypothesen disputire,
zeigt die Widmung meines Buches an Waitz. Nicht anders
wünsche ich gegen meine übrigen Herren Gegner mich zu
stellen." Da ich nun auch die Ehre habe, in der Reihe
dieser Gegner zu stehen und zwar so weit vorn, daß ich mich
vielleicht der häufigsten und schärfst gezielten Sperwürfe des
Herrn Verfassers berühmen darf, will ich mich bemühen, bei
aller Schneidigkeit der Abwehr, höfische Ritterlichkeit nie zu
verletzen.

Der Streit zwischen Waitz und von Sybel hatte vor
Allem betroffen die Frage, seit wann seßhafter Ackerbau mit
Sondereigen der Einzelnen, also Gemeindegenossenschaft, die
Grundlage der germanischen Verfassung gebildet habe: während
Waitz dies schon zur Zeit Caesars (50 v. Chr.) beginnen
und vor Tacitus (100 nach Christus) vollendet sein ließ,
behauptete von Sybel eine viel längere Dauer des „Ge=
schlechterstats", d. h. der vor und ohne seßhaften Ackerbau,
ohne Sondereigen an Grundstücken und ohne Gemeinde, nur
durch den Sippeverband begründeten öffentlichen Pflichten
und Rechte. Wir werden finden, daß im Verlauf ihrer
Auseinandersetzungen die alten Gegner sich einander allmälig
etwas genähert haben; doch ist zu constatiren, daß gerade in
diesen Dingen die Ansichten von Sybel's mehr Terrain
behauptet haben als anderwärts: zumal die geschichtliche
Schule in der Volkswirthschaft (Roscher, von Inama=
Sternegg) haben sich gegen zu frühe Ansetzung von Sonder=
eigen an Liegenschaften ausgesprochen und die starken Nach=
wirkungen des ursprünglichen „Geschlechterstats" sind in
neuerer Zeit von vielen Seiten anerkannt worden; ich habe
versucht, in den Abhandlungen „Zur Geschichte des Stats=
begriffs bei den Germanen" und „Fehdegang und
Rechtsgang der Germanen" (Bausteine I. und II. Berlin

1880) die Entwicklung des Geschlechterstats und den allmäligen Uebergang in den Gemeinde=Gau=Völkerschafts= und Volks=Stat darzulegen.

Der zwischen von Sybel und mir (Die Könige der Germanen I. München 1861 — VI. Würzburg 1871) bestrittene Punkt war die römische oder nationale Wurzel des germanischen Königthums: in herausfordernd scharf zugespitzten Sätzen hatte von Sybel gegen die hergebrachte, zuletzt von Waitz vertretene Ansicht, daß das Königthum eine uralte germanische Institution sei, sich ausgesprochen: „lediglich dadurch, daß barbarische Söldnerführer den Dienstvertrag mit dem Imperator abgeschlossen und hiermit kaiserliche Officiere der ihnen folgenden Haufen geworden, dadurch seien sie ‚Könige' dieser Scharen geworden." Gegen solche ungeheuerliche Aufstellungen hatte ich die alte Ansicht vertreten, — aber allerdings mit zwei wesentlichen, neuen Modificationen: das Königthum ist mir eine altgermanische Institution, unvordenklichen Ursprungs, aus Asien mitgebracht, lange auch in Europa in Bestand, bevor ein Germane einen Dienstvertrag mit Rom schließen konnte: aber das alte nationale Königthum wurde nach meiner Ansicht sehr erheblich umgestaltet in der Zeit von Tacitus bis zur Gründung der germanischen Reiche der Völkerwanderung auf römischem Boden: zum Theil ohne, zum Theil durch römische Einflüsse: ohne römische Einflüsse erfolgte das Zusammenwachsen der ursprünglichen kleinern Verbände der Gaue zu der Einhei' der Völkerschaft (z. B. Bataver), später mehrerer Völkerschaften in Völkergruppen (z. B. Franken), wobei oft die Völkergruppen in Mittelgruppen sich gliederten (große und kleine Frisen, Salische und Uferfranken, Alamannen, Schwaben, Juthungen), bis endlich ein Reichskönigthum mehrere Völkergruppen umschließen konnte: so war ursprünglich die Völkerschaft (civitas) der Cherusker in mehrere Gaue (pagi) mit je einem Gaukönig gegliedert, unter welchen nur ein völkerrechtliches Band bestand: kleine Statenbündnisse selbstständiger Gaustaten: der Versuch Armin's, sich zum einheitlichen König aller Gaue der Völkerschaft der Cherusker zu machen, scheiterte an dem noch allzu starken centrifrugalen „Freiheits"=Drang des Volkes, zumal an der Eifersucht der übrigen cheruskischen Gaukönige, welche durchaus keine Lust hatten, sich von Einem aus ihrer Mitte „mediatisiren" zu lassen. Der Erretter Germaniens fiel durch Meuchelmord.

Aber balb nach seinem Untergang hatte der Fluch der bisherigen Zerrissenheit das Volk belehrt, wie so ganz der große Mann das einzig rettende Mittel erkannt hatte: die Cherusker gaben sich nun einen Völkerschaftskönig, indem sie den Neffen Armin's sich zum König aller Gaue wählten: freilich vermochte auch dieser sich noch nicht recht zu behaupten. In dem nächsten Jahrhundert bilden sich nun die Völkerschaftsgruppen der Alamannen u. s. w., welche zu Anfang des III. Jahrhunderts (s. 213) bereits den Römern bekannt werden: natürlich hatten sie schon länger bestanden: diese Gruppen waren Anfangs auch nicht Bundesstaten (geschweige Einheitsstaten), waren Statenbündnisse, bestehend aus einer Vielzahl von benachbarten Völkerschaften, deren jede ihren Völkerschaftskönig hat, ja auch noch Gaukönige, die keinem Völkerschaftskönig unterworfen waren (bei den Frisen und Sachsen vollzieht sich dasselbe ohne Könige: die alten Gaue bleiben hier erhalten, und an ihrer Spitze die gekorenen Gaugrafen). Ende des IV. Jahrhunderts stehen bei Alamannen, (ebenso bei Franken, Quaden und andern) mehrere Könige (reges) und Klein=Könige (reguli) neben einander, so unterschieden nach Volkszahl und Gebietsumfang: also wohl Könige von Völkerschaften und von Gauen: über zehn sind gleichzeitig wahrnehmbar: hundert Jahre später steht nur Ein Volkskönig der Alamannen dem Einen Volkskönig der Franken gegenüber: jenem Chlobovech, dem wir bei der Arbeit zusehen können, wie er alle die andern Völkerschafts= und Gau=Könige der salischen und der ripuarischen Mittelgruppe beseitigt und sich zum alleinigen König, eben zum Volkskönig aller Franken macht: nicht viel anders wird es bei den Alamannen und Markomannen hergegangen sein: bei diesen, die nun „Baiern" heißen, wird das Volkshaupt nicht mehr König, nur Herzog (dux) genannt, weil der Stamm bereits von den Franken unterworfen ist, als er unter seinem neuen Namen auftaucht: dem Herzog stehen fünf Adelsgeschlechter so nahe, daß man sie für mediatisirte ursprünglich gaukönigliche zu halten versucht wird.

Die treibenden Ursachen dieser Veränderungen waren die Annäherungen der ursprünglich durch Oedland und Grenzwald getrennten Völker und Gaue vermöge der Ausbreitung der wachsenden Menschenzahl: und diese Zunahme der Bevölkerung wurde bewirkt durch Mehrung und Sicherung der Nahrung seit dem Uebergang zu seßhaftem Ackerbau, welcher nothwendig wurde, da die Einwanderer über Rhein und Donau zu bringen durch die römische Weltmacht noch Jahrhunderte lang verhindert wurden, der Rückweg nach Osten aber den Westgermanen durch die Ostgermanen (Gothen), diesen durch die Slaven versperrt war, während nach Norden, nach Skandinavien, doch nur ein kleiner Theil ausbiegen konnte. (Ueber diese ganze Entwicklung im Zusammenhang siehe Dahn, Urgeschichte der germanischen und romanischen Völker I. Berlin 1880/81 und von Wietersheim-Dahn Geschichte der Völkerwanderung, I. Leipzig 1881, II. 1882. Dahn deutsche Geschichte I. Gotha 1883.) Außer dieser quantitativen Veränderung des altgermanischen Königthums trat nun aber während und nach der Wanderung auch eine qualitative ein: nicht nur das Gebiet und die Volksmasse waren größer geworden, über welche die Könige herrschten: auch die Intensität ihrer Gewalt ward sehr bedeutend verstärkt: sie übten ihre bisherigen Rechte willkürlicher, befreit von den alten Schranken der Volksversammlung und in viel schärferer, zwingenderer Gewalt; sie gewannen ferner eine Fülle neuer Rechte hinzu, die, in den deutschen Urwäldern unbekannt, unmöglich, (z. B. Polizei-, Finanz-, Kirchen-Hoheit) den römischen Kaisern über Römer und Provincialen zustanden und nun in den auf römischem Boden gegründeten Reichen der Germanen auf die Könige übergingen: ursprünglich freilich erstreckten sich diese römischen Herrschaftsrechte nur auf die römischen Unterthanen, nicht auf die germanischen Volksgenossen dieser Könige: aber es konnte gar nicht ausbleiben, daß diese Fürsten jene römischen Befugnisse, z. B. die Besteuerung, auch auf ihre Germanen auszudehnen trachteten: keineswegs blos aus Herrschsucht und Willkür, sondern weil die ihnen aufgegangene großartige römische Statsidee sie dazu fortriß und die Einheit und Wohlfahrt ihrer jungen Reiche, die anzustrebende Gemeinschaft aller Verhältnisse beider Nationalitäten, es erforderten. Ueberall — auf römischem Boden — haben die Könige dieses wohl begründete Streben durchgesetzt, allerdings nicht ohne lebhaften Widerstand der Germanen, zumal des alten Volksadels. Durch diese Romanisirung wurden aber endlich den Fürsten nicht blos einzelne neue Rechte beigelegt —: der Gesammtcharakter des Königthums wurde umgestaltet: der Erwerb der Krone (durch designatio successoris z. B.), das Auftreten des

Herrschers, seine Attribute, sein Hofhalt, seine Umgebung, seine Beamten in Palast und Reich, die Form seiner Erlasse (das Urkundenwesen) u. s. w. Was nun den Ursprung dieser gesammten Veränderungen der königlichen Gewalt betrifft, so war die Erstarkung der altgermanischen Rechte, zumal des Heerbannes, auch des Gerichtsbannes, besonders aber die Repräsentationshoheit (Entscheidung über Krieg, Friede, Bündniß) eine nothwendige Folge der Wanderungen, der unaufhörlichen Kämpfe mit Rom oder mit andern Germanen, welche einheitliche straffere Leitung erheischten: hier lag römischer Einfluß nicht zu Grunde. Dagegen geschah selbstverständlich die Aufnahme neuer römischer Einzelrechte in die Macht des Königthums und die Umgestaltung seines Gesammtcharakters in absolutischem Sinne dadurch, daß diese Fürsten als Nachfolger der Kaiser kaiserliche Rechte zunächst über ihre römischen, später auch über ihre germanischen Unterthanen übten: diese letzte Umgestaltung des Königthums ist also allerdings auf römischen Einfluß zurückzuführen, nicht aber, wie von Sybel annimmt, die Entstehung des Königthums selbst.

An anderen Orten werde ich mich mit dem Herrn Verfasser über die alten und neuen Gründe seiner Auffassung auseinander zu setzen haben: einstweilen hat er mit seltener Urbanität in seine eigene, „die historische", Zeitschrift (1883) eine kurze Entgegnung aufgenommen: das gelehrte Detail dieses Streites gehört nicht hierher. Ich darf hier aber mit voller Objectivität versichern, daß die Ansicht des Herrn Verfassers über die Entstehung des Königthums aufgehört hatte, die herrschende zu sein, seitdem die ersten Bände meines Werkes erschienen sind: übrigens bewirkten das nicht diese allein: auch das treffliche Büchlein des zu früh verstorbenen Rudolf Köpke „deutsche Forschungen" trat Herrn von Sybel entgegen: (dasselbe ist allerdings kurz vor dem ersten Band meiner „Könige" erschienen, aber nach meiner ausführlichen Kritik des I. Bandes der Geschichte der Völkerwanderung von Eduard von Wietersheim [in den Mittheilungen der Münchener Akademie der Wissenschaften], wo ich alle wesentlichen Grundlagen bereits gelegt), sowie (1869) später die folgenden Theile von Waitz' Verfassungsgeschichte und die neueren Auflagen der ersten beiden Bände dieses Werkes. Zumal die Juristen, die Rechtshistoriker, aber auch die Historiker z. B. Rosenstein (in dem sehr be-

achtenswerthen Aufsatz „über das altgermanische Königthum"
in der Zeitschrift für Völkerpsychologie und Sprachwissenschaft,
VII. 1870), fast sonder Ausnahme, ferner die Mehrzahl der
französischen, italienischen, spanischen Schriftsteller (letztere für
Langobarden, Ost= und West=Gothen) haben meine Auf=
stellungen angenommen, was die zwischen Herrn von Sybel
und mir schwebenden Hauptfragen betrifft: weniger Zu=
stimmung hat bisher meine Entwicklung des Völkerschafts=
königthums aus der Zusammenfassung der Gaukönige ge=
funden. Ob die neuen Gründe, welche der Herr Verfasser
für seine alten Ansichten (sofern er sie nicht modificirt hat)
und gegen meine Darstellung in seinem umgearbeiteten Werke
vorführt, den Streit zu seinen Gunsten entschieden werden,
wollen wir getrost abwarten. Einstweilen glaub' ich es nicht.

Ich kann mich daher, völlig unbesorgt um den Ausgang, dem
feinen Genuß hingeben, welchen das neue Buch jedem wissen=
schaftlichen Leser gewähren muß. Denn es ist eine wahre
Freude, den Herrn Verfasser an der Arbeit zu sehen; diese
Freude an seinem Verfahren wird dadurch gar nicht be=
einträchtigt, daß man wider das Ergebniß oft Einsprache er=
heben muß, ja daß die unglaubliche, man möchte sagen,
fabelhafte Gewandtheit der Manipulation einem auch nicht
völlig Uneingeweihten zuweilen ein Lächeln des Erstaunens,
selbst der Verblüffung abnöthigt. Es ist wirklich manchmal
bezaubernd, mit welcher Grazie und Geschwindigkeit zugleich
der Herr Verfasser Erwägungen oder auch gar unliebsame
Quellenstellen hinweg zu interpretiren oder zu entkräften
versteht, daß Einen die Augen übergehen, wie er das
ihm Günstige zu gruppiren, gewinnend in den Vordergrund
zu rücken, das Widerstreitende abzuschwächen, ja mit
feiner Ironie lächerlich zu machen versteht. Seine Meister=
schaft der Dialektik ist geradezu blendend; wohlverstanden:
wir wollen nicht sagen· Sophistik. Denn wenn die Be=
hendigkeit der Manipulation, das souveräne Spiel mit Gründen
und Gegengründen manchmal den wohlberechtigten Zweifel er=
wecken möchte, ob dieser Beherrscher der Debatte selbst immer
von der Triftigkeit seiner oft allzu geistreichen Argumente über=
zeugt sein kann —: bald erkennen wir doch, was die spielende
Leichtigkeit der Diskussion adelnd von bewußter Sophistik
unterscheidet. Es ist eben jene elegante Ironie, die den
Verfasser vor allen gleichzeitigen deutschen Historikern aus=
zeichnet, an die großen Engländer und Franzosen des vorigen

Jahrhunderts gemahnend. Vor Jahren antwortete Herr von Sybel auf meine Frage, ob er nicht wieder einmal unsern alten Streit aufgreifen wolle, mit angenehmem Lächeln: „Nein! Aus so wenig Holz zu schnitzen, ist undankbare Mühe." Und in jenem sehr liebenswürdigen Brief an mich vom 1. November v. J. sagt er ja: „in welcher Gesinnung ich über altgermanische Hypothesen disputire, zeigt die Widmung meines Buches an Waitz. Nicht anders wünsche ich zu meinen übrigen Herren Gegnern mich zu stellen." „Altgermanische Hypothesen!" Das ist's! Der Herr Verfasser behandelt alle hier auftauchenden Fragen als solche, welche nach dem Stand unserer Quellen nur hypothetische Beantwortung zulassen.

Wer darf ihn darum schelten? In einem gewissen Sinne hat er Recht: namentlich vergleichungsweise. Der Herr Verfasser mißt jenes „wenige Holz" altgermanischer Fragmente mit den Wäldern von Urkunden, welche ihm für seine Arbeiten in der Zeit der französischen Revolution, mit den immerhin stattlichen Stößen, welche ihm für seine Kreuzfahrer=Studien zur Verfügung standen: da beschleicht ihn ein Gefühl souverainer Geringschätzung der „squabbles" über altgermanische Dinge, über die aus kleinen und kleinsten Splittern das Urtheil zusammengestückelt werden muß: ja in vielen und wichtigen Fragen wird nur die bis auf einen gewissen Grad von der Individualität abhängige Gesammtanschauung das Ergebniß bestimmen müssen, weil es an positiven Belägen ganz gebricht.

So wiegt sich denn der Herr Verfasser in behaglich schmunzelnder Jronie, in einer vornehmen und kühlen Skepsis gegenüber seinen Widersachern und ihrer seinen Witz herausfordernden pathetischen, dogmatischen, oft etwas schwerfälligen Unfehlbarkeit.

Von letzterem Dünkel weiß ich mich frei: nnd daher kann ich mit Vergnügen des eleganten Spieles genießen, mit welchem dieser virtuose Schachspieler seine behenden Springer hierhin und dorthin hüpfen läßt, mitten in die schweren Schlachthaufen seiner Gegner hinein. Ist man nicht unfehlbar — ein klein wenig sind wir es Alle — wird man den Humor selbst als Genuß mit empfinden, mit dem man behandelt wird, und ich habe über den Satz: „er, Dahn, kennt seinen Athanarich besser," vielleicht herzlicher gelacht als Andere.

Allein, allen Scherz in Ehren, müssen wir doch sagen, einerseits, daß nicht alle germanischen Dinge gleich zweifelig sind, andrerseits, daß es nicht gerecht von dem Herrn Verfasser gehandelt ist, gelegentlich seinen Gegnern vorzurücken, daß sie für einzelne Sätze keine Quellenbeläge anführen, sondern lediglich ihre Gesammtauffassung: als ob das der Herr Verfasser nicht ganz ebenso thäte und thun müßte, wie andere Leute, wo und weil die Quellen fehlen: und er thut es wahrlich oft in Constructionen, deren Eleganz die Kühnheit zwar verschönt, aber nicht gebiegner macht.

Das Buch ist von 267 auf 497 Seiten vermehrt: die seit 1844, wie der Herr Verfasser im Vorwort sagt, „fast unübersehbar gewordene Literatur" vielfach berücksichtigt — aber leider, leider! nicht so vollständig und namentlich nicht den verschiedenen Autoren und Richtungen gegenüber so gleichmäßig als zu wünschen gewesen wäre. Ganz neu sind eingefügt die Abschnitte: „Wechsel der Feldfluren und Aecker," „Früheste Verhältnisse," „Erste Fortbildung," „Fürstliche Geschlechter," „Ostgothen," „Langobarden," „Allgemeine Ansicht des Königthums," „Sondereigen, Grundherrschaften." Wir nehmen hier von dem Buch, mit dem wir uns anderwärts in allem Detail scharf auseinanderzusetzen haben werden, Abschied mit der Anerkennung, daß es zu dem Elegantesten und Geistreichsten zählt, was die deutsche Geschichtsschreibung aufzuweisen hat: wenn wir allmälig dahin gelangen, daß die Werke deutscher Gelehrter nicht nur studirt, auch mit Genuß gelesen werden können, so ist das solchen Darstellungen zu danken, welche im edelsten Sinne des Wortes volksthümlich, aber vornehm und fein geschrieben sind, sehr weit entfernt von jener schwülstigen, bilderreichen Manier, die „poetisch" wirken will, aber nur verrückt gewordene Prosa ist.

Herrn von Sybel's Grundauffassung ist aber freilich grundfalsch: sie scheitert, abgesehen von allem Andern, schon an Tacitus, der a. 99. n. Chr. bei einzelnen Völkerschaften ein germanisches Königthum im schärfsten Gegensatz zu andern königlosen Völkerschaften kennt, ein Königthum, das auch Herr von Sybel nicht aus dem Dienstvertrag mit dem Imperator ableiten kann. Man hat nur die Wahl zwischen Tacitus und Herr von Sybel. —

III.

Frei von dem Fehler überladnen Schwulstes in der Sprache ist auch die volksthümliche Darstellung der älteren deutschen Geschichte, welche Wilhelm Arnold in Marburg begonnen und nach einem I. Band „Deutsche Urzeit", schon in dritter Auflage erschienen, (Gotha, F. A. Perthes 1881) nun bis auf Karl den Großen fortgeführt hat: deutsche Geschichte II. „fränkische Zeit" (1. Hälfte ebenda 1881). Bereitwillig und warm habe ich — als einer der Frühesten — das dauernde, große Verdienst anerkannt, das sich der Verfasser erworben hat durch seine ausgezeichnete Arbeit: „Ansidelungen und Wanderungen deutscher Stämme. Zumeist nach hessischen Ortsnamen (Marburg 1875, siehe darüber Bausteine II. Berlin 1880). Es wäre dringend zu wünschen, daß gleich vollständige Sammlungen und gründliche Bearbeitungen des in den Ortsnamen enthaltenen Materials auch für andere deutsche Stammesgebiete unternommen würden: denn diese Ortsnamen gewähren fast allein die Möglichkeit, die Veränderungen in den Sitzen, in den Verfassungs- und wirthschaftlichen Verhältnissen der Westgermanen zu verfolgen im IV. und V. Jahrhundert auf dem rechten Ufer des Rheins. In der Natur der Sache liegt es begründet, daß zwei Forscher in der Gesammtauffassung der germanischen Urzeit viel weniger übereinstimmen können als in einer einzelnen Frage wie der der Geschichte der allmälig erreichten Seßhaftigkeit: ich kann daher die deutsche Geschichte des Verfassers, bei aller Anerkennung von vielem Tüchtigen, nicht so hoch stellen wie die „Ansidelungen".

In dem eben erschienenen II. Band finde ich zu meiner aufrichtigen Freude in wichtigen Dingen völlige Uebereinstimmung zwischen dem Herrn Verfasser und meinen eigenen Ergebnissen: zumal in der Würdigung der Vorgänge bei den Westgermanen im V. Jahrhundert. Es ist über den Kreis der Fachgenossen und über den von uns behandelten Gegenstand hinaus, es ist allgemein interessant, zu constatiren, wie völlig unabhängig von einander zwei Forscher zu fast wörtlich übereinstimmenden Ereignissen gelangen mögen — eine Warnung vor der landläufigen Zurückführung überraschender Uebereinstimmungen auf Entlehnung.

Gleichzeitig ließen wir beide über jene Entwicklungen

drucken: Arnold, deutsche Geschichte II. 1, S. 25. „Wir erfahren von dem, was sich in dieser Uebergangszeit (im V. Jahrhundert) in Deutschland ereignet hat, so gut wie nichts und die gesammte Völkerbewegung bleibt zweifelhaft und unklar. Es sind die dunkelsten Zeiten unserer Geschichte, die gewiß dadurch nicht heller werden, daß man sie durch eine ausführliche Darstellung der außerdeutschen (ostgermanischen) Verhältnisse zu verdecken sucht..... Als ob in Deutschland in dieser Zeit nichts vorgefallen wäre.... Und doch sind auch hier große Veränderungen eingetreten."

Dahn, Urgeschichte II., S. 426. „Für die nächsten hundert Jahre, d. h. für die Zeit von den Kämpfen Gratians gegen die Alamannen bis zu dem Auftreten Chlodovechs an der Spitze der Franken sind die uns erhaltenen Nachrichten über die Westgermanen ganz besonders spärlich, selten, einsylbig, dunkel. Während wir von den Wanderungen gothischer Völker sehr viel vernehmen, erfahren wir von Alamannen, Burgundern, Franken, Sachsen sehr wenig, von Hermunduren (Thüringen) und Markomannen, sowie von den andern suebischen Völkerschaften im Innern des Landes gar nichts. Das ist um so lebhafter zu beklagen, als gerade in jenem Jahrhundert — dem V. — zahlreiche Bewegungen, Ausbreitungen der Wohnsitze und Umwandlungen in den Verfassungszuständen eingetreten sein müssen: fast nur die Namen der Völker werden gelegentlich römischer oder hunnischer Kämpfe genannt."

Wir könnten noch mehrere, fast wörtliche Uebereinstimmungen aufnehmen, z. B. über die zwiefache Möglichkeit, daß Alamannen oder Franken das mittlere Rheinland gewannen: nur glaube ich annehmen zu müssen, daß schon beträchtlich früher, als Arnold meint, Alamannen auf dem linken Rheinufer (im Elsaß) als Bauern seßhaft waren, da Julian schon zur Zeit der Schlacht von Straßburg auf das von den Alamannen hier gebaute Getreide seine Truppen-Verpflegung baut, ganz ebenso wie er auf chamavisches Getreide bei seinem Feldzug wider die Franken zählt, das ihm nur versagt, nicht, weil es gar nicht oder nicht in ausreichendem Maße vorhanden gewesen war, sondern blos deshalb, weil es noch nicht reif war. (Vgl. Dahn, Urgeschichte II. S. 278, 305.) Ich kann ferner Arnold nicht zugeben, daß Alamannen und Franken im IV. und V. Jahrhundert eine so wesentlich entgegengesetzte Stellung zu Rom

eingenommen hätten, daß um beßwillen alle rechts=
rheinischen barbarischen Deutschen von den Franken (b. h.
Franzosen) „Allemands" genannt worden seien: diese Be=
zeichnung gehört offenbar doch viel späterer Zeit an: wäre
Arnolds Meinung richtig, so hätten die Römer des IV.
und V. Jahrhunderts jenen Sprachgebrauch aufbringen
müssen, woran doch gar nicht zu denken. Alamannen auf
beiden Seiten des Ober= und Mittel=Rheines hatten das
Bestreben, stets weiter in das Innere Galliens sich auszu=
breiten und unternahmen Raubzüge in das noch nicht von
ihnen gewonnene Land: ganz ebenso thaten von Köln ab
Ufer= und salische Franken: beide wurden vorübergehend
zum Abschluß von Föderart=Verträgen mit Waffenhilfe ge=
zwungen, beide trachteten nach Kräften, die römische Ober=
hoheit wieder abzuwerfen, nur daß dies den Franken desto
später gelang, je tiefer sie in das Herz Galliens vordrangen.

Eine Differenz von anderer, von geschichtsphilosophischer
Natur besteht zwischen Arnold und mir darin, daß ich das
Mirakel außer Anschlag lasse: „laßt unsern Herrgott aus
dem Spaß," sagt Valentin bei Goethe. Es ist mir gewiß
sehr fern, den individuellen religiösen Glauben eines Historikers
verletzen zu wollen: es wäre in jedem Sinne unziemend, der=
gleichen anzugreifen. Aber ich bin der Meinung, daß diese
höchst ehrwürdigen Gemüthsstimmungen nicht in ein Ge=
schichtsbuch gehören und daß am allerwenigsten eine mirakel=
hafte Veranstaltung, eine Theater=Regie der Weltgeschichte
an Stelle des vernünftigen Zusammenhangs von Ursache und
Wirkung gesetzt werden darf. Denn, ihre Richtigkeit völlig
angenommen, hat sie für die Wissenschaft nicht nur keinen
Werth, weil sie ja unbegreiflich, sondern große Gefahr, weil
sie das Streben nach Erkenntniß des vernunftgemäßen
Zusammenhangs ausschließt. Wenn der liebe Gott in der
Schlacht von a. 496 erst einige tausend Franken von den
beinahe siegenden Alamannen zusammenhauen läßt, um dann
desto leichter Chlodovechs Herz in der Angst durch ein Mirakel
zur Annahme des Christenthums zu bestimmen, so brauchen
wir keine Untersuchungen über die Motive jenes Glaubens=
wechsels anzustellen. Wir sind also der vom Verfasser S. 96
verpönten Ansicht, daß die Geschichte allerdings nichts ist als
eine „Kette rein menschlicher Gründe und Zwecke": — für die
Wissenschaft beeilen wir uns beizufügen. Denn was die
Theologie darüber für erbauliche Betrachtungen anstellt, hat

mit Wissenschaft nicht das Allerminderste zu schaffen. Das Wunder
ist zwar des Glaubens liebstes Kind, aber die Wissenschaft
kann dasselbe nicht als Wahlkind annehmen. Wenn übrigens
der Herr Verfasser alles Ernstes den scheußlichen Mörder
Chlodovech (freilich auch hierin „ein zweiter Constantinus")
für ein auserwähltes Rüstzeug des lieben Gottes hält, so
muß man sagen, daß dem lieben Gott in sehr bedenklicher
Weise der Zweck die abscheulichsten Mittel geheiligt hätte.
Eine Allmacht und Allweisheit, welche sich solcher Verbrechen
bedienen muß, um das fränkische Reich zu gründen, ist weder
mächtig noch weise. Ich habe im tiefsten Herzen eine viel
zu ehrfurchtsvolle Scheu vor dem Göttlichen, als daß ich es
durch solche Vorstellungen mir unter das Niveau einer wackern
Menschen=Moral herabziehen möchte. Gewiß meint es der
Herr Verfasser tief religiös: — aber ich finde, durch solche
aus dem landläufigen Theismus nothwendig folgende Ver=
menschlichungen kann das unausdenkbar Erhabene des Gött=
lichen nicht gewinnen, nur verlieren. Ich constatire das des=
halb, weil unsere Weltanschauung sich immer wieder die
„Gottlosigkeit" vorwerfen lassen muß. Ich halte aber unsere
Gottesidee wahrlich für großartiger, auch für heiliger, als
die des Mirakels und der Vorstellung eines marionettenhaften
Leiters der Weltgeschichte mittelst geduldeter Verbrechen ruch=
loser Mörder wie Constantin und Chlodovech.

Wir würden diese Bedenken gegen die „geschichtsphilo=
sophische" (?) Grundanschauung des sehr verehrten Herrn
Verfassers (Arnold) gar nicht ausgesprochen haben, führte
jene Auffassung nicht auch im Einzelnen zu Dingen, die wir
an dem so vielfach vortrefflichen Werk beklagen müssen.
Bevor wir aber auf jene Fragen kommen, heben wir mit
Vergnügen die zahlreichen Vorzüge der Arbeit hervor.

Der Herr Verfasser stimmt mit mir zu gutem Theil
überein in der Auffassung der Bewegungen der Germanen
gegen das römische Reich als nothgedrungener Bestrebungen,
Land zu gewinnen. Gewiß hätte (ich muß das wiederholt
hervorheben) das damals von den Germanen besessene Gebiet
von Rhein und Donau und Nord= und Ost=See bis an das
schwarze Meer völlig zu ihrer Ernährung ausgereicht, — auf
demselben Raum leben dermalen ganz unvergleichlich mehr
Menschen — hätten sie zu Rodungen der Wälder, zur Aus=
trocknung der Sümpfe, zur Urbarmachung der Heiden, dann
zu mehr rationellem, intensivem, mühevollem Ackerbau Fähig=

keit und Neigung gehabt. — Aber beide fehlten: nicht blos die Lust, vielfach auch für den bessern Landbau das Verständniß; der kampffreudige Sinn, der verschmähte durch Schweiß zu verdienen, was durch Blut gewonnen werden konnte, (Tacitus) wirkte gewiß dabei mit. Aber mehr als Arnold erblicke ich in der Noth, weniger als Arnold 2. B. S. 9. in jener Kampflust das treibende Motiv: denn die Kampfbegier mochte die Krieger, die Jünglinge und Männer zu kühner Raubfahrt treiben: aber die ganzen Völker mit Weibern, Kindern, Greisen, Unfreien, Knechten und Mägden, mit Wagentroß und Heerden, welche wir immer wieder von der frühesten uns bezeugten Wanderung, der der Kimbrer und Teutonen, bis zu der letzten, der der Langobarden, über sechs Jahrhunderte hindurch antreffen, welche viel lieber durch friedlichen Vertrag Land von Rom erbitten als durch die Waffen erzwingen wollen, — die großartigen Erscheinungen, welche recht eigentlich die „Völkerwanderung" und Völkerausbreitung ausmachen, sind mit nichten auf übermüthige Lust an kriegerischen Abenteuern, sind nur auf die bitter drängende Noth zurückzuführen. Viele der uns überlieferten Einfälle über die römische Grenze haben allerdings gar keinen andern Charakter als die „raids", welche die keltischen Hochländer in Schottland noch im achtzehnten Jahrhundert von den Bergen herab in die Siedelungen der Thäler vornahmen: Raubfahrten der kampflustigen und armen Barbaren in das reiche Culturland der Römer. Indessen auch diese „Raubfahrten" hatten sehr oft den Charakter gewaltsamer Recognoscirungen: unter dem Heeren und Plündern prüften die keck Eingedrungenen wie eine Avantgarde die Vertheidigungsstärke der römischen Grenzlande und günstigen Falls folgte bald ein Einwanderungsversuch ganzer Gaue mit Weib und Kind in der Absicht dauernder Festsetzung im Fremdland (Ali-sat: daher Elsaß). Ja manchmal gaben die Raubfahrer selbst, gleichviel, ob sie zu Schiff oder zu Lande gewandert waren, die Rückkehr auf, setzten sich mit Gewalt oder meist durch Vertrag als Söldner,[5]) Grenzer, Colonisten fest auf römischem

---

[5]) Und so als einquartirte Hilfstruppen nach dem foedus mit hospitalitas. Aber den alten Irrthum, daß dabei um das einzelne Landstück nach altgermanischer Sitte geloßt wurde, hätte S. 38 nicht wiederholen sollen: nur Einmal ward geschichtlich nachweisbar damals geloßt. Aber nicht unter Einzelnen und nicht um Landgüter, sondern unter vier Völkerschaften (Asdingen, Silingen, Sueben

Boden wie z. B. später die Sachsen in England, auch die Wikinger thaten. Kurz: es ist nicht immer, wenn auch oft, leicht einen Plünderungszug von einer wenigstens eventuell beabsichtigten Einwanderung zu unterscheiden. Dies gilt zumal von den Einfällen der Gothen zu Land und zur See in Europa und Asien im dritten Jahrhundert: während die Bewegungen der späteren deutschen Stämme, abgesehen von vereinzelten Fahrten der See- und Landräuber, meistens auf dauernden Landerwerb, auf Ausbreitung, nicht auf „Wanderung" gerichtet sind. Denn sie wandern nur, sofern sie müssen: sie geben die von Nachdrängenden bedrohten oder eingenommenen Sitze nur ungern, nur theilweise auf, durchaus nicht immer ihr ganzes bisheriges Gebiet räumend, nur z. B. die östlichen oder nördlichsten Gaue, die westlicheren oder südlichsten behauptend und sich weiter nach West und Süd über Nachbars-Gebiet ausbreitend. Gerade über diese Wanderungen der Hessen, Alamannen, Franken hat der Herr Verfasser, wie schon in dem älteren Werk so in diesem S. 41 — 76, ganz Vorzügliches, dauernd Gesichertes beigebracht,¹) aber nach seiner eigenen Darstellung (vor Allem der Hessen, die „gewandert" so gut wie gar nicht sind,) müßte er mehr von Ausbreitung und Umzug als von „Wanderung" dieser Stämme sprechen: denn sie gaben die alte Heimat einerseits meist nur zum Theil durch Colonisation und anderntheils nur durch Verdrängniß auf.⁷)

Die Einwanderung von Angeln nach Thüringen darf man nicht (S. 64) auf Ortsnamen wie Engel- oder Angil stützen: denn das Wort bedeutet einfach „Winkel", „Angel" und hat selbst wol den Angeln in Holstein den Namen ge-

---

und Alanen) um die in Spanien unter sie zu vertheilenden „Provinzen" (Landschaften).

Sors hieß in dem Latein jener Zeit soviel wie pars, ohne jede Beziehung auf Losung. Dahn Könige I. S. 144. VI. S. 57.

⁶) Seine auf die Ortsnamen gebaute Darlegung genügt allein, abgesehen von andern Gründen, welche ich alsbald in dem unter der Presse befindlichen zweiten Band der Deutschen Geschichte (Gotha 1884) erörtern werde, die Hypothese Schröders, (Vgl. zuletzt die Franken und ihr Recht,) von der Identität der Chatten und der salischen Franken auszuschließen.

⁷) Daß die Baiern durch die Czechen aus Böhmen verdrängt wurden S. 63, ist nicht richtig. Die Einwanderung der Baiern geschah wol schon zu Ende des fünften, nicht erst zu Anfang des sechsten Jahrhunderts und nicht über den Böhmerwald, sondern Donauaufwärts, wie Arnold selbst annimmt.

geben. Unter den Baiern gothische Bestandtheile (S. 675) anzunehmen, sollte man doch endlich aufgeben, nachdem die Geschichte nicht dazu veranlaßt (es könnte sich nur um zersprengte Haufen von Rugiern und Skiren handeln) und Sprache und Sage gar nichts Gothisches aufweisen. (Leider hält auch Waitz in der dritten Auflage des ersten Bandes noch an jener Annahme fest.) Festsetzung von Alamannen im Elsaß und von Franken in Toxandria ist nicht erst im fünften, ist schon im vierten Jahrhundert anzunehmen. (Oben S. 221). Sehr erfreut hat mich S. 78, daß der Herr Verfasser bei den Franken wenigstens meine „Gaukönige" — Begriff und Namen — acceptirt: was bei Franken zweifellos, ist es bei Alamannen nicht minder, ebenso bei Quaden, bei den meisten Gothen, fast ebenso bei Markomannen, und andern Sueben z. B. den spanischen: so daß man wol bei allen Germanen, die überhaupt Könige hatten, die gleiche zuerst von mir aufgestellte Entwickelung wird annehmen dürfen: denn auch bei Nordgermanen und Angelsachsen verhält sich die Sache, wenn nicht ebenso, doch analog. (Angelsächsische Heptarchie, nordische Fylki=Könige, später Unter=Könige, Jarle). Ob Meroveus, der Ahn der Merovingen, sagenhaft oder geschichtlich, ist zweifelhaft: aber keinesfalls darf man letztere Annahme darauf stützen S. 89, daß der Name in den späteren Geschlechtsreihen des Hauses wiederkehrt: denn es versteht sich, daß man den Namen des Ahnherrn gern wiederholte, auch wenn nur die mittlerweile allgemein verbreitete und anerkannte Sage Meroveus als solchen bezeichnet hatte. Auch bezüglich der Gründe, welche gerade die Franken und nicht z. B. die Ost= oder West=Gothen zur Herrschaft über die andern deutschen Stämme führten, stimmt Arnold mit meinen Aufstellungen überein: einen sehr wichtigen Vorsprung gab ihnen die Lage ihres Stats=Gebiets: Gallien, welche ihnen die frühe Aufnahme römischer Cultur ermöglichte und doch den unmittelbaren Zusammenhang mit der germanischen Waldeskraft auf dem rechten Rheinufer sicherte: alle tiefer nach West und Süd Gewanderten: Westgothen in Spanien, Ostgothen und Langobarden in Italien, vollends Vandalen in Afrika waren für das germanische Element auf das Aussterben gesetzt: nicht Einen Mann mehr erhielten sie über die ursprüngliche Zahl hinaus, der schnellen Romanisirung war gar keine Vermehrung des Germanischen gegenüber zu stellen. Sie erlangten und zwar sehr früh die Vortheile der römischen

Bildung, aber auch die Nachtheile der damaligen römischen Uebercultur: Verweichlichung, ja Fäulniß ergriff sie: auch die Franken konnten sich im Süden und Westen Galliens solcher Verderbniß nicht entziehen, und die „Neustrier" zeigen alsbald eine erschreckende Mischung der Laster der Uebercultur mit der Roheit der Vorcultur: da waren es die Austrasier, die Ostleute in Gallien und zumal die rechtsrheinischen Stämme, welche wiederholt die von inneren Schäden und äußern Gefahren auf das Schwerste bedrohten Neustrier gerettet haben durch Eingreifen ihrer rauhen, aber noch unverdorbenen altgermanischen Kraft: ein austrasisches Geschlecht war es[s]), welches den bazumal in geschlechtlichen Lastern und thörigen Unsitten versunkenen merovingischen Königen zuerst stützend zu Seite trat, den unaufhörlichen Bruderkriegen ein Ende machte, die meisterlosen Großen bändigte, die vom innerlich zerrissenen Reich abgefallenen Stämme wieder heran zwang, durch den austrasischen Herbann ganz besonders die furchtbare Gefahr des Islam zurückschlug und endlich selbst den Thron des verjüngten und gefestigten States beschritt: ein sie verjüngendes Austrasien fehlte den Süd= und West=Nachbarn der Franken. Andererseits waren diese den rechtsrheinischen Barbaren nicht nur dadurch überlegen, daß sie die römische Cultur nun im eigenen Lande hatten, — es waren auch wichtige Bestandtheile bei den fränkischen Mittelgruppen schon Jahrhunderte lang selbst in römischem Dienst geschult, von römischer Civilisation berührt: die Bataver und Kannenefaten als ein Hauptbestandtheil der salischen, die Ubier als Theil der Uferfranken. Dies erklärt — neben andern Gründen — eine gewisse Ueberlegenheit der Franken in militärischen und politischen Dingen, z. B. auch in sehr geschickten Colonisationen, verglichen mit den rechtsrheinischen Stämmen: aber freilich auch die sprichwörtlich gewordene Falschheit, Wort= oder Eidbrüchigkeit, Arglist in öffentlichen und privaten Dingen, die vor keinem Mittel des Verraths und der blutigen Gewalt zurückschreckende Ruchlosigkeit, welche besonders die neustrischen Franken, die Salier, und — auch hierin typisch für ihren Stamm, — die Sippe der Merovingen furchtbar auszeichnet.

[s]) In schroffen Gegensatz zu der altgermanischen Sitte später Ehe finden wir bei den Merovingern vierzehnjährige Jungen ganz regelmäßig verheirathet und fünfzehnjährige als eheliche und außereheliche Väter.

So kann ich Arnold nicht zugeben, daß diese Züge von Arglist und Gewalt in Chlodovech und den Seinen auf Einfluß der Römer seiner Zeit zurückzuführen sei: sofern überhaupt römisches Wesen*) darin zu Tage tritt, ist der Einfluß schon Jahrhunderte alt: denn gleich von Anfang heißen die Franken den Römern (und Byzantinern) „das treuloseste aller Völker." Uebrigens wollen wir uns doch hüten vor der sehr widergeschichtlichen, sentimentalen, durch und durch unwahren Schwärmerei von der ausnahmslosen Treu und Redlichkeit der alten Germanen: gleich im Eingang unserer Geschichte steht jene Teutoburger That, deren von Wotan eingehauchte Arglist nur durch ihre furchtbare Großartigkeit geadelt und als äußerste Nothwehr eines auf den Tod bedrohten Volksthums entschuldbar wird. Um Verrath und Gewalt zu mischen, brauchten diese mit der ganzen Arglist und zugleich maßlos wilden Kraft des Barbaren ausgerüsteten Söhne des Urwalds nicht erst bei den Römern in die Schule zu gehen. Es ist daher wol auch allzu patriotisch, wenn Arnold Chlodovech um seiner Ruchlosigkeiten willen einen französischen, nicht einen deutschen (soll heißen: germanischen) König nennen will: es fehlt wahrlich auch nicht an germanischen Fürsten mit solchen Thaten und Eigenschaften. Römisches Blut, wie Arnold meint, war schon gar nicht in Chlodovech, soweit unsere Kunde reicht. (Dasselbe nimmt er S. 246 auch von Arnulf von Metz an — ohne jeden bestimmten Grund.) Und man kann doch nicht sagen, S. 108, in den Franzosen sei das römische Element mächtiger geblieben als in allen andern Völkern: auch als in den Italienern?? Gewiß dachte Chlodovech noch nicht an Zusammenfassung aller rechtsrheinischen Deutschen, was S. 94 für eine offene Frage erklärt wird. Ueberhaupt wollen wir, bei aller Anerkennung des politischen Instinktes (so sagt man wol besser als politischen Geistes), in Chlodovech und seinen Franken doch, wie man an der Isar spricht, die Kirche beim Dorf lassen d. h. nichts übertreiben. Dem glänzend tapfern, kriegslustigen, ehrgeizigen, eroberungseifrigen, nach Land, Gold und Leuten d. h. nach Macht gierigen Fürsten,

---

*) Wenn es aber S 18 heißt: unter römischer Bevölkerung mußte er auch römische Mittel anwenden, so ist dieser Satz nicht blos sittlich bedenklich — nach heidnischer wie christlicher Moral — er ist auch positiv unrichtig: denn seine scheußlichsten Thaten hat Chlodovech nicht unter Römern und gegen Römer gethan, sondern gegen seine eigenen germanischen Vettern und Gesippen.

schwebte vor Allem Befriedigung seiner wilden und heißen Leidenschaften um dieser Befriedigung selbst willen vor, um des Genusses der Erfolge seiner kraftvollen und schlaulistigen Individualität. In solcher Stimmung nahm er auch das Christenthum an: ob Christus oder Wotan mächtiger, war ihm schon lange zweifelhaft: in der Noth der Schlacht ergreift er, aber vorsichtig nur bedingt „falls ihm Christus sofort helfe", dessen Lehre: auch der Glaube ist ihm nur Mittel für seine Kriegs- und Macht-Zwecke.

Wol dachte er dann auch über die bloße Stillung dieser seiner Leidenschaften hinaus: die Vereinung aller fränkischen Gruppen unter seiner Hand nicht blos, unter seinem Hause, die Verbreitung merovingischer Herrschaft über Gallien soweit es irgend anging, die Zurückdrängung der Alamannen, der bisher sehr gefährlichen Wettbewerber um den Mittelrhein, die Verwerthung des Bündnisses mit den katholischen Bischöfen, auch die formelle Anerkennung des oströmischen Kaisers zur Befestigung seiner Macht und Gewinnung der Romanen: das sind politische Ziele und Mittel, die man ihm zuschreiben darf. Aber weiter ging es nicht: Strebungen weit über Gallien hinaus, wie sie die großen Karolinger verwirklichten, mußten Chlodovech noch fern liegen. Ja, ein wahrhaft statsmännischer Geist hat ihn bei seinen Kriegen und politischen Morden doch nicht geleitet: die Einheit des Stats, die großartige, öffentlich rechtlich gedachte Statsidee der Römer war ihm nicht klar aufgegangen: sonst hätte er der Theilung der so blutig zusammen gezwungenen Gebiete nach seinem Tode in vier Stücke vorbeugen müssen: denn diese Zerreißung, obzwar sie die innere, so zu sagen „ideale" Einheit des regnum Francorum nicht aufheben sollte, war doch politisch das schlimmste Uebel für den Stat, da die Theilung die Bruderkriege gleichsam von Statswegen mit der gehörigen Macht ausrüstete. Man wende nicht ein: die Theilung des Reiches unter die Söhne war salisches Privat-Erb-Recht. Denn das ist es eben, was wir behaupten: ein wahrhaft statsmännisch-denkender Geist hätte diese barbarische Behandlung der Thronfolge als vermögensrechtliche Hinterlassenschaft, als Vererbung von Grundstücken[10]) nicht ertragen und

---

[10]) Freilich nahmen auch noch König Pippin und Karl der Große sogar diesen rein privatrechtlichen Standpunct ein, das Reich unter ihre Söhne vertheilend; Arnold S. 257 sagt mit Recht vom Jahre 768 „ein statsrechtlicher Gedanke wurde noch nicht anerkannt".

Fürsorge getroffen, sie zu hindern. Daß solche Gedanken germanischen Königen bamals noch gar nicht erreichbar gewesen, darf man nicht behaupten: lange vor Chlodovechs Tod hat der Vandalen=König Genserich das Princip der Untheilbarkeit des Reichs, der unitarischen Individualfolge im Mannsstamm nach dem Princip des Seniorats eingeführt. (Vgl. Dahn, Könige I. S. 230 Bausteine II. S. 213).

Der wilde Seeräuber=König hat hierin unvergleichlich mehr wahrhaft statsmännischen Geist, mehr römische Schulung, mehr Erkenntniß der Einheit des Stats und der Unvollkommenheit germanischer Thronfolge bethätigt als der Merovinge, der wol viel mehr aus schlauem und kräftigem Instinct, viel weniger aus politischer Doctrin handelte als man, als auch Arnold annimmt.

Wie des Königs hat man auch des Volkes „politische" Begabung, die ich ja nicht bestreite, doch stark überschätzt. Zu schweigen davon, daß auch hier, wie z. B. bei den Westgothen, die Großen (— benn auf das Volk, die Gemeinfreien kommt bald nicht mehr viel an —) lediglich sich zu bereichern, den Zwist der Könige auszunützen, die eigne Stellung zu heben trachten, mögen alle drei oder vier Theilstaten darüber zu Grunde gehen, so daß wirklich die Könige noch mehr Statsgefühl zeigen als ihre Vornehmen, zu schweigen davon, daß erst nach mehr denn hundertjährigem Un.vesen das Geschlecht der Arnulfinger sich erhebt, auch keineswegs blos, um den Stat zu retten, mindestens ebensosehr, sich selbst zur Statsbeherrschung aufzuschwingen —: abgesehen hiervon vergleichen wir boch einmal die angeblich so viel mehr politisch begabten, gereisten, die Einheit des Stats erfassenden Franken (balb: Franzosen) mit ihren rechtsrheinischen Vettern nach der Auflösung des Karolingischen Weltreichs, nach der Begründung des französischen und des beutschen Einzelstates. Da finden wir benn, daß zwei bis brei Jahrhunderte lang im bentschen Reich von Heinrich I. angefangen, jedesfalls bis auf Heinrich III., ja in gewissem, Sinne noch bis auf Friedrich I., die Centralgewalt, obzwar unter unaufhörlichen und sehr schweren Kämpfen gegen die centrifugalen Kräfte der fürstlichen Vasallen und der trotzigen Stämme, gleichwohl fortwährend im Steigen und Siegen begriffen ist, während gleichzeitig der französische Stat in drei oder vier große Herzogthümer auseinander zu brechen broht.

Wenn also die Kraft, die Einheit des Stats zu erfassen,

Maßstab für die politische Fähigkeit und Bildung sein soll, so muß man für die Zeit von 900—1050 jedesfalles den Deutschen vor den Franzosen den Preis zugestehen: eine Macht wie Heinrich III. übte kein französischer König nach Karl des Großen Tod bis auf Ludwig IX. In merkwürdigem Parallelismus schlägt jenes Verhältniß im XII. und XIII. Jahrhundert um: während schon die letzten Staufer, noch mehr ihre Nachfolger in dem Kampf gegen die mächtig aufstrebende Landeshoheit mehr und mehr Boden verlieren, bauen gerade in dieser Zeit des Zerfalles der deutschen Krongewalt die großen französischen Könige Ludwig IX. und Ludwig XI. ihre centralisirende Statsmacht empor: durch die Kriege mit England, mit Burgund tritt eine Stockung in diese Bewegung, aber im XV.—XVII. Jahrhundert vollenden die Franzosen genau in denselben Generationen ihren centralisirten Einheitsstat, da das deutsche Reich in thatsächlich souveräne Staten auseinander bröckelt. Auch kann nicht zugegeben werden, daß die Verlegung der Residenz nach Paris ein politischer Gedanke Chlodovechs gewesen sei: der Zug seiner Eroberungen führte ihn von selbst in diese Richtung und mit Recht hat Kaufmann in dem unten zu besprechenden II. Bande seiner deutschen Geschichte Leipzig 1881 hervorgehoben, daß durchaus nicht die Stadt Paris als solche schon dauernd Residenz oder auch nur von besonderer Wichtigkeit war. Die Lage von Paris bezeichnet keineswegs, wie Arnold, S. 110 will, den natürlichen Mittelpunct Frankreichs. Abgesehen davon, daß in westöstlicher Richtung diese Hauptstadt ein ziemliches Stück über die Halbscheid hinaus zu weit östlich fällt: — ein Nachtheil, den französische Militärs wiederholt beklagten — liegt sie ganz unverhältnißmäßig zu weit nördlich, um als „natürlicher Mittelpunct" zu gelten: dieser fällt vielmehr viel tiefer südlich: in die alte Landschaft Berry, ungefähr nach Château neuf. Von „Herkönigen" S. 112 sollte man, mein' ich, schon längst nicht mehr sprechen: es ist ein unklares Wort, denn ein unklarer Gedanke unterliegt: es gab nicht einen dritten statsrechtlichen Begriff neben dem Herzog und neben dem König als Träger des Herbannes. Das System der „persönlichen Rechte" S. 120 kann man nicht neu nennen unter Chlodovech: schon lange vor ihm galt es bei Vandalen, Ost= und Westgothen, Sueben in Spanien, Burgundern. Diese kleinen Auszstellungen kommen aber nicht in Frage gegenüber den zahlreichen vortrefflichen

Partien gerade in Darstellung der inneren Verhältnisse der Franken, besonders zu den rechtsrheinischen Stämmen in dieser Periode.

Auch in der Auffassung der kirchlichen Dinge kann ich, obzwar selbstverständlich hier der Gegensatz der Grundanschauung am schroffsten hervortritt, sehr häufig mit dem Herrn Verfasser übereinstimmen: so namentlich in der würdigen gerechten Beurtheilung von Bonifatius, dessen Organisation der fränkischen Kirche und der Missionsarbeit: mit vollem Recht verwirft der Verfasser die hyper=protestantische Verurtheilung der Unterordung der fränkischen Kirche unter Rom durch den großen Missionar: diese Verurtheilung überträgt Anschauungen des XIX. Jahrhunderts in das VIII. und verkennt, daß damals nur die engste Verbindung mit Rom die fränkische Kirche und das Missionswerk aufrecht hielt. Eine fränkische oder gar deutsche Nationalkirche, gelöst von Rom, war unmöglich.

Wenn es nun aber S. 236 heißt, „es scheint eine Art von Verklärung über Bonifatius (kurz vor seinem Tode) gekommen zu sein, wie sie vor dem Tode wol auch bei minder vollendeten Christen erlebt wird," so ist darunter entweder eine ideale Begeisterung ohne Mirakel zu verstehen: dann ist die Beschränkung auf Christen nicht statthaft: denn der sterbende Sokrates, der aus idealsten Gründen die Flucht verschmäht und sich dem obzwar ungerechten Todesurtheil seines States unterwirft, erlebte auch solche „Verklärung": oder — und das ist wol des Verfassers Meinung — es soll eine übernatürliche, nur Christen gewährte Gnade sein: dann gehört der Satz in ein Erbauungsbuch, aber nicht in eine deutsche Geschichte.

Ueberhaupt wird der Leser in dem Buch so manchmal, wann und wo er sich auf Arges gar nicht gefaßt gemacht hatte, plötzlich ein wenig — wie soll ich es nennen? — angepredigt, wie wenn er, statt in ein Werk der Wissenschaft, in die sonntagnachmittägliche Christenlehre gerathen wäre: ich glaube, es wäre besser, der Herr Verfasser faßte, was er in diesen Dingen auf dem Herzen hat, in eine kleine oder große Abhandlung zusammen und ließe sie gesondert ausgehen; dann könnte man diese, nach freier Wahl, lesen oder ungelesen lassen und würde nicht in der „deutschen Geschichte" durch Betrachtungen über die „Verklärung" von mehr oder „minder vollendeten Christen" durch andere Mirakel, durch Prophezeiungen über bevorstehende Kämpfe aller Confessionen gegen den Unglauben und Aehnliches überrascht.

Wir müssen nun auf die Differenz der Grundanschauungen eingehen: diese betreffen nicht nur die Auffassung von Christenthum und Kirche, — auch das Verhältniß von Religion und Moral, und insbesondere die Aufgabe und das Wesen des Stats. Diese Differenzen sind keineswegs nur theoretische: es handelt sich praktisch um die Frage, ob die Gestaltung des deutschen States der Zukunft geschehen soll nach den Ergebnissen der anthropologischen, geschichtlichen, rechtsphilosophischen Wissenschaft oder ob wirklich und wahrhaftig nach den Grundsätzen des heiligen Augustinus und seiner civitas Dei, trotz aller Erfahrungen, welche der Stat nun vierzehn Jahrhunderte lang mit den unerbittlichen Consequenzen jener weltflüchtigen und statfeindlichen, richtiger statverachtenden Grundsätze gemacht hat.

Wir schicken dabei voraus, daß nicht nur der verehrungswürdige Herr Verfasser in bestem Glauben, in aller Ueberzeugungswärme lehrt, daß auch die gewaltigen Vorkämpfer der Kirche — es handelt sich zumeist um die katholische — nicht, wie Frivolität und Unwissenheit sie beschuldigen, aus Herrschsucht und anderen Leidenschaften jene Theorien verfochten, sondern in logisch nothwendiger Folgerichtigkeit und mit einer Großartigkeit, welcher der Erfolg entsprach: denn neben dem Römischen Reich und der deutschen Philosophie ist das System der katholischen Kirche ohne Frage das Großartigste, was der menschliche Geist erzeugt hat.

Mit jenen augustinischen Grundsätzen und ihren Consequenzen ist nun aber die Selbstständigkeit des States und die Freiheit des Geistes unvereinbar.

Recht und Stat sind uns ein nothwendiges Gut der menschlichen Vernunft: Sanct Augustin sind sie ein nothwendiges Uebel, eine Folge des Sündenfalles — denn im Paradise gab es weder Recht noch Richter — zwei Krücken, welche die durch den Teufel verführte und erkrankte Menschheit braucht, weil sie eben krank, welche sie aber wegwirft, sowie sie gesundet: daher denn auch Recht und Stat am Ende der Dinge gleichzeitig mit dem Teufel erfreusam untergehen. In den Wolken leitet Gott, fortwährend mirakelhaft eingreifend, die ganze Weltgeschichte zu bestimmten Zielen: auf Erden erscheint in der Kirche nur das Vorbild des künftigen States Gottes: außer der Kirche gibt es kein Heil und keine Moral:

die sogenannten Tugenden der Heiden sind nur glänzende Laster, denn ihnen fehlt das durch die übernatürliche Gnade zu entzündende innere Licht: die Erde ist nur der leider unentbehrliche Durchgang für das Jenseit: daher hat alles Irdische, also auch Recht und Stat nur untergeordnete, namentlich der Kirche gegenüber untergeordnete Bedeutung: sie sind nur Mittel zu geistlichen Zwecken: die Kirche verhält sich zum Stat wie Sele zum Fleisch, wie Heiligkeit zur Sünde; die lex temporalis hat nur soviel Geltung und Verbindlichkeit, als ihr die lex aeterna verleiht: ein Conflict von Kirche und Stat ist hiernach nur denkbar bei strafbarer Empörung des irdischen Mittels gegen den geistlichen Zweck und ganz folgerichtig haben die großen Päpste auch die höchste weltliche Gewalt in Anspruch genommen. Jede von dem orthodoxen Dogma abweichende Ansicht ist als Ketzerei zugleich Sünde und weltliches Verbrechen und vom Stat zu strafen. Kirche und Stat sind der obere und untere Halbkreis Eines Kreises: daher „ist das Reich der Christenheit" d. h. der nicht Rechtgläubige ist rechtlos im Reich und die Excommunication hat die Reichsacht zur Folge: Schule und Morallehre sind ausschließlich von der Kirche zu leiten.

Das sind die unvermeidlichen Consequenzen der Augustinischen Lehre: die Reformatoren haben nur durch Inconsequenz einzelne derselben verworfen.

Leider vertheidigen nicht nur so hervorragende Männer wie der Herr Verfasser jene Sätze wenigstens zum Theil — die großartige Consequenz der katholischen Kirche hält sie selbstverständlich im Princip noch alle aufrecht und verzichtet nur aus Noth oder Klugheit auf ihre dermalige völlige Durchführung — es scheinen auch die das Reich und Preußen leitenden Gewalten in beklagenswerthem Irrthum der Meinung, die schweren, zumal socialen Schäden der Zeit könnten geheilt werden durch Erneuerung dieser theokratischen Vorstellungen, durch die „Zucht der Kirche", durch den „christlichen Stat" — während doch die juristische Person des Stats so wenig christlich ist als z. B. musikalisch oder mathematisch: das heißt: der Stat hat nicht die Aufgabe, Religion durchzuführen: er hat das Recht zu schützen und die Kultur: und deßhalb auch Religion und Kirche, da auch diese ein Stück der Kultur, wie er z. B. auch die Kunst und die Wissenschaft schützt: aber „machen" oder befehlen kann und soll er so wenig Religion wie etwa eine wissenschaftliche Ansicht:

Verletzung dieser Schranken hat von jeher eine Tyrannei zur Folge gehabt und eine Heuchelei, unter denen niemand schwerer gelitten als Religion und Kirche. Nach Arnold freilich soll der Stat „zur Sittlichkeit erziehen."

Gegen diesen äußerst gefährlichen Satz müssen wir uns wehren mit „Händen und Füßen und eisernen Spießen." So wären wir denn nach mehr als 2000 Jahren in der Geschichte der Rechtsphilosophie wieder bei Pythagoras angelangt! (Freilich ist der Irrthum auch später wieder aufgetaucht.) Nein! Der Stat ist keine Erziehungsanstalt, sondern eine Rechtsanstalt, die Statsbürger sind nicht unmündige Schüler, welche — von andern Unmündigen — zu erziehen wären, der Stat macht auch nicht die Sittlichkeit, sowenig er die Religion macht, sondern der National= und Zeit=Charakter erzeugen das geschichtlich wechselnde sittliche Ideal: gezwungene Moral ist nicht Moral: die Strafen des Stats sind nicht Erziehungsstrafen, sondern Selbstbehauptung der Vernunftordnung: sonst dürfte der notorisch Unverbesserliche nicht mehr gestraft werden und die ganz unentbehrliche Todesstrafe fiele weg (nur in der Anwendung einer Art von Strafen, der Freiheitsstrafen, soll nebenher der Besserungszweck verfolgt werden). Der Stat straft nicht die Unsittlichkeit als solche, — sonst müßte er jede Lüge strafen: — er straft nur diejenige, welche nach seiner Auffassung zugleich eine Rechtsverletzung ist. Der Stat ist keine sittliche Anstalt sowenig wie eine religiöse oder musikalische: natürlich ist er aber nicht um deßwillen etwa eine un= oder anti=sittliche, sowenig wie eine un= oder anti=religiöse: es ist nur diese ganze Kategorie nicht auf ihn anwendbar: gleichgültig ist er gegen Moral sowenig wie gegen Religion: sein jus cavendi, sein officium tuendi et judicandi erstreckt sich auch auf die äußeren Bethätigungen (aber nur auf diese) des Moraltriebs und des Religionstriebs. Die Erziehung zur Sittlichkeit ist Sache nicht des States, sondern der Familie, die sich dabei der Kirche bedienen kann und soll, wenn sie innerhalb einer Kirche steht: wenn nicht, nicht, nicht etwa aus Heuchelei oder Bequemlichkeit, sondern nur aus Ueberzeugung: endlich aber ist für den Reifenden die wichtigste sittliche Erziehung die Selbst=Erziehung durch das Leben und den Gedanken.

Solche Bestrebungen, wie sie in gut gemeinter Absicht jetzt (1882) in Preußen angebahnt sind, werden viel schaden und gar nichts nützen. Sie werden theils auf die Heuchelei Prämien setzen, theils gemäßigte Elemente aus der Kirche vollends vertreiben und sie werden den Socialismus, Nihilismus und andere Dinge, die man bekämpfen will, namentlich die Zahl der Verbrechen nicht verringern. Denn, man mag es beklagen oder bejubeln, aber man muß es wissen, daß die Herrschaft der Kirche über den größten Theil der Gebildeten und leider auch über einen sehr großen Theil der Ungebildeten im deutschen Volk unwiderbringlich verloren ist. Und von Jahrzehnt zu Jahrzehnt wird sich dies steigern. Aus welchen Gründen? Aus vielen Einzelnen: z. B. den unvertuschbaren Ergebnissen der Naturwissenschaften, der Anthropologie, der vergleichenden Religionsgeschichte, der Bibel=Kritik; noch viel mehr aber aus dem allgemeinen Grunde, daß ein Volk, welches die Stufe der Unmittelbarkeit überschritten hat, seine Religion ebenso unvermeidlich immer mehr abschwächt als z. B. seine Sprache au sinnlicher Frische und Fülle, sein Rechtsleben an poetischer Symbolik einbüßt: das sind leider unaufhaltbare Wandlungen in der Entwicklung der Volks= seele, so wenig durch Gewalt oder Zureden zu verhüten als das Aelterwerden und Absterben der Einzelnen.

Ich für meinen Theil bejuble nicht, ich beklage vielmehr aufrichtig diese Erscheinung. Denn ich bin durchaus nicht ein Feind der Kirche oder gar des Christenthums, wie mir blöde Oberflächlichkeit manchmal vorhält. Ich kann die Noth= wendigkeit der Entstehung und Verbreitung des Christen= thums sehr gut begreifen.

Was mich in jenen falschen Schein gebracht hat, beruht auf Folgendem: ich kann meine Augen nicht verschließen vor den zum Theil sehr unreligiösen Motiven und zum Theil scheußlichen Mitteln, mit welchen das Christenthum einge= führt wurde bei den Germanen. Ich kann es nicht ertragen, daß man Frevel, wenn im Dienst des Christenthums (richtiger: in Förderung der Zwecke der Kirche) begangen, mit be= schönigenden Namen belegt, die Vorkämpfer der Kirche von den für Andere geltenden sittlichen oder Rechtsnormen ent= bindet, die ganze Geschichte der Menschheit lediglich unter dem falschen Gesichtspunkt der Verbreitung des Christenthums als ihres einzigen letzten Zieles betrachtet, und nun alle diesem Zweck günstigen Thaten oder Geschehnisse lobt, die wider= stehenden verurtheilt. Ich kann die conventionellen Phrasen nicht vertragen von dem angeblich inneren Drang¹¹) der Germanen nach diesem Glauben — wir werden hierüber den heiligen Bonifatius als Zeugen vorladen — und von den angeblich nur wohlthätigen Folgen der Bekehrung. Ich kann die mit den Mißbräuchen dieser Lehre durch die theokratische Lehre Augustin's specifisch verbundenen Laster nicht ignoriren. Ich erkenne in dem nothwendig sieglosen Kampf unserer Kaiser mit dem Papstthum einen Hauptgrund des Erliegens der Reichsgewalt vor den Fürsten und daher unseres politischen Elends für sieben Jahrhunderte, ferner in dem dreißigjährigen Krieg ein in jener unseligen Verquickung von Stat und Glauben wurzelndes Unheil furchtbarster Schwere. Endlich als guter Baier, der seinen Stamm leidenschaftlich liebt, erblicke ich: wohl verstanden: nicht im Katholicismus, aber in der Gegenreformation des Jesuitismus: die Kette, welche Baiern und Deutschösterreicher hinter den Vorschritten ihrer protestantisch gewordenen norddeutschen Vettern soweit zurückgehalten hat, daß noch heute kaum das alte Gleichheitsverhältniß hergestellt wäre, wenn nicht die nach einzelnen Seiten glücklichere Begabung der Süddeutschen den Vorsprung wieder eingeholt hätte. Ich bin ein Feind der Phrase: „christlichgermanisch": denn was christlich, ist nicht germanisch, was germanisch, nicht christlich. Germanisch sind Mannestroß, Heldenmuth und Walhall, nicht Demuth, Zerknirschung, Sündenelend und ein Jenseits mit Gebet und Psalmen. Ich bin ein Feind der landläufigen Redensart, daß nur durch das Christenthum die Germanen von Barbaren zu „sittlichen Menschen" hätten werden können: in der altheidnischen Moral steckt auch ein sittliches Ideal, ein rauhes, männliches, aber keineswegs blos Barbarei: und was die Germanen ohne das Christenthum aus sich würden entfaltet haben: — diesen Versuch hat man ihnen ja nicht gegönnt, da Römer und Franken mit der Uebermacht der Cultur, des States und der Waffengewalt das Christenthum den Widerstrebenden vielfach aufzwangen.

---

¹¹) Sehr richtig sagt Arnold S. 75, die Ostgermanen hatten das Christenthum angenommen „als Föderaten des römischen Reiches." Das war es: sie haben das Christenthum angenommen, weil er damals römische Statsreligion war, daher „auch meist nur ganz äußerlich." Wäre zu Ende des 5. Jahrhunderts der Isis=Cult römische Statsreligion gewesen ohne Zweifel hätten ihn die Ost=Germanen ebenso angenommen wie nun das Christenthum, und letzteres nahmen sie in der ketzerischen Form des Arianismus an, weil dieser das Bekenntniß des Kaisers Valens war.

Aber so weit ich entfernt bin von den traditionellen Einseitigkeiten in Würdigung des Christenthums und der[12]) angeblich nur wohlthätigen Bedeutung der Kirche für die Geschichte unseres Volkes, — ich beklage dennoch die unleugbare und, wie ich bestimmt fürchte, ganz unaufhaltbare, stets und rasch wachsende Abnahme seiner Herrschaft über die Gemüther, nicht nur bei denen, welchen, nach meiner Ansicht, die Philosophie den geistigen und sittlichen Halt gibt, der die Religion ersetzt, — auch bei der Masse, welche, der Kritik ganz unfähig, mit der Kirche nicht bricht, weil sie darüber hinaus wäre, sondern weil sie zu dumm, zu roh, zu verkommen ist für die christlichen Lehren und nur deßhalb froh ist, nicht zu glauben, um ohne Furcht vor Gott oder Teufel jedem Laster fröhnen zu dürfen.'

Das ist aber stets ein Symptom des Alterns und Welkens einer Nation: ein noch voll gesundes lebensfrisches Volk ohne Religion ist in der Weltgeschichte unerhört: daß aber die in allen Erdtheilen uns bekannten Völker eine andere Religion von der umfassenden Bedeutung des Christenthums, des Islam, des Buddhismus noch erzeugen könnten, ist nicht anzunehmen: keinesfalls eine Religion, welche die durch Philosophie dem Christenthum Entfremdeten gleichmäßig wie die durch Verkommenheit des Christenthums Unfähigen befriedigen könnte. So ist also diese Erscheinung in unserem Volksleben wie manche andere, z. B. der Socialismus, der Stat und Gesellschaft confundirt, ein Symptom des Niedergangs: übrigens aller europäischen Culturvölker überhaupt, nicht blos des deutschen.

Hielte ich, wie manche einflußreiche Männer in Preußen, die künstliche Erhaltung der Kirche für möglich, ich würde sofort für Erhaltung der Kirche — soweit das ohne Gewissenszwang und Heuchelei thunlich — in Wort und Schrift eintreten: denn das Wohl des deutschen Volkes ist mir höchster Zweck und meine Differenzen mit dem Dogma würde ich — allerdings ohne Heuchelei — zurückhalten;[13]) daß aber die Kirche, wenn man sie durch ein wachsam geübtes jus cavendi

---

[12]) Den größten Segen, den es gebracht, und wirklich eine Wohlthat, für die man der Kirche auf das Innigste zu danken hat: die Minderung der Zahl und die Milderung des Loses der Unfreien habe ich stets stark hervorgehoben: bei Arnold steht davon gar nichts.
[13]) Wie Spinoza erklärt hat, dem Statsgesetz gegenüber, falls dies Censur auflegte, auf Verbreitung seiner Meinung zu verzichten.

vor
o ¿?hält, zu schaben, eine conservative Macht im guten Sinn des Wortes sein kann, bedarf keines Beweises. Man rede hiebei nicht von Machiavellismus: denn ohne Gewissenszwang und ohne Heuchelei würde man dann die Kirche zu halten und zu fördern suchen: wie etwa edle Kunst, feine Sitte, weise Lebensführung.

Da aber die deutsche Cultur den Höhegrad überschritten hat, auf welchem jene Autorität erhalten werden kann, so wäre es die traurigste Verblendung, durch statlichen Druck sie halten zu wollen: Gewissenszwang von oben, Heuchelei von unten, wären die Folgen. — Und so bleibt denn nichts übrig, als die Zukunft des deutschen Volkes nicht leichten, sondern recht schweren Herzens jener Weltauffassung anzuvertrauen, welche die Pflicht um der Pflicht willen gethan verlangt, den Gehorsam gegen das Rechtsgebot um der Vernunft willen fordert, Verzicht auf jeden Lohn im Diesseit oder Jenseit als Kennmal wirklicher Sittlichkeit aufstellt, und weder durch Furcht vor der Hölle noch durch Hoffnung auf den Himmel, sondern lediglich durch Bildung des Geistes und Zucht des Charakters bewirken will, daß dem Menschen die Vernunft zur Natur werde, daß er, allmälig ohne Kampf und Anspannung, das Vernunftgesetz befolge und hierin gerade seine Freiheit finde. Freilich ist die Zahl derjenigen, welche eine solche Weltanschauung zu fassen, zu ertragen und deren absolut entsagende Heldenmoral zu bewähren vermögen, eine geringe, weil die Zahl der Gebildeten, der zu denken Geschulten eine kleine ist. Daraus folgt aber nur, daß wir mit Anspannung aller Kräfte Bildung, edle, freie, menschliche Bildung in Wissenschaft uud Kunst im Sinne Schillers und Goethe's in das Volk zu tragen verpflichtet sind; denn wahrlich: nur die Wahrheit wird uns frei machen und nur weiterschreitende Bildung kann das Böse und Bestialische niederhalten, das sich, nach Abschüttelung der religiösen Pflichtbegründungen, so wild emporbäumt. Dann dürfen aber nicht Männer, die zu den Gelehrtesten unseres Volkes zählen, mit augustinischer Formel lehren: „außer der Kirche kein Heil, denn alle Moral ist kirchlich-christlich:" was hält dann noch denjenigen, der mit der Kirche gebrochen hat, brechen mußte?

Wendet man nun ein: der Verfasser glaubt eben noch an die Möglichkeit der Wiederherstellung der kirchlichen Herrschaft, welche der Referent bestreitet: er thut also

wie dieser unter solcher Annahme selbst thun zu wollen er=
klärt: er stützt die kirchliche Autorität — dann muß ich
wiederholen: Gut! er stütze sie: aber nicht, indem er in
eine „deutsche Geschichte" theologische, theokratische, mystisch=
mirakelhafte Dinge bringt und, in Folge solcher Prinzipien,
unrichtige Beurtheilungen und Darstellungen.

Meine Leser werden fragen: „ist das ein Aufsatz über
ältere deutsche Geschichte? Bei Arnold wird man, wie ihm
der Referent vorwirft, angepredigt: hier aber wird man an=
philosophirt, was manche Leute noch weniger vertragen und
sogar für sündhaft halten."

Ja, der Einwand ist begründet; aber man ehrt einen
so tüchtigen Gegner am Meisten und man wird einem so
ernst und wolgemeinten Buch nur gerecht, wenn man auf
die tiefsten Wurzeln seiner Anschauungen eingeht und die
Kritik an den Grund=Voraussetzungen anheben läßt. Wir
werden uns im Detail desto kürzer fassen können.

„S. 14. Die Aufgabe der Hunnen war erfüllt, nachdem
sie den Zusammensturz des abendländischen Kaiserthums möglich
gemacht und den Germanen zur Herrschaft der Welt verholfen."
S. 15. „Wie wir auch über die letzten Gründe (der Ge=
schichte) denken, ob wir sie im Licht göttlicher Offenbarung
oder im Zusammenhang innerer Nothwendigkeit zu begreifen
haben: eine wunderbare Fügung bleibt es immer, daß ein
fremdes Volk (die Hunnen) sich gerade jetzt zwischen Römer
und Germanen warf" . . . „Man glaubt wieder die höhere
Hand zu sehen, die sich weder der menschlichen Willensfreiheit
noch einer Nothwendigkeit der Dinge fügt, vielmehr in allen
kritischen Momenten im Schwanken der heißen Schlacht[14]) wie
in den entscheidenden Augenblicken des Völkerlebens den
Ausschlag giebt."

Wir begnügen uns, zu konstatiren, daß hier dieselbe
mystische Leitung der Weltgeschichte gegen Menschenwillen
und gegen Nothwendigkeit von Ursache und Wirkung
gelehrt wird, wie bei Sanct Augustin und etwa bei Sal=
vian. Ohne die hunnischen Greuelthaten und die Zertretung

---

[14]) Aehnlich, wie hier über die Hunnenschlacht von Châlons (aber
doch etwas vorsichtiger) S. 96, 97, über die Alamannenschlacht von
496. „Der Christ glaubt, der Geschichtsschreiber zweifelt. Das
Wunder der freien Willensbestimmung bleibt in beiden Fällen (Ueber=
tritt Chlodovechs aus natürlichen Motiven oder durch wunderbares
Eingreifen Gottes) dasselbe." (?)

von vielen Tausenden Unschuldiger konnte oder wollte also jene Weltleitung das römische Westreich nicht zerstören, wie sie der Frevel Constantins, Chlodovechs, der Sachsenschlächtereien Karls des Großen bedurfte, um das Christenthum zu verbreiten. Wir bemerken nur noch, daß man zu "begreifen" nur das Nothwendige vermag, das logischen Causal-Zusammenhang hat: die göttliche Offenbarung kann man, nach officieller Erklärung der Kirche, gar nicht begreifen, man muß sie glauben: dagegen ist nicht das Mindeste einzuwenden: im Gegentheil, es ist durch die Wissenschaft nicht Alles zu erklären und dem Glauben soll sein ganzes weites Gebiet unangetastet bleiben: nur hat die Wissenschaft nicht zu glauben, sondern allerdings wenigstens zu versuchen, eben den logischen Causal-Zusammenhang zu begreifen. Freilich wird dies ein vergebliches Bemühen bleiben, wenn die Entscheidung geschieht gegen solchen Zusammenhang durch die Leitung von Marionetten, die sich nur einbilden, zu denken und zu handeln, während sie durch "mirakelhafte Lenkung" in Bewegung gesetzt werden.

Es ist ein geistlich und sittlich wohlthuend berührendes Gefühl, wahrzunehmen, wie in dem jeder Verehrung würdigen Herrn Verfasser die wissenschaftliche Schulung, das wissenschaftliche Gewissen möchten wir sagen, sich dagegen wehrt, eine von seinen religiös-kirchlichen Tendenzen oder richtiger gesagt unwillkürlichen Neigungen und Wünschen empfohlene Auffassung, welche aber den Thatsachen widerspricht, anzunehmen: sie wird dann durch Zusätze wenigstens eingeschränkt oder geradezu aufgehoben, was dann freilich klaffende Widersprüche herbeiführt. So möchte der Verfasser bei der Erhebung des Christenthums zur Statsreligion durch Constantin und seine Nachfolger, was fast ganz ausschließend aus politischen Gründen, als politische Maßregel und mit Herabwürdigung der Religion zu einem Verwaltungs-Werkzeug geschah, gern die Freiheit und Würde des Christenthums gewahrt sehen. So heißt es denn S. 158 ganz tapfer und stolz:" das Christenthum konnte nicht wie der heidnische Cultus in den politischen Dienst des States treten, daher blieb nur der Kampf zwischen ihm und dem Stat möglich."

Wenn der Herr Verfasser nun aber auch die Erhebung, richtiger Herabwürdigung des Christenthums zur kaiserlichbyzantinischen Statsreligion auf das mirakelhafte Eingreifen des lieben Gottes zurückführt, so muß der liebe Gott der bitterste Feind dieses Glaubens sein. Denn man darf kühnlich sagen: diese „Erhebung" ist das größte Unglück, welches jener Religion widerfahren konnte. Zwar hat sie dadurch die — äußerliche — Weltherrschaft gewonnen, aber von ihrer schönen, wirklich ergreifenden Reinheit und Einfalt hat sie dadurch furchtbar viel eingebüßt: und der Stifter dieser Religion, — kein Mensch kann sich dem Eindrucke seiner geradezu überwältigenden Idealität entziehen — der da erklärte: „mein Reich ist nicht von dieser Welt!" würde in der schrankenlosen Verweltlichung seiner Lehre deren Entweihung und Verkehrung in ihr Gegentheil erblickt haben.

Da nun der Herr Verfasser (Arnold) recht wol weiß, daß die Kaiser seit Konstantin in allerübelster, Freiheit und Sittlichkeit schwer schädigender Weise das Christenthum und die Kirche als politisches Instrument brauchten und mißbrauchten, so gesteht er S. 160 f. ganz ehrlich ein, daß die Kirche doch in den Dienst des States trat: zwar fügt er bei: „in gewissem Sinne", um von jener obigen Berühmung (S. 158) noch etwas zu retten: aber in „welchem Sinn" diese Dienstbarkeit eintrat, zeigen seine eignen, ihm wieder von der Redlichkeit abgezwungenen Sätze: daß der Stat sich bald in die inneren Glaubenskämpfe mischte S. 160, der Kaiser-die Kirche als politisches Institut dem Statsorganismus einverleibte S. 160. Wenn, S. 161 oben, der Stat die Orthodoxie nur „überwacht", muß der Verfasser daselbst, S. 161 unten gestehen, daß „katholische und arianische Kaiser wechselnd ihr Bekenntniß als das Rechtgläubige den Andersgläubigen auferlegten," d. h. auf deutsch: der Stat überwachte nicht nur die Orthodoxie, nein, er entschied, was orthodox und was heterodox: der Kaiser allein regierte schließlich die Kirche S. 163. Und doch scheint Gott wieder dies gewiß nicht christliche Verhältniß übernatürlich aufrecht erhalten zu haben, da S. 164 es fast scheinen kann, die „Fortbauer des Westreichs im IV. und V. Jahrhundert habe nur die Bestimmung gehabt, dem Christenthum den Weg zu bahnen. Denn sobald dieses in alle Provinzen eingedrungen und stark genug geworden war, sich auch innerlich gegen Verfall und Irrlehre zu behaupten, wurde das Reich eine Beute der Barbaren."

Also wieder eine mirakelhafte Vertheidigung der faulen

Zustände des Westreichs durch Gott, bis es ihm seinen Zweck erfüllt hatte, dann Gewährenlassen der Barbaren.

S. 165 heißt es dann von dem Primat des Papstes: „Gewiß gehört seine Entwickelung lediglich der Geschichte an, nur der Lebenskeim war in die Kirche gelegt: aber gerade diese geschichtliche Entwicklung ... ist vielleicht das Wunderbarste, was die Geschichte kennt." Das Wort „wunderbar" wird hier gebraucht, weil es an das Wunder gemahnt, ohne es zu behaupten. Uebrigens, wenn der Lebenskeim mirakelhaft gelegt war, warum soll dann nicht auch die Geschichte hier wie bei Châlons und i. J. 496 mirakelhaft geleitet sein? Auf die Zahl der Mirakel kann es nicht mehr ankommen. Daß Papst Leo Attila zur Umkehr von Rom bewogen, wird zuerst als Sage oder Poesie, S. 166 aber als Geschichte erzählt. Wenn, S. 174, „das Christenthum den Blick zum Himmel richtet, das Heidenthum auf die Natur und die Erde," so ist doch zu erinnern, daß auch die heidnischen Germanen in Walhall einen Himmel hofften und daß auf dieser vielverachteten Erde die Heiden doch nicht blos auf die Natur, auch auf Volk und freudiges Heldenthum, auf Stat, Pflicht, Ehre, Kunst und Wissenschaft den Blick „richteten", und daß Griechen, Römer und Germanen als Heiden doch manches ziemlich Beachtenswerthe in diesen Dingen geleistet haben. Aber freilich: wenn Leonidas oder König Teja für ihre Völker in Erfüllung höchster Heldenpflicht sterben, so sind das ja nur „glänzende Laster" — nach Sanct Augustin.

Wenn S. 176 „nur auf den fränkischen Königshöfen die Christen Schutz genießen auf dem rechten Rheinufer!" so muß man lebhaft erstaunt fragen, wer sie denn verfolgte? Die Heiden doch gewiß nicht. Der Polytheismus kann tolerant sein und nirgend sagen die Quellen, daß die heidnischen Germanen die Christen angriffsweise verfolgten. Es ist die Fabel vom bösen Schaf, das den gutmüthigen Wolf angefallen, wenn man die höchst gewaltthätigen, sprichwörtlich treulosen und eroberungsgieriegen Franken von den heidnischen Hessen, Friesen und Sachsen „verfolgt" werden läßt! Daß die Heiden sich in zorniger Nothwehr rührten, wenn ihnen die christlich Gesinnten die Römer in das Land riefen (so bei den Westgothen, Urgeschichte I. S. 425. v. Wietersheim-Dahn II. S. 458. Könige V. S. 5) oder, wie im inneren Deutschland, die Franken oder wenn die fremden Fanatiker, gegen den Volks- und Götter-Frieden frevelnd, die Axt an die geweihten Bäume legten und so den Zorn der Himmlischen über das ganze Volk heraufbeschworen, welches solche Schändung des Weihthums geduldet hätte, wird man ihnen kaum verübeln dürfen.

Hatten sie etwa Unrecht, wenn sie S. 175 „im Christenthum nicht minder als in der Ausbreitung des fränkischen Reiches eine Gefahr für ihre Freiheit erblickten?" [11])

Und wol zu beachten: wir haben über den ganzen Kampf des andringenden neuen Glaubens mit dem altehrwürdigen Licht-Cult nur die Berichte und Zeugnisse der Sieger: der Priester und Mönche. Nach ihren eigenen Berichten sind diese in hellstem Unrecht. Wenn wir nun erst die Heiden als Zeugen vernehmen könnten, denen sie die Altäre niederrissen und die Kinder raubten! Die ganze Bekehrungsgeschichte ist aber anderthalb Jahrtausende nur von Einer Partei dargestellt worden in Quellen und Literatur. Der Geschichtsschreiber wie der Richter hat beide zu hören. Der Beklagte konnte nicht reden: aber sein Schweigen schadet ihm nicht: denn was die christlichen Kläger selbst vorbringen, genügt, ihre Klage zu verwerfen. Victrix causa Deo placuit, sed victa Catoni.

S. 186 „giebt erst das Christenthum der weltlichen Macht die höhere Weihe (ganz wie Augustin: die weltliche Macht hat nur soviel Rechtsverbindliches, als sie von der lex aeterna, welche die Kirche verkündet, ableitet) und gestaltet sie zu einer sittlichen Ordnung um." Wir protestiren. Der Stat ist, wie wir sahen, zunächst gar keine sittliche Ordnung, sondern eine Rechtsordnung; er hat dann freilich auch die Sittlichkeit zu schützen, wie die Kunst oder die Wissenschaft oder die Religion, aber zu machen hat er die Moral nicht. Sofern aber, um jener Schutzpflicht willen, der Stat eine sittliche Ordnung heißen kann — genau sofern ist auch der heidnische Stat eine sittliche Ordnung gewesen; denn auch er hat

---

[11]) Daß die Priesterwürden bei den Germanen in den Händen der „fürstlichen Geschlechter" waren, S. 118, 179, ist eine ganz falsche Behauptung, welche durch garnichts begründet wird und sowol dem Wesen des Königsthums und des Adels (wie der Grafen, falls diese die „Fürsten" sein sollen: das unklare Wort ist wie „Heerkönig" zu meiden) als der sehr geringen Bedeutung der Priester widerspricht. (Dahn, Urgeschichte I. S. 83.)

das sittliche Ideal seiner Nation und Zeit geschützt. Ist unser altehrwürdiges germanisches Königthum unsittlich gewesen?"

S. 239 steht sogar der sehr stark herausfordernde Satz: „auf Bonifatius beruht die gesammte sittliche Größe des Abendlandes wesentlich mit." (Der Andere, auf dem sie beruht, ist wol Karl der Große?) das heißt also: es gibt im Abendland keine sittliche Größe außerhalb der Kirche! Armer Spinoza, armer Kant, armer Lessing, armer Schiller! Gegenüber solchen intoleranten, um nicht zu sagen: fanatischen Sätzen könnte man gereizt werden. Aber es genügt zu sagen, daß wir damit noch immer oder wieder auf dem Boden des heiligen Augustinus stehen: „die Tugenden der Heiden sind nur glänzende Laster."

Wiederholt werden dem Heidenthum vom Verfasser Blutrache und Fehdegang vorgerückt als unsittlich. Gewiß setzen sie einen rauhen Nationalcharakter und eine noch wenig erstarkte Statsgewalt voraus: aber was hat denn der christliche Stat daran zu ändern vermocht? Hat nicht die Fehde, obzwar schon von Karl dem Großen verboten, als anerkanntes Rechtsinstitut, nur beschränkt und durch zeitweilige Landfrieden hie und da suspendirt, fortgedauert bis 1495? Hat also der „christliche Stat" in sieben Jahrhunderten ausschließender Herrschaft die Fehde abgeschafft? — Leider erweisen sich die Religionen als unfähig, tiefgewurzelte Nationalfehler zu bessern: im germanischen Nationalcharakter liegt die Trunksucht: in Königsberg herrscht das Christenthum seit Gründung der Burgstadt: die Trunksucht der heidnischen Germanen, Preußen und Letten kann aber nicht größer gewesen sein als die, welche — dem zwar unheidnischen Branntwein fröhnend, — hier die Straßen entstellt und, nach amtlicher Statistik, den Säuferwahnsinn zur erschreckend häufigen Todesursache macht. Hier sollte die „innere Mission" einsetzen, und vollends die äußere sollte bedenken: charity begins at home und die Neger in Afrika erst „retten", wenn sie in christlichen Staten nicht mehr den „Giftbaum des Schnapses" auszurotten haben wird, und die Wirkungen eines Lasters, welches uns andern Völkern gegenüber zur nationalen Schmach gereicht.

Grundfalsch ist, daß man schon unter Karl Martell gesehen hatte, „daß Alles zu Grunde gegangen sei, was sich mit der römischen Kirche in Widerspruch gesetzt hatte" S. 189:

Byzanz hatte das bereits wiederholt gethan und stand noch sieben Jahrhunderte.

Uebrigens führt der Verfasser S. 201, seiner Redlichkeit gemäß, selbst jenes Wort des heiligen Bonifatius an, (Brief an Bischof Daniel von Winchester) wonach er „ohne Hilfe der fränkischen Machthaber die Heiden in Deutschland nicht bekehren könne." Das stimmt freilich schlecht zu dem inneren Drang der Germanen nach dem Christenthum (der zumal bei den Sachsen nur mäßig gewesen zu sein scheint!): aber der großartige Mann, der die Bekehrung betrieb, wird es doch wohl besser gewußt haben als die Theologen und Krypto-Theologen der letzten vier Jahrhunderte. Kirchliche und statliche Centralisation, Taufe und Franken-Herrschaft gingen eben Hand in Hand und der Sachse kämpfte zugleich für die alten Götter, die alte Freiheit und die alt-germanische Nationalität.

„Bonifatius hatte es in Friesland selbst erfahren, daß eine Mission in Widerspruch mit der weltlichen Macht nicht möglich sei", S. 202: wo blieben da die Mirakel? Warum ruhten sie? Bedurfte die allmächtige Weltleitung des guten Willens der Fürsten? Oder sollten damals noch die Frisen nicht Christen werden und ihre Selen einstweilen noch verloren gehn, etwa nach Calvin'scher Prädestination? Daß „die Frauen S. 206 von jeher einen ganz besondern Beruf für das Christenthum gehabt," ist richtig. Chrotechildis und Theodelinde sind nur Vorbilder zahlreicher Nachfolgerinnen: (auch eine Vorgängerin hatten sie bereits: die Markomannen-königin Fritigild, Dahn, Deutsche Geschichte I. 1. S. 604.) es hat das gar manche Gründe: unter andern auch den, daß die christliche Moral dem Weiblichen vielmehr zusagt als z. B. dem germanischen Mannestrotz: auch hat das Christenthum das hohe Verdienst, das Weib in der Ehe in einem sehr wichtigen Punkt dem Mann gleich gestellt zu haben."[16])

„Seit Bonifatius unter dem Schutze Karl Martells auftrat, handelte es sich um planmäßige Ausrottung des Heidenthums" S. 202 — sollte sich dem gegenüber das Heidenthum nicht zur Wehr setzen dürfen? „Bonifatius hat (S. 240) unsere heidnisch-germanische Nationalität angetastet (und dagegen sollten sich die Heidnisch-Nationalen nicht

---

[16]) Vgl. oben S. 107.

wehren?) und verändert: aber er erhob sie auf eine höhere Stufe und führte sie ihrer natürlichen (?) Bestimmung entgegen."

Leider kann ich mir unter dieser „natürlichen Bestimmung" gar nichts denken: warum nicht herzhaft sagen: „übernatürliche Bestimmung?" Das ist eine greifbare Vorstellung, die man annehmen oder bekämpfen mag. Aber die Natur (!) hatte doch die Germanen schwerlich zum Christenthume bestimmt. „Das moderne Deutschland ist, S. 241, erst durch Luther geschaffen worden." Dieser Satz wird die deutschen Katholiken mit Recht empfindlich verletzen: sind sie unmodern oder undeutsch? Uebrigens ist die große Streitfrage die, ob unsere deutsche Bildung künftig auf Athanasius, Bonifatius, Luther allein ruhen wird, oder auf Kant, Lessing, Schiller und Goethe S. 241 meint freilich, „dem Stat drohe Gefahr, in heidnische Barbarei zurückzufallen, wenn er nicht mit der Kirche Friede halte" — wozu bekanntlich zwei gehören. Schiller und Goethe waren ohne Zweifel Heiden: aber waren sie wirklich Barbaren? Ich meine, wir sind viel „barbarischer" d. h. unidealer, wüster, roher, genußderber geworden als Kant und Schiller und Goethe und ihre verständnißvollen Zeitgenossen.

S. 242 werden dann „alle Confessionen aufgefordert, gemeinschaftliche Sache zu machen in etwaigen neuen Kämpfen der Kirche." Gehört das in die „deutsche Geschichte II. 1: fränkische Zeit?" So wenig wie Vieles aus dieser Kritik: aber diese Kritik hat so wenig angefangen, wie die bösen Heiden in Sachsen das Christenthum der friedfertigen Franken verfolgt haben. Ich will nur die außerkirchliche Geschichtsanschauung vertheidigen gegen den Vorwurf, daß außerhalb der Kirche keine Sittlichkeit und Bildung, blos „heidnische Barbarei" möglich sei: ich wehre nur ab die Wiedereinführung der Principien Sanct Augustins in das deutsche Reich im Jahre 1882. —

Die Umstände, welche das enge Bündniß der gallischen Bischöfe mit den Merovingen, später das noch viel engere der römischen Kirche mit den Arnulfingen herbeiführten, betrachtet der Herr Verfasser ganz ebenso wie ich (Bausteine II. S. 380 f.). Nur kann ich die Fragenstellung an den Papst, welche diesen, die revolutionäre Erhebung Pippins zu weihen, aufforderte, nicht „fein und geschickt", muß sie vielmehr herzlich plump und ungeschlacht nennen: denn auf die Frage, ob es nicht gerecht und Gott wohlgefällig sei, daß, wer die Bürde, auch die Würde der Regierung trage, gibt es freilich nur Eine Antwort. —

Daß Napoleon I. wie Karl der Große „die Nationen zu neuem Leben erwecket habe, mittelbar oder unmittelbar," S. 259, ist eine Bemerkung, welche, gegen ihre Absicht, den Eindruck eines herben Witzes macht. Napoleon I. hat die Nationalitäten verachtet und nach Kräften zertreten: sofern hat er sie — freilich höchst „mittelbar"! — erweckt, d. h. indem er sie zur äußersten Nothwehr trieb und zwang, ihr Leben zu vertheibigen; er erlag gerade diesem sehr unfreiwillig neu erweckten Leben in Spanien, Rußland, Deutschland. Und Karl der Große hatte gar keine nationale Tendenz: eine germanische oder gemein-deutsche schon gar nicht, nicht einmal eine fränkische als höchstes Ziel: sondern eine christlich-universale (richtig legt ihm Arnold S. 261 die Vorstellung vom „christlichen Stat" bei), oder doch christlich-abendländische: die Sachsen hat er freilich, ähnlich wie Napoleon I. die Spanier, „zu neuem Leben erweckt", einmal über viertausend an Einem Tage! —

Den Langobarden in Italien wird der Verfasser nicht gerecht. Wenn gar S. 264 „in der Treulosigkeit der Langobarden sich zeigen soll, wie wenig sie von ihrem germanischen Charakter noch bewahrt hatten," so muß man doch mit Staunen ausrufen: „Und die Franken?" Verglichen mit der bald nach ihrem Auftreten sprichwörtlich gewordenen Meisterschaft der fränkischen Treulosigkeit (z. B. in Italien a. 539! — und in zahllosen ähnlichen Fällen) sind die Langobarden stümperhafte Schüler: und doch erliegen die Langobarden — unter Gottes Zulassung — den Franken! Das Trachten der Langobarden, Rom als Hauptstadt zu gewinnen, war voll begründet in der Bedeutung jener Stadt für Italien und der Uebertritt zum Katholicismus konnte an diesem nothwendigen Streben ihrer Könige nichts ändern.

Ein Hauptgrund des Erliegens der Langobarden war, außer ihrer geringen Volkszahl, ein schwerer Unterlassungsfehler: sie schufen sich nie eine irgend ausreichende Seemacht, (gaben vielmehr thörichter Weise kundige Schiffbaumeister an die Avaren ab): ohne eine solche war die meerumschlossene Halbinsel nicht ganz zu gewinnen und der gewonnene Theil nicht zu behaupten: weder Rom noch Ravenna vermochten sie von der See abzuschneiden und die gefährlichen päpstlichen und fränkischen Diplomaten verkehrten ungestört, auch wenn das Langobarbenheer vor Rom lag. Refibirte ein langobarbischer Herrscher als König von Italien in Rom, so gab es nie einen Kirchenstat und nie eine Universal=Herrschaft des römischen Bischofs über das Abendland.

Ganz anders als der Herr Verfasser beurtheile ich das sogenannte „Recht" Karls auf Unterjochung der Sachsen und die Initiative und Vorgänge bei der Erneuerung des Kaiser= thums.

Vor Allem ist es grundfalsch, die Unterjochung der Sachsen zu vergleichen mit dem einstigen Vordringen der Sachsen gegen Südwest und der Vertreibung oder Unter= werfung der alten Bewohner, der Chauken, Engern und Cherusker. Erstens wurden nach meiner Meinung Chauken, Engern und Cherusker nicht von den, wie Arnold meint, erst aus Jütland eingewanderten Sachsen vertrieben oder unterworfen; sondern vielmehr verschmolzen diese Völkerschaften, selbst Be= standtheile der nun sich bildenden Sachsengruppe, mit den mehr nördlichen andern Bestandtheilen, z. B. den kleinen bei Plinius und Ptolemäus genannten Gau=Namen, ohne die Freiheit irgend und ohne ihr Land in erheblichem Maße zu verlieren. Zweitens aber: sofern sie Land verloren — denn ein Druck und eine Ausbreitung der nordöstlichen Sachsen gegen die südwestlichen sächsischen, thüringischen, fränkischen Völkerschaften hat allerdings stattgefunden — be= ruhte diese Bewegung der Sachsen auf der bitteren Noth, auf dem zwingenden Bedürfniß nach weiteren Sitzen für die wachsende Volkszahl: diese Eroberung war ein Kampf um's Dasein: daß aber Karl oder das gewaltige Frankenreich aus Noth, zur Vertheidigung ihrer Existenz die Sachsen angreifen mußten, behauptet der Herr Verfasser selbst schwerlich: ledig= lich die Consequenzen der weltlichen, auf Beherrschung des Abendlandes gerichteten und der kirchlichen, theokratischen Politik des „christlichen States", also Ehrgeiz, Herrschsucht und ein ziemlich fanatischer Mysticismus waren die Motive der dreißigjährigen Kriege Karls; die heroische Großartig= keit beider Motive bestreite ich nicht: nur von „Recht", auch von „historischem Recht" S. 268, sollte man dabei nicht reden.

Ich meine, gerade wir Juristen sollten eifrig gegen den Mißbrauch ankämpfen, der von Politikern mit dem ehr= würdigen Namen „Recht" getrieben wird.

Gewiß kann eine Revolution, — übrigens gleichviel, ob

von Unten ober von Oben — ein Bruch des formalen Verfassungs- ober Vertrags-Rechts politisch, geschichtlich, selbst sittlich gerechtfertigt sein (es giebt eben wirklich Conflicte von Recht und Moral): aber stets bleibt der Bruch des formalen Rechts an sich ein tief beklagenswerthes Ereigniß, das nur durch die äußere Noth oder die innere sittliche Nothwendigkeit entschuldigt werden kann. Niemals aber dürfen wir Juristen uns verleiten lassen, zu sagen, die politischen u. s. w. Gründe, welche den Rechtsbruch herbeiführten und politisch, geschichtlich, auch moralisch entschuldigen, bewirken, daß das gebrochene formale Recht **gar nicht mehr Recht war**, sodaß die Revolution (oder der ungerechte Krieg) nun auch das Recht, **das formale Recht** auf ihrer Seite hätte und das formale Recht auch **formales Unrecht** geworden wäre, das ohne Rechtsverletzung gebrochen werden durfte. Es ist in dieser Frage aber sehr viel Bedenkliches gedruckt worden in Deutschland seit etwa zwanzig Jahren. So wollen wir das gefährliche Wort „historisches" Recht ganz vermeiden: es gibt kein andres Recht als formales, positives, juristisches: sein Bruch kann geschichtlich nothwendig werden: aber „Recht" ist der Bruch nicht, sondern das Gegentheil von Recht: Un-Recht und Gewalt. Eine andere Frage ist, unter welchen Voraussetzungen die Wirkungen des Rechtsbruchs aus factischem Bestand sich allmälig in Stats- und Völker-Recht verwandeln können.

Der Herr Verfasser sagt freilich: „es durften keine heidnischen Nachbarn an der Nordostgrenze des Reiches bleiben." Warum? Weil es das fränkische Interesse, die Stats- und Kirchen-Politik, eben der gepriesene „christliche Stat" Karl's nicht duldeten: ist Interesse und Gewalt gleich Recht?

So thun wir also wohl besser, von irgend welchem Recht Karl's zur Unterjochung und Gewalttaufung der Sachsen nicht zu reden. Weder ein juristisches, noch ein sittliches noch ein „geschichtlich-politisches" Recht hatte er; von einer Gefährdung des unvergleichlich überlegenen Frankenreichs durch die zersplitterten kleinen Sachsengaue kann man ernsthaft nicht sprechen. Karl hatte nur den politischen „Beruf" — ein Wort, das sich immer einstellt, wo es den Mangel des Rechtsanspruchs zu verbergen gilt, — die fränkisch-karolingische Eroberungs- und Gewalt-Politik, wie gegen die Langobarden an der bisherigen Südgrenze, so gegen die Sachsen an der bisherigen Nordgrenze vollendend abzuschließen; und er hatte den mystischen „Beruf", diesen blinden Heiden, sehr gegen ihren Willen, die Existenz auf der Erde gründlich zu verleiben, um ihnen mit Gewalt die Seligkeit im Jenseits aufzuzwingen. Was Alles geschehen wäre, wenn Karl diesen „Doppelruf" nicht erfüllt hätte, „so daß die Mark Brandenburg, das deutsche Ordensland, Preußen, von diesen Sachsenkriegen bedingt ist," S. 270, das zu vermuthen ist ebenso unmöglich als unnöthig. — Seltsam ist es, den wiederholten Versuch der Sachsen, in äußerster Nothwehr das aufgezwungene Joch und den aufgezwungenen Glauben abzuschütteln, „fast wie Verrath" hinzustellen und damit die Abschlachtung der 4500 Gefangenen an einem Tage (782) zu motiviren. War das Verrath, so war die ganze Geschichte der Germanen Jahrhunderte hindurch nur ein fortgesetzter Verrath gegen das Römerreich und die aufgezwungenen Unterwerfungs- und Bündnißverträge. Und die Römer ließen den Besiegten doch wenigstens ihre Götter; hier aber ward ein Stamm in Freiheit, Nationalität und Glauben mit Vergewaltigung bedroht, den höchsten Gütern eines Volkes. Wahrlich, will man von „historischem", von „moralischem" Recht sprechen, — hier, bei den Sachsen, ist es am Ort, wenn sie immer wieder das aufgezwungene Recht, die Unterwerfungsverträge, in Nothwehr für ihre heiligsten, edelsten Güter abzuschütteln trachten. S. 275 meint zwar der Herr Verfasser: „sie wurden nicht eigentlich unterjocht, nur mit Gewalt zum Anschluß an das fränkische Reich genöthigt und behielten ihre persönliche Freiheit"; letzteres verstand sich von selbst. Die Verwandlung des ganzen Stammes in Unfreie wäre so unmöglich gewesen wie bei Alamannen und Baiern. Aber der gewaltsame Anschluß an das Frankenreich gab ihnen Karl zum Souverain, unterwarf sie den Gesetzen des fränkischen Reichstags, bedrohte durch die zahlreichen fränkischen Colonien ihre Stammesart und entriß ihnen sehr große Stücke Landes; daß ihnen dieser Anschluß auch ihre Götter, ihre Religion entriß, hält der Herr Verfasser der Erwähnung nicht werth. Waren es ja doch nur die Walhall-Götter, waren es doch nur alle Ideale ihres Heldenthums und ihrer Kraft, ihrer Zartheit und Schönheit, ihrer Reinheit und Treue, ihres geheimnißvollen Naturgefühls und ihrer Schicksalsahnungen. Waren es doch nur der Stolz und der Ruhm und die Freude ihrer ganzen Vergangenheit, blos der Zusammenhang mit ihren

Ahnen und dem Ursprung ihres Volkes, war es doch nur die Hoffnung auf die Heldenfreuden in Walhall, die sie umtauschen sollten für eine fremde, aufgezwungene Lehre, deren an sich schönen und edeln Inhalt sie absolut nicht erfassen konnten unter den Formen und mystischen Dogmen, die ihn längst verhüllt hatten. Aber es waren ja nur Heiden! — Und Karl hatte nun einmal den „Beruf!" —

Ganz verunglückt ist der Versuch des Herrn Verfassers, Karl's Verfahren gegen die Sachsen auf eine „deutsche" (!) Politik zurückzuführen oder doch mittelbar in den Wirkungen seines Verfahrens Schutz der deutschen Grenzen gegen die Slaven zu finden. S. 283. „Wie weit Karl schon der Gedanke einer deutschen Nation und eines deutschen Reichs vorschwebte, muß dahin gestellt bleiben. Jedenfalls sah er voraus, daß die Weltmonarchie, welche er gründete, nicht ungetheilt bleiben könne, jedenfalls empfand er die Nothwendigkeit, den romanischen Landen durch die germanischen das Gleichgewicht zu halten." Diesen Sätzen müssen wir sehr bestimmt widersprechen. An eine deutsche Nation, ein deutsches Reich, was doch nur gelöst vom linksrheinischen Frankreich begriffen werden kann, an eine Zusammenfassung der Stämme und Gebiete, welche seit Anfang des 10. Jahrhunderts das deutsche Reich bildeten, hat Karl der Große nie gedacht. Hätte er daran gedacht, — er würde diese Losreißung vom Frankenreich auf das Aeußerste bekämpft, mit jedem Mittel verhütet haben. „Deutsche" Nation, „deutsches" Reich, „deutsches" Wesen im Sinn dieser Worte seit dem 10. Jahrhundert, waren Karl absolut unergreifbare Begriffe: sie existirten noch gar nicht; austrasisch, ostfränkisch mit Zubehör der unterworfenen Nichtfränkischen Germanen — dies füllte in seinen und in der ganzen Zeit Gedanken die Stelle, an welche erst ein Jahrhundert nach seinem Tod die Begriffe vom „deutschen" Reich zu treten sehr langsam begannen. Der Ausgang seiner Politik war und blieb lange Zeit zunächst das Karolingische Geschlecht, dann das Königreich der Franken; gegen Ende des Jahrhunderts, nach völliger Unterwerfung der Langobarden und fast vollendeter der Sachsen, begannen, wie wir sehen werden, nicht in dem bei aller Größe schlichten Geiste Karl's, vielmehr zuerst in den Gedanken seiner gelehrten, ganz in altrömischen Ueberlieferungen und in kirchlichen Strebungen lebenden Akademiker, Vorstellungen aufzutauchen von Kaiserthum, von römischer Universalherrschaft, von theokratischer Schutzgewalt über die ganze abendländische Christenheit; und erst von diesen Männern ging die Idee der Erneuerung des Kaiserthums auf Karl über.

Eine ganz ähnliche fable convenue, mit sehr widrigem Beigeschmack von Byzantinismus, ist es, wenn immer wieder gelehrt und geschrieben wird, die Hohenzollern, womöglich schon des XV. und XVI. Jahrhunderts, hätten bereits „deutsche" Politik — im Sinne dieses Wortes etwa von 1813—1870 — getrieben, ihrem Bestreben nach Erweiterung ihrer Macht, Unabhängigkeit vom Kaiser, Festigung ihres kleinen States sei zu Grunde gelegen die bewußte Absicht, nach Auflösung des alten Reiches die Grundlage für Aufbau eines neuen deutschen States vorzubereiten.

Karl und die Hohenzollern haben so Großes geleistet, daß sie dieser geschichtswidrigen Verherrlichungen wahrlich nicht bedürfen: dynastische, fränkische, dann kaiserlich-römische, christlich-theokratische Politik trieb Karl der Große, dem ohne Zweifel die christlichen und gebildeten Römer unvergleichlich theurer waren und näher standen als Sachsen, Frisen, Thüringe: nicht „deutsche", hohenzollernsche und brandenburgische, später preußische Politik trieben die Hohenzollern Jahrhunderte lang. „Deutsche" Politik im Sinne des X. und im Sinne des XIX. Jahrhunderts konnte man im VIII. und im XV. — XVIII. Jahrhundert gar nicht treiben. Während aber die Hohenzollernpolitik fast in allen ihren Richtungen den „deutschen" Interessen förderlich ward in späten Nachwirkungen, nachdem einmal die Hoffnung, die Centralgewalt des alten Reiches noch siegen zu sehen, aufgegeben werden mußte, — kann man Gleiches nicht, wie der Herr Verfasser thut, von Karl's Politik behaupten.

Ja, legt man Karl, wie der Herr Verfasser wenigstens für möglich hält, die Vorstellung „deutscher" Politik gegenüber den nicht deutschen Nachbarn bei, so müßte man ihn wegen sehr unheilvoller Schädigung dieser deutschen Interessen scharf verurtheilen. Der Herr Verfasser meint, ohne die Unterwerfung der Sachsen hätten diese wol im IX. Jahrhundert ihre Ostmarken an die Slaven verlieren müssen. Wir wissen nicht, was im IX. Jahrhundert geschehen „wäre", aber wir wissen, was leider im VIII. geschehen „ist".

Wenn breite Striche deutschen, d. h. sächsischen Landes an Slaven verloren gingen, so daß viele Jahrhunderte harter

Arbeit von Schwert und Pflug sie erst wieder germanisiren mußten, so daß vom X. bis ins XIV. Jahrhundert deutsche Könige, Herzoge, Markgrafen, Ritter und Bauern die unabläſſigen Angriffe der Slaven abzuwehren und die verlorenen Landschaften wieder zu erobern, zu decken, zu verdeutschen hatten, so trägt an dieser Preisgebung deutschen d. h. sächsischen Landes niemand Schuld als — Karl der Große.

In seinem kriegerischen Eifer, die störrigen Sachsen zu bezwingen, trachtete dieser vortreffliche Feldherr nach einem Mittel, sie wie mit der Zange (forcipis specie, sagten in solchem Fall die Römer) von zwei Seiten zu fassen und ihnen das Vertheidigungssystem unmöglich zu machen, das von ihren uralten Vorfahren, den Cheruskern Armin's, ererbt, nunmehr ebenso schwer zu überwältigen war für die fränkischen Invasionsheere wie weiland für die Legionen des Germanicus; sie räumten vor der fränkischen Uebermacht das offene Land in West und Süd und zogen sich über die Elbe zurück, die fränkischen Truppen immer weiter von ihrer Operationsbasis ab in Urwald und Sumpf verlockend. So lange die südwestlichen Sachsen bei den Nordalbingischen jenseit der Elbe Rückhalt und Zuflucht gesichert hatten, schien der Widerstand des Volkes nicht zu brechen. Da schloß der „Vorkämpfer des deutschen Wesens" ein enges Bündniß mit den Ostnachbarn der Nordalbingen, den gräulichen Horden der slavischen Obotriten, überließ diesen alles Sachsenland jenseit der Elbe, welches dann jene Slaven und die gottseligen Franken miteinander den Nordsachsen entriſſen, verpflanzte die hier besiegten Sachsen mit Gewalt weit in das Innere seines Reiches und gab so gut altgermanisches Land auf Jahrhunderte jenen Slaven preis, die an Rohheit der Anlage und der Gesittung unvergleichlich tief unter den Verehrern Wodan's und Saſſenôt's standen.

Daß diese seine auf die Sachsen gehetzte Meute nicht Germanen („Deutsche", würde der Herr Verfasser sagen), daß sie die allerschlimmsten Quälgeister der Sachsen waren, machte Karl sicher keinen Augenblick bedenklich: und verkehrt wäre es, einen Vorwurf wider ihn daraus zu erheben: aber nur deshalb wäre es verkehrt, weil eben „deutsche" Politik, die der Herr Verfaſſer wenigstens für möglich hält bei ihm, vielmehr ihm ganz unmöglich war.

Daß diese Helfershelfer Heiden waren, mochte ihm, mehr

noch seinen Bischöfen, nicht eben erwünscht sein. Aber hier war in Karl der Feldherr mächtiger als der theokratische Beschirmer der Christenheit: und vor Allem: die Nordsachsen waren ja auch Heiden und Teufelsanbeter. Der Teufel Wotan stand bei Karl aber schlimmer angeschrieben als der Teufel Czernebog: denn Wotan hatte ihm unvergleichlich mehr Krieger gekostet.

Gewiß hatte Karl juristisches, moralisches und geschichtliches Recht, den wiederholt empörten Baiernherzog Tassilo abzusetzen; aber es ist doch unbillig, diesem vorzuwerfen, daß er, der tüchtig in Kärnten und im Südosten überhaupt germanisirt hat, sich, wie mit seinem natürlichen Verbündeten und seinem Verschwägerten, dem langobardischen Königssohn, so allerdings auch mit den „heidnischen Avaren" verbündete. Seine Empörung war sein Unrecht: nicht ein Bund mit heidnischen Nicht=Germanen, wie einen solchen der Beschirmer der Christenheit, der angebliche „Begründer deutscher Politik" in viel grausamerer Weise verwerthete.

Wir wiederholen: wir machen Karl nicht den Vorwurf, daß ihm „deutsche Politik" fremd war —: sie war noch gar nicht möglich: will man sie aber als möglich bei ihm voraussetzen, so müssen wir zeigen, wie ganz entgegengesetzte Politik er trieb.

Wol kräftigte Karl durch Unterwerfung der Sachsen das germanische Element in seinem Reich; jedoch eine Art Nemesis traf hierdurch sein Werk: die Losreißung der Austrasier von Frankreich ward erheblich dadurch erleichtert: diese aber hätte Karl nie gedulbet, hätte er sie erlebt; er wollte zwar eine Gliederung des für eine schwächere Hand als die seine allzuweit gewordenen Reiches, aber die höhere Einheit, in dem Kaiserthum über den Königen, wollte er streng festgehalten wissen. Die Auflösung seines Reiches in 3 — 4 Staten: Italien, Frankreich, Lothringen, Deutschland hätte er bis auf's Aeußerste bekämpft.

Zum Schluß noch die kurze Bemerkung, daß wir dem Herrn Verfasser bestimmt widersprechen müssen, wenn er die Initiative der Herstellung des Kaiserthums dem Papst beilegt. Ich glaube gezeigt zu haben, 1. daß nach der ganzen bisherigen Politik der Päpste sie von diesen nicht ausgehen konnte, 2. daß die ersten Spuren jenes Gedankens sich bei Alkuin und den übrigen Akademikern Karls finden, 3—4 Jahre vor der Verwirklichung, 3. daß der Papst diesen Schritt als

einen sehr unerfreulichen, aber beschlossenen und unabwend=
baren, vorfand, als er Karl's Hilfe um Wiedereinsetzung
anrief und daß er der unvermeidlich gewordenen Erneuerung
des Kaiserthums, durch arge List überraschend, die für die
Kirche günstigste Form abgewann, indem er die Krone plötzlich
als ein Geschenk des Papstes dem König darbot; dadurch
ward allerdings später die Stellung der Päpste gegenüber
den römisch=deutschen Kaisern ganz außerordentlich verstärkt.
Ich habe das schon vor 20 Jahren ausgeführt (Neue Münchener
[Bayrische] Zeitung 1860, jetzt neu abgedruckt Bausteine II.
S. 380 f.). Ich wiederhole daher nur kurz die Grund=
gedanken: die Entfernung des weltlichen Souveräns des
Papstes, des Kaisers zu Byzanz, war eine Voraussetzung
allerhöchster Bedeutung gewesen für die Erlangung der zuerst
thatsächlichen, später auch rechtlichen Herrschaft des Papstes
in Rom und eine solche war — damals — auch für den
geistliche Primat des Papstes von höchstem Werth. Nach
Untergang des Langobardenreichs drohten dem Papst nur
noch die städtischen Adelparteien, welche durch die Waffen
des engbefreundeten Frankenkönigs leicht in Schach gehalten
werden konnten. Bei Erneuerung des Kaiserthums konnte
aber möglicherweise Karl seine Residenz in Rom aufschlagen
oder doch Rom ganz in fränkische Besatzung und Verwaltung
nehmen: beides hatte der Papst auf das Aeußerste zu fürchten.
Also ein Interesse hatte der Papst gewiß nicht an jenem
Schritt. Nun schreibt Alkuin schon 796/7 an Karl, daß
diesem im Vergleich mit den andern Fürsten „nicht so fast
Königliche Würde als Kaiserliche Majestät" zukomme; von diesen
gelehrten Kreisen ging der Gedanke aus, begründet durch
die Ausdehnung von Karls Herrschaft über den größten
und seit 874 auch über den wichtigsten Theil von Europa:
Italien, die Wiege des Kaiserthums. Dies erfuhr oder
konnte erfahren der Papst im Jahre 797/8, da er Karls
Hilfe anrief, ihn zurückzuführen durch fränkische Spere nach
Rom, von wo ihn ein Adelsaufstand vertrieben. Wenn nun
der durchaus glaubhafte Eginhard bezeugt, Karl habe erklärt,
er würde an jenem Abend die Peterskirche nie betreten haben,
hätte er gewußt, was ihm dort widerfahren würde, so ist es
ganz unmöglich, dies so zu deuten, als habe Karl die Krone
überhaupt nicht gewollt; zur Einwilligung in einen solchen
weltgeschichtlichen Schritt konnte er wahrlich durch keine Ueber=
raschung gezwungen werden, am Wenigsten durch den Papst,

dessen ganze Existenz von Karl abhing. Was ihn aber
überraschte und was er sich in seiner Ueberraschung gefallen
ließ, um nicht großes Aergerniß an dem heiligsten Ort des
Abendlandes zu geben und durch starke Demüthigung des
Papstes, das war nicht die Erneuerung des Kaiserthums,
sondern die hinterlistige Ueberrumpelung mit der Form der
Verleihung als eines Geschenkes des Papstes; der König
hatte wohl durch Beschluß des römischen Volkes, unter Zustimmung des fränkischen Reichstags, unter Berufung auf
das — trefflich begründete — Recht der Eroberung und der
Beherrschung, die Erneuerung des Kaiserthums herbeiführen
wollen, wobei Segen und Salbung des Papstes nicht ausgeschlossen, sondern erbeten worden wäre. Diese Verleihung durch
den einen Papst ward ein furchtbarer Rechtstitel in den Händen
des Legaten eines andern Papstes, der dem deutschen König
zurufen konnte: woher er denn sonst die Kaiserkrone habe als
durch „beneficium" d. h. Wohlthat oder Lehen des Papstes?

Die Handlungsweise des Papstes war freilich gleich ver-
werflich, betrachtet man sie dem oströmischen Kaiser oder dem
Frankenkönig gegenüber. Der Papst war zweifellos des oströmischen Kaisers Unterthan und die Verleihung der Kaiserkrone des Abendlandes, welche nach dem kaiserlichen Statsrecht an Byzanz heimgefallen war, bis Byzanz wieder einen
abendländischen Kaiser einsetzen würde, war Hochverrath und
Rebellion und rechtlich ganz ebenso unwirksam, wie wenn
ein preußischer Bischof dem Kaiser von Oesterreich die deutsche
Kaiserkrone verleihen wollte. Karl gegenüber war die Ueber-
listung ein echter Pfaffenstreich und von einer auch bei solchen
seltenen Undankbarkeit und Falschheit: denn der Papst ver-
dankte Karl Alles: Wiedereinsetzung in geistliche und weltliche Gewalt, Herstellung seiner Ehre, Abweisung seiner An-
kläger, Verurtheilung seiner Vergewaltiger. Karl und seine
Nachfolger zeigten in höchst demonstrativer Weise, daß sie
ein Verleihungsrecht, ja nur ein Mitwirkungsrecht des Papstes
bei Verleihung der Kaiserkrone absolut verwarfen. Karl
erhob Ludwig, Ludwig Lothar zum Kaiser, ohne den Papst
vorher nur irgendwie zu irgend einer Art von Mitwirkung
beizuziehen.

Karl, überrascht und frommer gesinnt in Hochhaltung
der Gräber der Apostelfürsten als der Papst, der diese Stätte
zur Verübung einer der folgenschwersten — sagen wir: — Ueber-

listungen in der Weltgeschichte nicht für zu heilig erachtet hatte (freilich konnte sie nur hier gelingen!), unterließ es, durch eine kraftvolle Zurückweisung der angemaßten „Verleihung" des allzukühnen Priesters sein und seiner Folger Recht zu wahren; letztere haben es schwer büßen müssen: aber Karl steht uns um dieser edlen Enthaltung willen sittlich wahrlich nicht minder hoch. Seinem Eginhard freilich verhehlte er seine Ueberraschung, ja — es liegt in den Worten — seinen Unwillen nicht, und er sorgte dafür, ein Präjudiz nach Möglichkeit zu verhüten. Was er dem Papst darüber sagte, wissen wir nicht. Da wir an Mirakel nicht glauben — der Herr Verfasser nimmt freilich S. 299 wieder eine Art „Inspiration", welche Papst, Kaiser und Volk ergriffen hätte, an, muß aber doch zugeben, daß die Art und Zeit der Krönung dem (mitinspirirten?) König nicht genehm war — ergibt sich uns aus dem gleichzeitigen Einfallen der zustimmenden Römer — (wohlgemerkt, nur lateinisch, nicht fränkisch war der Zuruf: also die Franken wurden nicht „inspirirt") — eine theatralische Vorveranstaltung, welche alt geübte Inscenirung verräth: man verstand sich auf solche Künste in Rom seit Jahrhunderten.

Wenn aber der Herr Verfasser S. 299 gar „dabei den Papst als Stellvertreter der kaiserlichen Autorität" handeln läßt, so ist das für einen Juristen — und wohl auch für Andere — : — hier fehlt mir der richtige Ausdruck: ich will sagen, ein Zeichen, bis zu welchem Grad gewisse Neigungen das Urtheil eines vortrefflichen Mannes und Gelehrten beeinflussen können. Stellvertreter! — Hochverräther seines Kaisers war der Papst in diesem Augenblick: und er wußte es: denn er wußte, daß er in dieser Handlung eines der eifersüchtigst gewahrten Rechte seines legitimen Herrschers, dem er in diesem Augenblick als Unterthan Treue schuldete, preisgab und zerriß, wie denn auch die feierliche Rechtsverwahrung von Byzanz gegen die „Anmaßung des Kaiserthums" nicht ausblieb. Nicht das volle Recht, nur die Macht fehlte dem Kaiser oder dessen Exarchen zu Ravenna, den Hochverrath des treulosen Bischofs zu bestrafen: freilich hatte ihm Jahrhunderte lang auch die Macht gefehlt, Rom oder den Bischof von Rom gegen die Langobarden zu schützen. Darin lag für Karl, der ohnehin keinerlei Treuepflicht gegen Byzanz hatte, die volle, auch sittliche Rechtfertigung seiner Beanspruchung der Kaiserkrone.

Ich breche hier ab, obzwar ich noch gar manche Be=

benken auch auf anderen Gebieten gegen die Darstellung auf dem Herzen hätte.¹⁷)

Wir verweilen nur noch bei dem Verhältniß von Stat und Kirche. Der Herr Verfasser sagt: „Chlodovech hat das römische Reich in Gallien zerstört, Karl es in Deutschland wieder aufgerichtet." Letzteres ist — glücklicherweise — nur sehr wenig treffend: aber freilich, was der Herr Verfasser an Karl am höchsten stellt, das Theokratische, halten wir für das Verderblichste an seinem Wesen, dabei voll einräumend, daß Karl nur den letzten Schritt auf schon lange eingeschlagenen Wegen der Frankenherrscher that. Als nun nämlich jene wunderliebliche „Einheit von Stat und Kirche" Seite 319 erreicht war, ergab sich alsbald, daß diese begriffswidrige Confusion für die Kirche zunächst noch bedenklicher war als für den Stat, den sie praktisch erst später gefährdete. Karl griff schon 794 als Schirmvogt der Kirche auch in das innerste Freiheitsgebiet der Kirche ein: in ihre Glaubenslehre, indem er auf der Reichssynode zu Frankfurt die Lehre der Adoptianer aus eigner Machtvollkommenheit verwarf: die gleiche Vergewaltigung, wie sie byzantinische Kaiser an der kirchlichen Lehre so oft geübt. An dieser unvermeidlichen Folge jener hochpreislichen Einheit schlüpft der Herr Verfasser mit dem Sätzlein hurtig vorbei: S. 313, „das ging zwar eigentlich über die Rechte Karls und die Freiheit der Kirche hinaus!" Es ist aber die Herrschaft der Kirche im Stat (Gregor VII.) oder die Tyrannei des States im Glauben (Byzantinismus) die nothwendige alternative Folge der Confusionen von Stat und Kirche, von Religion, Moral und Recht. Gerade das Theokratische, die mystische Kaiseridee war das Schwache und Verderbliche in Karls Wirken (falsch ist es, daß seit 800 der Kaisertitel im Abendlande

---

¹⁷) So war S. 324, von Sendboten und Rügeschöffen zu bemerken, daß sie kirchlichen Einrichtungen entlehnt waren: so können wir die Vergleichung Karls mit Chlodovech — zu Karl's Ehre — wahrlich nicht gut heißen S. 325. So ist doch S. 309 das ripuarische Recht des Königshauses nur eine Anwendung des Princips der persönlichen Rechte und wahrhaftig kein Beweis einer fehlenden Gesetzgebenden Gewalt!! So hatten (ebenda) doch ohne Zweifel auch die Merovinger bereits Verordnungsgewalt, so machte (S. 312) doch nicht erst die Kaiserkrönung den König zu einer „christlichen Obrigkeit," so dauerte die Verbindung, welche Karl zwischen Frankreich, Italien und Deutschland geschaffen, doch seit 850 nur mehr geographisch äußerlich fort, nicht die von ihm geschaffene politische S. 24.

nicht wieder erlosch, S. 328, es gab Zeiten ohne westlichen Kaiser zwischen 843—962). Gerade dieser rein theokratische Bau und die Universalmonarchie „zerfiel bald nach seinem Tode in ein Chaos," S. 328: wahrlich eine schlimme Verurtheilung des Statsmannes Karl, — wäre das sein Bestes gewesen. Daß sein Stat der erste Culturstat war seit 476, kann man gegenüber Theoberich dem Großen, auch dem Westgothenstat gegenüber nicht behaupten.

Beinahe scheint der Herr Verfasser das Grauen der christlichen Bekehrer vor den alten Göttern zu theilen, wenn er S. 328 sagt: „**Karl war der Riese, der die Dämonen des Heidenthums und der Barbarei, der Anarchie und Gewalt, der Unordnung und Willkür gebannt hat**" —: ach, leider nicht einmal für seine eigne Regierungszeit gilt das Letztere vollkommen.

Wenn es aber Seite 329 heißt: „Von wo der ewige Strom des Lebens ausgeht und wohin er führt, kann die Geschichte so wenig sagen als es der Naturwissenschaft je gelingen wird, Ursprung und Endziel der physischen Kraft zu ermitteln," so fügen wir bei: ganz einverstanden! Darum soll eben die Geschichte darüber schweigen und die Philosophie darüber reden lassen. Und nur weil in einem Geschichtsbuch darüber geprebigt ward, haben wir in einem geschichtlichen Aufsatz darüber philosophirt: aus Nothwehr für die Geschichtsphilosophie, welche durch die Theologie Sanct Augustins ersetzt werden soll. Das wollen wir nach Kräften abwehren von der Geschichte, der Theologie gern und neidlos das Recht solcher Betrachtungen zuerkennend.

Wir scheiden von dem so vielfach tüchtigen Werk mit der Versicherung, daß wir auch die hier bekämpften Anschauungen des Herr Verfassers wohl zu würdigen wissen: nur in einem Geschichtsbuch mußten wir sie bekämpfen.

IV.

Nun ist auch der II. Band der „deutschen Geschichte bis auf Karl den Großen, von Georg Kaufmann erschienen (Leipzig, 1881). Es gereicht mir zur Freude, diesen II. Band besser nennen zu können als den ersten; (Vgl. oben S. 208 f. An dem ersten war die Nichtunterscheidung von objectiver Quellenüberlieferung und allersubjectivsten Hypothesen scharf zu tadeln und der überschwänglich bilder- und blumenreiche, schwülstige Stil war — meinem Geschmacke wenigstens — geradezu fatal. Beide Fehler sind in dem II. Band sehr viel weniger hervortretend, zumal der Ausdruck ist einfach und frei von Schwulst. Man wird in einer „deutschen" (nicht „germanischen oder Völkerwanderungs-") Geschichte zwar Vandalen in Spanien und Afrika, Westgothen in Süd-Gallien und Spanien, Ostgothen in Italien nicht suchen, aber schließlich schadet ein solches Parergon nicht: machte nur nicht das Ganze mehr den Eindruck einer Reihe von Essay's, als einer erschöpfenden zusammenhängenden Geschichts-Darstellung. Es findet sich aber manche recht treffende, dem Verfasser eigenthümliche, scharfsinnige Bemerkung, die Kenntniß der Quellen ist überall für den Kundigen heraus zu spüren. Manchmal hat der Herr Verfasser freilich gewisse — ich finde kein anderes Wort dafür und meine es nicht beleidigend — gewisse Marotten. So wenn er S. 410 gegen die übereinstimmende Ansicht aller Historiker und namentlich der Rechtshistoriker bei den Westgothen noch nach dem V. Jahrhundert geringe Romanisirung, starkes Festhalten ihres altgermanischen Wesens, auch in ihren Gesetzen, annimmt. In diesen Gesetzen, in welchen man die größte Mühe hat, unter der erdrückenden Fülle von römischem und kirchlichem Recht hin und wieder noch einzelne Spuren von Germanischem [19]) zu finden! Der Verfasser meint freilich: jene Gesetze machten nur deßhalb einen so römischen Eindruck, weil sie lateinisch geschrieben seien. Ist etwa die Lex Salica nicht lateinisch geschrieben, und macht diese einen römischen Eindruck?

Was soll überhaupt eine so laienhafte, allgemeine Phrase, nachdem ich in ganz genauer, erschöpfender Statistik (Westgothische Studien S. 51, 52) nachgewiesen habe, welche Masse von Sätzen der Lex Visigothorum aus den Concilienschlüssen und aus dem Codex Theodosianus genommen ist, und zwar stets mit ganz genauer Angabe jeder Quellenstelle? Jene Nachweise möge der Herr Verfasser erst widerlegen, bevor er solche Sätze aufstellt. Unverständlich ist mir die Bemerkung des Verfassers Seite 413: „Dahns Darstellung begeht den Irrthum, die Zustände des westgothischen Reichs nach dem Breviarium zu schildern." Weiß der Herr Verfasser nicht, daß in diesem Reich von Anfang (417) bis auf

---

[19]) In den „westgothischen Studien", Würzburg 1874. S. 298 habe ich die äußerst kargen germanischen Reste zusammengestellt.

Kindasvinth und Rekisvinth (ca. 650) das Princip der persönlichen Rechte galt, die Römer nach römischem Recht und zwar seit a. 506 nach dem Breviar lebten, so daß nur für die letzten 61 Jahre des Westgothenreichs (c. 650—711) das Breviar nicht galt? Wonach anders als nach dem Breviar soll man das römische Recht in diesen britthalb Jahrhunderten darstellen? Daß ich die gothische Seite nach der Lex Visigothorum dargestellt und die späteren Aenderungen und Veraltungen mancher Theile des Breviars hervorgehoben habe, ist selbstverständlich und wohl auch dem Herrn Verfasser nicht entgangen. Fast ebenso befremdend ist, daß der Herr Verfasser die Herrschaft der Bischöfe über diesen Stat bestreitet: die Gründe, welche formell dem König die Herrschaft — und zwar eine erdrückende — über die Kirche zu geben scheinen, habe ich alle selbst aufgeführt, Könige VI — aber die Gründe welche thatsächlich, materiell die Könige den Bischöfen, dem Reichsconcil unterwarfen, daneben gestellt. Diese ignorirt der Herr Verfasser, der auch nicht bedenkt, daß nicht das ganze Palatium, sondern nur jene wenigen Laien Stimmrecht hatten, welche die Synodalacten unterzeichneten. Die Volks- oder Reichs-Versammlung, welche neben dem Concil manchmal erwähnt wird, besonders behufs der Königswahl, spielt im Vergleich mit dem Reichsconcil, auf welchem die Bischöfe und andern Geistlichen stets eine erdrückende (fünffache) Mehrheit hatten, eine sehr untergeordnete Rolle, so daß ich (Könige VI. S. 555) Mühe hatte, Existenz und Thätigkeit derselben darzuthun. Ueberhaupt, ich erkenne gern die Vertrautheit des Herrn Verfassers mit den Geschichts- und zumal den literarischen, rhetorischen Quellen jener Periode an: aber seine Kenntnisse in Rechtsquellen und insbesondere, was bei dem Nicht-Juristen sehr begreiflich, seine Fähigkeit, sie zu behandeln. — er verwechselt z. B. Besitz und Eigenthum! oben S. 210 — sind nicht so hervorragend, das ich seiner Belehrungen nicht füglich entrathen könnte: am Allerwenigsten im Recht der Gothen bedarf ich seiner Meisterschaft. —

Schließlich noch eine Bemerkung, welche beiden hier besprochenen Büchern gilt und deren Formulirung mir schwer fällt, weil ich durchaus nicht die Absicht habe, einen beleidigenden Vorwurf auszusprechen, vielmehr nur ganz objectiv ein Bedenken gegen eine Eigenschaft beider Bücher. Beide citiren, wie keine Quellen, so keine Literatur. Daher liest man Seiten lang Ausführungen, deren wesentlicher Inhalt andern ältern Werken angehört, ohne daß der nicht= gelehrte Leser diesen Sachverhalt ahnt. Ist das — schön? Man mißverstehe mich nicht; beide Verfasser haben wahrlich genug Quellenstudien gemacht und eigenartige selbstständige Gedanken genug gefunden, um fremder Federn durchaus nicht zu bedürfen, sich damit zu schmücken. Aber jeder von uns steht auf den Schultern seiner Vorgänger und jeder muß nach dem Gesetz der Arbeitstheilung, in manchen Quellenkreisen namentlich, die Ergebnisse seiner Vorarbeiter aufnehmen. Aber wenn ich das thue — dann sage ich es; so habe ich z. B. in der Literaturgeschichte des V:—VIII. Jahrhunderts (Urgeschichte I. S. 536 f.) meist Ebert, die erste Autorität, zu Grunde gelegt, wo ich nicht die einzelnen Schriften wiederholt studirt hatte: aber ich habe dabei stets Ebert ausdrücklich citirt.

Gewiß sind Bücher ohne den beschwerenden Anhang von Literaturangaben viel leichter zu lesen und sie empfehlen sich dadurch stark für den Verleger; aber ich meine, wir sollten doch bei der alten schwerfälligen Sitte bleiben. Ich rede durchaus nicht pro domo und verlange durchaus nicht, daß man für mich eine Ausnahme von der Regel des Nicht= Citirens mache. „Eh bien! J'en ferai d'autres!" sagte Voltaire auf die Frage, was er denn nun thun werde, da man irgendwo seine Gedanken abgedruckt hatte —; aber es ist doch ein seltsames Gefühl, wenn man bei Lesung solcher Bücher unwillkürlich an den Rand schreiben möchte: siehe Waitz oder siehe Sohm oder siehe X oder siehe Y, so nach= holend, was die Verfasser versäumt haben. Ich wiederhole: die Verfasser haben im besten Glauben gehandelt und sind eines Plagiats weder bedürftig noch fähig. Aber ich fände es viel verdienstlicher, wenn die Herren, wie sie es ja in früheren werthvollen Einzelarbeiten gethan — niemand kann Arnolds älteres Werk höher schätzen als ich und auch Kaufmanns frühere kleinere Arbeiten würdige ich mit aller Anerkennung — nur dasjenige berichteten, was sie selbst gefunden, oder wo von Anderen Gefundenes herangezogen werden muß, diese Vorgänger bezeichneten.

V.

Herr Heinrich von Sybel, der Herausgeber der historischen Zeitschrift, hatte mir in jenen Blättern selbst eine „kurze Entgegnung" verstattet auf die in der umgearbeiteten Ausgabe seines Werkes „Entstehung des deutschen Königthums" (Frankfurt a. M. 1881) über mich verhängte Polemik.

Das überaus freundliche Schreiben vom 1. Nov. 1882, welches mir jene Verstattung mittheilte, hatte mir freilich für solche Entgegnung das Schwert aus der Hand gelöst mit den Worten: „In welcher Gesinnung ich über altgermanische Hypothesen polemisire, zeigt die Widmung meines Buches an Waitz: und nicht anders wünsche ich zu meinen andern geehrten Gegnern mich zu stellen." Leider habe ich aber, nachdem ich sämmtliche mich betreffende Stellen des Buches studirt, den Eindruck empfangen, daß ich doch nicht ganz ebenso behandelt werde wie die andern Gegner, und deßhalb muß ich gleichwohl wenigstens mit dem Schilde, einmal wohl auch mit dem Schildstachel, abwehren. Das Schwert leg' ich einstweilen zur Seite: in der in Vorbereitung begriffnen neuen Ausgabe der „Könige der Germanen", zunächst Band I. und VI., werd' ich es ausgiebig zu schwingen haben. —

„Lancräche" ist der Herr Verfasser. Kein Vorwurf! Eine Eigenschaft, welche er mit einer burgundischen Königstochter und großen Statsmännern theilt. Vor zwanzig Jahren habe ich, allerdings nur ein blutjunger Privatdocent, gewagt, die Hauptlehre des Herrn Verfassers auf diesem Gebiet zu bekämpfen: scharf, da ich jene Lehre für sehr bedenklich hielt, gerade weil sie von einem unserer ersten Historiker höchst geistvoll vorgetragen wurde. Mir ist das Königthum die wichtigste, die Entwicklung der Verfassung tragende Institution; deßhalb nannte ich mein verfassungsgeschichtliches Werk „Die Könige der Germanen"; und zwar erwächst mir das Königthum aus Umbildungen zwar des alten Erbfürstenthums in quantitativer Ausdehnung und, vermöge römischer Einflüsse, in intensiver Machterstarkung, aber doch aus nationaler Wurzel.

Der Herr Verfasser lehrte: jene Barbarenführer haben mit dem Imperator den Dienstvertrag geschlossen; dadurch sind sie die Könige ihrer Scharen geworden." Diese Auf=

fassung hat der Herr Verfasser, soweit ich sehe, nunmehr erheblich modificirt: daß sie nicht die herrschende wurde, dazu schmeichle ich mir durch meine Arbeiten redlich beigetragen zu haben.

Bei aller Bestimmtheit des Widerspruchs glaubte und glaube ich die Verehrung nie verletzt zu haben, welche ich dem Herrn Verfasser damals trug, wie ich sie heute empfinde.

Gleichwohl scheint jener Widerspruch verstimmt zu haben, zumal eine noch zu erörternde Stelle: und so erfahre ich nach zwanzig Jahren eine anders abgetönte Behandlung, in Scherz und Ernst, als andere, als z. B. Köpke.

Ich verstehe und vertrage Spaß: eine „magistrale Miene" (S. 206) hat mir sonst meines Wissens niemand angesehen. Aber manchmal scheint mir die Ironie Herrn Heinrich's von Sybel aufzuhören, gutartig zu sein.

Er sagt S. 138: „Dahn citirt nun eine ganze Reihe achtungswerther Gewährsmänner: nur ein Umstand ist dabei zu bedauern, daß dieselben sämmtlich dem 19. und nicht einer dem 1. Jahrhundert angehört."

Seit wann ist es verboten, wo positive Quellenbelege mangeln (der Herr Verfasser selbst fährt fort: „Ein Mangel, der allerdings seinen guten Grund hat; denn alles, was wir aus den ersten Jahrhunderten über die Fürstenwahl erfahren, beschränkt sich auf die Worte Germ. c. 12"), sich auf übereinstimmende Annahmen der modernen Schriftsteller zu berufen? Vernachlässigung der Quellen oder willkürliche Annahmen ohne, gegen die Quellen hat mir noch niemand vorgeworfen; aber auf Gebieten, in welchen die Quellen für Jahrzehnte oft aus ein par Wörtern bestehen, wird man ohne Hypothesen und Constructionen nicht auskommen und gar manchen Satz als Ergebniß der Gesammtauffassung hinstellen müssen. So hat denn der Herr Verfasser wirklich in meinem sechsbändigen Werke fünf bis sechs Stellen gefunden, denen, aus den obigen Gründen, positive Quellenbelege nicht beigefügt werden konnten: mit eifriger Beflissenheit werden sie hinter einander in Anmerkungen, weithin sichtbar angeführt: sein Leser muß meinen, das sei für meine Arbeitsweise charakteristisch. Sollten nicht in den Büchern seiner übrigen Gegner, ja auch des Herrn Verfassers selbst, beleglose Sätze gesammelt werden können? Nur die Unterscheidung von quellenmäßig feststehenden und von vermutheten Dingen ist streng dem Forscher selbst und dem Leser klar zu halten: das habe ich oft und scharf gefordert; wenn ich aber, solcher Pflicht gemäß, z. B. bei dem sog. Testament Genserich's durch ein „wohl", „gewiß", „jedesfalls" das Subjective der Annahmen kennzeichne, rügt das der Herr Verfasser durch Gänsefüßlein.

Auf das Detail unserer Meinungsverschiedenheiten kann diese „kurze Entgegnung" nicht eingehen — wir werden uns bei Philippi wiedersehen! — nur die amalische Streitfrage sei erwähnt, weil sich an sie ein für mich verhängnißvoll gewordener Satz knüpft. Der Herr Verfasser lehrt, Cassiodor habe die sechzehn königlichen Amaler vor Theoderich erfunden, um die Herrschaft Theoderich's bei den Ostgothen zu befestigen und zu verherrlichen. Ich erwiderte damals, das sei nur dann möglich, wenn dieser germanische Stamm der Gabe des Gedächtnisses entrathen hätte, und fügte bei: „die Kritik hat uns von der Unkritik befreit: hüten wir uns, nunmehr in Ueberkritik zu verfallen." Dieser Satz gerade scheint verletzt zu haben. Ich bedauere das; aber ich kann auch heute noch jene Aufstellung nicht begreifen. Hatten die Gothen gar keine Ueberlieferung ihrer jüngsten Geschichte bis etwa 200 Jahre vor Theoderich? Mußten nicht sogar im Jahre 526 noch Greise leben, welche die Könige vor Theoderich kannten? Ein damals Achtzigjähriger konnte seinen Großvater fast noch als Augenzeugen von Ermanarich erzählen gehört haben. Die neue Ausgabe wendet nun ein: „Cassiodor's Buch war bald verschollen": ich muß mir die bescheidene Bemerkung erlauben, daß darauf für unsere Frage auch nicht das Mindeste ankommt. Die neue Ausgabe fährt fort: „wo ist gesagt, daß die Gothen Cassiodor glaubten?" Ich muß, wirklich erstaunt, erwidern, Cassiodor konnte sich der Gewißheit, daß sie ihm nicht glaubten, nicht aussetzen: er hätte seine Amaler und sich selbst lächerlich und verächtlich gemacht. Ist es nun nicht allzuscharfe Kritik, welche zu solchen Ergebnissen führt, Sage, Geschichte, Ueberlieferung, Gedächtniß eines Volkes für seine jüngste Vergangenheit ausschließend? Ja, wenn im 16. und 17. Jahrhundert in Spanien falsche Stammbäume der Westgothenkönige des 5. bis 7. Jahrhunderts erfunden werden, so trennt ein Jahrtausend die Thatsachen und die Fälschungen.

Bitter und laut muß ich mich aber darüber beklagen, daß der Herr Verfasser alles ignorirt, was ich nach den „Königen" geschrieben habe. Ich habe doch in den zwanzig Jahren seit 1861 einiges gelernt: manche damals aufgestellte

Ansicht (z. B. gerade über Nachwirkung des Geschlechter=
states, über den Anfang seßhaften Ackerbaues) habe ich
modificirt, andere durch neue Gründe gestützt. All das ist
für den Herrn Verfasser nicht vorhanden! Ich darf aber
verlangen, daß meine Auffassung und Beweisführung ge=
würdigt werde, wie sie jetzt ist, nicht, wie sie vor zwanzig
Jahren war. Ist das „fair-play"? Der Herr Verfasser
erwähnt Sohm's Ansicht über Fehde und Blutrache: meine
Abhandlung „Fehdegang und Rechtsgang", die, richtig oder
unrichtig, viel tiefer eingreift und in Spanien und Italien
Widerhall gefunden hat, kennt oder nennt doch der Herr
Verfasser nicht. Alles, was ich nun in den zwei Bänden
„Bausteine" zusammengestellt, was ich in den „Westgothischen
Studien", den zwei Bänden der „Urgeschichte" (Oncken=Grote)
in der vollständig neuen Bearbeitung von Wietersheim theils
geändert, theils neu aufgestellt, theils neu begründet habe
— bleibt unberücksichtigt.

Mich tröstet über die scheinbare Zurücksetzung nur die
Thatsache, daß ganz allgemein die seit zwanzig Jahren
nacherwachsene Literatur so ungenügend herangezogen ist, daß
die neue Ausgabe des geistreichen Buches dem dermaligen
Stande der Forschung nicht entspricht.

Ueber germanischen Hausbau.

Die Frage nach dem ältesten Hause der germanischen
Völker hängt untrennbar zusammen mit der nach
dem ältesten Culturgrad derselben, nach den wirth=
schaftlichen Grundlagen ihres Lebens. Letztere sind
vielfach bestritten: doch darf man nunmehr die Ansicht als
die mit Recht herrschende bezeichnen, welche für das früheste
Auftreten unserer Ahnen in Europa nicht seßhaften, sondern
im Umherwandern betriebenen Ackerbau, in viel größerem
Umfang aber Viehzucht und Jagd als Erwerbsarten der
Nahrungsmittel annimmt. Es kann nicht anders sein: all=

gemeine Erwägungen, die Natur der Sache und bestimmteste Quellenzeugnisse stimmen darin überein. Zwar waren den Germanen in Asien, wie die vergleichende Sprachforschung bewiesen, in ihrem Zusammenleben mit den übrigen Völkern der arischen Race: den Indern, Persern, den späteren Hellenen, Italikern, Kelten und Letto=Slaven die Anfänge eines höchst einfachen Ackerbaues nicht unbekannt: allein zweifellos spielte er eine untergeordnete Rolle im Vergleich mit der Viehzucht: Kühe galten als Werthmesser und Tauschmittel, nach der Kuh war sogar die Landeintheilung, der „Gau", benannt. Die Viehzucht in solchem Umfang und dabei zugleich noch in solcher Einfachheit betrieben, setzt aber das Umherziehen nach Erschöpfung der Weidegründe beinah als unerläßlich voraus. Nicht anders auch als durch solches Umherwandern, das nur allmälig eine bestimmte Richtung nach Westen an= nahm, schwerlich freiwillig, vielmehr vermuthlich durch den Druck anderer, turanischer Völker von Osten her, sind ja die Germanen überhaupt aus Asien nach Europa gelangt.

Es leuchtet nun ein: so lang der „Gau", (ein Wort, das von jeher zugleich eine Gliederung des Volkes, die Be= völkerung des „Gau=Landes", das „Gau=Volk", die „Gau= Leute" und auch das „Gau=Land" bezeichnete) stets bereit war, nach ein par Jahren aufzubrechen und anderes Weideland zu suchen, konnte auch das „Haus" nicht auf Stätigkeit ein= gerichtet, es mußte vielmehr leicht mitzunehmen sein, fand man diese Belastung nicht zu mühsam, zog man es nicht vor, das wenig Werthvolle zurückzulassen oder zu verbrennen. So war denn „das Haus", d. h. ein leichtes Gezimmer von Brettern, überspannt mit Lederhäuten, oder Woll= oder Linnen=Decken eine Art von Zelt: es konnte, ohne ausein= andergenommen zu werden, auf breite Wagen gehoben und davongefahren werden. Mit solchen Wagen und Karren, welche Weiber, Kinder, Kranke, die werthvollste Habe an Waffen, Schmuck, Geräth bargen, kamen die Wanderer offen= bar nach Westen gefahren, während die Vorhut und wol auch die Nachhut aus Reitern bestand und die Menge der Männer den Wagenzug, sowie die mitgetriebenen Herden, auch die unfreien Knechte und Mägde umgaben.

Es war nur Wiederaufnahme uralter, auch in Europa nie völlig unterbrochener Gepflogenheiten, als die Kimbern und Teutonen ca. a. 120 vor Christus aus den zu eng ge= wordenen Sitzen an der Nordsee einen Theil ihres Volkes aufbrechen ließen, welcher ganz in der eben geschilderten Weise in seinen etwa zwanzigjährigen Wanderzügen die Wagenburg bis nach Spanien, Südgallien, Italien mit sich führte. Und genau dieselben „Wagenburgen", „Karrenzüge" treffen wir in der Zeit der sogenannten „Völkerwanderung" bei den gothischen Völkern: sowol in den großen Wanderzügen derselben von der Donau bis tief nach Asien hinein im III. Jahrhundert als bei Ost= und Westgothen im IV. und V. Jahrhundert.[1])

Lange vierräderige, kurze zweiräderige Karren, von Rindern gezogen, von zeltwagenartigen Dächern aus Leder, Fellen, Leinwand überdeckt, durch leichtes Lattenwerk an den Seiten und im Rücken vergittert, wurden, wenn man Rast machte, an=, ja oft ineinander gefahren und geschoben: so bildete die „Wagenburg" eine gar nicht leicht zu durchbrechende Befestigung des Lagers, mit ihren natürlichen Brustwehren trefflich von oben herab zu vertheidigen, für feindliche Reiter völlig undurchdringbar: es ist bekannt, wie nach dem Erliegen ihrer Männer zuletzt noch die Frauen der Kimbern, unterstützt von den treuen „Hofwärtern", d. h. den großen Hunden, sich, ihre Ehre nnd ihre Kinder von der Wagenburg herab gegen die siegreichen Legionen des Marius vertheidigt haben.

Völlig ungebräuchlich war bei Germanen der Stein=bau: erst von Kelten und Römern haben sie ihn gelernt. Und zwar spät.

Denn es ist in höchstem Maße lehrreich, daß germanischem Recht das Haus als „Fahrhabe", als „Fahrniß" d. h. als bewegliches Gut im Gegensatz zu den Grundstücken als liegendem Gute gilt: ein Rechtssprichwort, das in mannigfaltiger Fassung und in den Gebieten verschiedener Stämme begegnet: sagt: „was die Fackel verzehrt, ist Fahrniß" und zählt aus diesem Grunde alle Häuser zu der „Fahrniß": so daß z. B. die Erben, welche vermöge ihres „Beispruchrechtes" die Veräußerung oder Schuldbelastung von Grundstücken dem Eigenthümer wehren können, ähnlich der „Obereigenthümer" (z. B. Lehensherr, gegenüber dem Vasallen)

---

[1]) Vgl. Dahn, Könige der Germanen. II. S. 77. V. S. 10 f. Dahn, Urgeschichte der germanischen und romanischen Völker. I. S. 288 f. 237. 335. v. Wietersheim=Dahn, Geschichte der Völkerwanderung. I. S. 210. II. S. 64. 330. Dahn, deutsche Geschichte. L 1. S. 153.

gegenüber dem Untereigenthümer solche Befugnisse in Beziehung auf Häuser nicht haben: ja wenn der Erbgang in Grundstücke und der in Fahrhabe verschiedene Personen beruft, fallen die Häuser, sofern sie nicht Theil oder Zubehörde des Bodens, dem Erben der Fahrhabe, nicht dem Erben der Grundstücke zu. Das war Alles ganz folgerichtig: denn die Fackel verzehrte die Häuser, weil sie ganz aus Holz gezimmert waren und diese Häuser waren ursprünglich im wörtlichsten Sinne „Fahrhabe", „Fahrniß": konnte man sie doch auf Wagen heben und davon fahren. Auch abgesehen von den besprochenen Wagenburgen wird in den römischen Quellen wiederholt eine Beschreibung der germanischen Häuser entworfen, welche Steinbau ausdrücklich ausschließt, lediglich Holz als Material bezeichnet: Tacitus, Germania, K. 16: 99 nach Christus. „Es ist wol bekannt, daß die germanischen Völker nicht in Städten wohnen, ja, sie verstatten nicht einmal aneinander gebaute Wohnsitze. Zerstreut und abgesondert bauen sie sich an, wie ein Quell, ein Feld, ein Hain sie anspricht. Die Dörfer legen sie an, nicht nach unserer Weise mit verbundenen und untereinander zusammenhängenden Gebäuden: vielmehr umgibt jeder sein Haus mit einem unbebaut bleibenden Raum (dem „Hof", der „Hof=Were", welche ein Zaun umhegt), sei es zur Sicherung gegen Feuer, sei es vermöge Unvertrautheit mit der Baukunst. Nicht einmal Bruchsteine oder Ziegelsteine verwerthen sie: unförmliches Holz brauchen sie allein zu Allem, ohne Rücksicht auf Aussehen oder Zier. Nur bestreichen sie gewisse Stellen sorgfältig mit einer so reinen und glänzenden Art von Erde (Thon), daß es wie gemalt, wie farbige Zeichnungen aussieht. Auch unterirdische Höhlen legen sie an und bedecken sie oben dicht mit Dünger, die Früchte darin zu bergen und auch den Menschen im Winter zur Zuflucht vor der Kälte zu dienen." Tacitus spricht im Eingang der Stelle zwei, wol zu scheidende Gedanken aus. Einmal schildert er die neben der Dorf=Sibelung vorkommende Hof=Sibelung, wobei die Bauern nicht sich an Einem Ort niederließen, sondern ihre Einödhöfe, „Einöden", „Schwaigen", wie sie heute noch in Baiern heißen, oft stundenweit vom nächsten Nachbar entfernt lagen. Es ist irrig, die Hofsibelung den einen, die Dorfsibelung den andern Stämmen zuzutheilen: beide kommen bei jedem Stamme vor. Und es ist auch unrichtig, das eine System an sich als das ältere auf=

zufassen: nur im Einzelfall ist freilich oft aus dem ursprünglichen Einödhof ein Dorf erwachsen, nachdem mit steigender Bevölkerung neben der ursprünglichen Hofstätte jüngere von den heranwachsenden Söhnen, zumal nach ihrem Ausscheiden aus der väterlichen „Were" durch Heirath, begründet wurden. So gibt es Hofsibelung gleichmäßig bei Friesen, Sachsen, Thüringen, Franken, Alamannen, Baiern. Geschichtliche Vorgänge bei der ersten Einwanderung in den einzelnen Landschaften, bei der ersten Landtheilung und Waldrodung haben für das eine oder andere System entschieden, sehr oft aber rein örtliche Gründe, — die Gliederung des Landes in Thal= und Hügelgruppen: so mußten gewisse Vortheile, an deren Genuß sich Alle gern herandrängten, zur Häufung der Sidelungen an Einem Flecke führen: daher findet sich Dorfsibelung häufig an Seen, Teichen, am Lauf der Flüsse, ganz besonders aber an alten Furten der Flüsse, später dann an Brücken: die zahlreichen Ortsnamen bei Ptolemäus, aus welchen man sehr mit Unrecht hat Städte, Märkte machen wollen, waren in den meisten Fällen nur der Ausdruck dafür, daß dieser Ort einen bestimmten Namen führte, bezeichneten vielleicht auch einen einzelnen Anbau, oft eben eine Furt, wie das so häufige Schlußwort: „φοῦρδον" zeigt.

Keineswegs hat aber etwa Tacitus an jener Stelle die Hofsibelung als einziges System germanischer Niederlassung bezeichnen wollen: spricht er doch oft genug von den Dörfern (vici) der Germanen, welche geplündert, angezündet werden. Ich habe anderwärts hervorgehoben, daß er vielmehr Dorfsibelung als das Regelmäßige voraussetzt, wo er ganz allgemein von Rechtsgebräuchen spricht, z. B. von der Bestrafung der Ehebrecherin, welche „durch das ganze Dorf" mit Geißelhieben gejagt wird.

Und gerade auch an unserer Stelle bemerkt er ja — das ist der zweite Gedanke — daß sie die Dörfer nicht wie die Italiker anlegen, so daß Haus unmittelbar an Haus stößt (wie heute noch in Italien, Spanien und Südfrankreich, wo sich das Dorf nur durch die Quantität der Häuser von der Stadt unterscheidet), sondern, dem echt=germanischen Drang zur Individualisirung entsprechend, indem jedes Gehöft für sich allein gestellt und von den benachbarten durch einen freien Raum getrennt wird, welcher ursprünglich mit dem mannshohen Zaun umfriedet und gefestigt war: später trat dann zu diesem „Hof" regelmäßig noch ein

Garten, b. h. ein „Baum-Anger" hinzu, in welchem aus Wiesboden einige Obstbäume ragten, anfangs Wildlinge, später, nachdem man, wol von Kelten und Römern, das Pfropfen gelernt, veredelte: noch heute heißt unser „Garten" schwedisch „Träd-gård" b. h. Baum-Gehege, in Erinnerung daran, daß ursprünglich im germanischen Garten Obstbäume, nicht Gemüse oder Blumen, das Wesentliche waren: im Dänischen dagegen muß das Wort have, Hof, den Garten mit ausdrücken. Bei Bajuvaren und Alamannen finden sich noch heute die Bauernhäuser sehr oft von solchen „Baumgärten" umgrünt.

Die nächsten Angaben nach Tacitus, welche uns über germanischen Hausbau Kunde ertheilen, sind Bildwerke: die Darstellungen auf der Siegessäule Marc Aurels,[2]) welche dieses Kaisers Thaten im sogenannten „Markomannen-Krieg" verherrlichen: in den unter diesem Namen zusammengefaßten Kämpfen von a. 165—181 wurden Dörfer und Gehöfte von Markomannen, Quaden und verschiedenen gothischen Völkerschaften erreicht, geplündert, verbrannt, auch Befestigungen erstürmt: nirgends in den Relief-Darstellungen begegnet dabei eine Spur von Steinbau: die Hütten sind aus Stroh, Schilf, dünnem Bretterwerk hergestellt, fast mehr hürdenartig geflochten als gezimmert. Indessen sind diese Bilder nur von zweifeligem Werth als Quellen für germanische Bauten: denn unausgeschieden von germanischen wurden auch sarmatische, (jazygische) Krieger, Gefangene und Gebäude dargestellt. Auch sind offenbar manche der vorgeführten Gebäude gar nicht Wohnhäuser, sondern Getreide-Schuppen, Vorrathshäuser, Hürden. — Ungefähr ein halbes Jahrhundert später schildert Herobian die Häuser der Germanen im inneren Deutschland — es waren vor Allem Alamannen, Chatten und Hermunduren, vielleicht auch Markomannen, deren Gebiete Kaiser Maximilian a. 234 durchzog: „es verzehrt gar leicht die Flamme ihre Siedelungen und Häuser: denn Stein oder gebrannte Ziegeln verwerthen sie nicht: die baumreichen Wälder gewähren das unerschöpfliche Material, durch dessen Zusammenfügung und Bearbeitung sie ihre Häuser errichten."

---

[2]) Vgl. Bartoli-Bellorius, Colamna Cochlis M. Aurelio Augusto dicata; Bilder daraus bei Dahn, Urgeschichte der germanischen und römischen Völker II. Berlin 1881. S. 40. 61. 63. 71 f.

Selbstverständlich konnte es nicht ohne Einfluß bleiben, wie auf die Cultur im Allgemeinen, so auch auf den Hausbau, daß nach Mitte des III. Jahrhunderts unter Gallienus der „limes" von den Germanen durchbrochen ward und nun ein Grenzverkehr mit den römischen Colonisten im Zehentland begann, der den Barbaren gar manche Einrichtung römischer und römisch=keltischer Lebenssitte zubrachte.

Als Julian im Jahre 357 den Rhein überschritt und die Alamannen im eigenen Lande bekämpfte, waren die Römer hoch erstaunt, ganze Dörfer von Häusern „nach römischer Art" (daher vermuthlich doch wol Steinbau?) anzutreffen: die vorgefundenen Villen des Zehentlandes hatten also als Vorbilder gewirkt.

Indessen galt dies nur von den Ansibelungen in nächster Nähe des Rheines. Und daß nicht überall der friedliche Verkehr mit den Römern solchen Einfluß übte, erhellt aus den westgothischen Zuständen zu derselben, ja noch beträchtlich späterer Zeit. Obwol diese Gothen auf dem linken Donauufer schon viele Menschenalter hindurch mit den Römern unmittelbar grenzten und auch, wie Wulfila's Bibelübersetzung zeigt, zahlreiche griechische und lateinische Wörter in ihre Sprache — sowie die entsprechenden Gegenstände in ihren Gebrauch — genommen hatten, lehrt doch gerade die Sprache Wulfila's, daß die Häuser damals noch in der uralten Weise sonder Steinbau hergestellt wurden.

Sehr bezeichnend hiefür ist, daß „bauen" immer noch „zimmern" „timrjan" heißt: und sogar in der Stelle, in welcher die Bauleute den „Stein" verwerfen (Psalm 118, Vers 22), wobei der Stein („Ziegel" heißt „skalja") freilich nicht weggelassen werden konnte, sind es doch — unpassend genug — die Zimmerleute, welche mit diesem Stein zu schaffen haben. Selbst die „Burg" (Baurgs) ist „gezimmert" (Lucas IV, 29). Ja sogar die Kirche der Christen gewordenen Gothen ist noch im Jahre 372 nicht von Stein, sondern lediglich ein Zelt — (σκήνη). Wulfila hat kein gothisches Wort für Kirche, er wiederholt das griechische: aikklesjo. Man wohnt in Dörfern, die einmal erwähnte Stadt (oppidum) ist römisch: vielmehr galt von allen Germanen das Wort, welches Ammianus Marcellinus damals auf die Alamannen anwandte: „sie scheuen Städte wie Fanggruben, die mit Netzen umstellt sind". Diese Aus=

legung ist wol richtiger als die von Lindenschmit, obzwar mit Scharfsinn vertretene: „Scheiterhaufen, mit Gedörn umhegt".³)

„Thüre" wird (abgesehen von daur) auch mit einem Wort wiedergegeben, welches „Flechtwerk", „Gitter", „Hürde" bezeichnet (haurds). Die Holzhäuser aus Balken (ansts) entbehren nicht des Giebels (gibla): aber auch Zelte (hlija), Laubhütten (hlethra) sind gebräuchlich: das Laubhüttenfest überträgt Wulfila unverlegen mit „hlethra-stakeins." Das Haus (razn) heißt das umgürtete (gards), vom Zaun (fatha, Faden) umhegte: (daher ingardis, der Hausgenosse, gardavaldands, der Hausherr); es ist bedeckt vom Dach (hrots, das Berußte? weil der Rauch ohne besonderen Rauchfang, den „Ruß=Balken" schwärzte), in der Halle (ubizva) ragt Holzsäule (sauils), der Vorhof (rohsns, faurgard) enthält wol auch die Tenne (gathrask, das „Gedresch"). Im Innenraum sind die Gemächer durch eine Mittelwand (mithgarda vadjus), oder durch Vorhänge (faurhah) geschieden: für das Fenster findet sich die anmuthig sinnliche, poesievolle Bezeichnung: „auga-dauro", „Augen=Thor".

Der Hauptraum des Hauses ist die für germanisches Leben unentbehrliche „Halle": „im weitesten Sinn: ein überdeckter Raum" (Grimm, Wörterbuch): althochdeutsch und altsächsisch Halla, angelsächsisch heal, englisch und schwedisch hall, altnordisch höll, dänisch hal. Wie verschieden auch die Hallen ihrer Bauanlage nach sein mögen, — Ein gemeinsames Merkmal kennzeichnet sie: es ist das, daß die Bedachung entschieden hervortritt, die Seitenwände untergeordneten Rang einnehmen, sei es, daß die letzteren bis auf Pfeiler oder Säulen sich verflüchtigen, („offene Hallen"), sei es, daß in dem weiten Raume, welchen eine Halle einschließt, dem Beschauer die Decke des Gebäudes viel mehr zur Geltung kommt als die entfernter stehenden und unbedeutender sich zeigenden Seitenwände. Von dieser Eigenschaft des Ueberbaus scheint die Halle den Namen erhalten zu haben, der wol mit lateinisch oc-cul-ere, cel-are, griechisch Καλ-ύπτειν,

---

³) Uebrigens ist merkwürdig, daß in ähnlicher Weise schon drei Jahrhunderte früher Tacitus in der Rede, welche er den Tenchterern in den Mund legt, Germanen die Niederreißung der Mauern Kölns um deswillen verlangen läßt, daß ja sogar die wilden Thiere, wenn man sie eingeschlossen halte, Kraft und Muth der Freiheit vergessen. (Histor. IV. 64.)

verbergen, in engem Zusammenhang steht. Zur Verwandt=
schaft gehört auch gothisch hallu-s, (übethangender) Fels,
sowie gothisch halja, mittelhochdeutsch Helle, neuhochdeutsch
Hölle (J. Grimm), ursprünglich der hehlende, bergende
Raum, identisch mit der Göttin Hel.

Die Halle war selbstverständlich je nach dem Reichthum
des Hofherrn und der Bedeutung des ganzen Gebäudes
sehr verschieden gestaltet: in der Hütte des kleinen Bauers
stellte sie den ganzen Innenraum dar und es war nur etwa
durch Vorhänge oder Verschläge der Schlafraum von dem
Wohnraum geschieden: sie war der Raum, in welchem sich
regelmäßig das gesammte Leben — abgesehen etwa von dem
Frauengemach größerer Bauten — im Hause bewegte: und
das Klima nöthigte bei aller Abhärtung, einen sehr erheb=
lichen Theil des Jahres unter Dach zu verbringen.

Hier, im hinteren Mittelgrund, manchmal aber auch an
einer Seitenwand, ragt der Herb — zugleich der älteste
Altar — auf welchem Runen eingeritzt, manchmal auch
kleine Götterbilder aufgestellt sind: selten, nur im Hoch=
sommer etwa, läßt man auf demselben das Feuer aus=
gehen, das, in Ermangelung eines Rauchfanges sich Ausweg
durch die Fenster oder durch die rußgeschwärzten Luken des
Dachgebälkes sucht. Noch im späten Mittelalter waren in
den Burgen nur die Gemächer der Burgfrau und ihrer
Tochter mit Rauchfängen versehen: daher heißen die Frauen=
gemächer „Kemnaten": d. h. Camera caminata, mit einem
Camin (italienisch Weg) für den Rauch ausgestattete Kammer.

Die Hausmarke fehlt nicht an der Stirn des Haupt=
balkens im First, auch an dem Herbe wird sie wol ange=
bracht: ist sie doch oft selbst eine Rune.

Zuweilen ist die Halle um einen mächtigen Baumstamm
herum angelegt (so in der Wölsunga=Saga), welcher seine
Wipfelzweige durch das mit Stroh und Schilf bedeckte Dach
hindurch in die Wolken reckt.

In den stattlichen Hallen der Könige, Jarle, Edeln er=
hebt sich dem Fronteingang gegenüber, im Mittelgrund, oft
nahe dem Herde, auf einigen Stufen eine Art Estrade, der
„Hochsitz" des Hausherrn, aus welchem im Mittelalter der
„dais" des Lehnsherrn wurde, von welchem herab die Lehen
verliehen wurden, während der Vasall vor dem Senior kniete.

An den beiden Langseiten der Halle, zwischen den
Pfeilern, wo ebenfalls mehrere Feuer zugleich lodern können,

stehen Bänke oder Einzelstühle mit Einzeltischen für die Gäste. Ein anschauliches Bild einer solchen stattlichen Königshalle gewährt das angelsächsische Beovulfslied.

Zumal über die spätere Fortbildung des germanischen Hauses und über die stammthümlichen Verschiedenheiten der Anlage haben wir im vorigen Jahre zwei treffliche Arbeiten erhalten von Meitzen (Das deutsche Haus in seinen volks=thümlichen Formen, Berlin) und von Henning (Das deutsche Haus in seiner historischen Entwicklung, Straßburg im Elsaß; vgl. über beide meine Besprechung im Literarischen Centralblatt von Zarncke, 1882, Nr. 39 Meitzen gibt zunächst eine höchst dankenswerthe Kartenskizze der Verbreitung der Hausformen von den britischen und skandinavischen Küsten im Westen und Norden bis in den noch von Germanen beeinflußten Südosten Europas. Die vorzüglich geschriebene Einleitung geht aus von den fruchtreichen Grundsätzen des Historismus, welcher auch in der Gestaltung des Hauses wie der Sprache, des Rechts, der Sitte, der Kunst, der Mythologie den Aus=druck erblickt einerseits der Volksseele, andererseits der ge=schichtlichen Einflüsse, welche in Raum und Zeit auf diese Volksindividualität einwirken: also Klima, Bodenart, Nachbar=schaft, Einflüsse anderer Völker. Der Verfasser unterscheidet drei Hauptgruppen: das fränkische, das friesisch=sächsische und das nordische Haus. Henning gliedert folgendermaßen: die fränkisch=oberdeutsche,[1]) die sächsische, die friesische, die anglo=dänische, die nordische und die ostdeutsche Bauart. Gewiß ist ein gemeinarischer Grundtypus auch des Hauses anzu=nehmen: die Uebereinstimmung von Griechen, Italikern und Germanen ist nicht anders zu erklären, gewiß nicht durch Entlehnung des römischen „atriums" von Seite der Germanen.

Nur mit größter Vorsicht sind für Reconstruction der Häuser die sogenannten „Hausurnen" zu verwerthen, d. h. Urnen, welche die Bilder, die sehr rohen Umrisse von Häusern darstellen: man hat solche nicht nur in Italien (Etrurien), auch in Nordosteuropa, z. B. Pommern, gefunden.

Abgesehen davon, daß die Nationalität der Erbauer der hier angedeuteten Häuser und der Fertiger dieser Urnen keineswegs fest steht, ist Manches vielleicht, wie bei den Dar=stellungen der Marc Aurels Säule, phantasiemäßig, typisch,

---

[1]) Dahin gehört auch das baierische, über welches ich in der „Bavaria", München 1861, I, 1. und 2. reiches Material zusammen=gestellt habe.

ohne Rücksicht auf wirkliche Häuser: endlich wissen wir nicht, welche Bildungen die Technik der Urnenform ausschloß, welche, wenn nicht geradezu heischte, doch sehr nahe legte und empfahl: z. B. die Rundform. Bringt man all dies in Anschlag, so bleibt wenig Andres übrig an dem Belehrenden dieser Bilder, als daß die Häuser ein Dach und eine Thür hatten: ich bemerkte schon früher einmal, es braucht keine Urne aus der Erde zu steigen, uns das zu sagen. Und Dach und Thür der Urnen sind selbst nicht einmal zweifellose Bilder des Wirklichen. So können wir den Hausurnen nicht gleichen Werth als Quellen einräumen, wie der Sprachvergleichung, den Berichten der Schriftsteller und den Ueberresten alter Baustile in den Bauernhäusern.

Zur Geschichte der Franzosen und ihrer Literatur.

Während des Verlaufes und in der ersten Zeit nach Abschluß des deutsch-französischen Krieges von 1870/71 war in einem Theil der deutschen Presse eine beklagenswerthe Verirrung leidenschaftlichen Nationalhasses zum Ausdruck gelangt. Man sah nur mehr die Fehler unserer Nachbarn im Westen, ihre zahlreichen vortrefflichen Eigenschaften ignorirte man: wie man ihre glänzenden Leistungen, ihre Verdienste um die Kulturentwicklung auch der übrigen Völker auf einmal gering anschlug, so wollten die Eifrigsten dieser „Franzosenfresser" bereits Symptome der Auflösung der französischen Volkskraft herausspüren und den Untergang „dieser abgelebten Romanen" weissagen. Wie thöricht! Keinen verderblicheren Fehler könnten wir Deutschen begehen, als uns solch blinder Unterschätzung dieser Nachbarn hinzugeben, welche gar manche Vorzüge vor uns auszeichnen, zum Theil solche, die wir nachzuahmen nicht im Stande sind, weil sie auf an=

geborenen oder geschichtlich erworbenen Eigenschaften der Volksseele beruhen, zum Theil aber auch solche, in denen wir ihnen nacheifern könnten und sollten: z. B. in der Nüchternheit, Mäßigkeit, in der klugen Haushaltung mit der Arbeitszeit, in der Sparsamkeit, in der korrekten, sauberen, regel- und gleichmäßigen, vertragstreuen Lieferung von Handarbeiten und von Waaren: — leider kann man an deutschen Handwerkern, Fabrikanten und Kaufleuten nicht immer die gleichen Vorzüge preisen und gar manches Unerfreuliche vernimmt man, im Ausland reisend, — nicht etwa nur in Frankreich — über die Unverläßlichkeit deutscher Geschäfte.

Aber nicht nur Handwerker und Kaufleute, auch Schriftsteller und Künstler in Deutschland hätten alle Ursache, recht eifrig von ihren französischen Kollegen zu lernen, vielerlei zu lernen: die Sauberkeit, Correctheit, Knappheit der Arbeit, welche z. B. im Lustspiel nicht mit einem Wort über das Nothwendige hinaus den Aufbau belastet und durch geschickte Kürze sehr starke Wirkungen erzielt, während das Lustspiel auch der besseren deutschen Dichter durch unnöthige Umständlichkeit und Breite ermüdet; wir wollen gar nicht erwähnen jene Vorzüge des französischen Esprit, welche unnachahmlich, weil der Volksseele eigenartig, sind, so das „argute loqui", das der alte Cato schon neben ausgezeichneter Bravour und Freude am Waffenwerk als Haupteigenschaft der Kelten hervorhob. Auch das Beispiel der Franzosen, wie der Römer und der Engländer, bestätigt den nach Darwin'schen Grundsätzen selbstverständlichen Satz, daß unter Umständen Kreuzungen — und zwar ziemlich mannichfaltige — ganz vorzügliche Ergebnisse der Begabung liefern, oft bessere als Inzucht; noch bunter als in Britannien ist die Mischung der Völker, welche, allerdings sehr verschieden in den verschiedenen Landschaften Galliens, der Entstehung der französischen Nation zu Grunde liegt: in England kommen doch nur in Betracht: Kelten (vielleicht vorher schon Iberer), Römer, Sachsen, Dänen (nördlich des Humbers), Normannen, d. h. abermals Nordgermanen, nur bereits sehr stark romanisirt. In Frankreich dagegen: im Südwesten bis an und über die Pyrenäen Aquitanier (= Iberer), Ligurer, dann Griechen verschiedener Stämme um Marseille, Nizza, Kelten (Gallier im engeren Sinne und Belgen), Römer: und aus Germanen: Westgothen und Ostgothen zwischen Pyrenäen und Rhone (ungermanische Alanen um Orleans), Burgunder, dann

Franken in dichten Maſſen bis an die Loire, weſtlich der Loire nur ſpärlich, auch Alamanniſche Reſte vom Elſaß her, Sachſen auf den Inſeln vor der Nordweſtküſte, endlich Normannen.

Die Geſchichte hat gelehrt, wie ganz Vorzügliches ſchon die älteren Miſchungen, zumal eben die beiden Haupt=Maſſen: Kelten und Römer, vor dem Eindringen der Germanen, ergeben haben: die keltiſch=römiſche Cultur in Gallien von Cäſar bis an die Grenzſcheide des V. und VI. Jahrhunderts iſt wahrlich nicht unerheblich und nachdem in dem Mutterland Italien die Literatur faſt völlig abgeſtorben war, trieb ſie gerade in Gallien noch beachtenswerte Blüten (Ausonius, Apollinarius Sidonius, Venantius Fortunatus und andere mehr). Auch hat der galliſche Provinzialadel Jahrhunderte lang dem Rath, dem Schlachtfeld, der Kirche hervorragende Männer geliefert und ſein letzter Kampf für die Zugehörigkeit zum römiſchen Reich, für die Unabhängigkeit von den Barbaren, für die von den Ahnen überkommene Cultur, Lebensſitte und — Lebensfreuden war ein rühmlicher; beherrſchten doch dieſe Geſchlechter, welche meiſt verwandt oder verſchwägert waren, ganze Landſchaften durch ihren weitgeſtreckten von Sclaven, Colonen, Freigelaßnen Abhängigen, jeder Art bebauten Grundbeſitz: — ſo daß man ihre wohl abgerundeten Latifundien „Königreiche" („regna") nannte. Sie hielten in thatſächlich faſt erblichem Beſitz der Biſchofsſtühle wie der Senatoren=Sitze in ihren Städten die wirthſchaftliche, geiſtliche und ſtatliche Herrſchaft über die natürlichen oder geſchichtlichen Gliederungen der Provinz in Händen. So hatten freilich gerade ſie das dringendſte Intereſſe an Aufrechthaltung der bisherigen Zuſtände, während das geringe, ärmere Volk, zumal auf dem flachen Land, unter dem Drucke des herrſchenden Syſtems, zumal der Steuerlaſten, leidend, viel leichter ſich mit den durch die einwandernden Barbaren herbeigeführten Veränderungen befreundete. Auch phyſiſch, geiſtig, ſittlich war dieſer Landadel der nördlichen Provinzen Roms durchaus nicht ſo verkommen, wie ihn Uebertreibungen chriſtlicher Asketen, Bußprediger und anderer Tendenz-Schriftſteller wohl hin und wieder ſchildern. Der beſte Reinigungsbeweis liegt in dem mannhaften und lange Zeit erfolgreichen Widerſtand, welchen dieſer Provinzialadel den Barbaren auch dann noch entgegenſetzte, als von Rom oder Ravenna weder Geld, noch Beamte, noch Soldaten mehr kamen; aus eigenen Mitteln rüsteten und bewaffneten die „Senatorschen Geschlechter" in Spanien und Gallien ihre Sclaven, Colonen, Freigelaßnen, Schutzhörigen und vertheidigten sich und ihr Land selbst; lange Zeit sperrten so zwei vornehme Spanier aus dem Hause des großen Theodosius den Vandalen, Alanen und Sueben die Pyrenäenpässe; ja als Kaiser Glycerius im Jahre 474 ausdrücklich die gebirgige, von einem vortrefflichen Menschenschlag bewohnte Auvergne an die Westgothen abgetreten hatte, sich dafür an der Riviera, wie er wähnte, Ruhe zu erkaufen, da kehrten sich die tapferen Auvergnaten nicht an diese officielle Preisgebung, sondern leisteten noch geraume Zeit unter Führung des weltlichen und des geistlichen Adels dem größten Eroberer jener Tage, König Eurich, herzhaften und erfolgreichen Widerstand. Hundert Jahre später aber schildert uns Gregor von Tours die romanischen Adelsgeschlechter zwar fast ebenso barbarisch wie die eingewanderten fränkischen; sie waren angesteckt, ja zum Theil genöthigt durch deren Beispiel, verwildert: Trunk, Wollust, Gewaltthat jeder Art, Fehde, Blutrache walteten unter deren Familien wie unter den Germanen; allein von Verweichlichung, Verkommenheit dieser Romanen ist wirklich nichts zu verspüren.

Es ist von Wichtigkeit, dies hervorzuheben.

Wären in den Zeiten der Mischung zwischen den römischen Provinzialen in Gallien und den Germanen jene wirklich so herunter gekommen gewesen, wie sie meist dargestellt werden, — das römisch-lateinische Element hätte sich in dem Product dieser Mischung, dem werdenden Volk der Franzosen, nicht so stark, nicht so beinahe zur Ausschließlichkeit überwiegend erweisen können; die Kopfzahl und die Ueberlegenheit der Cultur würden nicht ausgereicht haben, das römisch-gallische Element noch einmal, gleichsam verjüngt, aus der Mischung hervorgehen zu lassen.

Es wäre eine lohnende Aufgabe in einer Geschichte des Französischen Geistes, wie er sich vor Allem in der Literatur darlebt, das Specifisch-Romanische, die unwillkürlich nachwirkende Vererbung einerseits, die bewußte Nachbildung des Römischen, des Lateinischen andererseits besonders zu verfolgen.

Umgekehrt zieht die Betrachtung lebhaft an, wie schon, bevor von einer Französischen Literatur und Nationalität gesprochen werden kann, in den gallischen Schriftstellern des V. Jahrhunderts sich dieselben Eigenschaften — Vorzüge und Mängel — nachweisen lassen, wie sie später in der französischen Nationalliteratur zu Tage treten. Anderwärts[1]) hab ich dargewiesen, in welchem Sinne man den geistreichen, witzelnden, vielbeweglichen, nicht gerade sehr tiefgründigen Apollinaris Sidonius den „ersten Franzosen" nennen darf; er ist der gallische Vater der französischen „Memoiren und Korrespondenz-Literatur".

Welche Verdienste die französische Literatur um die gemeineuropäische Bildung, gerade auch um die deutsche hat, das ist manchmal und zuletzt wieder in unsern Tagen unterschätzt worden. Es ist das begreiflich. Wenn Lessing und Klopstok mit aller Geistes- und Charakter-Kraft danach zu ringen hatten, die deutsche Dramatik und Lyrik von den sclavisch getragenen französischen Ketten zu befreien, so mußten sie und die durch sie Befreiten die Mängel und Schwächen, sie durften nicht die Vorzüge des bekämpften Vorbildes hervorheben. Dabei wurde nur übersehen, daß es doch nicht die Schuld der Franzosen war, wenn die Deutschen, jede Selbstständigkeit verleugnend, das Fremde, statt es eigenartig zu verarbeiten, nur sclavisch copirten und daß diese Copien dann, weil der Eigenart der Deutschen widerstrebend, weil der Grazie, der Leichtigkeit, das „Esprit" des Vorbildes entrathend, herzlich miserabel ausfielen, gerade wie heutzutage wieder wahrlich nicht den Franzosen Vorwürfe darüber zu machen sind, daß gewisse deutsche Schriftsteller in Roman, Novelle und Lustspiel, in Verleugnung deutschen Stiles, nach Pariser Mustern arbeitend, das Unerfreuliche dieser Vorbilder wiedergeben; aber ohne die leichte Gracie, welche an der Seine die Frivolität, ich sage nicht, entschuldigt, aber doch leichter genießbar macht, vielmehr mit deutscher Schwerfälligkeit. Dieser Vergleich drängt sich lebhaft auch bei Aufführung französischer Stücke durch deutsche Schauspieler nnd Schauspielerinnen auf: dieselbe geistreiche Zweideutigkeit, welche uns auf einem Pariser Theater aus französischem Munde neben der Entrüstung doch zugleich unwiderstehlich amüsirt, wird zur plumpen, durchaus nicht mehr zweideutigen Unanständigkeit, wenn von Deutschen vorgetragen und — unwillkürlich und unbewußt — übertrieben.

In einer Zeit, da unsere geistreichen, aber gefährlichen Nachbarn so eifrig Deutsch lernen (allerdings nicht aus

---

[1]) Könige der Germanen, Würzburg 1872. V. S. 140. Urgeschichte der germanischen und romanischen Völker I. Berlin 1880.

frieblichem Culturinteresse, sondern um sich bei dem Rachekrieg in Deutschland ebenfalls des Vortheils der Kenntniß der Landessprache zu erfreuen, der unsern Truppen im letzten Kriege sehr zu Statten kam), steht es uns wol an, auch unsererseits die französische Literatur wieder objectiver zu betrachten, als dies im Lustrum nach dem letzten Kriege geschah: und nicht nur die Gelehrten, breite Schichten unseres Volkes sollen darin Anregung, Bildung, Genuß finden.

Diesen Zweck verfolgt die vor Kurzem erschienene „Geschichte der französischen Literatur" von Eduard Engel. (Leipzig 1883, als erster Band einer Geschichte der Weltliteratur in Einzeldarstellungen.)

Das Werk behandelt im I. Abschnitt das IX.—XV. Jahrhundert, im II. das XVI., im III. das XVII. und XVIII., im V. das XIX. Jahrhundert.

Man sieht, die älteste Zeit wird knapp zusammengefaßt; es hängt dies mit dem Zweck der Arbeit, welche gelehrte Forschung der Leser ausschließt, zusammen. Immerhin hätte hier vielleicht mehr geboten werden mögen.

Die Arbeit ist frei von dem Fehler, welcher literargeschichtlichen Monographieen häufig anklebt, panegyrisch zu werden; die Liebe zu dem Stoff, die durch lange Jahre aufgewendete Mühe wirkt oft pathologisch auf das Urtheil des Monographen; er findet Alles, wenn nicht schön, doch interessant, was ihn interessiren mußte; diese Ueberschätzung des Objects ist hier vermieden. Aber auch jede Unterschätzung französischer Eigenart etwa vom falsch-patriotischen Germanismus aus: die Franzosen werden in den meisten Fällen das Lob warm, den Tadel vorsichtig und maßvoll genug finden, — wenigstens solche, welche nicht den Chauvinismus auf die Literatur übertragen.

Ueber einzelne Sätze des Verfassers wird sich rechten lassen.

So über die Behauptung, daß die Franzosen wenig oder gar nicht fremde Literaturen auf die ihrige haben einwirken lassen: S. 12. „Kein Volk hat sich so frei von der Kenntniß fremder Sprachen und fremder Dichterwerke zu halten gewußt, wie das Französische." Man muß doch erinnern, daß in der Zeit der Renaissance der italienische, unter Heinrich IV. der spanische Einfluß, unter Ludwig XV. der englische, unter der Restauration der deutsche Einfluß sich fühlbar machte. Corneille sprach spanisch, Montesquieu ist ganz erfüllt von der englischen Verfassung (die er freilich vollständig mißverstanden hat), die Französische Aufklärung st von der englischen sehr stark gefärbt. Der Verfasser führt selbst an, daß Montaigne in Deutschland und Italien reiste, daß das Heptameron S. 154 der Margarethe von Valois dem Dekameron von Bocaccio nachgebildet ist, S. 160, S. 305 erwähnte er die Einwirkungen der englischen Literatur und von Rabelais sagt er S. 138: Er ist der erste von den großen Schriftstellern des neuen Zeitalters, der sein Material und die Verarbeitungsweise desselben nicht mehr ausschließend den nationalen Hilfsquellen verdankt, sondern mit vollen Händen aus den Schätzen aller Literaturen, alles Wissens, aller Cultur des civilisirten Europa's schöpft." So ist also jener vorangestellte Satz etwas einzuschränken.

Königsberg, Januar 1883.

Leovigild, König der Westgothen.
Von 568—586.

Die schweren inneren und äußereneu Gefahren, welche den Westgothenstat in Gallien und Spanien, das Reich von Toulouse und das Reich von Toledo, bedrohten, sind zum großen Theil dargestellt in den beiden Aufsätzen: Alarich II. (Bausteine II S. 202) Berlin 1880.) und Kindasvinth. (unten S. 302)

Leovigild steht der Zeit nach zwischen beiden.

Das Reich von Toulouse war nach dem Tode Alarich II. in der Schlacht von Voulon im J. 507 untergegangen. Das nun errichtete Reich von Toledo hatte zu äußeren Feinden die drei katholischen Nachbaren: die Franken, welche soeben bereits den größten Theil des westgothischen Reiches in Gallien erobert hatten, die Sueben in der Nordwestecke der pyrenäischen Halbinsel, stets bereit, eine Bedrängniß der Gothen zu einem Stoß in ben Rücken zu verwerthen, und die Byzantiner, welche, nach Vernichtung des Vandalenreiches in Afrika (a. 534) wieder die Küsten jenseit der Merenge von Gibraltar beherrschten und, nach Vernichtung des Ostgothenreiches in Italien (a. 553), sich anschickten, nun auch das dritte arianische Germanenreich auf römischem Boden zu zerstören und wie Afrika und Italien, so auch die pyrenäische Halbinsel unter das Scepter des Reiches zu ziehen.

Und wahrlich, sie schienen auf bestem Wege hierzu: ganz ebenso wie bei Vandalen und Ostgothen Streit und Parteiung innerhalb des Königshauses die byzantinische Intervention selbst ins Land gerufen hatte, welche unter dem Schein, dem rechtmäßigen und römerfreundlichen Herrscher beizuspringen, die Vernichtung beider Barbarenreiche erstrebt und erreicht hatte, ganz ebenso hatte Justinian a. 554 auf Anrufen eines westgothischen Empörers, Athanagild, Flotte und Her nach Spanien geschickt, welche zwar König Agila vernichten halfen, aber einen langgedehnten Küstenstrich von Sucruna am Mittelmer im Osten bis zum heiligen Vorgebirg im atlantischen Ocean im Westen besetzten, auch gar manche Stadt im Binnenland, vor Allem Córdova, gewannen und von Athanagild sowie von dessen Nachfolgern nicht wieder ausgeschafft werden konnten.

Zu diesen äußeren Feinden gesellten sich aber noch viel bedenklicher für das spanische Gothenreich innere Schäden und Gefahren: die römische und katholische Bevölkerung haßte und verachtete die barbarischen und ketzerischen Gothen und deren Könige, welche, freilich meist im Weg der Abwehr drohender Empörung, Härte gegen die Katholiken, zumal die Bischöfe, nicht immer vermieden, vermeiden konnten; seit vollends die Fahnen von Byzanz auf den Zinnen zahlreicher spanischer Festungen weheten, bestand die Conspiration der Katholiken mit diesen rechtgläubigen Befreiern in Permanenz.

Vandalen und Ostgothen waren soeben dem Uebertritt der katholischen Bevölkerung auf die Seite von Byzanz erlegen; es schien nur eine Frage der Zeit, wann das Westgothenreich das gleiche Schicksal erleiden werde.

Denn in den Zuständen, zumal in der Verfassung dieses Reiches, gerade auch was die gothische Bevölkerung und deren Einrichtung betraf, fehlte es an allen Garantien der Widerstandskraft, drohten vielmehr die äußersten Gefahren der Selbstzerstörung. Kein Geschlecht hatte, nach dem

Erlöschen des Hauses Theoderich's I. und Eurich's, sich im erblichen Besitze der Krone zu behaupten vermocht: der Königsmord war die normale Form der Thronerledigung geworden von vierzehn Königen seit Alarich waren neun ermordet, zwei in der Schlacht gefallen, nur drei natürlichen Todes gestorben²), so daß bei den Nachbarn die Westgothen dieserhalb in bösesten Leumund gerathen waren.

Zwar war noch nicht jene Herrschaft des Episkopats dem König über die Krone gewachsen, welche dem Uebertritt zum Katholicismus sofort nachfolgte. Die katholischen Bischöfe wurden — mit gutem Grund! — in strenger Aufsicht gehalten und die arianische Kirche war nicht in der Lage, die Krone zu beherrschen, deren Schutz gegen den überall angreifenden Katholicismus sie bringend brauchte.

Aber statt der geistlichen Aristokratie, welche sie alsbald in Beherrschung des States ablösen sollte, zerrüttete mehr noch als beherrschte das Reich eine meisterlose weltliche Aristokratie großer, reicher gothischer, auch verwilderter römischer Geschlechter, welche, kleine Dynasten auf ihren wol abgerundeten weiten Besitzungen in natürlichen territorialen Gliederungen, in geschlossenen Thälern oder auf herrschenden Höhenzügen, an der Spitze ungezählter bewaffneter Knechte, Freigelassener, persönlich freier, aber wirthschaftlich völlig abhängiger Schützlinge mannigfaltigster Rechtsformen mit oder ohne Landleihe, thatsächlich Herren des Landes waren und in junkerhafter Zuchtlosigkeit keine Gewalt des States über sich aufkommen ließen; gar mancher König war ermordet oder in offener Rebellion in der Feldschlacht erschlagen worden, weil er diesen jedem Statsgedanken trotzenden Adel hatte bändigen wollen.

Das waren die Zustände, die tödtlichen Gefahren, in welchen

---

²) Nämlich: Athaulf 410—415, ermordet; Sigrich nach sieben Tagen ermordet, 415; Walja 415—419, gestorben; Theoderich I. 419—451, gefallen bei Châlons; Thorismund 451—453, ermordet; Theoderich II. 453—466, ermordet; Eurich 466—485, gestorben; Alarich II. 485—505, gefallen bei Voulon; Gesalich 507—511, erschlagen; Amalarich 507—531, ermordet (wahrscheinlicher als in der Schlacht gefallen, keinesfalls friedlich gestorben); Theudis 531—548, ermordet: Theudigisel 548—549, ermordet; Agila 549—554, ermordet; Athanagild 554—568, gestorben. In 158 Jahren regierten 14 Könige: also Einer durchschnittlich nur 11 Jahre; sieht man aber von der ausnahmsweisen langen Regierung Theoderich I. (32 Jahre) ab, so ergeben sich auf 13 Könige nur 119 Jahre, d. h. für jeden durchschnittlich nur 9 Jahre.

Leovigild bei seiner Thronbesteigung das Westgothenreich vor=
fand. Athanagild war im Jahre 567 (November?) gestorben
„friedlichen Todes", was die Quellen, gleichsam erstaunt, als
seltenste Ausnahme hervorheben. Der Mangel einer festen Erb=
ordnung und der Ehrgeiz der habernden Großen, die lieber
Könige werden oder Könige morden als wählen wollten, zeigte
sich auch bei dieser Thronerledigung wieder klar und verderblich.
Fast ein halbes Jahr (fünf Monate) lang konnte man sich
über keine Wahl einigen und als zuletzt die gallische Provinz
(„Septimanien") den langjährigen Dux von Narbonne,
Leova, zum König erhob, drohte das Reich in seine beiden
Gruppen auseinanderzufallen. Denn die Gothen in Spanien
wollten den ohne ihre Mitwirkung Gewählten nicht an=
erkennen und die Gefahr eines neuen Bürgerkriegs wurde
vielleicht nur dadurch abgewandt, daß Leova seinen jüngeren
Bruder Leovigild, der in Spanien, wenn nicht an der Spitze
seiner Gegner, doch in der ersten Machtstellung stand, — er hatte
durch Heirath mit der Wittwe Athanagild's, Gobisvintha,
auch dessen Anhang gewonnen — als Nachfolger und Mit=
regenten, genauer als alleinigen König des spanischen Theiles,
anerkannte, während er sich mit Septimanien begnügte; diese
Theilung, welche freilich an den merovingischen Staten eine
Art Vorbild hatte, zeigt immerhin, welch schwaches Band
dies gothische Königthum gegenüber den starken Partei= und
Gebietsgegensätzen war. Doch vereinte nach Leova's baldigem
Tod im J. 572 L. wieder beide Theile des Reiches.

Leovigild's Persönlichkeit und Regierung tragen einen be=
stimmt ausgeprägten Charakter, welcher fast den meisten west=
gothischen Königen gebricht, von denen wir, außer dem
Namen, nur etwa die gewaltsame Todesart kennen. Alle
die chronischen Gefahren, äußere und innere, welche dies
Reich bedrohten, alle verderblichen Elemente, welche in und
nahe seinen Grenzen seit lange gährten, traten, in plötzlichen
Krisen, geschärft und zu klarer Erkennbarkeit gesteigert, gegen
diesen König heran. Der kräftige Herrscher wehrte sie nach
allen Seiten mit Ueberlegung ab, in einsichtiger Wahl bald
milde Klugheit, bald rücksichtslose Energie bewährend. Die
nationalen Contraste der Einwohner und der Nachbarn dieses
Reiches waren wegen ihrer feindseligen Spannung durch die
religiösen Gegensätze die eine Hauptbedrohung. Die Ver=
bindung der katholischen, romanischen Provinzialen mit den
gleichfalls katholischen Sueben, Griechen, Franken gegen die

arianischen Gothen war eine fortwährende, schweigend lauernde Todesgefahr für diesen Stat. Sie zu beseitigen war eine Unmöglichkeit: denn sie hätte nichts Geringeres als die Vernichtung oder erzwungene Bekehrung dieser vier katholischen Mächte vorausgesetzt: — die andere Alternative zu ergreifen, nämlich die Katholisirung der Gothen, dazu entschloß sich erst Leovigild's Nachfolger; wir werden sehen, daß dieser Ausweg eine Gefahr in sich schloß, welcher denn schließlich auch das Reich erlegen ist. —

Dieser religiös=politischen Bedrohung durch innere und äußere Feinde war nun nichts entgegenzustellen als ein Königthum, das, untergraben durch den Mangel der Erblichkeit, durch die zur Gewohnheit gewordene Rebellion eines meisterlosen, übermächtigen, königsmörderischen Adels — der zum Gehorsam nur durch Schrecken, zur Treue aber durch nichts zu bringen war, — eine höchst unsichere Macht gewährte: und daneben bot sich der Krone nur noch bar ein gothisches Nationalgefühl, das durch tief und alt eingewurzelte Parteiungen und starke Hinneigung zu dem römischen Wesen, zu der glänzend überlegenen römischen Cultur sehr stark erschüttert war. In der Zeit nach dem Tod Athanagild's sah es fast banach aus, der Gothenstat als solcher könne nicht fortgeführt werden: — ein halbes Jahr Thronerledigung: dann eine in Spanien nicht anerkannte septimanische Wahl: hierauf neue Parteiungen: endlich eine Theilung von Gebiet und Regierungsgewalt des Reiches. Inzwischen aber hatten nicht blos die Byzantiner vom Südosten, die Sueben vom Nordwesten her sich auf Kosten des schützerlosen Reiches ausgebreitet: — es war, was ungleich bedenklicher, in den noch nicht von diesen Feinden geradezu occupirten Gebieten die gesammte romanische Bevölkerung und zwar die bäuerliche auf dem Lande, namentlich in den Gebirgen, ganz ebenso wie die Städte — also die ganze große übermächtige Volkszahl der Katholiken — auf allen Punkten, im Norden mit den Sueben, im Osten mit den Franken, im Süden mit den Byzantinern in natürliche Verbindung getreten, bald unwillkürlich, bald mit der bestimmten Absicht der Losreißung von dem, wie es schien, zerfallenden Ketzerstat der Gothen.

Dieser großen Gefahr schritt Leovigild sofort energisch entgegen: unermüdlich trug er in den nächsten acht Jahren seine Waffen nach allen Richtungen der Halbinsel, überall den zum Theil hartnäckigen Widerstand der verbündeten inneren und äußeren Feinde brechend. Noch im Jahre seiner Thronbesteigung (a. 569) zog er nach dem Süden gegen die Byzantiner in die „bastanische und malaccitanische Landschaft", schlug die Feinde und verherte das Land; im nächsten Jahre (a. 570) gewann er im Westen des byzantinischen Gebiets durch Einverständnisse mit den gothischen Einwohnern die feste Stadt Assidonia. Das ganze folgende Jahr (a. 571) aber leistete das wichtige und stolze Córdova, den Mittellauf des Bätis (Guadalquivir) beherrschend, eifrig katholisch, den Byzantinern zugethan, der gothischen Herrschaft immer abgeneigt und seit zwanzig Jahren entrückt, vermuthlich auch von kaiserlicher Besatzung vertheidigt, einen erbitterten Widerstand, den die Bauern der andalusischen Berge unterstützten. Endlich fiel die Stadt, wie Assidonia, durch nächtlichen Verrath: dieser Schlag traf die kaiserliche Partei im ganzen Lande schwer und entmuthigend; die blutige Bestrafung der Bürger und der Bauern, wiederholte Niederlagen der byzantinischen Truppen im offenen Feld scheinen eine große Zahl der zu diesen abgefallenen Städte und Castelle zur Unterwerfung gebracht zu haben. Im nächsten Jahre (572) zog der König gegen Norden, wo die Rebellion, wie im Süden bei den Byzantinern, bei den Sueben Halt und Hilfe suchte; aber das rasche und machtvolle Vorbringen Leovigild's schreckte die Sueben von bewaffneter Unterstützung des Aufstandes ab und so wurde zuerst im Norden die Stadt Aregia und das Gebiet der Aregenses, dann im Nordwesten Sabaria, hart an der suebischen Grenze, bezwungen. Nun kam (a. 573 oder 574) die Reihe an das östlich angrenzende Cantabrien, wo die Stadt Amaja erobert wurde; eine diesmal von suebischen Truppen unterstützte Wiedererhebung in den aregischen Bergen ward niedergeworfen und das Haupt der Empörung, ein vornehmer Spanier, Aspidius, mit seiner Familie gefangen. In diesen dem Centrum des Gothenstats ferner gelegenen Gebieten hatten sich, man sieht das deutlich, einzelne hervorragende Häupter des alten Provinzialadels, durch Reichthum, ausgedehnten Grundbesitz und starke Clientelen mächtig; als die natürlichen Führer an der Spitze der Bewegung gefunden, welche die Ueberordnung des States sprengen wollte. Im J. 576 mußten zweimal die Aufständeber Städter und der Bauern (rustici) in dem Gebirgsland von Orospeda unterdrückt werden.

Damit waren zunächst die bringendsten Aufgaben für

das Schwert des Königs gelöst: aber in 'ber mit Mühe gewonnenen Zeit der Waffenruhe galt es jetzt, mit aller Kraft das Scepter zu schwingen, d. h. das Ansehen der Statsgewalt herzustellen.

Denn die Neigung der alt=iberischen Thäler und ihrer roma= nischen Bevölkerung, sich unter localen Dynasten gegen die barbarische Statsautorität der Gothen selbstständig zu stellen, traf in gefährlichster Weise zusammen mit dem schlimmen Hang der gothischen Großen, in meisterloser Selbstherrlichkeit alle kräftige Handhabung der Regierung unmöglich zu machen und jeden Regenten, der sie versuchte, zu verderben; von einer Anhänglichkeit, wie sie die Ostgothen ihrem Königthum bewähren, war in diesem Wahlreich keine Rede; die Treue der Unterthanen war noch viel geringer als die Zwangs= gewalt der Könige: man konnte genau die stolzen und un= bändigen Geschlechter bezeichnen, welche in den letzten fünfzig, ja hundertundfünfzig Jahren einen König nach dem andern er= mordet und durch genehmere Männer ersetzt hatten. In solchem Zusammenhang betrachtet, gewinnen die naiven Ausdrücke jener Zeit nahestehender Autoren tiefe Bedeutung; derselbe Gregor von Tours, der „jene abscheuliche Angewöhnung der Westgothen" rügt, berichtet uns, Leovigild habe „alle jene getödtet, welche die Könige zu ermorden sich angewöhnt hatten, nicht einen Einzigen des Mannesstammes ließ er leben". Wenn kirch= lich gesinnte Quellen dem König, der später so manchen Act der Nothwehr gegen die katholische Kirche zu üben nicht ver= meiden konnte, bei seinem Auftreten gegen diese „Mächtigen" lediglich Geiz und Neid, d. h. mißgünstige Beargwöhnung ihrer Macht, als Beweggründe beimessen, so gestatten, ja zwingen uns wie die Vergangenheit so die Zukunft dieses Königthums und vor Allem Leovigild's übrige Maßregeln und seine schlimmen Erfahrungen, nicht in solchen persön= lichen Leidenschaften, — mögen diese auch in der Ausführung mitgewirkt haben, — sondern in einem klar gedachten und energisch verfolgten politischen Trachten die wahre Ursache seines Verfahrens zu suchen. Und eine unbefangene, obwol ebenfalls bischöfliche, für diese Zeit die werthvollste Quelle, ein Mann, welchen der König selbst in Verbannung geschickt hat, Johannes von Valclara, nennt die Sache beim rechten Namen mit den Worten: „Leonegild (sic) überwand überall und rottete aus die Tyrannen und gewaltsamen Bedrücker Spa= niens und erlangte so für sich und das (geringere) Volk Ruhe".

Also Schutz für die kleinen gothischen Freien, die natürlichen Verbündeten des Königthums gegen die bisherige Herrschaft eines Adels, dessen Macht sich als Unbotmäßigkeit nach Oben, als Druck nach Unten äußerte. Alles, was wir sonst von Leovigild erfahren, bestätigt, daß er mit vollem Bewußtsein, systematisch, die sämmtlichen einem starken Königthum feindlichen Momente aufsuchte und bekämpfte, daß er alle Mittel, welche die bisher schwächsten Seiten der Regierung heben und kräftigen konnten, anzuwenden und planmäßig zu verbinden nicht ermüdete.

Das Königthum war bisher schon finanziell gegen den reichen Adel in schwerem Nachtheil gewesen: kein erbliches Geschlecht konnte hier die erschöpften und viel Anspruch genommenen Statsmittel in durch einen mächtigen Hausschatz verstärken: Leovigild zuerst suchte, wie durch Kriegsbeute, so durch erhöhte Steuern das Aerar zu bereichern und die vielen Confiscationen der Güter des gebändigten Adels dienten dem gleichen Zweck. Gewiß war es ferner nicht blos prahlende Eitelkeit, wenn Leovigild in dem ganzen Auftreten des Gothenkönigs eine Aenderung vornahm: „bis auf ihn hatte der König in Tracht und Sitz vor dem Volke sich nicht ausgezeichnet; er zuerst nahm königliche Kleidung an (Purpur) und seinen Sitz auf einem Thron." Fortan sollte auch äußerlich der König sich von dem ihn umgebenden Adel durch die Abzeichen der königlichen Würde unterscheiden. Er schuf auch Toledo zur bleibenden Residenz des Reichs.

Wenn wir nun weiter vernehmen, daß Leovigild an der von Eurich stammenden Gesetzgebung Aenderungen vornahm, neue Bestimmungen hinzufügte und überflüssige abschaffte, so werden wir wol auch bei diesen Aenderungen zum Theil jene politische Tendenz des Königs wirksam denken dürfen. Vielleicht gilt das gleiche von der Gründung einer Stadt in Celtiberien, welche er seinem jüngeren Sohn Rekared zu Ehren „Rekopolis" nannte: dieses Werk wurde als ein Zeichen der glücklich hergestellten Ruhe im Lande wie als Ausdruck der königlichen Herrlichkeit betrachtet und den wol aus der gothischen „plebs" herangezogenen Colonisten der neuen Stadt eine Reihe von Privilegien ertheilt.

Jedesfalls aber stand diese Gründung und Benennung im Zusammenhang mit dem wichtigsten Schritt,

welchen der König auf der bezeichneten Bahn vorwärts trat:
mit dem Versuch, die Krone in seinem Geschlecht erblich und
dem Wahlrecht des Adels ein Ende zu machen.

Um nach seinem Tode seinem Hause die Krone zu wahren,
ließ er im J. 572 seine beiden Söhne erster Ehe, Hermenigild
und Rekared, als Mitregenten anerkennen: eine Realtheilung
in Provinzen hat man (für b. J. 572) allzubestimmt auf
Gregor von Tours hin angenommen und Leovigild zu Toledo,
Hermenigild zu Sevilla, Rekared zu Rekopolis residiren
lassen; fränkische Sitte und spätere Vorgänge können Gregor
getäuscht haben. Jedenfalls wollte Leovigild durch die schon bei
seinen Lebzeiten befestigte Stellung der Söhne dem Wechsel
der Dynastie zuvorkommen.

Aber in der eigenen Familie des Königs sollte,
nachdem er sich und seinem Volke eine Zeit der
Ruhe erkämpft, der verderblichste der zahlreichen diesen
Stat bedrohenden Gegensätze, der confessionelle, zu
einem Ausbruch kommen, welcher, alle anderen Gefahren
wieder entfesselnd, sein Haus und sein Reich an den Rand
des Verderbens brängte.

Und wieder wie unter Athanagild (s. Könige der Ger=
manen V. S. 124 f.) gab eine merowingische Verschwägerung den
Anlaß. — Leovigild war ursprünglich keineswegs ein Feind des
Katholicismus: dies beweist seine Verbindung in erster Ehe
mit Theodosia, der katholischen Tochter eines byzantinischen
Großen, Severianus aus Carthagena; diese, wahrscheinlich
unterstützt von ihrem Bruder Leander,*) einem Mann von gleich
großer Neigung wie Begabung zu seelenbeherrschendem Ein=
fluß, dem späteren Metropolitan von Sevilla, mochte ihre
beiden arianisch getauften Knaben früh mit dem katholischen
Bekenntniß befreundet haben. Seit Leovigild den Thron bestiegen
und jahrelang die Conspiration der Katholiken mit den
Reichsfeinden zu bekämpfen hatte, mußte ihn allmälig
strengere Gesinnung gegen die gefährliche Macht dieser
Kirche erfüllen: — darauf ist wol mehr Gewicht zu legen
als auf seine Verbindung in zweiter Ehe mit Gosvintha,
der Wittwe Athanagild's, einer leidenschaftlichen Arianerin.
Verschwägerung mit den Merowingen sollte abermals das
Frankenreich und den Gothenstat einander nähern: Hermeni=
gild ward mit seiner Stiefnichte Ingunthis, der Tochter

---

*) S. aber die Literatur am Ende des Artikels.

Sigibert's und Brunichilden's (Tochter Athanagild's, also Enkelin seiner Stiefmutter Gobisvintha) verlobt, vornehmlich auf Betreiben der fränkischen Königin. Seit vier Jahren Witwe — Sigibert war a. 576 durch Fredigunthis ermordet worden — und von ihren Feinden stets mit Vernichtung bedroht, griff die Tochter Athanagild's nach der gothischen Macht, als ihrer natürlichen Stütze. Mit reicher Ausstattung ward die Braut nach Toledo geleitet (a. 580). Dabei scheint man gothischer Seits den Uebertritt der künftigen Königin zum Arianismus vorausgesetzt zu haben, wie ja auch Brunichild (und deren Schwester Gailesvintha bei ihrer Vermählung mit Chilperich) den Katholicismus angenommen hatte. Gewiß hatte namentlich Gobisvintha nicht daran gedacht, einer katholischen Königin — ihrer eigenen Enkelin — am Hofe zu Toledo eine Stätte zu bereiten. Als daher Ingunthis, die noch unterwegs zu Agde durch den Bischof Fronimius in dem Festhalten an ihrem Glauben und in dem Abscheu wider das „Gift der Ketzerei" bestärkt worden, unerachtet alles Anbringens den Uebertritt auf's Festeste weigerte, mußte man einen politischen Plan, von dem man Günstiges erwartet, nicht gescheitert blos, nein, in verderbliche Gefahr umgeschlagen erblicken: statt sich den Franken zu nähern, hatte man eine eifrige und einflußreiche Vertreterin der reichsgefährlichen Confession ins Land gezogen. Diese politischen, geschichtlichen Motive hat man außer Acht gelassen, wenn man, den bramatisch schildernden und alles aus persönlichen Leidenschaften naiv erklärenden Quellen jener Zeit folgend, in Gobisvintha nur die einäugige, häßliche, Jugend und Schönheit beneidende böse Stiefmutter, in Ingunthis immer nur die leidende, jugendlich schöne Königstochter des Märchens erblickte. Uebrigens scheint zwar in der That Gobisvintha, als Zureden nicht half, die Enkelin thätlich mißhandelt zu haben: der König jedoch, obwol in seiner Berechnung getäuscht, ist weit entfernt, die Widerstrebende zu zwingen; er hofft, den brennenden Haber in seinem Hause dadurch zu löschen, daß er Hermenigild und seine Gattin vom Hof in einer Art Verbannung entfernt und ihnen bei Sevilla eignes Gebiet anweist. Aber der Erfolg zeigte, daß die katholische Kronprinzessin in der That nicht ungefährlich war: es gelang ihrem unnachlässigen Zuspruch, den Gemahl zu Sevilla, unterstützt durch dessen mütterlichen Oheim Leander, seit dem J. 579 daselbst Metropolitan — („Erzbischof," begegnet im

Gothenreiche nicht) — zum Uebertritt zu bewegen: er nahm in der katholischen Taufe den Namen Johannes an. Nach der ganzen politischen Constellation war dieser Schritt nichts anders als Empörung gegen den Vater, Gefährdung des Stats, Untergrabung des gesammten bisher von dem König mit so viel Anstrengung hergestellten Baues. Es ist höchst bezeichnend, daß die orthodoxen Zeitgenossen, selbst so leidenschaftliche Feinde des Arianismus wie Gregor von Tours, so eiferwarme Katholiken wie Johannes von Valclara (Biclaro), das Beginnen Hermenigild's nicht zu rechtfertigen wagen: so gewaltig war die Persönlichkeit des Königs, so großartig sein statsmännisches Werk, so klar sein Recht und so grell der politische Frevel des Sohnes. Denn, darf man auch nicht die Entthronung des Vaters als sein ursprünglich treibendes Motiv annehmen: — sofort, noch im J. 580, sah sich Hermenigild in die engste Verbindung gedrängt mit allen schlimmsten Feinden des Reichs: mit den Sueben im Nordwesten, den Byzantinern im Süden, mit den unzufriedenen Katholiken und Romanen in allen Provinzen. Die Bischöfe der rechtgläubigen Kirche mit ihrer dem unfertigen Germanenstat so weit überlegenen, unübertroffenen, welterobernden Organisation waren seine natürlichen Verbündeten, seine besten Helfer überall: im ganzen Reiche loderten die katholischen Erhebungen empor, Sueben und Byzantiner rückten in das gothische Gebiet, Hermenigild nahm den Königstitel an und schlug Münzen mit seinem Brustbild und einer geflügelten Victoria, ja er trachtete nun dem Vater nach dem Leben. Das rechte Wort für Hermenigild — „tyrannus", d. h. „Empörer", nennt er ihn und sein Thun ein „rebellare" — hat der wackere Johannes von Valclara, der doch damals sein Bisthum Gerunda durch den Zorn des Königs verlor, angewandt: — erst später hat man in Spanien und anderwärts aus Sympathie für den katholischen Martyr den rebellischen Sohn, den reichsverderberischen Prinzen übersehen.

Die Wucht des hiemit gegen Leovigild gefallenen Streiches war groß: außer seiner Residenz Sevilla hatte sich eine ganze Reihe der wichtigsten Städte und Castelle für Hermenigild erklärt, das kaum erst wieder gezähmte andalusische Cordova schüttelte feurig den Zügel der gothischen Herrschaft ab und sub einen byzantinischen Präfecten mit starker Truppenmacht in seine Mauern: „viele Tausende" hat Hermenigild noch ganz zuletzt unter seiner Fahne.

Der König wagte nicht, sich dieser übermächtigen Bewegung sofort mit den Waffen entgegen zu werfen; klar erkannte er die Nothwendigkeit, weitere Fortschritte der katholischen Erhebungen zunächst in dem noch äußerlich treu gebliebenen oder doch von seinem Schwert überherrschten Gebiet zu hemmen; dazu brauchte er, so klug wie entschlossen, bald Milde, bald Strenge. Mit so großer Feinheit operirt der König (auf die Nachricht von einem Mirakel läßt er zurück geben, was seine Truppen in einem katholischen Kloster geraubt; er bezeugt geflissentlich den katholischen Heiligen, z. B. St. Eulalia, und deren Heiligthümern, seine Verehrung; ein katholischer Einsiedler von höchstem Ruf, St. Nunctus, lebt nur von Leovigild's Unterstützung), daß Gregor von Tours erbangend einen durchreisenden Spanier fragt, „wie bei den Christen (d. h. Katholiken), deren nur geringe Zahl in jenem Lande noch übrig, der Glaube bestehe?" Sein Gewährsmann meint dann zwar: sie bewahren den Glauben treu; „aber der König trachtet, sie nun mit neuem Kunstgriff zu irren, indem er arglistig in den Kirchen unserer Religion zu beten scheint." Er erkläre: das habe ich nun klar erkannt, daß Christus, der Sohn Gottes, dem Vater gleich ist; nur daß auch der heilige Geist vollkommener Gott sei, glaube ich nicht: deswegen, weil in keiner Bibelstelle steht, er sei Gott." — Daß auch katholische Römer fest am König hielten, erhellt aus der Wahl von zwei solchen zu Gesandten an Chilperich von Soissons. Aber im Ganzen war der Conflict auch ein nationaler: auf Seite des Vaters haben wir uns das Gothenthum zu denken, während Hermenigild sich auf die Romanen, d. h. die Katholiken, die Kaiserfreunde, stützen mußte. Die von Leovigild in dieser Zeit nothwendig verhängte Verfolgung der Kirche hat man sehr übertrieben. Die gefährlichsten Bischöfe wurden freilich durch Verbannung unschädlich gemacht und durch Einziehung ihrer Güter und „Privilegien" gestraft. So, natürlich, Leander von Sevilla, 584—586, sein Bruder Fulgentius von Ecija (Astigi), Licinian von Karthagena; Fronimius von Agde sollte (angeblich) für seine Einflüsterungen getödtet werden, er entfloh in die Merovingerreiche. Damals auch wurde Johannes von Gerunda (später Gründer von Biclaro, Valclara) nach Barcelona verbannt. Gegen Mausona von Merida unter=

nahm man vergebliche Versuche der Gewinnung oder Einschüchterung. Anfangs hatte man sich begnügt, ihm nur einen arianischen Bischof an die Seite zu setzen, der ihm einige Kirchen wegzunehmen suchte. Da leisten die Katholiken mit Gewalt Widerstand: gleichwol ordnet der König noch einen besonderen „Streit," wol zugleich Religions- und Rechtsstreit, an, unter Zuziehung der Richter, um den Besitz der Hauptkirche der heiligen Eulalia. Darauf wird Mausona zunächst nach Toledo zur Verantwortung geladen und erst, als er die Auslieferung des Gewandes jener Heiligen an die arianische Kirche weigert (er trug es insgeheim um den Leib gefaltet, behauptete aber, er habe es verbrannt und die Asche verschluckt), wird er auf drei Jahre in ein Kloster verbannt: ein wildes Pferd, das ihn abwerfen und tödten soll, wird plötzlich zahm; hätte er wirklich die ihm von seinem Biographen in den Mund gelegten Reden gegen Leovigild geführt — er will ihn durch herausfornde Schmähungen bekehren — hätte er wol schwerere Strafe erhalten und — verdient. Der in Merida vom König eingesetzte Bischof wird halb und halb von den Katholiken verjagt; jene kirchlichen Quellen legen überall wider Willen von der Statsgefährlichkeit dieser Bischöfe bestes Zeugniß ab[1]. Leovigild wirkte weniger durch Gewalt als durch Klugheit: vor Allem suchte er die noch nicht offen abgefallenen Katholiken um jeden Preis zurückzuhalten; zu diesem Zweck nahm er sich, mitten im schlimmsten Gedränge (a. 581), Zeit, ein Concil seiner Bischöfe nach Toledo zu berufen, um durch nachgiebige Beschlüsse den Orthodoxen goldene Brücken zur Versöhnung mit dem Arianismus zu bauen. Da sich dieselben am meisten an der bisher bei ihrem Uebertritt geforderten nochmaligen Taufe gestoßen hatten, erließ ihnen das Concil fortan diese Form, begnügte sich mit der Handauflegung und einer das Abendmahl begleitenden Erklärungsformel, welche, da sie den eigentlichen Glaubensgegensatz umging, an sich (d. h. wenn ihr nicht eben die Bedeutung des Uebertritts beigelegt worden wäre) ein Katholik ohne Bedenken aussprechen konnte.

Der König hatte sich nicht getäuscht. Sehr viele

---

[1] Geschrieben 1869: vor dem Kampf zwischen Stat und Kirche in Preußen und gleichzeitig mit dem Drama „König Roderich", das ein „Tendenz-Drama" zu nennen ein Anachronismus von vier Jahren ist.

Katholiken, auch Geistliche, so Bischof Vincenz von Saragossa, zwischen Verfolgung und diesen glimpflichen Ausweg gestellt, wählten, zumal wenn Bestechung nachhalf, den letzteren: die Zahl derer, welche das Martyrium vorzogen, war gering.

Erst jetzt brach der König von Toledo und dem Tajo mit Heeresmacht gegen die Empörung auf, welche im Süden, in Bätica und Hispalis, wegen der Anlehnung an die Byzantiner, ihre Basis und in Sevilla, der Residenz Hermenigild's, ihren wichtigsten Punct hatte. Schon hatte Leovigild Merida erobert und sich hier von der Guadiana (Anas) gegen den Guadalquivir (Bätis) gewandt, als von drei Seiten her zugleich die katholischen Verbündeten Hermenigild's durch drohende Bewegungen diesem Luft zu schaffen suchten; die Sueben fielen vom Nordwesten herend in das Land, im Nordosten standen die Katholiken von Cantabrien und Basconien auf und im Südosten drohten die fränkischen Schwäger Hermenigild's, Gunthramn von Orleans und Chilperich von Soissons, Ingunthis zu schützen und zu rächen und zumal das hilflose und unablässig begehrte Septimanien wegzunehmen, wenn der arianische Vater nicht von seiner Verfolgung abstehe. Leovigild mußte diese letzte und größte Gefahr durch kluge Trennung seiner fränkischen Gegner, der ohnehin durch Mißtrauen und böse Erinnerungen tief gespaltenen Merovingen abzuwenden, indem er den Einen, Chilperich, durch ein Project, dessen und Frebigunthen's Tochter, Rigunthis, mit Rekared zu vermählen, zu gewinnen suchte: er trat in Verhandlungen hierüber, wodurch er jedesfalls die burgundisch-fränkische Action aufhielt.

Dem Umstand, daß der Weg aus Spanien nach den Höfen der Merovingerreiche über Tours führte, verdanken wir die Aufzeichnungen dieser Gesandtschaften bei Gregor von Tours — man sieht, wie lebhaft der Verkehr, wie geschäftig die Politik, wie Aufsehen erregend der Ausbruch des großen Kampfes zwischen Vater und Sohn und den beiden Confessionen war: — er gestaltete sich den Zuschauern auch als ein Kampf der Nationen, der Gothen und Romanen.

Die neue Freundschaft zwischen Leovigild und Chilperich mußte Gunthramn (und Brunichildis) zwar im Haß gegen den Gothenfürsten bestärken, aber im Angriff durch die Besorgniß um ihre bedrohte Rückenstellung lähmen:

von dieser Seite also frei schlug der König mit Raschheit und blutiger Strenge den Aufstand in den Bergen nieder (a. 582), gründete dort, die Landschaft im Zaume zu halten, eine feste Stadt, welcher er, obwol noch mitten im Kampfe, den stolzen Namen „Siegesstadt" (Victoria) verlieh, und trieb durch seine Härte einen großen Theil der baskischen Bevölkerung zur Auswanderung über die Pyrenäen. Jetzt wandte sich Leovigild zur Bezwingung von Sevilla zu dem Guadalquivir zurück (a. 583): eng umklammerte er die Stadt; der Suebenkönig Miro rückte zwar mit einem starken Here zum Entsatz heran, wurde aber von dem kriegserfahrenen Helden dergestalt eingeschlossen, daß er nur durch eidlich gelobte Unterwerfung sich den Rückzug erkaufen konnte. Die sehnlich erwartete Hilfe von Byzanz, welche Bischof Leander daselbst aufbieten sollte, blieb aus: der König sperrte die geängstete Stadt vom Fluß und durch ausgedehnte Umschanzungen, in welche er die Ruinen der alten Römerstadt Italica einzuflechten verstand, von aller Zufuhr ab und nahm sie zuletzt mit Sturm. Hermenigild entkam (vorher?) und floh nach Cordova zu den Kaiserlichen. Aber nach Eroberung der übrigen Städte und Schlösser — eine besonders steile und feste Burg, castrum Osser, hatte Hermenigild mit 300 Mann besetzt, die sich lange vertheidigten — erschien der König auch vor diesem letzten Bollwerk der Empörung und der byzantinische Präfect ließ sich durch die Summe von 30000 Solidi bestechen, die Stadt und den Flüchtling preiszugeben. Aus dem Asyl einer Kirche, von wo aus er die Gnade des Vaters anrief, entfernte ihn sein Bruder Rekared durch eidliche Zusicherungen im Auftrag des Königs: er wurde gefangen nach Toledo geführt, a. 583/584, und dann nach Valencia verbannt. Im Einzelnen schwanken die Berichte. Nach Gregor von Tours wirft er sich dem Vater zu Füßen, dieser erhebt ihn mit Küssen und weichen Worten, winkt dann, „seines Eides vergessen", läßt ihm die königlichen Kleider abreißen und sie mit schlechten vertauschen, seine Diener (pueri) von ihm trennen und ihn mit nur einem puerulus in's Exil gehen; harte Behandlung und Ketten fügt erst Papst Gregor der Große bei; selbstverständlich war Einziehung seiner Güter; wenn Johannes von Biclaro sagt: „er wird der Herrschaft beraubt", so meint dies wol einmal das ihm seit seiner Verheirathung eingeräumte Gebiet von Sevilla und dann den Thronfolgeanspruch: — sofern ein solcher in diesem Wahlreich bestand.

Gleich darauf (583/584) bot sich erwünschte Gelegenheit, dem höchst unbequemen suebischen Nachbarreich ein Ende zn machen. Leovigild verleibte dies Gebiet seinem Reich ein und der letzte Suebenkönig verschwand in einem Kloster.

So trägt der König den Ruhm, eine vier= und fünffache Bedrohung nach allen Seiten durch Klugheit und Kraft überwunden und eine Krisis, welche die Existenz des States gefährdete, abgeschlossen zu haben mit einer stolzen Erweiterung seiner Macht und seiner Marken. — Die Vermählung Rekared's mit Rigunthis, durch deren Be= treibung Leovigild sich Chilperich's guten Willen und Unthätig= keit auch bei der Unterwerfung der Sueben erkauft hatte, kam nicht zu Stande, obwol der Verlobungsvertrag endgültig ab= geschlossen und die Braut mit reichster Ausstattung von den gothischen Gesandten schon aus Paris (September d. J. 584) bis nach Toulouse geleitet worden war, da bei ihrem Ein= treffen in dieser Stadt die Ermordung Chilperich's (a. 584) bekannt wurde; die Prinzessin, welche die eigene Bedeckung auf der Reise ausgeraubt hatte, wurde von Chilperich's Feinden gefangen gehalten und später ihrer Mutter Fredi= gunthis zurückgesandt. Die völlige Unthätigkeit mit welcher Leovigild und ihr Verlobter all' dies mit ansahen, scheint aller= dings dafür zu sprechen, daß sie, nach Chilperich's Tod, auf diese Verbindung kein Gewicht mehr legten.

Im nächsten Jahre fiel das Haupt des gefangenen Hermenigild. Der König mochte mit gutem Grunde fürchten, daß die Glaubensverschiedenheit seiner beiden Söhne nach seinem Tode neue Unruhen, namentlich eine neue Erhebung der Katholiken unter Hermenigild, herbeiführen könnte; er wollte dem letzteren volle Am= nestie und gleiches Erbrecht mit Rekared gewähren, wenn er öffentlich zum Arianismus zurücktrete. Aber un= entwegt hielt Hermenigild an seinem neuen Glauben fest — er weigerte sich, am Ostertag das Abendmahl von einem arianischen Bischof zu nehmen — und der König ließ ihn zu Tarraco mit dem Beil hinrichten, wol weniger aus Groll über die Vergangenheit als aus Besorgniß für die Zukunft.

Papst Sixtus V. sprach ihn heilig auf Bitten des Königs Philipp II., gegen welchen sich auch ein Sohn empört hat; die spanische Kirche begeht sein Fest am 13. April, sein

Kerker in Sevilla an der porta cordubana ward noch spät gezeigt.

Seine Gattin Ingunthis war von den Byzantinern festgehalten worden, vielleicht als Geisel für die Versprechungen ihres Bruders Chilbibert (II.), der gegen große Summen die Unterwerfung der Langobarden verheißen hatte; vielleicht auch hatten sie noch eine Wiedererhebung Hermenigild's gehofft: nach seinem Tode schifften sie die Wittwe nach Byzanz ein; sie starb unterwegs auf Sicilien oder in Afrika; nur ihr Knabe, Athanagild, gelangte nach Byzanz. Briefe über ihn und an ihn von seinem Mutterbruder Chilbibert und seiner Großmutter Brunichildis an Kaiser nnd Kaiserin erbitten günstige Behandlung, einmal auch Freilassung; "rex" reden ihn die Briefe an: doch ist das nur merovingischer Sprach= gebrauch, nicht etwa tendenziöse Anerkennung als legitimen Königs der Gothen gegenüber Rekared.

Nach Hermenigild's Tod, aber sicher nicht blos, um diesen zu rächen ergriffen Guntchramn von Burgund und Chilbibert von Metz, der Sohn Sigibert's und Brunichilden's, die Waffen gegen die Gothen: es erklärt sich dies vielmehr aus der ganzen damaligen Parteigruppirung der betheiligten Mächte; die Verbindung Leovigild's mit Chilperich, Frebigunthis, Rigunthis war bei der Familienfeindschaft der Mero= wingen zugleich als gegen Brunichild, deren Sohn Chil= bibert und wol auch gegen Guntchramn gerichtet, gemeint oder doch angesehen. Dem entsprach, daß Leovigild in Brunichild, der Mutter, und in Chilbibert, dem Bruder der Ingunthis, der Verderbenstifterin in seinem Haus und Reiche, natürliche Rächer und Feinde erblicken mußte: Chilbibert, der schon früher ein Her gegen Spanien gerüstet, stand überdies mit der Gothen alten Feinden, den Byzantinern im Bunde. Nach Chilperich's Tod mußte also der Hof von Toledo auf Seite Frebigunthen's seine natürliche Stellung finden. Dieser Sachverhalt fand sogar in dem unglaubhaften Gerücht seinen scharfen Ausdruck, Leovigild habe mit Frebigunthis die Ermor= dung der Brunichild und Chilbibert's geplant. Bei Guntchramn von Burgund aber, der unmittelbar mit dem gothischen Gebiet in Gallien grenzte, wirkte, wie dereinst in Chlodovech, das weltliche Verlangen nach der Pyrenäengrenze mit dem frommen Ketzerhaß zusammen: "unerträglich ist es, spricht er, fast mit den Worten seines Ahnherrn, daß sich das Gebiet dieser abscheulichen Gothen nach Gallien herein erstreckt"; er, als Beherrscher Südfrankreichs, ist daher der eigentliche Träger dieser merovingischen Politik der „natürlichen Süd=westgrenze". Während Childibert im Bunde mit Byzanz durch seinen langobardischen Feldzug beschäftigt war, bereitete Guntchramn einen sehr ernst gemeinten Doppelangriff gegen die Gothen: er schob in Septimanien zwei Here auf ver=schiedenen Straßen gegen Carcassonne und Nîmes vor, indeß seine burgundisch=fränkische Flotte an der galläcischen Küste landen, vielleicht eine Erhebung der Sueben daselbst unter=stützen und die Gothen im Herzen ihrer Macht mit einem Einfall von Nordwesten bedrohen sollte. Aber während Leovigild diese Flotte bei ihrem Landungsversuch überfallen und so übel zurichten ließ, daß nur wenige ihrer Bemannung auf Kähnen sich mit der traurigen Nachricht nach Frankreich zurück retteten, trieb Rekared die beiden Landhere aus Septimanien hinaus; durch ihre grausamen Verwüstungen auch im eignen Lande hatten die Franken sich selbst alle Lebensmittel auf ihrer Rückzugslinie zerstört und den Ingrimm der Bauern wachgerufen: von Nîmes mußten sie abziehen, Carcassonne, das die Thore geöffnet, ward ihnen wieder entrissen, ihr Feldherr, Graf Terentiolus von Limoges, fiel und unter großen Verlusten durch Hunger, Seuchen und Schwert flohen sie, ihre Beute im Stich lassend, vor Rekared, der ihnen noch drei Grenzcastelle an dem Rhone abnahm. Gleichwol suchte Leovigild den Frieden durch wiederholte Gesandtschaften, unter deren noch einmal durch die Waffen und gothische Siege unterbrochenen Verhandlungen er zu Toledo starb.

Leovigild's Regierung bezeichnet den letzten Versuch, das gothische Reich nach seinem hergebrachten Charakter durch kräftige Anspannung aller gegebenen Mittel gegen die gleichfalls herge=brachten Gefahren zu befestigen: Bekämpfung des Katholicis=mus, Bändigung des Adels, Erkräftigung des Königthums, Abwehr der feindlichen Nachbarn.

Und man muß einräumen, daß der König Großes geleistet hat, mehr freilich durch das, was er verhütet und niedergekämpft, als durch das, was er erreicht und auf=gerichtet hat; wiewol die Unterwerfung der Sueben und Zurückdrängung der Kaiserlichen nicht gering anzuschlagen ist: „Er hat sich des größten Theils von Spanien be=mächtigt, denn vor ihm war das Gothenvolk in enge Grenzen eingezwängt." Leovigild hat als Grundlage des Stats noch streng die alte gothische Nationalität aufrecht erhalten, wie sie sich durch Sprache, Sitte, Glaube den Romanen entgegenstellte. Letzterer Gegensatz, der confessionelle, wurde von diesem Stamme mit einer besonderen angeborenen oder doch frühe durch seine Geschichte anerzogenen Leidenschaftlichkeit des Religionstriebs erfaßt: ein verhängnißvoller Charakterzug, der die Westgothen von den Verfolgungen Athanarich's und Fribigern's und den Parteiungen uuter Theodosius anhebend durch die bereits geschilderten Katholikenverfolgungen hindurch zu den alsbald sie ablösenden Arianer= und Judenverfolgungen begleitet, eine Sinnesart, welche das innere und das äußere Verderben, die Unterjochung der Krone durch die Bischofsmütze und die Hereinziehung des Islam zur Folge gehabt hat, eine Gluth der Empfindung, welche dann zwar in den langen Kämpfen zwischen Mauren und Christen die schöne Blüthe castilischen Ritterthumes trieb, aber nach dem Siege des Christenthums in ungezählten Scheiterhaufen loderte, deren dicht zerstreute Asche das schöne Land und das edle Volk auf Jahrhunderte hinaus, für freie Geistescultur unempfänglich machend, überdeckt hat. — Dabei ist jedoch hervorzuheben, daß historische Gründe — so früher die Herrschaft der Bischöfe und später der Racenkampf gegen die Mauren — zu einer so extremen Ausbildung dieses Hanges weiter mächtig beigetragen haben, ja, daß von Anbeginn der religiöse Gegensatz dadurch vergiftet worden, daß er jedesmal eine politische Gefahr in sich schloß. Der Zufall aber, daß sich das Wort „bigot" aus „Visigot" entwickelt hat, ist, wenn auch ein blinder, kein ganz ungerechter.

(S. die erschöpfende Zusammenstellung der gesammten Literatur bis 1870 bei Dahn, Die Könige der Germanen, V. Würzburg 1870, VI. 1871. — In scharfsinniger Weise hat Dr. Görres die Abstammung der Theodosia von Severianus und was damit zusammenhängt in Zweifel gezogen und diesen Theil der Ueberlieferung in der That als sehr fragwürdig dargewiesen. Dagegen hat mich wiederholte Prüfung der Quellen nicht von dem weiteren Satz dieses Kritikers zu überzeugen vermocht, daß Hermenigild gar nicht katholisch geworden sei. Daß er als Rebell, nicht als Convertit bekämpft wurde, steht freilich fest. Hätte er nach seinem Uebertritt der Krone entsagt, er wäre um des Glaubenswechsels willen als solcher nicht bekämpft worden. Sein Bündniß mit den Kaiserlichen, den Franken, den Sueben, den katholischen Bischöfen macht den Uebertritt an sich sehr wahrscheinlich. Ueber die Gründe, weshalb die katholischen Zeitgenossen den Glaubenswechsel verschweigen und über die verdienstvolle Schrift von Dr. Görres überhaupt: s. Dahn, Bausteine II, Berlin 1880, S. 291 f.)

Kindasvinth, König der Westgothen.
Von 641 bis 1. October 652.

Die Verfassungsgeschichte des Reiches der Westgothen in Spanien, des „Reiches von Toledo" von 507 bis 711, hat eine über die pyrenäische Halbinsel und jene Periode hinausragende Bedeutung deshalb, weil sie den ersten Kampf der Kirche um Unterwerfung der Stats= gewalt darstellt: einen Kampf, der mit ihrem vollen Sieg enden mußte, weil und sofern die theokratischen und augusti= nischen Ideen über das Verhältniß vom „Reiche Gottes" (d. h. einstweilen der Kirche) zu dem weltlichen Stat die Köpfe nicht nur der Geistlichen, auch der gläubigen Laien erfüllten und beherrschten. Verhielt sich wirklich die Kirche zum Stat wie der Himmel zur Erde, die Heiligkeit zur Sünde, die Sele zum Fleisch, wie die Sonne zum Mond, der nur von ihr ableitet, was er an Licht hat, sind wirklich Recht und Stat nicht, wie wir annehmen, nothwendige Güter, Postulate der Vernunft, sondern nothwendige Uebel, zwei Krücken, welche die durch den Sündenfall erkrankte Menschheit leider braucht, aber fortwerfen wird, sobald sie wieder ge= sundet, sind also wirklich Recht und Stat Folgen der Sünde und nur durch den Teufel nothwendig geworden auf Erden, — wie sie denn nach St. Augustin zugleich mit dem Teufel untergehen werden — dann versteht sich, daß die Kirche den Stat so völlig zu beherrschen hat, wie die Sele den Leib, und daß jeder Widerstand des States hiegegen eine sündhafte Empörung des Fleisches gegen den heiligen Geist ist.

In dem Westgothenstat haben seit dem Uebertritt des Volkes vom Arianismus zum katholischen Bekenntniß die

Bischöfe das welthistorische Experiment durchgeführt, was aus einem nach jenen Ideen von der Kirche beherrschten State wird; das Resultat liegt vor: wenige Menschenalter genügten, den Stat unrettbar zu Grunde zu richten und ein Reich von Helden zu verwandeln in ein modriges Mönchskloster, in welchem alle Laster und Frevel der Unnatur walten unter dem Mißbrauch des Heiligsten zur Beschönigung des Meuchel= mordes, unter dem Pallium der scheußlichsten Heuchelei.

Das westgothische Königthum hatte außer der hoffnungs= losen Vertheidigung gegen die Erwürgung durch den Episcopat einen fast gleich schwierigen Kampf gegen den meisterlosen weltlichen Adel zu führen, der den Stat beherrschen und ausbeuten wollte, durch das verderbliche festgehaltene Wahl= princip die Krone in Ohnmacht bannte, keine Dynastie im Reich aufkommen ließ und jeden König, der mit Kraft jenem Junkerthum entgegentreten wollte, bald durch trotzige Re= bellion in den Provinzen, bald durch Palastrevolutionen mit Dolch und Gift beseitigte. Von den 35 Westgothenkönigen seit Alarich I. sind nur 14 natürlichen Todes und im Be= sitze der Krone gestorben: bei diesen 34 Thronerledigungen folgte nur zehn Mal dem Vater der Sohn, zwei Mal der Bruder dem von ihm ermordeten Bruder, in allen andern 22 Fällen ging die Krone auf einen Ungesippen.

In diesem ungleichen Kampf gegen den weltlichen Adel suchten die Könige seit Rekared I. den Schild des geistlichen Adels: der Metropolitane und Bischöfe: wirklich schützte dieser Schild das Königthum wiederholt gegen die weltlichen Großen, aber er erdrückte es: die Bischöfe verkauften ihren Beistand nur um den Preis völliger Auslieferung der Statsgewalt an das „Reichsconcil", in welchem die geistlichen zu den weltlichen Gliedern sich zu verhalten pflegten wie 80 oder 60 zu 15.

Diese Zustände walteten mit besonders scharfer Steigerung um die Mitte des 7. Jahrhunderts. Der tüchtige König Svinthila war durch die kirchliche Partei gestürzt und ersetzt worden durch den völlig von den Bischöfen abhängigen Schwächling Sisinanth, 631—36, diesem folgte der ganz ebenso von den Priestern beherrschte Kindila, der den bündigen Rechtssatz aufstellte: in seinem Reiche dürfe Niemand athmen, der nicht katholisch sei; es gelang ihm durch Hilfe der Geistlichen, die Wahl seines Sohnes Tulga zu seinem Nachfolger zu sichern. Diesen jungen Fürsten stürzte aber nach 11 Monaten Kindasvinth vom Thron und steckte ihn mit geschorenem Har in ein Kloster.

Nicht Ehrgeiz allein konnte den Mann treiben, der damals im 79. Jahre stand und sich also nur auf kürzeste Zeit die Krone erwarb; wir dürfen und müssen andere Beweggründe suchen, welche die Tendenz seiner Regierung uns auch deutlich aufdecken.

Vornehmem Haus entstammt war Kindasvinth in seinen jungen Jahren bei gar mancher der landesüblichen Bewegungen des Abels betheiligt gewesen: er hatte jene Verschwörungen und Empörungen, welche kein starkes Königthum aufkommen ließen, oft genug selbst mitgemacht. Wenn wir oben die Krone das Bündniß mit der Kirche zum Schutz gegen den weltlichen Abel suchen sahen, fehlte es doch auch nicht an Constellationen, in welchen gegen einen kräftigen König, der sich dem Krummstab nicht beugen und der mit dem Weltabel allein fertig werden wollte, letzterer sich mit dem Episcopat verband, wider den pflichttreuen und selbstbewußten Herrscher: der Weltabel ermordete oder entthronte ihn und die Bischöfe sprachen ihren Segen dazu oder sie beschönigten das Verbrechen, weihten den zum Nachfolger gemeinsam mit dem Abel gewählten Schwächling und theilten sich mit der Aristokratie in die Beherrschung des States

Diese politische Conjunctur war gerade jetzt bei Svinthila's Entthronung und der Wahl der drei Pfaffenkönige Sisinanth, Kindila und Tulga wieder eingetreten: es war weder das erste noch das letzte Mal. Aber diese Allianz des geistlichen und des weltlichen Abels war doch auf die Dauer keineswegs eine verläßliche, so mächtig auch die Verbreitung der nämlichen oder doch nahe verwandter oder verschwägerter Geschlechter durch die geistliche und weltliche Aristokratie jenes Band durch die Gemeinsamkeit der Familieninteressen verstärkte; in solchen Zeiten und aus solchen Gründen pflegen dann auch wol die Bischöfe die Interessen des Abels, gegen die Krone Partei nehmend, wie auf dem fünften und sechsten Reichsconcil zu Toledo geschehen war. Allein der Weltabel konnte sich bei der Theilung der politischen Siegesbeute doch leicht verkürzt fühlen; so auch jetzt: er spielte neben, richtiger nach den Bischöfen, doch nur die zweite Rolle unter diesen drei Bischofskönigen, zumal wenn, wie damals, kein Krieg den Ruhm und Werth der Palatinen durch den Glanz der Waffen in helles Licht setzte. Denn der geistliche Abel überragte im Frieden den weltlichen in allen Dingen: wie an Reichthum, so an Bildung, wie an Fertigkeit und Feinheit

der Organisation, so an Zahl der Stimmen auf dem Reichs=
concil (richtiger als „Reichstag"), wie an Klarheit der Zwecke,
so an kluger Wahl der geschmeidigeren Mittel: also in allen
Stützen politischer Macht. Nicht gern aber begnügten sich
der Weltadel oder doch einzelne seiner vornehmsten Familien
und deren stolze Häupter mit jener zweiten Rolle im Stat,
und waren auch ihre Beweggründe meistens ebenso selbstisch
wie die der Bischöfe, — manchmal mischte sich in das
Trachten des Adels doch auch wie unwillkürlich ein wohl=
thätiges und gesundes, ob zwar zunächst nur kriegerisch
empfundenes Widerstreben gegen die Herrschaft der Priester
über das Heldenvolk Alarichs, Eurichs und Leovigilds, gegen
den süßlichen Weihrauchsqualm der Concilienbeschlüsse, der
erschlaffend und verdumpfend durch Gesetze, Regierung und
alle Zustände dieses States zog. Manneskraft wollten ihren
gekrönten Werkzeugen die spanischen Bischöfe nicht einflößen,
konnten sie aber auch nicht immer ersetzen. Oft zwar stand
an der Spitze des Episcopats ein gewaltiger Geist, der
Kirche und Stat zugleich zu beherrschen Mannes genug war,
wie Leander von Sevilla (s. unter Leovigild), oder Julian
von Toledo (s. Wamba), aber an Tulga's Seite stand kein
solcher geistlicher Beschützer.

Ohne Blutvergießen gelang es Kindasvinth, den jungen
Fürsten zu stürzen; er versammelte um sich sehr viele
der „Senatoren", d. h. des gothischen und römischen
Adels, sowie Anhang aus dem Volk und ließ sich zum
König ausrufen, Tulga in ein Kloster bringen. So lange
der eiserne Greis das Scepter führte, schwang er es in
nerviger Faust, er wollte, Leovigild und Svinthila ähnlich,
ein kraftvolles Königthum aufrichten, Episcopat und Adel
der Krone voll unterwerfen. Der Zeitgenosse Fredigar,
ca. 660, schildert das in seiner naiven, aber drastischen
Sprache: „Kindasvinth hatte die krankhafte Sucht (morbus)
der Gothen, ihre Könige zu entthronen, scharf erkannt, war
er doch selbst oft Theilnehmer an solchen Plänen gewesen.
Daher kannte er genau die unbotmäßigen Geschlechter und
sicher wußte er sie zu treffen. — Da ließ er denn Alle,
welche sich früher bei Vertreibung der Könige betheiligt oder
in den Verdacht der Empörung gebracht hatten, mit dem
Schwert ausrotten oder verbannen: 200 der Vornehmsten,
500 der Geringeren (d. h. Gemeinfreien) soll er auf diese
Weise getödtet haben. Ihre Frauen und Töchter und ihr

Vermögen wurden den Anhängern des Königs zugetheilt. Da flohen Viele, die ähnliche Strafen fürchteten, aus Spanien zu den Franken oder nach Afrika, riefen dort um Hilfe und trachteten von da aus mit den Waffen zurückzukehren und Rache zu nehmen. Der König aber ließ nicht nach, bis er durch solche Strenge im ganzen Reich den Geist der Empörung gebrochen hatte. Die Gothen waren von ihm gebändigt und wagten nicht mehr gegen ihn, wie sie es wider ihre Könige pflegen, sich aufzulehnen. Dies Volk ist nämlich störrisch, wenn es nicht ein starkes Joch auf seinem Nacken fühlt."

Die früher herrschende Auffassung, welche in Kindasvinth's Auftreten grundlose Willkür und Tyrannei erblickte, darf seit meiner Darstellung der ganzen westgothischen Geschichte, der politischen und der Verfassungsgeschichte (in: „Könige der Germanen V und VI") als überwunden gelten: in diesem State war die Herstellung eines kraftvollen Königthums gegenüber dem geistlichen und weltlichen Adel, die Errettung der in wirthschaftlicher Noth versinkenden Kleinfreien Lebensbedingung. Die hierauf gerichteten Strebungen Kindasvinth's erkennt man deutlich aus den Beschlüssen des von ihm berufenen und überherrschten siebenten Concils von Toledo vom J. 646, sowie aus seinen übrigen zahlreichen Gesetzen, aus welchen man, auch ohne jene ausdrückliche Angabe des Chronisten, ein völlig klares Bild von seiner Persönlichkeit und seiner inneren Politik zu gewinnen vermöchte. Auf jenem Reichsconcil wird die gefährliche Emigration der geflüchteten Großen kraftvoll bekämpft: die Frevel und die unsägliche Ueberhebung (superbia) der Empörer (tyranni), die Gefahren, welche sie, zuletzt durch Flucht in's Ausland, heraufbeschworen, nämlich „die Abreißung von Provinzen vom Reich und die unablässige Anstrengung der gothischen Truppen". Aber nicht nur der Laienadel, auch ein starker Theil der höheren Geistlichen war, im Bunde mit der rebellischen Aristokratie, geflüchtet. Auch gegen diese läßt der König, durch die ihm treu oder doch in seiner Gewalt verbliebenen Bischöfe Absetzung, wie über die Rebellen insgesammt Verbannung und Gütereinziehung verhängen. Um die gefährlichen geheimen Verbindungen mit den Emigranten, zumal den Geistlichen, zu hemmen, wird der Verkehr mit denselben mit gleich schwerer Strafe bedroht. So zwang der kraftvolle König in späteren Gesetzen die Bischöfe und Priester, welche in gleichem Hochmuth und im Bewußtsein ihrer Herrscherstellung in diesem Reich die königlichen Gerichte verspottet hatten, auf Klagen der Laien vor seinen Gerichten Recht zu geben. Aber auch sonst führte er eine umfassende Reform des Gerichts= wesens durch, namentlich in der Absicht, den kleinen Freien die Rechtshilfe des States zu sichern; ja er wies die Gerichte an, die Vermögensstrafen für die ärmeren Freien zu mildern, welche erschreckend rasch zu Schutzhörigen des geistlichen und weltlichen Adels herab sanken, während sie doch die natür= lichen Stützen des Thrones gegen jene doppelte Aristokratie bilden sollten.

Außerordentliche Rechtshilfe königlicher Beamten sollte, die Schranken der gewöhnlichen Grafschaftsgerichte über= schreitend, sichere Vollstreckung der Urtheile auch gegen den Trotz der Großen gewähren; eine strenge Strafgesetzgebung stellte vielfach gleiches Maß für den stolzesten Palatin, wie für den kleinen Freien her. Er schaffte das Princip der „persön= lichen Rechte" ab, wonach bisher (analog dem Recht in allen diesen Reichen) der Gothe nach gothischem, der Römer nach römi= schem Recht gelebt hatte, indem er, unter Aufhebung der Lex Romana Visigothorum (s. Alarich II.) auch die Römer fortab der Lex Visigothorum unterstellte. Darin äußert sich immerhin das Streben, die Einheit des States über den nationalen Zwiespalt der Bevölkerung hinaus kraftvoll zur Geltung zu bringen. Unterdrückung der Römer lag übrigens nicht darin, da das Gothenrecht im Laufe der Jahrhunderte (d. h. seit 506) völlig romanisirt, und seit 586 völlig von katholischem geistlichem Recht durchdrungen war. (Ueber die Bedeutung dieser Maßregel und die Tendenzen der Einzel= gesetze Kindasvinth's Könige, VII, S. 192 und westgothische Studien, S. 31.) Der Kirche gegenüber setzte Kindasvinth zumal in der so wichtigen Frage der Verleihung der Bis= thümer kraftvoll seinen Willen durch: so erhob er den bis= herigen Archidiakon zu Saragossa, Eugenius, zum Metro= politan von Toledo, so lebhaft Bischof Braulio klagte, seine Altersschwäche könne jener Stütze nicht entrathen. Geistvoll antwortete ihm der König, sein Bittschreiben selbst verrathe durch Kraft und Fülle der Gedanken, wie er gar keine Hülfe brauche. Uebrigens war der Herrscher nur ein Bändiger der Kirche, durchaus kein Gegner des Christenthums, vielmehr so fromm, daß er in der Umgegend eines angeblich (er be= schenkte allerdings reichlich viele Gotteshäuser) von ihm als Begräbnißstätte gestifteten Klosters San Roman (zwischen

Toro und Tordesillas am Duero) noch im 16. Jahrhundert als Heiliger verehrt wurde. (Die hier verwahrte Biographie ist aber eine späte Fälschung.)

Nach den ersten Jahren, in welchen außer den Kämpfen mit dem verbündeten Junker- und Priesterthum, Seuchen, Dürre, Mißwachs Spanien heimgesucht hatten, folgte eine Zeit friedlichen Behagens, da das Land aufblühte in der durch den starken Fürsten gesicherten inneren Ruhe. Da pflag dieser, für einen Laien jener Tage von seltener Bildung, besten Einvernehmens mit der treu gesinnten Geistlichkeit: er schickte einen gothischen Priester, Tajo, nach Rom, gewisse Werke des Papstes Gregors des Großen (den Commentar zum Buch Hiob), von denen keine Handschrift mehr in Spanien zu finden war, vom Tiber zu holen; er forderte den genannten Eugenius auf, die Gedichte des Afrikaners Dracontius neu zu bearbeiten und zeichnete den als Gelehrten und Dichter Gefeierten vielfach aus. Aber dieser falsche und undankbare Priester verfaßte nach dem Tode des von ihm bei Lebzeiten in Lobgedichten verherrlichten Königs eine bösartige Schmähung auf den gewaltigen Bischofsbändiger.

Es gelang Kindasvinth, die Gefahren eines Thronstreites nach seinem Ableben dadurch zu beschwören, daß er bereits 649 die Erhebung seines Sohnes Rekisvinth zum Mitregenten (und Nachfolger) durchsetzte: schon im höchsten Greisenalter stehend überließ er diesem fortab das Regiment fast völlig und starb bald darauf am 1. October 652[1]).

---

[1]) Dahn, Könige der Germanen, V, VI. Würzburg 1870, 1871, und westgothische Studien, Würzburg 1874 a. a. O., daselbst vollzählig die gesammte Literatur bis 1873.

Liutprand, König der Langobarden.[1]

(712—744.)

Liutprand war der Sohn Anspranbs, eines angesehenen Langobarden aus ebler „Fara" (Geschlecht), welche in Mailand ihren Sitz hatte. Anspranb war im Jahre 700 von König Kuninkpert als Mundwalt seines jungen Sohnes Liutpert bestellt für den Fall seines Todes und als Reichsverweser. Noch im Jahre 700 starb Kuninkpert und Anspranb trat für Liutpert die Regentschaft an. Aber Herzog Raginpert von Turin, Kuninkpert's Vetter, Liutpert's Oheim, der Sohn weiland König Gobipert's, der nach des Anmaßers Grimuald Tod in der ihm näher zustehenden Nachfolge des (von Grimuald) ermordeten Gobipert durch Pertari, Gobipert's jüngere Bruder, war verdrängt worden,

Godipert	Pertari
Raginpert	Kuninkpert
Aripert II.	Liutpert,

nahm nun den Thron in Anspruch, empörte sich und schlug Anspranb nebst dessen Verbündeten, Herzog Rothari von Bergamo, bei Novara. Zwar starb Raginpert bald darauf, aber ihm folgte sein Sohn Aripert II., welcher die Besiegten von Novara, die wieder zu den Waffen gegriffen, wiederholt schlug: Liutpert ward gefangen und getödtet, Auspranb floh auf die befestigte Insel Comacina im Comer-See und von da durch die Schweiz ca. a. 702 zu dem agilolfingischen Herzog Theobepert, Sohn Theodo I. von Baiern. Anspranb's Familie aber war in die Hände Aripert's gefallen: er ließ dessen Gattin Theoberâba, welche sich rühmte, noch Königin zu werden, Nase und Ohren abschneiden, den älteren Sohn Sigiprand blenden, den Bischof Petrus von Pavia, einen Verwandten unbestimmbaren Grades, nach Spoleto verbannen, den jüngern Sohn Liut-

---

[1] Wie die beiden vorhergehenden Aufsätze aus der „allgemeinen Deutschen Biographie."

pranb aber, der als ungefährlich und „geringwerthig" (despicabilis) galt, zu dem Vater abreisen. Im Jahre 712. brang jedoch Anspranb mit seinem Sohn mit baierischen Scharen in Italien ein; nach blutiger Schlacht wich Aripert, (der Ort ist unbestimmbar: zwischen den Alpen und Pavia) unbesiegt, aber stark geschwächt und ohne Kenntniß von dem Stand der Dinge im Feindeslager nach seiner Residenz Pavia zurück. Dieser Rückzug entmuthigte sein Her und schien es zum Abfall zu treiben: so fürchtete Aripert und beschloß, in das Frankenreich zu fliehen. Aber, da er den Ticinus zur Nacht durchschwimmen wollte, ertrank er (März 712): nach sagenhaft gefärbten Bericht in die Tiefe gezogen von den Schätzen, mit denen er sich allzuschwer beladen hatte.

Nachdem die Leiche gefunden war, fiel das Volk Anspranb zu: aber schon nach drei Monaten starb dieser ausgezeichnete König „dem Wenige an Weisheit glichen." (13. Juni 712). Schon vor seinem Tod (zwischen 6. und 13. Juni) war Liutprand zu seinem Nachfolger gekoren worden (712—744). Er vermählte sich (etwa a. 716) mit Guntrut, der Tochter Theoberts von Baiern, dessen Waffen er und Anspranb die Rückkehr in das Vaterland und folgeweise die Krone verdankten. Enge, freundschaftliche Beziehungen zwischen Langobarden und Bajuvaren bestanden seit alten Zeiten, wiederholte Verschwägerungen der bajuvarischen Agilolfingen mit langobardischen Königshäusern hatten stattgefunden: beide Stämme hatten einen gemeinsamen Feind, einen höchst gefährlichen in dem alle seine Nachbarn verschlingenden Frankenreich: sie waren natürliche Verbündete gegen diesen übermächtigen Gegner und haben wenigstens einige Male dies wirklich erkannt und danach gehandelt. Wenn es nun gleichwohl unter Liutprand zu Kämpfen zwischen Langobarden und Bajuvaren kam, wobei Liutprand einige Burgen an der Etsch, (Athesis) darunter Mais, nahm, so spricht manches dafür, daß dies geschah bei Gelegenheit des Thronkrieges unter den Agilolfingen (a. 724—725), da nach Theobepert's Tod (a. 724) dessen Sohn Hucpert von seinem Vatersbruder Grimualb seines Erbes beraubt werden sollte. Liutprand zog seinem Schwäher zu Hilfe und besetzte bei diesem Anlaß jene Plätze, welche er dann behielt.

Uebrigens traten gerade unter Liutprand die Langobarden in Freundschaft und Bündniß mit den Franken, während sich beide früher (gleich nach der Einwanderung der Ersteren in Italien a. 568) sehr häufig bekämpft hatten.

Liutprand und Karl Martell, der damals das fränkische Reich als Hausmeier regierte, waren beide hochbegabte, hervorragende Männer: sie würdigten einander in warmer Anerkennung: enger verbunden wurden sie aber durch die von dem Islam her drohende Gefahr, nachdem die Mauren (a. 711) das Westgothenreich in Spanien zerstört, die Pyrenäen überschritten hatten und nun alle übrigen Christenreiche zu bekämpfen sich anschickten. In den dreißiger Jahren sandte Karl seinen etwa zwanzig Jahre alten Sohn Pippin zu Liutprand, auf daß dieser ihn durch Abscherung des Haares (Bartflaumes, nach germanischer Sitte: s. Grimm, Rechtsalterthümer, Göttingen 1854 S. 404) an Sohnes statt annehme, es ward dadurch ein Pietätverhältniß begründet, aber ohne ein Erbrecht zu erzeugen. Das Treuebündniß beider Herrscher ward wenige Jahre darauf dadurch bethätigt, daß als a. 739 die Mauren wieder in Südfrankreich eingebrochen waren, Liutprand auf Karl's Anrufen diesem ein Heer zu Hilfe sandte, bei dessen Anmarsch die Feinde das bereits eroberte Arles räumten und abzogen.

Die beiden genannten Unternehmungen blieben die einzigen, in welchen Liutprand über die Marken Italiens hinausgriff: seine gesammte übrige Thätigkeit galt der Befestigung des Königthums gegenüber den nur allzugewaltigen großen Herzogen und der Ausdehnung der Grenzen oder doch des Ansehens des Reiches gegenüber den anderen Mächten auf der Halbinsel.

Um diese ziemlich verwickelten Verhältnisse zu erklären, muß man voranschicken eine gedrängte Uebersicht des Entwickelungsganges der Dinge und der Gruppirung der gegeneinander ringenden Kräfte in Italien seit der Langobarden Einwanderung.

Dieses Eindringen geschah (a. 568) von Nordosten her: die damalige Provinz Venetien, dann Istrien, Friaul und die Lombardei wurden zuerst überströmt, Pavia (Ticinum) zur Hauptstadt des Reiches gekoren. Von hier aus breiteten sich die Einwanderer erst allmälig über den Süden und Westen der Halbinsel aus.

Niemals aber gelang es ihnen, ganz Italien in ihre Gewalt zubringen: im Süden so wie in dem „Exarchat von Ravenna" behaupteten sich die Byzantiner: diese für die damaligen Belagerungsmittel durch Sturm unbezwingbare Festung der Sümpfe hätte nur durch Hunger überwältigt werden mögen: aber dies war unmöglich, so lange sie durch ihre Hafenstadt Classis die freie Verbindung mit dem Meere hatte: und die Langobarden begingen den schwer begreiflichen Unterlassungsfehler, niemals eine irgend nennenswerthe Kriegsflotte herzustellen: sie wurden nie eine Seemacht: die Halbinsel der Apenninen kann aber durch eine Landmacht allein weder völlig erobert noch behauptet werden.

Dazu kam, daß die großen Grenzherzogthümer des Langobardenreiches: Trient im Norden, Friaul im Nordosten, Spoleto und namentlich Benevent im Süden von der Krone fast unabhängige kleine Sonderstaten bildeten: in weit höherem Maße noch als von den drei andern galt dies von Benevent, dessen Verhältnisse wir alsbald zu betrachten haben werden: oft genug mußten die Könige die Waffen gegen diese Herzoge wenden.

Endlich aber war eine weitere selbstständige Macht in Italien der römische Bischof. Für die großartige Entfaltung der katholischen Hierarchie und ihrer Weltherrschaft im Mittelalter war es von wichtigster Bedeutung gewesen, daß seit dem Untergang des Ostgothenreichs der Papst keinen weltlichen Herrn in Rom, in Ravenna auf der ganzen Halbinsel über sich hatte. Seit a. 555 war der oströmische Kaiser wieder sein einziger und unmittelbarer Souverain: aber dieser saß fern in Byzanz und nur einmal in den britthalb Jahrhunderten bis auf Karl den Großen ist ein Imperator von dort her zu kurzem Besuch nach Italien gekommen. Zwar residirte sein Statthalter zu Ravenna, aber eben — zu größtem Vortheil für den Papst — nicht in Rom. Und seit der Einwanderung der Langobarden hatte der Exarch soviel mit diesen zu schaffen, daß er nicht daran denken konnte, das Bestreben niederzudrücken, mit welchem der Bischof von Rom sich in dieser Stadt und ihrer Umgebung eine weltlicher, stattlicher Souveränität immer ähnlicher sich gestaltende Machtstellung kühn und klug und beharrlich emporbaute. Männer von hervorragendem Geist und Charakter schmückten damals wiederholt den päpstlichen Stuhl und aus sehr unscheinbaren Anfängen erwarben sie sich allmälig eine von Byzanz, von Ravenna und von dem Senat von Rom immer mehr unabhängige, auch in weltlichen Dingen entscheidende Stellung. Sehr viel trug hiezu bei, daß gegen die langobardische Bebrängung Kaiser und Exarch sehr selten Beistand, ausgiebige Hilfe fast nie leisteten, daß dagegen die Päpste mit den Mitteln ihres geistlichen Ansehens wie durch Klugheit und Muth wiederholt den Widerstand der Bürger geleitet, oder die bedrohenden Fürsten abgelenkt hatten. Die Langobarden mußten nach dem Besitz von Rom trachten: daran wurde durch ihren Uebertritt zum Katholicismus durchaus nichts geändert, wenn sie jetzt auch nicht mehr, wie sie als Arianer gethan, auf ihren Kriegszügen Kirchen, Geistliche, Mönche der Katholiken mit besonders wilder Härte behandelten, vielmehr dem römischen Bischof, auch wenn sie die Stadt bedrängten, höchste Ehrfurcht erwiesen. Die natürlichen Verbündeten der Päpste gegen die Langobarden waren nun aber die Franken: anfangs schon deshalb, weil diese im ganzen Abendland die einzigen katholischen Germanen waren, Aber auch nachdem die Langobarden das orthodoxe Bekenntniß angenommen, blieb es für die Regel bei jener Gruppirung, da ja Franken und Langobarden fast stets feindselige Nachbarschaft hielten.

Die ungünstigste, weil fast ganz isolirte Stellung unter den mit einander ringenden italischen Mächten, war hiernach die der langobardischen Könige, welche, abgesehen von der Abwehr äußerer Feinde: Avaren und Slaven, zugleich Byzanz (Ravenna), den Papst, die Stadt Rom, die Franken und oft die eigenen rebellischen Grenzherzoge wider sich und nur an den Baiern fern, jenseit der Alpen, eine befreundete Anlehnung hatten, die aber sehr selten in gemeinsamer Action gegen die Franken auftrat.

Viel früher, als es wirklich (a. 774) geschah, hätte das langobardische Königthum dieser Uebermacht erliegen müssen, hätten sich nicht unter seinen Feinden manchmal Spannungen, ja Kämpfe eingestellt: Byzantiner und Franken hielten zwar meist, doch nicht immer zusammen: die Stadt Rom d. h. die Adelsparteien, der dux des ducatus Romanus, und der „Senat" waren nicht mit jedem Papst in gutem Vernehmen. Von höchstem Vortheil aber für die Könige zu Pavia war es, daß zwischen dem Kaiser zu Byzanz und dem römischen Bischof der sogenannte „Bilderstreit" ausbrach, der beide Mächte auf das Bitterste verfeindete.

Zunächst nahm König Liutprand die Gelegenheit wahr, das bis dahin von der Krone völlig unabhängige Herzogthum Benevent näher heran zu ziehen: er vermählte mit

Herzog Romuald II. seine Schwester-Tochter Aurona: ca. a. 728 leistete Romuald dem König den Eid der Treue; als er ca. a. 732 starb, schützte Liutprand, in Person nach Benevent eilend, dessen Söhnlein Gisulf wider eine Gegenpartei, führte dasselbe mit sich fort und setzte seinen eigenen Neffen Gregor zum Herzog ein.

Den Herzog Faroald II. von Spoleto nöthigte er, die den Byzantinern abgenommene Hafenstadt von Ravenna, Classis, wieder herauszugeben (nach Muratori ca. a. 716) ein Schritt, dessen Motivirung sich unserer Kenntniß ebenso entzieht, wie fast alles andere in des Königs Regierung, außer den nackten Thatsachen selbst. Wir können nur daraus schließen, daß Liutprand damals mit dem Exarchen in sehr gutem Vernehmen stand. Vielleicht wollte er den Spoletaner nicht noch mächtiger werden lassen: diesen zur Herausgabe zu bewegen, war er also stark genug. Das für die Langobardische Krone Wünschenswertheste wäre gewesen, die Herausgabe der wichtigsten Seehafenstadt, des Schlüssels von Ravenna, nicht an die Kaiserlichen, sondern an den König zu eigener Besitzung. Weshalb Liutprand dies nicht verlangte, aus welchen Gründen er darauf verzichten mußte: — wir wissen es nicht. Wir finden nur mehrere Jahre später (a. 728) den König im Bunde mit dem Herzog Transamund II. von Spoleto, (der a. 723—724 seinen Vater Faroald II. enthront hatte) gegen Benevent (oben 313) und wol auch gegen Papst Gregor II., wider welchen sich der Exarch wandte, während der König die beiden Herzoge wenigstens dahin brachte, (ohne Waffengewalt, soviel wir wissen) ihm zu Spoleto den Treueeid zu schwören. — Auch in die Verhältnisse des dritten mächtigsten Herzogthums, Friaul, griff Liutprand kräftig ein; hier waltete der sehr tüchtige Herzog Pemmo, der die Slaven (Avaren), die alten Plagegeister dieser Marken, die Niederlagen seiner Vorgänger und greulvolle Verwüstungen des Landes rächend, tapfer zurückgeschlagen hatte. Er gerieth in heftigen Streit mit dem von Liutprand eingesetzten und begünstigten Patriarchen Calixtus von Aquileja, der eigenmächtig seinen Sitz von Cormona nach Friaul (Forum Julii), der Residenz des Herzogs, verlegt und den mit Zustimmung des letzteren hier residirenden Bischof Amator von Julia Carnica gewaltthätig aus dessen bisherigem Palatium vertrieben hatte. Kein Wunder, daß Pemmo dies nicht dulden wollte: er verhaftete Calixtus und soll dessen Leben bedroht haben. Sofort entsetzte ihn aber der König des Herzogthums und verlieh es des Entsetzten erstgebornem Sohn Ratchis. Dieser vermittelte zwischen seinem Vater und dem König, hielt den Ersteren ab, mit seinem Anhang zu den Slaven zu flüchten und verschaffte ihn freies Geleit zu dem Königsgericht zu Pavia, wo freilich dann alle Anhänger Pemmo's verurtheilt, nur er selbst mit seinen beiden jungen Söhnen Aistulf und Ratchait begnadigt worden.

Die Geschichte der Kämpfe und der Bündnisse des Königs mit Byzantinern und Päpsten (von ca. a. 726 — ca. a. 740) ist uns nur sehr stückhaft überliefert: die Aufeinanderfolge der Ereignisse ist oft geradezu unbestimmbar: die Beweggründe der häufigen Umschläge von Bündniß in Kampf und umgekehrt, zumal aber überraschender Zugeständnisse des Königs, entziehen sich fast immer unserer Kenntniß. Papst Gregor II. (715—731) hatte in dem Bestreben, die Langobardische Macht nicht auf Kosten der Kaiserlichen erstarken zu lassen, noch im Jahre 718 (ungefähr) den byzantinischen dux Johannes von Neapel ermahnt, dem Herzog Romuald II. von Benevent das feste Cumae, das dieser mitten im Frieden überrumpelt, wieder zu entreißen und ihm, nach glücklicher Ausführung dieser That, das dafür versprochene Gold ausgezahlt.

Nach Ausbruch des Bilderstreites (a. 726) geriethen aber der Papst und Kaiser Leo III. in heftigen Gegensatz; die Italiener erhoben sich in offener Empörung gegen die „bilderstürmenden" Byzantiner zum Schutz der altverehrten Heiligthümer: die Gelegenheit war Liutprand höchst günstig zur Ausbreitung seiner Macht, wenn auch der Papst niemals mit voller Entschiedenheit sich auf Seite der Langobarden gegen das Kaiserreich stellte: nur dem einzelnen ketzerischen Kaiser trat er gegenüber. Liutprand nahm den Byzantinern Narni (a. 726?) und, mit Aufgebot der ganzen Heresmacht, die Hafenstadt von Ravenna, Classis, vielleicht auch auf kurze Zeit Ravenna selbst. Der außerordentliche Erfolg gelang nur, weil die Ravennaten in blutigem Aufruhr sich gegen die Besatzung erhoben hatten. Es ist auffallend, daß bald darauf (a. 728/729 Liutprand mit dem byzantinischen Patricius Eutychius zusammen gegen den Papst und die Herzoge (s. oben) auftritt. — Die Langobarden, welche (fast) gleichzeitig dem Papst Beistand gegen die Byzantiner leisteten, sind daher keinesfalles Unterthanen Liutprand's, sondern wol der empörten Herzoge. In benselben Jahren (726—728) vernehmen wir aber wieder von der Wegnahme mehrerer Städte in der Aemilia, darunter Bologna und in dem Fünfftädte-Gebtei ("Pentapolis"): Ancona, Ariminum, Pisaurum, Fanum, Numana durch den König. Auch weist er die Friedensvorschläge des Patricius ab. In den Jahren 728 und 729 zog Liutprand zweimal in das römische Gebiet und nahm 728 Sutri. Aber schon nach 140 Tagen gab er diese Stadt gegen Geld — dem Papste, nicht den Kaiserlichen — heraus zu eigenem Besitz „die erste Schenkung einer Stadt an die Kirche, der erste Keim des Kirchenstates außerhalb Roms." Die Beweggründe sind uns unbekannt. Es ist ungerecht, ohne volle Kenntniß der Verhältnisse die Handlungsweise des Königs zu verurtheilen. Aber wol dürfen wir sagen, daß er uns hier und in den folgenden Zugeständnissen an den Papst geradezu unbegreiflich scheint, wenn anders wir Liutprand den Gedanken, Ravenna, Rom und ganz Italien zu gewinnen, beilegen wollen. Fromme Gesinnung gegen Papst und Kirche, innere Schwäche seiner Regierungsgewalt — es fehlte, auch abgesehen von den rebellischen Herzogen, nicht an Widersachern — (s. unten) mögen Manches erklären, namentlich auch eine mystische Stimmung, welche auch andere Herrscher jener Tage zu Handlungen fortriß, für deren Würdigung uns fast der Maßstab fehlt. Am einfachsten erklären sich jene Widersprüche gegen den Einungsgedanken doch nur, wenn man sich ent= schließt, diesen Gedanken selbst als einen dem König fremden, von uns ihm ohne Recht untergeschobenen anzusehen.

Unerachtet der Schenkung von Sutri an den Papst im Jahre 728 zog im folgenden Jahre (729) Liutprand, diesmal mit Eutychius zusammen, in das römische Gebiet, ja er lagerte auf dem „Felde des Nero" dicht vor den Thoren der Stadt. Doch gelang es dem Papst bei einer Zusammenkunft, den König durch die Mittel geistlicher Ueberredung zu friedlichem Abzug zu bewegen, ohne daß dieser unseres Wissens etwas erreicht hätte. Er häufte auf den Papst und die römische Kirche hohe Ehren und suchte, ihn zur Annäherung an Byzanz zu bewegen — eine für uns schwer begreifliche Politik. Wahrscheinlich sollte der Papst vor Allem gewonnen werden, nicht die rebellischen Herzöge zu unterstützen. Allein gerade dies that Gregor's Nachfolger, Gregor III. (a. 731—741), der auch den Bilderstreit mit Byzanz heftig fort führte: so daß nun Langobardenherzoge, Langobardenkönig, Papst, Italiener und byzantinische Besatzungen als untereinander-kämpfende, gelegentlich verbündete Parteien zu unterscheiden sind. Römer unter byzantinischer Führung versuchten Liut-prand Bologna wieder zu entreißen, wurden aber von des Königs Feldherrn blutig zurückgeschlagen. Dagegen gelang es der emporstrebenden Lagunenstadt Venedig, dem Langobarden Classis (und Ravenna) durch Ueberfall wieder abzunehmen, wobei des Königs Neffe Hildeprand (s. unten) gefangen, der tapfere dux von Vicenza Peredes erschlagen ward. Liutprand machte unseres Wissens damals wenigstens keinen Versuch, diese für weitergreifende Pläne so wichtige Stellung wieder zu ge-winnen: doch könnte ein langobardisches Her, welches in Ab-wesenheit des Königs damals bei Ariminum bis zur Ver-nichtung geschlagen ward, gegen Ravenna bestimmt gewesen sein: leider läßt sich nur die Zeitfolge der stückhaft be-richteten Eingriffe zwischen 731 und 738 absolut nicht be-stimmen.

Gleichzeitig führten die Byzantiner aber auch Krieg gegen die wider den bilderstürmenden Kaiser empörten Italiener, welche sich folgerichtig dem Langobardenkönig näherten: eine Anzahl derselben, die Liutprand Ehrengeschenke bringen wollte, ward von den Kaiserlichen erschlagen oder gefangen.

Ob Liutprand ganz Italien, Rom und Ravenna um-fassende Pläne hegte, wir wissen es nicht,: es ist schwer zu entscheiden. Dagegen die Bändigung der Herzoge hatte er zweifellos als Hauptwerk seiner Regierung sich vorgesteckt und wer daran rütteln wollte, forderte seine ganze Willens-kraft zur Abwehr heraus. Das that aber Gregor III., als er, frühere Feindschaft mit Transamund II. von Spoleto in Freundschaft verwandelnd, sich von diesem durch reiche Ge-schenke die Abtretung von Gallese am Tiber, an den ducatus Romanus, in welchem aber thatsächlich der Bischof von Rom gebot, erkaufte und mit diesem Herzog sowie mit dem von Benevent ein Bündniß schloß, welches wol einerseits die Ver-theidigung der Romagna durch diese Herzoge bezweckte, ande-rerseits aber deren Unterstützung durch die materiellen und geist-lichen Mittel des Papstes für Losreißung von der Stats-gewalt des Königs. Daher versagten die Herzoge dem König offen den Gehorsam, als er (a. 738) den Herbann gegen den römischen ducatus aufbot. Sofort wandte sich Liutprand,

unter empfindlicher Schädigung die Campania nach Osten hin
durchziehend, gegen Transamund. Dieser floh nach Rom.
An seiner Stelle setzte Liutprand Hilderich zum Herzog ein
Der Papst verweigerte die Auslieferung des Rebellen. Auch
der kaiserliche Feldherr Stephanus, der dux des ducatus
Romanus, trat für den Papst und den Herzog auf. Liutprand
entfaltete große Energie. Er entriß den Byzantinern die Städte
Orte, Ameria', Bieda und Bomarzo, ließ gleichzeitig
das Exarchat von Ravenna durch seinen Neffen Hildeprand
verwüsten und belagerte, unter starken Verheerungen des
flachen Landes, den Papst in Rom. Hart bedrängt rief dieser
Karl Martell um Hilfe an: aber auch Liutprand schickte Ge=
sandte an diesen seinen Freund, und bewog diesen, die Ver=
logenheit und Treulosigkeit der Politik des heiligen Vaters
aufdeckend, neutral zu bleiben, so flehentlich der Papst Karl
(bei den von ihm zum Geschenke übersendeten Schlüsseln
des heiligen Grabes) auch um Beistand gebeten hatte. Aber
auch diese langobardische Belagerung Roms endete wie alle
anderen: der König konnte die Stadt weder erstürmen
noch, Mangels einer Flotte, von der See absperren und aus=
hungern. Vor September 739 zog er ab und nach Pavia
zurück. Sofort drang Transamund wieder in sein Herzog=
thum ein: die Byzantiner des ducatus Romanus unterstützten
ihn, da er versprach, die vier von Liutprand eroberten Städte
dem dux (oder dem Papst) zurückzugewinnen. Bald fielen auch
die meisten Burgen seinem Herzogthume zu. Gegen Ende
des Jahres zog er wieder in Spoletium selbst ein, Hilderich
ward getödtet. Auch Benevent focht damals gegen Liutprand.
Doch zögerte Transamund, die vier Städte dem König zu
entreißen, der einen neuen Angriff auf Rom vorbereitete
und sich durch die Fürbitte seiner eigenen Bischöfe, deren
Vermittelung der Pabst nun (740) anrief, schwerlich hätte
abhalten lassen. Da starb Gregor III. (November 741) und
sein Nachfolger, ein höchst milder und sanfter Mann,
Zacharias von griechischer Abkunft und Klugheit, beschloß
alsbald, die bisherige Parteistellung des römischen Stuhls
völlig zu wechseln. Transamund, der jene vier Städte seinem
Versprechen gemäß zu erobern nicht einmal versucht hatte, ließ
er fallen, schickte eine Gesandtschaft nach Pavia, erbat und er=
hielt von dem König die Zusage der Rückgabe jener vier Städte
und erwirkte als Gegenleistung, daß die Truppen des römischen
Ducatus mit Liutprand gegen jenen Herzog auftraten. Da gab

dieser jeden Widerstand auf und stellte sich freiwillig dem König, der ihn in ein Kloster schickte und an dessen Stelle seinen (des Königs) Neffen Agipranb, früher Herzog von Chiusi, setzte. Sofort wandte sich Liutpranb gegen Benevent: hier war sein Neffe Gregor (oben S. 314) um das Jahr 738 erschlagen und zu seinem Nachfolger von der Gegenpartei ein gewisser Gottschalk erhoben worden, welcher bisher (738—742) stets mit Transamunb und den anderen Feinden des Königs gemeinsame Sache gemacht hatte. Aber jetzt zog Liutpranb von dem neu unterworfenen Spoleto heran, Gottschalk ward, bevor er zu Schiff entfliehen konnte, von seinen Feinden erschlagen und nun setzte (a. 742) der König Romuald's (oben S. 314) inzwischen herangewachsenen Sohn, jenen Gisulf (II.) zum Herzog ein, den er mit einer edlen Langobardin, Skanniperga, vermählt hatte und in völliger Abhängigkeit von der Krone hielt. Da nun aber auch Liutpranb mit der versprochenen Herausgabe der vier Städte zögerte, faßte der Papst den ebenso muthigen als klugen Beschluß, den Löwen in seiner Höhle aufzusuchen, d. h. zu König Liutpranb selbst zu gehen. Das eben gebrauchte Bild enthält freilich arge Uebertreibung, denn irgend welche Gefahr lief der römische Bischof dabei durchaus nicht. Und der seelenkundige Grieche mußte genug von des Königs frommem Sinn und ehrfurchtsvoller Scheu vor der Kirche, um die völlige Unbedenklichkeit seines genialen Gedankens zu erkennen. Daß er an Leben, Leib, Freiheit geschädigt werden könne, wenn er, als Gast, freiwillig kommend, den König aufsuchte, war völlig ausgeschlossen. Das Schlimmste, was Zacharias widerfahren konnte, war Abweisung seiner Forderung. Und auch dies war höchst unwahrscheinlich. Vielmehr war mit Sicherheit darauf zu zählen, der ehrliche Sinn des Fürsten werde der Persönlichkeit des Papstes gegenüber dessen unmittelbarer, mit allen geistlichen Mitteln unterstützter Mahnung, ein Königswort einzulösen, nicht widerstehen können. Und so geschah es denn auch: zugleich aber bereitete die im höchsten Maß ehrfurchtreiche pietätvolle Behandlung, welche dem Papst vom Beginn bis zum Beschluß seiner Reise von König, Adel und Volksheer der Langobarden zu Theil ward, dem römischen Stuhl einen bedeutungsreichen Triumph. Zacharias zog an der Spitze eines großen Theils des römischen Klerus nach Interamna (Terni) im ducatus Spoletanus, wo Liutpranb mit seinem Heere lagerte, der ihm sofort einen vornehmen

Beamten (Grimuald) bis nach Orte entgegensandte, ihn
bis Narni zu geleiten: in dieser festen Stadt ward der Papst
von einigen Herzogen mit deren Schaaren begrüßt und Liutprand
selbst zog ihm bis auf acht (römische) Meilen zwischen Narni
und Interamna entgegen. Hier waren Adel und Heer um die
Basilika des heiligen Valentinus zum feierlichen Empfang
aufgestellt. Nach der Messe führte der König den Papst
abermals eine römische Meile weit bis an dessen Zelt. Am
folgenden Tag setzte Zacharias bei dem König in einer
Unterredung alles durch, was er wollte, und was Transa=
mund und früher Liutprand selbst zugesagt hatte. Denn nun
schenkte der König die vier Städte mit deren Gebiet und Be=
wohnern einfach und unverhüllt der römischen Kirche: nicht,
wie es früher wenigstens ausgedrückt, wenn auch nicht ge=
meint gewesen war, dem ducatus Romanus, d. h. dem Kaiser,
ihrem frühern Herrscher. — Aber außerdem gab der König der
römischen Kirche alles Land in der Sabina zurück, welches
seit dreißig Jahren schon langobardisch gewesen war und
dazu noch das große Thal bei Sutri, endlich die Gebiete
von Ancona, Narni, Auximum (Osimo) und Numana.
Ferner wurden alle Kriegsgefangenen — Byzantiner und
Römer — welche Liutprand in Tuscien und jenseit des Padus
(Po) detinirt hatte, darunter sehr vornehme Männer und
hohe Beamte, ohne Lösung freigelassen und schließlich dem
römischen Stuhl und seinen Besitzungen für zwanzig Jahre
Friede zugesagt. —

Wahrlich, nicht ohne Berechtigung mochte die Lebens=
beschreibung des Papstes rühmen, daß er mit der Palme
des Sieges nach Hause gekehrt sei. Die letzten Gründe dieser
ganz erstaunlichen Zugeständnisse Liutprand's sind gewiß in
der frommen Gesinnung des Königs und der gewaltig ein=
bringenden geistlichen Beredsamkeit, der zugleich klugen und
ehrwürdigen Persönlichkeit des Papstes zu suchen. Freilich
durfte sich Liutprand auch nicht in Widerspruch setzen gegen die
sehr fromme Gesinnung seines Volkes, zumal es ihm an einer
Gegenpartei nicht fehlte (s. unten). Aber so schwach war
seine Stellung doch nicht, daß er durch solche Schenkungen
die Gunst des Papstes sich hätte erkaufen müssen. Nach
Allem, was wir von der Lage der Dinge wissen, war diese
Nachgiebigkeit ein schwerer politischer Fehler — immer vor=
ausgesetzt, daß wir Liutprand den Gedanken einer Eroberung
von ganz Italien als der Zukunftsaufgabe des Langobarden=

reiches beilegen, — eine Idee, welche wir aber wahrscheinlich nur willkürlich in ihn und die meisten Langobarden-Könige hineintragen.

Alsbald sollte sich die Verderblichkeit jener Politik der Schwäche nach anderer Richtung hin wiederholen, ihre übeln Consequenzen offenbaren. Liutprand versuchte im folgenden Jahre (742—743), die Lähmung der byzantinischen Macht durch die Kämpfe zwischen Kaiser Constantin V. (Kopronymos) dem ebenfalls bilderstürmenden Nachfolger Leo's III., und dessen Schwager, dem bilderschützenden Artabasdos, in neuen Angriffen auf Ravenna zu benützen. Seine Heere verwüsteten das Flachland des Exarchats, eroberten Cesena, bereiteten die Belagerung von Ravenna vor. Da wandten sich Exarch, Erzbischof und Volk von Ravenna an des Königs Freund, den Papst, mit der Bitte, durch seine Vermittelung Liutprand zur Umkehr zu bewegen. Wirklich schickte Zacharias Gesandte an Liutprand, welche ihm die Herausgabe von Cesena und Beendung der Feindseligkeiten ansannen und, da die Zumuthung („mit schroffem Starrsinn," sagt die Biographie des Papstes) abgewiesen ward, begab sich der Papst selbst von Rom nach dem bedrängten Ravenna, wobei es ohne Wunderzeichen nicht abging. Liutprand weilte nicht im Exarchat, sondern in Pavia. Ihn wollte der Papst aufsuchen. Der Weg von Rom nach Pavia führte durchaus nicht direct über Ravenna. Vielmehr war diese Abbiegung ein Umweg, eine Verzögerung. Daher muß den römischen Bischof hierbei ein besonderes Motiv geleitet haben. Es war gewiß die Absicht, Ansehen und Einfluß des Papstthums auch im Exarchat und in dessen Hauptstadt ganz außerordentlich zu erhöhen, indem Zacharias als der einzige Retter aus der Noth langobardischer Bedrängniß erschien. Wenigstens ward diese Wirkung auf das umfassendste erreicht. Exarchat und Volk von Ravenna empfingen den Papst wie einen Boten des Himmels, dem ja auch zum Schutz gegen den Sonnenbrand Gott eine Wolke von Rom bis zu der Basilika San Apollinare vor Ravenna über dem Haupte schweben und ebenso auf der Reise nach Pavia feurige Heerscharen in den Wolken voraufziehen ließ.

Der feine Grieche auf dem römischen Stuhl trachtete danach, für den Papst in Ravenna allmälig eine gleiche — zunächst geistliche und politische — Autorität zu gewinnen, wie sie in Rom schon längst thatsächlich bestand und an der sich

hier wie dort auch juristische Gewalt, Rechte der Herrschaft
empor bauen konnten. Nun ließ Zacharias durch Gesandte
den König wissen, daß er alsbald bei ihm in Pavia eintreffen werde. Es macht fast humoristischen Eindruck, wie
sich der Helden-König vor dieser bedrohlichen Annäherung
des waffenlosen Greises fürchtet. Hatte Liutprand doch zu seinem
Schaden erfahren, wie wehrlos vielmehr er selbst dem be-
redten Einfluß dieses Priesters gegenüberstand, wie dieser
ihm durch fromme Reden Alles entriß, was er irgend wollte.
Der König fürchtete sich vor dieser abermaligen persönlichen
Begegnung. Er mißtraute nach den Erfahrungen des Vor-
jahres seiner eigenen Festigkeit. Und der Erfolg sollte
lehren, wie vollbegründet solche Besorgniß war. Die vor-
ausgeschickten Boten des Papstes erfuhren, daß die Langobarden in Imola von ihrem König beauftragt waren, die
Reise des Papstes nach Pavia, nöthigenfalls mit Gewalt zu
verwehren: sie warnten Zacharias und mahnten ihn, einen
anderen Weg einzuschlagen. Der Papst soll darüber sehr
erschrocken sein. Das ist glaublich, da ihm an dem Durch-
bringen bis zum König selbst Alles gelegen war. — Wenn
er aber wirklich äußerte, „er fürchte für sein Leben,“ so
wird man solche Worte kaum für ernst gemeint halten dürfen.
— Liutprand fürchtet sich mit allem Grund viel mehr vor
dem Papst, als dieser Ursache hatte, dem König Mordpläne
wider das so hoch von diesem verehrte Oberhaupt der Kirche
zuzutrauen. Jedesfalls übermannte Zacharias seine Besorgnisse, machte sich, unerachtet jener Warnung, auf den Weg und
gelangte, den Maßregeln des Königs zum Trotz, nach Pavia.
Liutprand, sehr ungehalten nnd beunruhigt über diese aber-
malige Heimsuchung, deren Absichten ihm natürlich klar waren,
weigerte sich, Krankheit (oder „Schmerz“) als Grund angebend,
die beiden Gesandten des Papstes zu empfangen. Als aber
am 28. Juni 743 dieser selbst am Pabus eintraf, ward er
von den vornehmsten Großen feierlich eingeholt und nach
der Residenz begleitet, vor deren Thoren sich die ecclesia
celi aurei (Ciel d'Oro), von Liutprand gegründet, erhob. Hier
celebrirte er die Messe und zog dann in die Stadt ein.
Am folgenden Tage wiederholte er die Messe auf Einladung
des Königs, der ihn hier vor den Thoren zuerst begrüßte.
Am 30. Juni erst ward er in das „palatium“ entboten, wo
er, höchst ehrenvoll empfangen, sofort seine früheren Zu-
muthungen eindringlichst wiederholte. Und der König — gab

abermals nach. Wenigstens in allem Wesentlichen: er versprach Einstellung der Feindseligkeiten und Rückgabe von ⅔ des den Ravennaten abgenommenen Gebietes sofort, das letzte Drittel mit der Festung Cesena sollte am 1. Juni 744 zurückgegeben werden „nach Rückkehr der vom König nach Byzanz gesendeten Unterhändler." Wir wissen von dem Zweck dieser Gesandtschaft nichts; vielleicht sollte sie mit einem der beiden sich immer noch bekämpfenden Machthaber (oben S. —) ein Bündniß gegen den anderen anbahnen. Nachdem der Papst so, wenn nicht alle, doch die meisten seiner Forderungen durchgesetzt, kehrte er, ehrenvoll vom Königs bis an den Pabus, von mehreren Herzogen noch weiter begleitet, nach Rom zurück. Diese Herzoge bewirkten auch sofort die versprochene Räumung des ravennatischen Gebietes: „und Ravenna und die Pentapolis, von Bedrängniß befreit, sättigten sich, Dank dem Papste, wieder an Korn, Wein und Oel." In Rom veranstaltete der Papst eine große kirchliche Feier, in welcher aber noch immer „Gottes Beistand angerufen wurde wider den Bedränger und Verfolger der Römer und Ravennaten, König Liutprand. Gott erhörte dies Gebet und rief den König noch vor jenem Termin (1. Juni) von der Welt, worauf alle Verfolgung zu hoher Freude der Römer und Ravennaten aufhörte." Wahrscheinlich ist dies so zu verstehen: — der Hinweis auf jenen Termin hat doch wol diesen Sinn, — daß sich der König vorbehalten hatte, Cesena und das letzte Drittel je nach der von seinen Gesandten aus Byzanz zurückgebrachten Antwort zu behalten oder — nach seiner Wahl — für den einen oder den andern der Machthaber zwar als byzantinisches Gebiet anzusehen, aber selbst in Vertretung seines Verbündeten besetzt zu halten. Mag letztere Vermuthung zu sehr in das Einzelne sich wagen: — jene Verhandlung mit Byzanz, von der wir nur ganz gelegentlich erfahren, mußte von entscheidender Bedeutung für Liutprand's Haltung gegenüber Papst und Exarchen werden. Die für ihn richtigste Politik wäre gewesen, sich des einen byzantinischen Kaisers gegen den andern zu bedienen Jedesfalles aber, — und dies ist, soweit ich sehe, bisher nicht richtig erfaßt worden — bildete den Grund der Unzufriedenheit des Papstes mit dem Erfolge seiner Mission, die Ursache, weßhalb er nach seiner Rückkehr gegen seinen „Freund" und Verehrer Kirchengebete und öffentliche Bittgänge veranstaltete, gerade ein an jenen Termin geknüpfter Vorbehalt des Königs, der also doch wenigstens für Cesena und das letzte Drittel seiner Eroberungen sich die Entscheidung vorbehalten hatte bis zur Rückkehr seiner Gesandten.

So erklärt es sich, daß die ganz einseitig kirchliche Quelle (die „vita Zachariae"), den doch so frommen König gewissermaßen als todtgebetet darstellt und seine „Abberufung" noch vor dem gottlos von ihm festgestellten Termin als eine ihn strafende oder doch Rom und Ravenna, in Erhörung der päpstlichen Gebete, rettende Wunderthat Gottes. Das war der Dank der kirchlichen Auffassungen für die bis an unbegreifliche Schwäche streifende ehrerbietige Nachgiebigkeit des wackeren, aber nun auch schon sehr betagten Königs. Liutprand starb im Januar 744: er ward bestattet in der Basilica des heiligen Hadrianus neben seinem Vater. Im zwölften Jahrhundert (1173 oder 1174) wurde die Leiche nach Ciel d'Oro übertragen.

Seit dem Jahre 735 bereits hatte mit ihm zugleich sein Neffe Hildeprand (ältester Sohn von Sigiprand, s. oben S. 309) als Mitkönig regiert, welcher bei einer schweren Erkrankung Liutprand's von einer Partei in sicherer Voraussetzung seines Todes, den sie in ihrer Ungeduld gar nicht erwarten zu können schien, in die Kirche Sanctae Mariae vor den Thron geführt und zum König erhoben worden war. „Aber auf den Speer", welchen sie dem neuen König „nach der Sitte" in die Hände gaben, flog ein Kuckuck, was weisen Männern vorzubedeuten schien: die Regierung werde nicht frommen." Diese von Paulus Diaconus überlieferte Sage und das daran geknüpfte Urtheil zeigt, daß nach richtiger Auffassung des Volkes dieser Schritt ein Unrecht war. Auch war Liutprand nach seiner Genesung über solche Vorschnelligkeit nicht erfreut und ließ sich nur gefallen, was er ohne Bürgerkrieg nicht ändern konnte. Denn freiwillig zurückzutreten, fiel dem Neffen nicht ein. So urkunden denn Beide fortab zusammen als Könige. Schon vor diesem Gewaltstreich waren wiederholt Anschläge gegen das Leben des Königs geplant worden. Zuerst gleich nach seiner Thronbesteigung von einem Verwandten, Rothari, der ihn als seinen Gast beim Mahl ermorden wollte, ein ander Mal von zwei Waffenträgern. In beiden Fällen vorher gewarnt, bewies er hohen persönlichen Muth. Paulus deutet aber an, daß er auch noch manchem Andern ähnliche Schuld zu verzeihen hatte.

Sind politische Beweggründe dieser Pläne zu suchen, so liegen sie wol in dem Widerstreben des alten unbotmäßigen Adels= — zumal Herzogsgeschlechtes, gegen die verdienstlichste Richtung von Liutprand's Regierung: nämlich die Befestigung des Königthums über der gebändigten Aristokratie, und die Unterwerfung der großen Herzogthümer.

Wir wissen nicht eben viel von den Verwaltungsmaß= regeln des Königs, dagegen können wir aus seiner Thätig= keit als Gesetzgeber manches seiner Ziele erkennen: so vor Allem den Schutz des Rechts gegen Willkür der Richter, die schriftliche Fixirung ungewissen Gewohnheitsrechts. Eine Reihe von Edicta, auf den Reichstagen während seiner langen Regierung erlassen, hat das Langobardenrecht in höchst bedeutsamer Weise ergänzt, geändert, fortgebildet.

Er verdient gewiß in vollem Maß das Lob, das ihm (fast) gleichzeitige Quellen als Krieger und Held, als frommem Christen, als tugendreichem Mann ertheilen. Paulus erblickt in der wunderbaren Errettung des Knaben aus der Gefährdung seiner Sippe ein wohlthätiges Wunder Gottes, welches den Langobarden diesen Mann erhalten wollte, der ohne Zweifel einer ihrer allerbedeutendsten Könige werden sollte. Auch die Sage hat ihn früh verherrlicht, die glaub= würdigste, weil unbestechlichste Bezeugerin des Dankes eines Volkes.

Ueber seine schwer erklärliche Schwäche gegenüber dem Papst und — mittelbar — auch gegen die Byzantiner, wiederholen wir unser Urtheil dahin, daß man ihm entweder den Gedanken der Eroberung von ganz Italien absprechen oder seine Ehrerbietung gegen die Kirche als hauptsächlichen Beweggrund für schwere Verfehlungen des Gealterten be= trachten muß. Es ist ja möglich, daß auch rein politische Gründe mitgewirkt haben: die Erkenntniß seiner Schwäche, die Furcht vor Gegenparteien, vor der Opposition der Großen, welche bei einem schroffen, dauernden Conflict mit der Kirche das fromme Volk gegen die gottlose Krone em= pört haben möchte, auch Rücksicht auf etwaige Intervention der Franken, falls der Kirche ihre weltliche Stellung mit Gewalt entrissen worden wäre — obzwar das gute Einver= nehmen mit Karl Martell und dessen Sohn (oben s. 311) hiegegen ausreichend zu sichern versprach.

Jedesfalls wissen wir viel zu wenig von diesen politischen Verhältnissen, um mehr als ziemlich vage Vermuthungen an sie knüpfen zu können über Beweggründe für die hierin befremdende Handlungsweise des bedeutenden Herrschers.

Die Deutschen in Mähren.
(1881.)

Der vor kurzem gegründete „Deutsche Schulverein" bezeugt, welch warme Theilnahme in Deutschland den in Oesterreich um ihre Sprache und Schule, kurz um ihr Deutschthum ringenden Stammesgenossen zugewendet wird. Es ist — gelinde gesagt — seltsam, daß die österreichische Regierung in derselben Zeit, da das Bündniß mit dem deutschen Reich ihr einziger Halt gegen die von Rußland, den Balkan=Slaven, Italien drohenden Gefahren ist, das deutsche Element in Böhmen, Ungarn und Siebenbürgen in einer Weise vergewaltigen läßt, welche, unter andern politischen Combinationen, die Intervention Deutschlands zur Folge haben könnte. Nunmehr stehen die Dinge für die Deutschen in Oesterreich freilich so tragisch, daß, wenn durch Kämpfe der Nationalitäten in diesem völkerbunten Stat, etwa ähnlich denen von 1848—1849, die deutsche Hilfe provocirt würde, die Truppen unseres Reichs die Deutschösterreicher mit Gewalt zur Unterwerfung unter „das System" der Regierung zwingen würden. In diesem kurzen, aber leider wahren Satz liegt sehr viel. Diese Constellation kann sich ändern: aber nur unter Voraussetzungen, welche Europa erschüttern und ganz anders gestalten würden.

Diese harmlosen Zeilen wollen aber durchaus nicht die habsburgische Dyarchie zertrümmern oder in ihre ethnischen Bestandtheile auflösen, sondern ganz friedlich neben den wackern „Sachsen" in Siebenbürgen die Deutschen in Mähren, zumal in Brünn, der warmen Theilnahme empfehlen.

Das nationale Leben daselbst ist sehr rührig in der Abwehr slavischen Druckes und treibt tröstliche Blüten.

Schon siebzehn Jahre besteht in der Landeshauptstadt eine ansehnliche Zweig-Schillerstiftung, die im Jahre 1875 ihre Decennalien mit Veröffentlichung eines erfreulichen Berichtes feiern konnte. Vor kurzem ist nun daselbst ein „Dentscher Club" gegründet worden, zur Wahrung, Pflege und Entfaltung nationaler Bildung, der gelegentlich Vorträge veranstaltet und geeignete kleine „Publicationen" verbreitet. Vor uns liegt als Nr. 1 dieser Publicationen ein vortrefflicher, höchst lesenswerther Essay: „Karl Freiherr vom und zum Stein in Brünn", verfaßt von dem um diese Bestrebungen hochverdienten Dr. Gustav Trautenberger.

Die kleine Abhandlung bringt einige ganz neue Daten, auch Briefe und andere Urkunden, aus dem Leben des großen Patrioten, zumal aus der Zeit, da der „nommé Stein", von Napoleon geächtet, (16. XII. 1808) von seinem König, (der sich damals in St. Petersburg befand), nicht geschützt, vielmehr auf Asyl in Rußland verwiesen, erst in Prag, dann (Januar 1809) in Brünn eine Zuflucht fand. Aus dem mancherlei Interessanten, das die Skizze bietet, heben wir hervor die Thätigkeit des von Stein aus Brünn nach Königsberg entsendeten Pädagogen Zeller, eines Württembergers, der von der evangelischen Gemeinde Brünn als Vicar und Lehrer berufen worden war, seit 1809 aber die Reform der Schule in Preußen übernahm, zumal durch Errichtung von Anstalten zur Ausbildung von Lehrern. Die königlichen Kinder wurden ihm zur Erziehung überwiesen. Eins dieser Kinder schrieb ihm am 28. December 1809.

„Lieber Vater Zeller! Wie befindest Du Dich? Ich danke Dir sehr für all das Gute, was ich bei Dir gehört habe. Ich werde mich bemühen, alles dieses zu befolgen. Vergiß nicht Deinen Sohn Wili."

Dieses Kind muß wol viel Gutes bei Vater Zeller gehört haben, was es dann treulich befolgt hat. Denn Wili hat es ziemlich weit gebracht: er trägt seit dem 18. Januar 1871 die deutsche Kaiserkrone.

Im Verlage von **Otto Janke** in Berlin ist früher erschienen:

Bausteine.

1. bis 3. Reihe.

Gesammelte kleinere Schriften und Aufsätze

von

Felix Dahn.

gr. 8. geh. Jeder Band 7 Mark.

Rechtsphilosophische Studien.

(Bausteine IV. Reihe 1. Schicht.)

gr. 8 geh. 5 Mark.

Philosophische Studien.

(Bausteine IV. Reihe 2. Schicht.)

gr. 8. geh. 5 Mark.

www.ingramcontent.com/pod-product-compliance
Lightning Source LLC
Chambersburg PA
CBHW021154230426
43667CB00006B/395